Hedwig Pringsheim

Meine Manns

Hedwig Pringsheim (1855–1942), aufgewachsen in einer unkonventionellen, künstlerisch geprägten Familie – ihre Mutter war die Frauenrechtlerin Hedwig Dohm, ihr Vater Herausgeber des »Kladderadatsch« –, heiratete nach kurzer Schauspielkarriere den reichen Mathematiker Alfred Pringsheim. In dem Palais in der Münchner Arcisstraße führte das Paar einen Salon, in dem sich alles traf, was im kulturellen Leben der Stadt auf sich hielt. 1905 heiratete die Tochter Katia den Schriftsteller Thomas Mann, 1909 starb der Sohn Erik, 1939 mußten Hedwig und Alfred Pringsheim in die Schweiz emigrieren.

Hedwig Pringsheim hatte Humor und Esprit, sie war eine scharfe Beobachterin und brillante Stilistin. So wechseln in ihren Briefen an den Freund Maximilian Harden die Töne so rasant wie die Themen: Hedwig Pringsheim schildert glanzvolle Theaterpremieren und musikalische Soireen, sie kritisiert das Kaiserreich und verurteilt den Ersten Weltkrieg scharf. Sie erzählt von ihrem Alltag in dem herrschaftlichen Haus in der Münchener Arcisstraße mit Ehemann Alfred und von den Sorgen um die erwachsenen Kinder. Offenherzig plaudert sie aus dem Leben von Tochter Katia und deren Ehemann Thomas Mann, erzählt von den Enkelkindern und vertraut sich dem Freund an, als ihr Lieblingssohn Erik, ein charmanter Versager, im Sommer 1909 stirbt. Und sie berichtet ihm von ihren Reisen nach Argentinien, Italien, Griechenland und Paris. Aus einem Lungensanatorium in Davos, in dem Katia Mann sich zu erholen versucht, schreibt sie den herrlichsten Bericht. Auch wenn sie »dem Schwiegertommy nicht ins Handwerk pfuschen« will – es sind die Urbilder des »Zauberberg«-Personals. Kein Wunder, daß Thomas Mann früh um das Besondere von Katias Familie wußte: »Pringsheims sind ein Erlebnis. Tiergarten mit echter Kultur.«

Hedwig Pringsheim

Meine Manns

Briefe an Maximilian Harden
1900–1922

Herausgegeben von
Helga und Manfred Neumann

aufbau taschenbuch
AUFBAU VERLAGSGRUPPE

Mit 20 Abbildungen

ISBN: 978-3-7466-2433-4

Aufbau Taschenbuch ist eine Marke der
Aufbau Verlagsgruppe GmbH

1. Auflage 2008

Umschlaggestaltung Originalcover Andreas Heilmann, Hamburg
unter Verwendung eines Fotots von Hedwig Pringsheim mit ihren Kindern
Peter, Eric, Klaus, Katja und Heinz (von oben nach unten), um 1891
Keystone/Thomas Mann Archiv, grafische Adaption gold
Druck und Binden CPI – Clausen & Bosse, Leck
Printed in Germany

www.aufbau-taschenbuch.de

Inhalt

Aus dem Leben der schönsten und geistvollsten femme du monde

Einleitung

»… wenn man 30 Jahre lang … Freud und Leid geteilt hat, ist man ein bischen an einander geschmiedet …«
Hedwig Pringsheim an Maximilian Harden, 2. Mai 1920

Es ist ein Glücksfall, daß die 141 Briefe Hedwig Pringsheims an den Berliner Publizisten Maximilian Harden, den legendären Herausgeber der Wochenzeitschrift »Die Zukunft«, erhalten sind. Sie erlauben nicht nur Rückschlüsse auf die Persönlichkeit der Verfasserin, der »schönsten und geistvollsten femme du monde der bayerischen Kapitale« (Klaus Mann), sondern auch tiefe Einblicke in die gesellschaftlichen Verhältnisse ihrer Entstehungszeit 1900–1922 sowie in die ebenfalls in München ansässige junge Familie Thomas Manns.

Hedwig Pringsheim wurde am 13. Juli 1855 als älteste Tochter des liberalen Schriftstellers und Chefredakteurs des satirischen Wochenblattes »Kladderadatsch«, Ernst Dohms, in Berlin geboren. Ihre Mutter, deren jüdischer Vater sich wie die Eltern Ernst Dohms hatte taufen lassen, war die bekannte Frauenrechtlerin und erfolgreiche Schriftstellerin Hedwig Dohm, von der Tochter liebevoll »Mimchen« genannt. Die vier hübschen, vielversprechenden Töchter des Ehepaares – ein Sohn starb zwölfjährig – erhielten eine sorgfältige Ausbildung, auch wenn ihnen der Besuch der Universität verschlossen blieb. An ihr Elternhaus erinnert sich Hedwig Pringsheim in hohem Alter: »Recht kümmerlich, recht bescheiden muß es in der jungen Wirtschaft hergegangen sein«, mehrfach hätten finanzielle Notlagen zu kleinen familiären Katastrophen geführt, die gelegentlich nur durch die Einkünfte der schriftstellernden Mutter aufgefangen werden konnten. Die finanzielle Situation der Familie verbesserte sich erst mit der Etablierung des »Simplicissimus«, einer alsbald berühmten politisch-satirischen illustrierten Wochenschrift, deren Chefredakteur Ernst Dohm wurde.

In lebhafter Erinnerung blieb Hedwig Pringsheim vor allem die Einrichtung eines »jour fixe«, den sie später anschaulich in der »Vossischen Zeitung« (»Ernst Dohms Montag-Abende«) im Rahmen einer autobiographischen Artikelserie schilderte. Ursprünglich wollten die Eltern mit der wöchentlichen Einladung ihren heranwachsenden Töchtern zwanglos Gelegenheit bieten, sich mit Freunden zu treffen. Diese Zusammenkünfte fanden einen solchen Anklang in der Berliner Gesellschaft, daß sich der Dohmsche Montag bald zu einer in allen Schichten und Altersstufen beliebten Institution entwickelte, die gleichermaßen Künstler, Schriftsteller, Politiker und Bankiers anzog. Die karge Bewirtung in der für diesen Zweck weitgehend leer geräumten Wohnung habe wohl niemand als Einschränkung empfunden, resümiert die Tochter. Alle vier Dohm-Töchter setzten diese Tradition in ihren eigenen Familien erfolgreich fort.

Hedwig Pringsheims Vater sagte man nach, er habe ganze Gesellschaften amüsant und geistreich unterhalten. Ernst Dohm verkehrte vorzugsweise in Musiker- und Theaterkreisen und war gut bekannt mit Wagner, Liszt, von Bülow. Seine Freundschaft mit der gebildeten Schauspielerin Ellen Franz, der späteren Helene von Heldburg und Ehefrau des »Theaterherzogs« Georg II. von Sachsen-Meiningen, sollte sich für die älteste Tochter als schicksalhaft erweisen: Hedwig hatte seit Kindesbeinen »eine wahre Passion für das Aufsagen der längsten Gedichte«. Niemanden habe sie mit ihren Deklamationen verschont. Ihre hübsche Erscheinung, ihr »schönes tiefes Organ, viel Intelligenz« und »unverdorbene Natürlichkeit« ließen Ellen Franz den zunächst erschrockenen Eltern vorschlagen, die Tochter nach Meiningen zu schicken. Der Schauspielausbildung gingen hitzige Diskussionen voraus: Der Vater, der aus höchst persönlichen Erfahrungen das lockere Theatervölkchen zu kennen glaubte, litt unter der Vorstellung, seinen Liebling in einen Sündenpfuhl zu schicken. Die Zusage, Hedwig könne Pension im Haushalt des Meininger Gymnasialdirektors nehmen, und die Selbstverpflichtung Ellen Franz', sich persönlich um die Ausbildung der Tochter zu kümmern, beruhigten schließlich die Eltern. Ernst Dohm ließ es sich nicht nehmen, die Tochter nach Meiningen zu begleiten.

Gewiß hatte Ellen Franz das schauspielerische Talent des jungen Mädchens erkannt, wohl aber nicht die mangelnde Lebensreife der Neunzehnjährigen. Eine Episode, die Hedwig Pringsheim später in ihrem Bericht »Wie ich nach Meiningen kam« schilderte, erhellt ihre damalige Situation am Theater. Der berühmte Schauspieler und Regisseur Ludwig Chronegk hatte der Elevin den Rollentext der Luise in Schillers »Kabale und Liebe« zur Einstudierung nach Berlin geschickt. Hedwig war daraufhin mit »dem stillen Neid der drei jüngeren Schwestern« ins Abenteuer nach Meiningen gefahren. Nach nur wenigen Probetagen stand sie tatsächlich auf der Bühne: »Der Herzog und seine Frau saßen in dem dunklen Parkett, das mich wie ein höllisches schwarzes Loch angähnte, Chronegk auf der Bühne nahm sich des hilflosen Kindes, das nicht gehen und stehen konnte und nicht wußte, was es mit seinen Gliedern anfangen sollte, freundlich an, und die zukünftigen Kollegen sahen mit teilnehmender Neugierde auf den seltenen Vogel. Als aber bei der ersten Liebesszene mit Ferdinand, dem schönen Rinald, den ich mir mit weit ausgestreckten Armen angstvoll vom Leibe hielt, der Herzog vom Parkett aus heraufrief: ›Näher ran, Fräulein Dohm, er ist doch Ihr Liebhaber!‹, brach ich wie ein ungezogenes Gör in helles Lachen aus, so phantastisch und komisch kam mir die Situation vor.«

So beschönigend Hedwig Pringsheim von ihrer Theaterzeit sprach, so pessimistisch-kritisch sah die Lehrerin schon bald das junge Talent. Ellen Franz mußte einsehen, daß die Entwicklung ihrer sympathischen Schülerin nicht ihren hohen Erwartungen entsprach: Der künstlerische Durchbruch gelang Hedwig nicht.

Den Heiratsantrag des vermögenden Mathematikers, Wagnerianers und Kunstsammlers Alfred Pringsheim, den die hübsche Erscheinung und die Natürlichkeit der jungen Schauspielerin gewiß mehr bezaubert hatten als ihre Darstellungskunst, nahm

Hedwig Pringsheim daher allem Anschein nach bereitwillig an. Sie trennte sich einvernehmlich von ihren »Meiningern«, um am 23. Oktober 1878 den Sohn eines zu Reichtum gelangten jüdischen Eisenbahnunternehmers aus Schlesien zu heiraten: »Da saß ich denn ›mit das Talent‹ und konnte es nicht mehr verwerten. Nicht einmal meine Deklamationswut durfte ich mehr austoben. Mein Gatte war in dieser Hinsicht amusisch genug, sie einfach scheußlich zu finden, und meine Söhne, als sie größer wurden, pufften mich in die Seiten, wenn der Geist über mich kam und irgendeine Reminiszenz aus den ›Kranichen des Ibykus‹, der ›Bürgschaft‹ oder der ›Kassandra‹ mir entfuhr. In-die-Seite-gepufft-Werden konnte ich aber nie vertragen, und so verstummte denn mit der Zeit mein liederreicher Mund. Aber die kurze Episode meiner Meiningerei möchte ich in dem unausschöpfbaren Schatz meiner Erinnerungen um keinen Preis vermissen.«

Die Ehe mit Alfred Pringsheim, ab 1901 Professor für Mathematik an der Münchener Universität, gestattete eine großbürgerliche Lebensweise in dem 1890 in der Münchener Arcisstraße 12 neuerbauten Palais. Der Pringsheim-Bau lag in unmittelbarer Nachbarschaft berühmter Künstler- und Sammlerhäuser. Dazu gehörten das kurz zuvor gebaute Lenbach-Haus, die Schack-Galerie und das damit verbundene Atelier Pilotys in der Brienner Straße. Der Dichter Paul Heyse residierte seit 1874 in seiner Neorenaissance-Villa in der Luisenstraße. Das Palais in der Arcisstraße war ein für Empfänge, Gesellschaften und Konzerte disponiertes Haus großbürgerlichen Zuschnitts, in dem die bekannten Musiker und Maler der Zeit – von Richard Strauss über Fritz August Kaulbach, Lenbach, Stuck bis zu Hermann Levi und Bruno Walter – verkehrten, aber auch Politiker und Bankiers wie Walther Rathenau und Carl Fürstenberg waren gerngesehene Gäste. Ihr »furchtbar süßer kleiner Mann«, so Hedwig Pringsheim, stand ihr an gesellschaftlichem Repräsentationstalent in nichts nach: Er sprach mit Witz und Charme, war bei universitären Anlässen ein begehrter Redner und wußte seinen Studenten den Wissensstoff äußerst lebhaft und anschaulich zu vermitteln.

Häufige Gäste in der Arcisstraße waren auch der norwegische Nobelpreisträger Bjørnstjerne Bjørnson, Jakob Wassermann, Hugo von Hofmannsthal und das Schriftstellerehepaar Elsa und Max Bernstein. »Meine Eltern« – so Katia Mann in ihren »Ungeschriebenen Memoiren« – »machten, wie man sagt, ein ziemliches Haus. Sie hatten ein ganz angesehenes und vielfältig besuchtes Haus und gaben große Gesellschaften. Durch den Beruf meines Vaters und seine persönlichen Neigungen war es ein wissenschaftliches Haus mit musikalischen Interessen. Zur Literatur hatte er kein sehr lebhaftes Verhältnis, im Gegensatz zu meiner Mutter.«

Drei Söhne, Erik (1879), Peter (1881) und Heinz (1882), sowie das Zwillingspaar Klaus und Katia (1883) wurden geboren. Die im Schweizerischen Landesarchiv in Bern verwahrten »Kinderbüchlein«, die Hedwig Pringsheim für jedes Kind anlegte, zeigen sie als sorgfältige Beobachterin und als liebevolle, liberale Erzieherin, die ihren Kindern vielfältige künstlerische und intellektuelle Förderungen zukommen ließ. Frühzeitig wurde der Nachwuchs, der gelegentlich auch an der elterlichen Hausmusik teilnehmen durfte, mit Theater- und Opernaufführungen vertraut gemacht. Die Kinder verarbeiteten nicht selten das Erlebte in eigenen kleinen Inszenierungen, häufig Wagner-Opern.

Bei zwei Söhnen war diese künstlerische Förderung offenbar maßgeblich für die berufliche Entwicklung. Während der älteste Sohn Erik Jura, der zweitälteste Physik studierte, schloß Heinz zunächst ein Archäologiestudium mit der Promotion ab, um danach ein Musikstudium zu beginnen und sich später unterschiedlichen Herausforderungen zu stellen: als Dirigent, Regisseur, Korepetitor, Kritiker und auch als gar nicht so unbegabter Komponist. Klaus, der jüngste Sohn, absolvierte nach dem Abitur ein Musikstudium und arbeitete später als Kapellmeister und Regisseur. Seine Zwillingsschwester Katia legte als eines der ersten Mädchen in München das Abitur ab, auf das sie sich extern vorbereitete – mit glänzendem Ergebnis. Sie studierte Mathematik.

Die »Kinderbüchlein« geben aber auch Auskunft über die Ehe der Pringsheims, u.a. über die zahlreichen Liebschaften Alfred

Pringsheims, die seine Frau nach außen erstaunlich gelassen hinzunehmen schien.

Der junge, aufstrebende Schriftsteller Thomas Mann, der gerade erfolgreich mit seinem Roman »Buddenbrooks« debütiert hatte und nun um die Hand Katia Pringsheims anhielt, schilderte seinem Bruder Heinrich in einem langen Brief vom 27. Februar 1904 völlig überwältigt seine ersten Eindrücke: »Pringsheims sind ein Erlebnis, das mich ausfüllt. Tiergarten mit echter Kultur. Der Vater Universitätsprofessor mit goldener Cigarettendose, die Mutter eine Lenbach-Schönheit, der jüngste Sohn Musiker, seine Zwillingsschwester Katja (sie heißt Katja) ein Wunder, etwas unbeschreiblich Seltenes.« Am 11. Februar 1905 heiratete Thomas Mann Katia. Die bald in rascher Folge geborenen Kinder überforderten gewiß die Kräfte der jungen Mutter, die Hedwig Pringsheim während häufiger Erholungs- und Kuraufenthalte, aber auch bei der häuslichen Pflege der Kinder tatkräftig unterstützte. Klaus und Golo Mann erinnerten sich lebhaft an das gute Verhältnis zu ihrer »Offi«, wobei sich Golo besonders bei den nachmittäglichen Lesungen von ihrer Kunst, »jeder Rolle einen anderen Ton oder Akzent« zu verleihen, beeindrucken ließ.

Trotz dieses insgesamt friedvollen familiären Umfeldes entfremdete sich das Ehepaar Pringsheim zunehmend. Alfred Pringsheim lebte, wie man in den »Erinnerungen und Gedanken« Golo Manns nachlesen kann, seit Jahren »in einer Art von Doppelehe mit einer Frau Professor von X«. Er teilte auch nicht das Interesse seiner Frau für Literatur und Theater, sondern schätzte Clubabende mit Berufskollegen und Skatrunden. Vor diesem Hintergrund sind die Briefe Hedwig Pringsheims an Maximilian Harden, dessen Antworten nicht überliefert sind, zu würdigen – eine Brieffreundschaft, die sich alsbald vertraulicher gestaltete, zumal sich Hedwig Pringsheim während des Ersten Weltkriegs mit ihrer pazifistischen Einstellung auch in der eigenen Familie isoliert sah.

Maximilian Harden, einer der schärfsten Kritiker Kaiser Wilhelms II., gab von 1892 bis 1922 die Wochenschrift »Die Zukunft« heraus, in der anfänglich auch Hedwig Pringsheims in Berlin lebende Mutter mehrfach Artikel veröffentlichte. Harden war zehn Jahre lang in wechselnden Theaterensembles als Schauspieler aufgetreten, um dann mit geistreichen Theater- und Literaturkritiken in den führenden Zeitungen Aufsehen zu erregen. Bereits um 1900 übertraf die von ihm herausgegebene Wochenschrift mit ca. 10000 Abonnenten die literarisch-politischen Zeitschriften jener Zeit um ein vielfaches. Auch Harden stammte aus einer jüdischen Familie, die aus der Provinz Posen nach Berlin zugewandert war.

Wann Hedwig Pringsheim ihren ehemaligen Berufskollegen kennenlernte, läßt sich nicht genau datieren. Die einzige Quelle, die Rückschlüsse erlaubt, ist ihr Brief vom 30. Juni 1921: »Wissen Sie noch, Harden, wie wir uns in der Friedrichstraße trafen und Mimchen uns bekannt machte [...] Sie sahen ja so furchtbar jung und niedlich aus.« Die »Straßenbekanntschaft« dürfte auf Anfang der 1890er Jahre zu datieren sein, zumal in einem der letzten Briefe Hedwig Pringsheims von einer fast dreißigjährigen Freundschaft die Rede ist. Die Hausherrin in der Arcisstraße hatte »Die Zukunft« abonniert und las nicht nur die Literatur- und Theaterkritiken des Freundes, sondern auch dessen politische Artikel, die sie nicht selten »famos« nannte. Hier zeigt sich eine politisch interessierte und kritische Frau, die die Zustände im Kaiserreich und die Katastrophe des Ersten Weltkriegs mit Sorge und Wut beobachtete.

Doch die Briefe sind auch anderweitig eine Fundgrube: Die junge Familie Mann wird dem Freund ausgiebig geschildert, süffisante Bemerkungen über den »Dichterfürsten« (Alfred Pringsheim sprach nie anders von Thomas Mann) kommen ebenso hinzu wie Münchener Gesellschaftsklatsch, amüsante Reiseerinnerungen, scharfzüngig skizzierte Beobachtungen, ironische Selbstbetrachtungen sowie mit untrüglichem Gespür für Komik und Dramatik gezeichnete Alltagsszenen. Verblüffend ist Hedwig Pringsheims Fähigkeit, mit leichter Hand und stilistischer Brillanz einen raschen Wechsel von Stimmungen wie Zorn, Freude, Melancholie und Trauer zu formulieren. Eine selbstsichere Hedwig Pringsheim, die sich ihres schriftstellerischen Talents durchaus bewußt war, schrieb am 2. August 1912 aus Davos mit provokanter Bescheidenheit: »Ich will dem Schwiegertommy nicht ins Handwerk pfuschen.«

Den Briefen ist gewiß die Qualität von Tagebuchaufzeichnungen beizumessen. Die sehr persönlich ausgerichtete Mitteilsamkeit findet ihre Erklärung auch darin, daß sich Maximilian Harden und Hedwig Pringsheim häufig in Berlin sahen, wenn diese ihre Mutter, aber auch die Familien ihrer Schwestern Else (im Tiergartenviertel) und Eva (im Grunewald) sowie die Schwiegereltern in der Wilhelmstraße besuchte.

Im Frühjahr 1922 endete die Brieffreundschaft abrupt. Anlaß war ein verspäteter Glückwunsch Thomas Manns zu Hardens 60. Geburtstag. Dieser Geburtstagsbrief ist am Schluß des Kommentarteils abgedruckt. Am 30. Oktober 1927 erlag Maximilian Harden einem chronischen Bronchialleiden in seinem Schweizer Feriendomizil. Kurt Tucholsky schloß einen in der »Weltbühne« veröffentlichten Nachruf mit den Worten: »Abneigung hin, Kritik her –: ich habe jedes Mal wieder diesen kleinen Schauer der Ehrfurcht gehabt, wenn ich mit ihm sprechen durfte. Das war jemand.«

Wie für so viele bedeutete das Jahr 1933 auch für die alten Pringsheims in der Arcisstraße 12 eine radikale Zäsur. Ihr Grundstück wurde enteignet, und das Palais, das über vierzig Jahre ihr Zuhause gewesen war, wurde Mitte November 1933 abgerissen. Es sollte einem Parteigebäude der Nazis Platz machen. Hedwig und Alfred Pringsheim bezogen in München zweimal kleine Etagenwohnungen. Sie waren im übrigen der Ansicht, daß die jüngere Generation die Gefahr Hitlers in geradezu lächerlicher Weise überschätzte. »Offi« und »Ofey«, wie die Enkel ihre Großeltern nannten, waren fest entschlossen, »den ganzen Nationalsozialismus glatt zu ignorieren« (Klaus Mann). Zwei- bis dreimal jährlich reisten sie nun auf Besuch nach Küsnacht, wo sich Katia und Thomas Mann mit ihrer Familie niedergelassen hatten. In letzter Minute, Ende Oktober 1939, gelang Hedwig und Alfred Pringsheim die Ausreise in die Schweiz.

Alfred Pringsheim konnte in Zürich noch seinen 90. Geburtstag feiern; er starb am 25. Juni 1941. Hedwig Pringsheim folgte ihrem Ehemann nur ein Jahr später, am 27. Juli 1942. In einem Brief Golo Manns an Hanno-Walter Kruft vom 19. Februar 1992 heißt es, nach des Großvaters Tod habe die nun arg verlassene Großmutter dessen ganzen Nachlaß verbrannt, auch die gesamte Korrespondenz mit Richard Wagner. Verbrannte Hedwig Pringsheim damals auch den eigenen Briefnachlaß, also die heute verschollenen Briefe ihres Freundes Maximilian Harden? Oder hatte sie sich von den Briefen schon zuvor, auf dem Weg ins Exil, trennen müssen?

Bad Nenndorf, im Mai 2006 *Helga und Manfred Neumann*

Briefe an Maximilian Harden
1900–1922

HP München, Arcis-Straße 12
13 Mai 1900

Lieber Herr Harden

Ich habe Ihre Grüße nicht mehr ausrichten können. Es war ein letztes Aufflackern der Lebensgeister, in dem Levi mich zu sich beschied, voll Wärme und Interesse zu mir sprach, mir den Auftrag für Sie erteilte und mir die Grüße und Versicherungen seiner Sympathie für Sie auftrug. An demselben Samstag Nachmittag – oder wars Freitag – trat die Verschlimmerung ein, die ihn in stetigem Fortschritt heut Früh um 9 zum Tode gefürt hat. Es hat ihn, außer seiner Frau und den Pflegern, seither niemand gesehen. Man kann sagen, daß sein letztes Interesse dieser »Selbstanzeige« für die Zukunft galt. Ich bin sehr traurig über seinen Tod. Unser ganzer Kreis verliert mit ihm eine volle Persönlichkeit, einen waren Menschen. Ich hatte ihn sehr, sehr gern. Über seine Frau bin ich in ängstlicher Sorge. Ich weiß nicht, wie sie es überleben soll. Ich eilte gleich zu ihr, konnte sie aber nicht sehen. Sie läßt niemanden ins Sterbezimmer, außer Lenbach, der photographirt und eine Skizze macht und Hildebrand, der die Totenmaske formt.

Daß Sie selbst sich elend fülen, lieber Herr Harden, tut mir herzlich leid. Könnten Sie mir nicht schriftlich sagen, was Sie mir noch vor Ihrem Tode sagen möchten? – »o lieb', so lang du lieben magst, die Stunde kommt, da du an Gräbern stehst und klagst ...« Man sollte sich wirklich mit kleinen Empfindlichkeiten und großen Übelnehmereien das onehin so schwere Leben nicht noch trauriger machen. Ich meine es im Ernst, lieber Harden. Denn die Stunde kommt, da auch Sie an Gräbern stehen und klagen. Haben Sie denn so viele Menschen, daß Sie sie so verschleudern können? sind Sie so reich? Ich nicht, ich bin bettelarm. Mir tut jeder Verlust wehe. Und, nicht war, Sie *wollten* mich ja doch in Berlin nicht sehen?

Seien Sie herzlich gegrüßt

von Ihrer
Hedwig Pringsheim.

HP
München, Arcis-Strasse 12
Montag [ohne Datum]

Erschrecken Sie nicht, lieber Herr Harden – es kommt nicht schon wieder ein Brief. Nur eine Zustimmungsadresse: Ich möchte Ihnen für Ihren Brief an den Herrn Kaiser danken. Das haben Sie wirklich gut gemacht, bewunderungswert gut: und nicht als ein »kleiner Literat« stehen Sie da, sondern als ein tapferer, tüchtiger, ernster Mann, dem alle für sein mutiges Vorgehen anerkennende, dankbare Bewundrung zollen müssen. Das ist ganz gewiß nicht zu viel gesagt, denn in unsrer jammervollen kriecherischen und ekelhaften Zeit gilt ein Mann doppelt und dreifach. – Ich hoffe und vermute, daß Ihnen aus allen Gauen unsres lieben Vaterlandes Worte der Zustimmung zuströmen werden; verachten Sie darum die Empfindungen einer dummen Frau nicht, die Sie herzlich gern hat.

Und der Kaiser? ob ers gelesen hat?

Viele Grüße
von Ihrer
Hedwig Pringsheim

ER
Thiergarten-Strasse 19.
26. 2. 1901

Liebster Harden – ich hatte mir diesen – wiederum Else gemopsten bogen – gestern schon zurechtgelegt, ehe Ihre Zeilen eintrafen; und kam dann, vor lauter Besuchen, aktiven und passiven, buchstäblich nicht dazu, Ihnen zu schreiben. Ich wollte Ihnen nämlich meine tiefinnerlichste Entrüstung über das, was Sie »meinen Special.Kur« zu nennen sich nicht entblöden, mein Herr! über das wollte ich Ihnen meine tiefinnerlichste Entrüstung mitteilen. Wollt' Ihnen sagen: ärgern Sie sich nicht, lieber Freund; obschon ich wußte, daß Sie sich ärgern *mußten*. Nach mir zu schließen. Eigentlich aber ists doch zu niedrig; ich finde, meine Special.Kur ist damit endgültig abgetan, vernichtet. In den Augen aller anständigen Leute zum mindesten. Schwester Else meinte sogar, »Der Tag« habe damit aufgehört, ein anständiges Blatt zu sein. Was ich so empörend finde, ist das typische, mehr als das zufällig persönliche. Denn Sie stehen doch zu turmhoch drüber. So hohe Türme gibts überhaupt garnicht. Aber daß man wehrlos solchen Überfällen ausgesetzt ist, daß jeder lausige Journalist jeden anständigen Menschen mit Kot bewerfen kann, und es kein, garkein Mittel gibt, sich dagegen zu weren und zu schützen, das bringt mein Blut in Wallung. Wir werden es nicht ändern, ich nicht, aber Sie auch nicht. Meine Special.Kur hat aufgehört, zu existiren. Ich weine ihr keine Träne nach.

Was meine kleine Plauderei betrifft, so ist sie weder anmutig noch eigen. Ein ganz netter Brief, wie man sie eben von der Reise schreibt. Mimchen hat mich überrumpelt, sie hat garkein Urteil. Bitte, kein Wort mehr davon. Auf *garkeinen* Fall in das Notizbuch, überhaupt nicht. Seien Sie so gut und schicken Sie die Blätter gelegentlich an Mimchen, nicht an mich, zurück. Oder werfen Sie sie in den Papierkorb. Ich bin doch keine Närrin. Einzig ums Honorar ist es schade. Ich muß mich nun einschränken.

Daß ich Sie nicht mehr sehen soll, tut mir furchtbar leid. Gestern hat mich die Schwieger doch wieder zum 1 April eingeladen. Würde ich Sie denn da nicht mehr treffen? O lieber Harden, wie wenig Menschen gibts für mich; und die sind mir versagt. Sie gehören dazu. Es ist jammervoll.

Heut dinire ich bei Felix Simon. Immer im roten sammtnen, hab nichts anderes. Und den Schlafwagen für Freitag habe ich auch schon besorgt. So muß ich Ihnen wol schweren Herzens lebewol sagen. Und auf Wiedersehen!?

Viel herzlichste Grüße

von

Ihrer

Hedwig Pr.

Für die Marken vielen Dank. Meine schöne Nichte Ilse sammelt.

Herrn Maximilian Harden
Festung Weichselmünde
bei *Danzig* [Poststempel: 28.6.1901]

[Die Postkarte ist nur fragmentarisch überliefert; aus dem lükkenhaften Text geht hervor, daß Hedwig Pringsheim u. a. über das bevorstehende Abitur der Zwillinge Klaus und Katia berichtet; vgl. Anm. *28.6.1901* zu S. 22]

Obermais-Meran [um den 17. 10. 1902]
Pension Lichtenegg.

Lieber Harden – Eigentlich gratuliren wir uns doch garnicht zum Geburtstag. Und eigentlich schenken wir uns auch nichts. Aber ich weiß nicht, diesmal ist Ihr Geburtstag so was extrafeines, fällt mit dem zehnjärigen Bestehen Ihrer »Zukunft« zusammen, und Martersteig meinte doch. Mauthner meinte auch, und ich sehe wirklich nicht ein, wie es Sie kränken, beleidigen, entrüsten könnte, wenn private Freunde und Verehrer an einem privaten Tage Ihnen privatim gratuliren und Ihnen gern eine private kleine Freude machen möchten. In diesem Sinne fassen Sie es hoffentlich auf und sind mir nicht böse, daß mein Name auch auf der Gratulantenliste steht. Auf jeden Fall aber komme ich hier noch einmal ganz einzeln als ich, und wünsche Ihnen zu Ihrem Geburtstag Glück, Gesundheit, Geld, gute Freunde, getreue Nachbarn und was dergleichen mehr ist.

Vielleicht wundern Sie sich, daß Ihnen aus Meran eine solche Fülle guter Wünsche von mir zugeht. Ich bin hier auf eine Woche zum Besuch beim lieben Mimchen, um nach dem rechten zu sehen. Denn in ihrer maßlosen Herzensgüte, Weichheit und Rücksicht hat sie sich wieder von einer unverschämten Wirtin, die noch dazu eine Schwester der Frau von Mauthner schwerreichem Vetter Baron Mauthner ist, breitschlagen lassen, wont in einem elenden, vergitterten Zimmerchen, für das sie 4 Wochen die Miete vorauszalen mußte und läßt sich von ihrer Adventistin Frau Tramp eine seltsame Kost zusammenschmurgeln. Zudem hatte ich ihr eine kleine betrübte Russin aufgehalst, deren Betrübniß allgemach in gefärliche Melancholie auszuarten drohte. Kurz, ich konnts nicht mehr aushalten und fur nach Meran, wo ich nun Wand an Wand mit Oldmi ein beschauliches Dasein füre. Denn die Schwester von der Frau von Mauthners Vetter konnte mich nicht aufnehmen, und die Adventistin konnte für mich nicht mitschmurgeln, sodaß ich in eine Pension ziehen mußte. Von den vier Tagen, die ich hier bin, sind zwei total verregnet, davon einer allerdings durch eine Begegnung mit Wildenbruch einen Sonnenstral erhaschte. Montag fare ich wieder heim, nachdem ich die melancholische Russin in ein Sanatorium gebracht und Mimchen etwas aufgekratzt habe.

Lieber Harden, ihr Zolaartikel war wundervoll; namentlich in den ersten zwei Dritteln. Von dichterischem Schwung, auf einer Höhe der Erkenntniß und Anschauung und einer Schonheit der Sprache, geradezu einzig. Das schreibt Ihnen heut niemand in Deutschland nach. Die letzten paar Seiten mußten danach abfallen.

Aber ich möchte Sie an Ihrem Geburtstag nicht ärgern.

Grüßen Sie die süße Maxa und ihre Mama, und essen Sie ein ordentliches Stück Festtagstorte. Und seien Sie von ganzem Herzen freundschaftlichst gegrüßt

von Ihrer Hedwig Pringsheim

Für Ihre Karte schönen Dank!

München 4. 12. 1902

Lieber Harden – entschuldigen Sie, daß ich so lange gebraucht habe. Aber ich war nicht sehr wol und hatte viel vor. Ich weiß wirklich nicht, ob Sie diese Übersetzung, die oft in geradezu plumper Weise am Originale klebt, brauchen können. Wenn nicht, so bitte, bitte, werfen Sie sie in den Papierkorb; ich bin nicht empfindlich, und das einzig empfindliche wäre mir, Sie in

Verlegenheit zu setzen. Den Namen der Herausgeberin der »Fronde« hat Herr Sighele offengelassen; mir fiel er auch nicht ein; bitte, ergänzen Sie ihn. Für das entsetzliche Bild mit dem aufnahmefähigen Schwamm machen Sie Ihren Mitarbeiter verantwortlich: er sagt sogar éponge educable = erziehbarer Schwamm. Ich hoffe, Balzac hat irgendwo von »hommes-chêne« gesprochen; Sighele übersetzt's wenigstens mit nomini quercia: aber Mann-Eichen, oder Eichenmänner schien mir doch grotesk. – So viel von diesem. Und nun zu Ihnen.

Also, mein lieber »alter, gänzlich bedeutungsloser« Harden, Sie sind ja unerhört jung, Sie sind ja lächerlich bedeutend! Sie sind ein Feuerstrom, ein Riese, ein Gewitter, Sie sind ein Vulkan, ein Prediger in der Wüste, ein Halbgott, ein Satan – Herrje, Herrje, Sie sind ein ganzer Kerl! Mir fallen garkeine Worte mehr ein, aber ich bin sehr stolz auf Sie. Ich weiß durchaus nicht, ob Sie nicht im einzelnen zu weit gehen; aber das ist mir schnuppe, schnuppe, schnuppe. Was ich an diesen beiden Feuerausbrüchen und an Ihnen liebe, ist ja grade das feuerströmende, und da schadets garnichts, wenn die Feuerskraft auch einmal der Fesseln sich entrefft und als freie Tochter der Natur einhergeht auf der eigenen Spur. Übrigens haben Sie sie bezämt und bewacht durch die Fesseln einer warhaft künstlerischen Sprache, Sie haben sich auch hier wieder durchaus zu den »Schaffenden« gesellt, und ich stelle Sie nun dreist Kadelburg, und sogar Blumenthal, an die Seite. Ich bin neugierig, wie sich nun Herr Hermann Sudermann, Berlin W 50, Tauenziehnstr. 13 verhalten wird. Aber Ihnen muß doch wol zumute sein. Ich gratulire Ihnen. Ich habe diese Tage mich innerlich so viel mit Ihnen beschäftigt, daß ich letzte Nacht von Ihnen geträumt habe. Sehr nett geträumt. Auch Ihr Krupp-Artikel ist ganz ausgezeichnet; sozusagen phänomenal ausgezeichnet. Das einzige Gute, was über den Fall überhaupt geschrieben worden ist. Ich finde Sie schlechthin reizend. – Wie finden Sie, daß Kerr meinem Klaus sein Sudermann-Büchlein mit freundlichen Worten übersandt hat? Er schlägt auf den Sack Klaus, meint wol aber den Esel Katja. Wie gefällt Ihnen Kerr als mein Schwiegerson?

Von hier nichts neues. Leider nicht. Denn mit Lenbach ists noch das alte. Ich habe ihn nicht wieder gesehen, aber er soll tief deprimirt sein, der Arm macht nur geringe Fortschritte und an Arbeit ist nicht entfernt zu denken. Er ist entsetzlich weinerlich.

Stiernacken I ist gestern glücklich in Colombo auf Ceylon angekommen, [Textverlust] hat sich immer noch nicht blicken lassen. Der Melirte war gestern [Textverlust] Ich lerne furchtbar viel Aesthetik bei Lipps; bald kann ich sie ganz. Und nun gehen die Weihnachtsbesorgungen los. Klein-Maxa wird sich freuen; aber meine Kinder wollen zu komplicirte Dinge, und für Alfreden finde ich schon garnichts mehr. Neulich haben Sie ja durch die Lehmann Milka grüßen lassen. Die Ärmste ist ein Opfer der Medicin, seit 14 Tagen einseitig gelämt, mit schiefem Mund, infolge einer Alkohol-Injektion! – Grüßen Sie Ihre Frauen. Immer in gleicher Herzlichkeit

Ihre

Hedwig Pringsheim.

HP — München, Arcis-Straße 12

[Klappkarte] — 19. 2. 1903

Mein lieber Freund

Soeben erst erfare ich durch ein zufälliges Wort von Mimchen, die annimmt, ich sei davon unterrichtet, daß Sie Ihre Mutter durch den Tod verloren haben. Es tut mir schrecklich, schrecklich leid. Wer wie ich an seiner Mutter mit allen Fasern hängt, versteht die ganze unersetzliche Schwere eines solchen Verlustes. Und für Sie, der Sie so ein einsamer Mensch sind, war ganz gewiß die Mutter eine Welt. Wie gut für Sie, daß Sie nun die kleine goldige Maxa, die von keinem Leid etwas weiß, an Ihrer Seite haben. Ich komme Sonnabend nach Berlin, und so bald es irgend angeht, hoffe ich Sie zu sehen und Ihnen stumm die Hand zu drücken. Denn Worte sagen in solchem Falle nie etwas; es brauchte kein Mauthner zu kommen, um uns das klar zu machen.

Grüßen Sie Frau und Kind und glauben Sie an die treue Freundschaft

Ihrer
Hedwig Pringsheim.

HP München, Arcis-Straße 12
8. 7. 1903

Liebster Harden

Nur ein Gruß nach langem Schweigen. Ich bin ja zu abgehetzt und immer so müde, daß ich mich zu Taten, wie Briefe außerhalb meiner strikten Korrespondenzpflichten, nur schwer aufschwinge. Ich wollte ihnen (nein, jetzt schreibe ich Sie klein, wo ich Sie doch so wansinnig achte und so groß finde!) – ich wollte Ihnen neulich gleich eine Zeile schreiben und Ihnen meine Bewunderung aussprechen für Ihr »Volkslied«. Solch ein Artikel ist nun in meinen Augen wirklich eine Tat, und eine Tat, zu der, neben den sonstigen schriftstellerischen Qualitäten, ein Mannesmut gehört, wie man ihn ganz gewiß höchst selten heutzutags findet. Und Sie waren nicht einmal Corpsstudent! Sagen Sie: bekommt nun S. M. so etwas zu lesen? Ich sollte meinen, nichts wie das nackte Gegenüberstellen nackter Tatsachen müßte ihn gradezu erschüttern. Aber seine saubere Umgebung wird wol dafür sorgen, daß Harden als Erzieher ihm nicht unter die Augen kommt. Und wie verhält sich der Staatsanwalt? So sehr ich Ihren Mut bewundere und mich an ihm aufranke, so sehr fürchte ich dann auch wieder für Sie!

Übrigens habe ich jetzt des öfteren Gelegenheit, mich über Mannesmut zu erfreuen. Ich weiß nicht, ob ich Ihnen schrieb, daß ich diesen Sommer bei Lipps »Ethik« höre (leider nachmittags von 4–5; in den heißen Tagen erstickte man schier in dem überfüllten Hörsaal), und da staune ich denn wirklich über die Künheit, mit der mein verehrter Lehrer über die vom Staat und der Gesellschaft sanktionirten Dinge wie Eid, Ehrenwort, den lieben Gott, das Duell u. s. w. aburteilt. Ein Professor, der vom Katheder herab den Meineid, Ehebruch und den Bruch des Ehrenwortes als unter Umständen sittliche Taten, das Gegenteil als eventuell unsittlich proklamirt: dazu gehört viel Tapferkeit und eine schöne sittliche Größe. Übrigens bereitete mir auch die männliche Jugend eine angenehme Überraschung: nie erhob sich zum Schluß ein tosenderes Beifallsgetrampel, als da Lipps mit schärfsten Worten *gegen* das Duell, oder *für* das Recht auf Meineid u. s. w. gesprochen hatte.

Auf Ihren letzten Brief hin, lieber Freund, schrieb ich, gleich eine Zeile an Lena, die sie auch mit gewonter Umgehendheit sofort beantwortete. Seither sah ich Karl Schw. einigemale, der immer sein bekanntes, umständlich-sorgenvolles Wesen zur Schau trug. Er hätte sicher gehofft, sagte er mir, daß er durch *Sie* immer genau erfaren würde, wie es um Bruder Ernst stünde. Es steht wol nicht gut um ihn?

Nein, was sagen Sie nur zum Papst, der durchaus noch sein letztes Gedicht gedruckt sehen will (wenn's war ist)? Eine seltsame Vorliebe für Publicität und Druckerschwärze bei einem so abgeklärten, wachsweißen Greise. Lenbach solls gut gehen. Sie waren in einer Villa in Starnberg, die er kaufen will, um schleunigst wieder einen Saal anzubauen, da der Prachtsaal an seinem hiesigen Haus ja nun fertig ist; und er soll fleißig malen. Ich will mir vor der Abreise einen Ruck geben und einmal hinausfaren.

Wohin wir reisen, weiß niemand. Mit einem guten Billet irgendwohin. Ende des Monats komme ich sicher nach dem Grunewald. Erik ist Unterofficier und sehr stolz; Musiker Klaus, der in Basel wirklich großen Erfolg hatte, auf ein Jar zurückgestellt.

So, lieber Harden, nun grüße ich Sie und die Ihren herzlich

Ihre

Hedwig Pringsheim.

HP München, Arcis-Straße 12
29. 10. 1904

Lieber Harden – Sie schreiben ja, gottlob, eine Handschrift, die nur für gute Europäer leicht leserlich und schön ist. Der misera plebs bleibt sie, glaube ich, Hieroglyphen. (Überkommt Sie bei Worten mit einem i oder einem y auch oft plötzlich der grause Zweifel, wo das eine, wo das andre setzen? bei mir liegts an der Unbildung, kann kein griechisch; und mir kann leicht ein Dyonisos passiren!) Nur verstehe ich wirklich nicht, wie *Sie* über Arbeit- und Schreibunfähigkeit klagen können. Denn eben lese ich die Früchte Ihres »Normalarbeitstages«, voll Kraft, Schneid, Überzeugung, vernichtender Schärfe. Ich möchte nicht der betreffende, der schwerbetroffene Herr von der Nationalzeitung sein! Die war, als ich noch im Flügelkleide (dunnemals, als ich mit Wrangel in die Tanzstunde ging) im Elternhaus regierte, mein Organ. Ja, damals war sie doch vornehm? wenigstens ich in meinem Flügelkleide merkte nichts von Stinken, und Vater sagte auch, sie sei so ein anständiges Blatt. Sie spielen ihr ja übel mit, kein Hund kann mehr ein Stück Brod von ihr nehmen, und wenn sie sich nicht wirksam verteidigt, müßte sie nun eigentlich mausetot sein. Ich bin neugierig, ob sie dieses Blutbad wirklich überlebt. Und mit Afrika haben Sie ja so furchtbar Recht. Empörend, empörend ists, mit welcher Gleichgültigkeit hierzuland unser Mißgeschick und unsre Unfähigkeit da draußen stillschweigend übergangen werden! kein Mensch scheint sich mehr der wilden Engländerverachtung zur Zeit des seligen Burenkrieges zu entsinnen.

Nein, wie die Zeit vergeht! Die M. N. N. bringen heut wieder 2 Spalten über Luise von Koburg; das ist ja so sehr viel wichtiger und interessanter! Ich lobe Gott den Herrn, daß wir doch wenigstens *einen* Kerl, wie Sie es sind, haben, der mit Fanfaren Warheiten in die Lande schmettert. Harden, Sie sind famos.

In der Frankfurter Ztg. stand neulich ein äußerst schwacher Artikel gegen Alfreds bei Ihnen abgedruckte Rede. Von einem Schopenhauer-Enthusiasten namens Levi. Solch eine Verteidigung hatte der große Arthur warlich nicht verdient. Alfred hat nur mit einem Citat aus den Parerga Herrn Levi niedergeschmettert.

Warum darf ich nicht grenzenlos verstimmt sein? Ich bins doch aber. Körperlich müde und abgehetzt, im Gemüte unzufrieden und im Geiste schwach, verbraucht, fix und fertig. Ich glaube nicht, daß der neue Stand als Schwiegermutter grade so aufreibende Wirkungen hat, wenigstens nicht der allein. Der üble Sommer, die vielen Aufregungen mit Katja, die Abhetzerei jetzt mit Wonungsuchen und Ausstattung – es kommt wol alles zusammen. Und dann habe ich eigentlich keine Freuden, keine Freunde. Das Leben wird so heruntergehaspelt, im Kreis herumgetrieben, »bis es am Abend niedersinkt und stirbt.« Übrigens sah ich neulich, mit meinem Brautpaar, »Das Kätchen von Heilbronn« und fand es so sehr viel schöner, als »Traumulus«, oder gar »Tessa«, eine entsetzliche Renaissance-Tragödie von Wilh. Weigand (Süddeutsche Monatshefte). Überhaupts: der Kleist! Kainz als Prinz v. Homburg, einer meiner stärksten Theatereindrücke. Damals waren wir noch jung, Wrangel und ich. Und Kainz.

Nun könnten Sie wirklich endlich mal nach München kommen. Wir könnten uns, wie zwei gute Freunde, etwas vorklagen und so sehr genußreiche Stunden verleben.

Von Lolo hört und sieht man nichts. Ich weiß nicht einmal, ob sie in der Stadt ist.

Grüßen Sie die Damen. Na ja, und »Allerherzlichstes«

von

Ihrer

Hedwig Pringsheim.

wirklich *allerherzlichstes*!

München 15. 2. 1905

[Beilage der Vermählungsanzeige: Ihre heute den 11. Februar 1905 vollzogene Vermählung beehren sich anzuzeigen / Thomas Mann / Katja Mann / geb. Pringsheim / München.]

15. Februar 1905

Lieber Freund

Haben Sie herzlichen Dank für Ihre guten Worte. Ich bedarf jetzt doppelt herzlicher Teilnahme und treuer Anhänglichkeit, denn ich habe viel verloren und bin furchtbar betrübt. Stellen Sie sich vor, Ihre Maxa ginge mit einem fremden Mann, den sie vor Jaresfrist noch nicht gekannt, auf und davon und säße nun mutterseelenallein mit ihm im Baur au Lac in Zürich und schriebe Ihnen noch dazu sehnsüchtige und wehmutvolle Briefe. Das leere Zimmer, das noch alle Spuren seiner kleinen lieblichen Bewonerin trägt, nach ihr riecht und förmlich nach ihr schreit – na ja, lieber Harden, da sitze ich nun immer mit zugeschnürter Kehle drin, weil ich doch weiß, was war, kommt nie wieder. Von der Leere, und auch von der wüsten Unordnung, dem wirren Durcheinander in meinem Herzen gibt Katja's Mädchenzimmer so recht ein Bild. Ein freier Mensch soll ich werden? ach Gott, ich fürchte, ein immer gebundenerer. Wenn Kleinchen nicht glücklich wird – und Talent zum Glück hat sie so wenig wie ihre Mutter – so wird sich das wie Bleigewicht an meine arme Seele hängen; und wer wäre frei mit beschwerter Seele, und onehin mit meinem kranken Mann?! Sogar die äußere Bewegungmöglichkeit wird mir immer mehr beschnitten. Ich wollte mit Dr. Heinz nach Griechenland. Ja, Kuchen! Alfred macht sauere Gesichter, und es geht ihm so wenig gut, daß ich auf sauere Gesichter süß reagieren muß. Weiß nicht einmal, ob Mimosa zu Mimchen darf, denn nun muß sie arbeiten im Schweiße ihres Angesichts, um das sogenannte Nest der jungen Leute zu ordnen und zu schmücken; und dann dem Kind beistehen – in seinen ersten Haushaltungsorgen. Lieber Harden, ich bin völlig fertig, innerlich und äußerlich. Hätte Ihnen sonst längst wieder geschrieben, da Sie krank und elend waren. Ich habe oft an Sie gedacht, mit wärmster Teilnahme. Aber vor lauter Zerbrochenheit kam ich zu rein garnichts mehr.

Nun gehts aber besser, nicht war? Der letzte lange Artikel, die russische Schaukel, zeugt von so ernster Arbeit, ist so ausgezeichnet, so wirklich aufklärend, so nach jeder Richtung bewundernswert, daß ich nicht glauben kann und will, er sei von einem Kranken geschrieben.

So, Harden, ein andermal mehr und besser. Jetzt kommt eben noch meine Schwägerin Rohrscheidt zum Logisbesuch: nett, aber zeitraubend. Herzliche Grüße beiden Damen. Immer in aufrichtiger Freundschaft

Ihre

Hedwig Pringsheim

HP München, Arcis-Straße 12

22. 6. 1905

Lieber Freund – ich weiß nicht, wer »dran« ist mit Schreiben. Ich weiß nur, daß ich jetzt dran bin mit dem Unglück. Sie haben Furunkel, das ist arg. Aber ich habe ein zerrissenes Herz, und das ist ärger.

Was soll ich Ihnen sagen? … Das Ende ist, daß Erik am 9 Juli nach Buenos Ayres abgeht, und wer weiß, ob, wie und wann ich ihn je wiedersehen werde! Und Sie wissen, daß er mein eigentliches Kind war, mit all seinen von mir nur zu gut erkannten Fehlern, Schwächen und schlimmen Taten. Sein Leichtsinn im Schuldenmachen, die Form, in der er es betrieb, seine ganze Existenz hat nun die Grenzen des Möglichen überschritten, und er muß fort. Alfred hat sich außerordentlich schön und großmütig benommen, er hat ihn nochmals völlig regulirt, so daß Erik äußerlich als Ehrenmann scheidet; auch ist ihm der Rücktritt in den Staatsdienst auf 3 Jare vorbehalten; wenn er sich also drüben bessern würde, so steht ihm in der Heimat später wieder eine anständige Existenz offen. Wenn …! Da liegts eben. Und daß ich daran nicht glauben kann, macht die Sache für mich so furchtbar schwer. Denn hier handelt es sich ja nicht um gewönlichen Leichtsinn und verschwenderischen Lebenswandel eines jungen Mannes aus sogenannt reichem Haus. Das liegt ja bei Erik viel tiefer; seine ganze Art ist nicht die eines Verbrechers, sondern eines partiell – nur partiell – Irrsinnigen, und er gehört vor den Psychiater. Bei dem ich übrigens auch war.

Ja, lieber Harden, so treiben seit nahezu 4 Wochen die schlimmsten Geister ein böses Spiel mit mir, und ich habe viel durchgemacht, viel gelitten. Ich werde Erik warscheinlich nach La Rochelle begleiten, wo sein Schiff am 9 Juli abgeht, vielleicht vorher noch nach Berlin, wo er sich einem Herrn, der drüben ein großes Geschäft hat, vorstellen soll.

Um doch auch etwas erfreuliches zu schreiben: gestern war Martersteig bei mir, trank eine Tasse schwarzen Kaffee bei mir und schien sehr zufrieden und Ihnen sehr dankbar.

Es ist Hochsommer, furchtbar schwül. Wir haben noch garkeine Reisepläne und schmieden auch keine. Mir ists ganz gleich, wohin wir gehen. Und Alfred ist ja leider garnicht gesund, die alte Geschichte; so daß wir warscheinlich vom Arzt eine Direktive bekommen werden.

Sehen Sie, ich klage Ihnen auch, wenn ich etwas habe. Zu was leben einem denn Freunde?

Seien Sie recht herzlich gegrüßt

von Ihrer

Hedwig Pringsheim.

Mutter und Tochter alles schöne.

HP

München, Arcis-Straße 12

6. 9. 1905

Lieber Harden – nun bin ich also wieder daheim. Jetzt kanns in der verdammten Schweiz, ganze colonnenlang, »sehr schön« sein; aber wir mußten auf unserm Rigi dauernd in Nebel und Wolken sitzen; und der Regen, der regnete fast jeglichen Tag. Übrigens sah ich, daß es auch nichts war, wenns schön war; obgleich es dann wirklich unbeschreiblich und wunderbar schön da oben sein kann. Ich meine: für mich nichts war. Unfroh fließt mein Leben dahin. Es scheint, daß mir die Fähigkeit der Freude, ja die Möglichkeit des Interesse's am Leben, auf unbegreifliche Weise abhanden gekommen ist. Ich bin stumpfsinnig. Ich esse, schlafe, gehe spazieren, lese, besorge meine Wirtschaft; aber ich bin ein Automat, den all das, was er da treibt, absolut nichts angeht. Ich glaube, es ist irgendwo in meinem Organismus eine Feder gesprungen, und nun bin ich kaput. Vielleicht kann ein geschickter Mechaniker den Schaden noch einmal repariren. Vielleicht aber ist dazu das Urwerk doch schon zu abgenutzt. Vedremo.

Sie waren fleißig, lieber Freund. Wir ließen nichts nachschicken, so fand ich 5 Nummern »Zukunft« hier vor, die ich alle mit Genuß nachlas. Blos in der letzten Woche fehlen Sie mir; warum? Ich staune immer wieder über die unerschrockene Künheit, ja den heroischen Mut, mit dem Sie Wilhelm II bitterböse Warheiten sagen, die Ihnen recht teuer zu stehen kommen könnten. Und so weit das Auge reicht, Sie immer als einziger. Aus Ihrer Frische und Arbeitskraft schöpfe ich die tröstliche Vermutung, daß es Ihnen nicht schlecht gehen kann. Von meinem Freunde aus Livland habe ich seit Ewigkeiten nichts gehört. Dem mags schlecht genug gehen in seiner von revolutionären Verhetzern aufgewiegelten Provinz, wo man ja sogar die »Barone« schon anzuschießen wagt.

Hier in München lebt man jetzt so still wie nie. Es ist eine Fremdenstadt, München muß sich beim scheidenden Herrn v. Possart bedanken für den Goldstrom, den er hierher gelenkt. Das Pr. Regententheater ist tatsächlich stets ausverkauft.

Auch wir sind nur als Passanten hier, mit lumpigen 2 Sönen behaftet. Nächste Woche kommen wir nach Wannsee; vielleicht, hoffentlich kann ich Sie sehen. Tommy's, vor der Kälte und der Cholera aus Zoppot geflüchtet, weilen augenblicklich auch bei Rosenbergs, ebenso wol Klaus. Von Erik kam erst *eine* recht dürftige, ziemlich aussichtlose Nachricht aus B. Ayres.

Und so herrliches Spätsommerwetter haben wir heut – zum Indiewelthinausstürmen. Ja, es hat sich ausgestürmt; und Alfreds Magen geht es auch garnicht gut.

Übrigens soll ich gut und sonnenverbrannt aussehen.

Allerherzlichste Grüße Ihnen, lieber Freund, und den Damen.
Ihre
Hedwig Pringsheim

Obermais-Meran 4. 10. 1905
Diakonissenheim.

Lieber Harden – Sie sendeten mir aus Nebel und Regen einen Gruß; ich erwidere ihn nicht nur aus Sonne und himmelblauer Klarheit, sondern auch aus dem Diakonissenheim. Aber nicht wegen Krankheit, sondern wegen Mimchen. Ich habe meinen Alfred zum Naturforscher-Kongreß nach Meran begleitet, und bin dann nach dessen Abreise noch auf 8 Tage nach Obermais zu Mimchen heraufgezogen. Welch ein Abstand! Unten in Meran nichts wie Juden, ganz Israel in der Form von Ärzten und Naturforschern vereinigt. Und ach, wie abscheulich sind doch Juden en masse. Und hier oben streng protestantische, puritanische Einfachheit, liebe, einfache, natürliche Menschen; und so angenehm unelegant, so sympathisch anungslos dem Luxus und der Verfeinerung unsres raffinirten Daseins gegenüber. Dies Diakonissenheim, wundervoll still und hoch gelegen, einfach, aber sauber und ganz gut bürgerlich gefürt, ist nicht ein Kranken-, sondern mehr ein Erholungshaus für protestantische Leidende. Neben mir sitzt ein sehr armes, dafür aber sehr geschwätziges Stiftsfräulein aus Braunschweig, neben Mimchen eine alte Majorswittwe; mir gegenüber »die Volksschullehrerin aus Kögnik«, dann »die nervenleidende invalide alte Malerin«, die »Dame aus Riga« (o, Riga!), dann die drei Herren, die so dumm aussehen, daß man nur staunen muß, daß der liebe Gott *das* vermochte, u. s. w. Nicht zu vergessen die 4 oder 5 »Schwestern« in ihrer nonnenhaften Tracht. Vor- und nachtisch wird gebetet, und auf dem Tisch steht eine Sparbüchse in Form eines Schweins (Mimchen hielt es für einen Löwen), in den jeder, der einen Klex aufs Tischtuch (das eine volle Woche liegt) macht, eine Münze werfen muß. Die arme invalide Malerin ruinirt sich in Klexen, und noch dazu ists meist Spinat oder rote Rüben. Aber abends, lieber Freund, da sollten Sie uns mal sehen. Nach dem Essen werden Gesangbücher verteilt, und die »Andacht« beginnt. Erst singen wir 2 Gesangbuchverse, so ziemlich falsch, und dann liest Schwester Maria ein Kapitel aus der Bibel vor – so schlecht, daß ich ihr immer das heilige Buch entreißen möchte, um ihr zu zeigen, was eine Harke ist – dann spricht sie das Vaterunser und den Abendsegen, wir singen noch einen Vers, und um ½ 9 gehen die meisten ins Bett; ich übersetze noch etwas für Mieze und lese die Mémoiren von Mad. Campan bis ½ 11. In diese heiligen Töne wollte der Besuch von Oldens nicht passen. Immerhin waren sie beide nett und liebenswürdig. Er gab mir auch sein Stück, an dessen Titel »Wiederkunft« Sie ja wol nicht ganz unschuldig sind. Was das Stück anbetrifft – na ja! –

Hören Sie, aus Riga hatte ich einen sehr charmanten Brief, in dem mein Freund die dortigen Verhältnisse anschaulich und interessant schildert. Ich dachte, wenn Sie ihn, darauf Bezug nehmend, etwa aufforderten, Ihnen einmal für die »Zukunft« darüber zu schreiben. Seine Adresse wäre: »Herrn Astaf von Transehe. Riga. Ritterhaus«. – Sonnabend hat mein frommes Idyll nun ausgespielt, und ich kehre heim in mein etwas verödetes Haus. Es tut mir hauptsächlich Mimchens wegen leid, die ich ungern allein lasse. Von meinem Jungen habe ich lange nichts gehört. Er ist auf einer »Estancia«, weit im inneren Lande. Ich muß es halt tragen. Daß ich Sie nicht sehen konnte, war einfach niederträchtig. Grüßen Sie auch Rathenau, dessen Empfehlung bisher Erik die besten Dienste getan hat. Auch Ihren Damen meinen Gruß. Sie versprachen, wenn wir uns nicht sehen würden, mir »alles« zu schreiben. Na dann also! – Von Herzen immer

Ihre Freundin

Hedwig Pringsheim

HP München, Arcis-Straße 12
18. 10. 1905

Lieber Harden – nun also: warum machen Sie es nicht endlich einmal war, setzen sich an einem Donnerstag Abend auf die Eisenban, verbringen im Schlafwagen eine geruhsame Nacht und wachen am Freitag Morgen in München auf? Dann könnte man doch wirklich sich aussprechen und freundschaftlich sich nahe treten, ganz anders, wie bei diesen flüchtigen Berliner Besuchen, wo man immer mit der Ur in der Hand kaum Zeit findet, warm zu werden.

Sie versprechen mir immer, daß Sie mich Ihrer vertrauenden Freundschaft demnächst würdig erachten werden; aber beim Versprechen bleibts. So entschließen Sie sich also zur Zeit, und erholen Sie sich ein paar Tage in München; wo noch dazu heut zum erstenmal seit Wochen so etwas wie Sonne scheint, wenns auch nur eine küle, blasse Wintersonne ist. Und erholungsbedürftig, wo nicht gar wirklich krank, scheinen Sie mir ja zu sein, wie ich mit Sorge und Kummer, mein Freund, aus der »Zukunft« erfahre. Und Ihr Brief, den Mimchen mir nachschickte – denn er traf am Tage meiner Abreise in Meran ein – klang ja eben auch nicht rosig. Ihre entzückende Bemerkung über Mimchens Eigenart, Schweine gern für Löwen anzuschauen, habe ich ihr aber brühwarm mitgeteilt, und sie hat sie ebenso genossen, wie ich. Hingegen war sie nicht ganz damit einverstanden, daß Sie Frl. Stöcker gescheidt etc fanden. Sie meinte, das läge wieder blos daran, weil die Dame »kokett und verlebt« sei. Also doch sexuelles Problem. Ja: »warum, zum Donnerwetter, tut sie dann nicht?!« Vielleicht – – – aber nein, keine Klexe! –

Das Diakonissenheim mit seinem gänzlichen »Anderssein« hat mir recht gut getan. Und Mimchens schöne, befreiende Gegenwart. Die köstliche Sonne und die herrliche Natur auch nicht zu vergessen.

Als ich hier in Nebel, Regen, Sturm, Schnee, Dreck und trostlos-ödem Grau ankam, fand ich zum Gruß und – mein Gott ja, auch zum Trost –, einen 20 seitenlangen Brief von Erik vor. Er ist auf einer »Estancia«, weit landeinwärts, am Busen der Unkultur, den ganzen Tag zu Pferde, Revolver und Wasser im Gürtel, »oft schmutzig, nicht dreckig«, putzt sein Zimmer, seine Stiefel, seine Pferde selbst, heißt »Don Enrique«, beleuchtet sich mit einem Talglicht, reitet 25 km weit, um Brände zu löschen und hatte sich bis dahin nur geweigert, eine Kuh selbst zu töten und ein gefallnes Rind zu häuten! Welch ein Leben! nicht uninteressant; das Abenteuer in selbsteigener Gestalt. Um als Episode darauf zurückzusehen, herrlich. Als Gegenwart – na, vielleicht auch nicht übel, wenn man jung, gesund und tatkräftig ist. Wenns nur nicht so entsetzlich weit wäre! Nach 4 Wochen, wenn ich davon höre, ist vielleicht alles längst nicht mehr war. Eine Antwort auf meine Frage unter 8–9 Wochen unmöglich zu erlangen. Aber Gewonheit macht stumpf. In Jar und Tag tuts vielleicht garnicht mehr weh.

Dem »Professor« gehts leidlich; gut nie. Wir sind sehr anspruchslos geworden und zufrieden mit der kleinsten Gabe.

Frau Mann ist in höchstem Grade »bewont« und soll im November ihr Kindchen haben. Es geht ihr den Umständen angemessen.

Ich sehe niemanden, lebe wie ein Einsiedler, helfe Miezen, den neuen Fogazzaro-Roman übersetzen und warte, wie lange dies Leben noch so weiter gehen wird.

Warum Sie meinen Freund mit dem unwiderstehlichen Namen nicht auffordern wollen, begreife ich nicht. Er stellt Sie sehr hoch, interessirt sich richtig für Sie und schreibt, glaube ich, gern.

Also meine Tee-Ecke wartet auf Sie. Ich auch. Auf Wiedersehen, lieber Harden, und Ihnen und den Ihren herzliche Grüße.

Ihre

Hedwig Pringsheim.

HP München, Arcis-Straße 12
2. 11. 1905.

Liebster Harden – nun hatten Sie diesen prachtvollen, langen Artikel, der doch, was Arbeitskraft, Geistesfrische, Stärke der Auffassung und Gesinnung anbetrifft, einen ganzen Mann, – und das ist doch auch ein gesunder Mann – vereint, in der »Zukunft«; und gleich darauf den scharfen, klugen, interessanten »Personalia«-Aufsatz; und in demselben Augenblick schreibt mir Ihre Frau, Sie seien leidender, denn je; sodaß Sie nicht einmal schreiben könnten. Dann sind Sie ein Wunder, ein märchenhafter Mensch. Was allen andern nur in den Tagen gesteigerter Lebenskraft und -Fülle gelingen könnte, das schütteln Sie aus durch Leiden gehemmtem Vermögen. O Harden, sollten Sie ein ganz richtiges Genie sein?! Jedenfalls bin ich sehr betrübt, daß es Ihnen so sehr schlecht ging und hoffe, daß auf diesen Höhepunkt des Leidens nun der Rückschlag eingetreten ist. Übrigens möchte ich Ihnen doch ein für allemal sagen, daß ich mit Ihnen nicht rechne, was Briefe anbetrifft. Das wäre doch rein lächerlich von einer Arbeitslosen, einem so mit Arbeit Überbürdeten gegenüber. Von Ihnen eine Schlag auf Schlag-Antwort zu erwarten, wäre warlich der Gipfel des Unverstandes.

Ja, und nun haben Sie eine Vorlesung hier angezeigt? also kommen Sie her? Wann? Das wird wol so ungefär den Höhepunkt meiner Saison bedeuten, da ich sonst zurückgezogen wie ein Bär in meiner schön tapezirten Höle lebe. Einen kleinen Aufstieg markirte ja neulich schon der Besuch von Rosenbergs, die 2 Tage bei uns wonten und uns einen Nachmittag zum Tee auch Walter Rathenau mitbrachten. Leider saßen wir en famille um den großen Teetisch, was ja jede intime Unterhaltung mordet. Ich hätte Rathenau, für den ich ein entschiedenes faible und zu dem ich großes Vertrauen habe, gern ein wenig ausfürlicher gesprochen, auch wegen Erik konsultirt, fand aber nur Gelegenheit zu einem ganz kurzen àpart, bei dem natürlich nicht viel herauskam. Erik lebt ja jetzt wie ein Indianer, von den Briefen, die nun 4–6 Wochen brauchen, gehen noch dazu manche verloren, im letzten spricht er von einer überstandenen Krankheit oder einem Unglücksfall, wovon ich garnichts weiß – kurz, lieber Freund, es ist keine Lust, zu leben.

Augenblicklich habe ich zwar das gute Mimchen hier; aber das ist doch eine so vorübergehende Freude, daß sie meine Stimmung auch nicht sehr hebt. Wie denken Sie über Rußland? Ich kann nicht glauben, daß alles nun wirklich so ganz anders werden wird. Ich kenne ja das Volk nur aus Büchern. Aber *dies* Volk und eine Selbstverwaltung? es kommt mir unmöglich vor. Mimchen ist schon furchtbar gespannt, »was Harden dazu sagen wird«. Mir kommt vor, daß die Gemeinde derer immer größer wird, die furchtbar gespannt ist, was Harden zu den Dingen sagen wird. Oder irre ich mich?

Viel herzliche Grüße Ihnen, lieber Freund, und gute Wünsche für Ihre Gesundheit.

Ihre

Hedwig Pringsheim.

Beste Grüße an Frau und Kind.

HP

München, Arcis-Straße 12
26. 12. 1905

Liebster Harden – nur in Eile (denn Klaus, der mit Motz dem Hunde den Nachtspaziergang macht, nimmt den Brief mit zum Zuge) wenige Zeilen, um Ihnen mein schmerzliches Bedauern auszusprechen. Daß Sie wieder ernstlich krank zu sein scheinen, was ich nach den fabelhaften und grandiosen Leistungen der letzten Wochen fast für unmöglich halten würde. Wenn ich nicht heut aus dem Hôtel Hohenzollern in der Lehrenstraße einen Brief meines Freundes Astaf von Transehe (der aber, gottlob, nicht der in den Zeitungen gemeldete erschossene Heinz v. Transehe ist) erhalten hätte, der mir schreibt, er hätte Sie von dort, auf meinen Rat übrigens, antelefonirt, man habe ihm aber geantwortet, Sie seien krank und empfingen nicht. Es hat ihm furchtbar leid getan, denn er hätte Sie besonders gern gesprochen, Ihnen ausfürlich von Riga erzält, Ihr ihm sehr wichtiges Urteil gehört und auch über den Artikel, den er Ihnen schreiben wollte mit Ihnen konferiert. Könnten Sie ihn nicht doch noch empfangen? Er wird vermutlich noch 2–3 Tage in Berlin bleiben müssen, da er vor dem 29 warscheinlich keine Schiffsverbindung nach Riga bekommt. Ich hetze die ganz wenigen Freunde, die ich liebe, schrecklich gern an einander.

Lieber Harden, Sie haben in letzter Zeit so unsinnig viel und so unerhört gut geschrieben: Sie können doch nicht schwer krank sein! Sie sind doch nicht der liebe Gott. Und der vermöchte es kaum. In Politik, von der ich so sehr wenig verstehe, lasse ich mich von niemandem so gern belehren, wie von Ihnen. Weil ich Ihnen alles so ehrlich glauben kann und Sie klar, präcis und sachlich sind. Was sagt Bülow? Kann er Sie einsperren? Wenn Sie über Theater schreiben, das ist mir immer zum Entzücken gar. –

O Harden, ich hatte schlimme Weihnachten! Außer meinem Erik, an den ich mit bitteren Schmerzen dachte, spielte da noch etwas anderes, vom Schwieger-Tommy, was ich Ihnen wol später einmal erzäle. Aber er hat uns das Fest arg vergällt. Meine arme kleine Katja ist noch immer recht blaß, recht schwach, recht kümmerlich, und sie wurde ja auch seelisch ziemlich mitgenommen. Nur Klein-Erika gedeiht. Und mit der Zeit kriegt sie vielleicht auch ein edleres Näschen. Denn das ist jetzt noch ganz schauderhaft breit.

Alfred, dems mit dem Magen leidlich geht, reist morgen, wie alljärlich um diese Zeit, nach Berlin ins Goldhaus. Haben Sie München ganz aufgegeben? wie gerne, wie gerne spräche ich Sie! Heinz ist im Urlaub zuhaus. Aber als »Stevalangscher« sieht er Ihnen, mit dem kurzgeschorenen Kopf und dem hohen Uniformkragen, leider garnicht mehr änlich.

So, jetzt kommt Klaus mit Motz. Motz ist nicht halb so süß, nicht $^{1}/_{10}$ so intelligend wie Plisch, der auch jetzt zu meinen Füßen kauert. Aber, denken Sie, heut Nacht um 4 sprang er auf mein Bett, weckte mich, und ich mußte ihn in den Garten füren. Das sollte mal ein anderer von mir verlangen!

Tausend herzliche Grüße, lieber Freund, und schreiben Sie mir nur eine Zeile, wie es Ihnen geht.

Ihre
Hedwig Pringsheim

Ich habe scheußlich geschmiert. Den Damen Grüße!

HP München, Arcis-Straße 12
23. 1. 1906

Nein, eben, lieber Harden, passirt mir etwas direkt beschämendes. Ich suche eine neue Jungfer, es stellt sich ein niedliches Mädchen mit abominablen Zeugnissen vor, ich bin zu bequem zum Weitersuchen – außerdem ist man ja doch auch hier immer allzusehr in Gottes Hand – niedlich ist sie auch: ich mache ihr also einige Vorhaltungen und erkläre dann großmütig, daß ich sie trotzalledem engagire. Und die Niedliche? Sagt, sie wird sichs bis morgen überlegen, ob ihr die Stelle paßt und ob sie nichts besseres findet, und mir dann Bescheid sagen. Und das beste ist: wenn sie morgen will, nehme ich sie; weil *ich* bequem bin und *sie* niedlich ist. Aber ich bin doch in meinem Größenwan etwas erschüttert.

Nun gebe ich zu, daß diese Geschichte – angesichts von Algeciras, Rußland, Ost-Afrika und wie die Weltbegebnisse alle heißen, ziemlich unbedeutend ist. Aber allemal ist das naheliegende das wichtige; und so wutschte sie mir in die Feder – – – soweit kam ich vor 2 Stunden, als mein Stiernacken I (N° II ist herzleidend und vielleicht auch ein bischen untreu) gemeldet wurde, und gleich darauf Gertraud Hopfen, die ihre jüngste Schwester hier in ein bajuwarisches Fräuleinstift zur Erziehung gegeben hat. Gott, was hat der Otto Helmut neulich für eine größenwansinnige Selbstanzeige in der »Zukunft« gehabt! mit so schwülstigem, fetten Selbstbewußtsein. Schwester Gertraud sagt, es sei ein sehr schlechtes Buch. Na, macht nix.

Nun sind Sie ein großer Politiker geworden, und ich sehe mit ziemlich ehrfurchtsvoller Scheu zu Ihnen empor. Die frühere

Liebe wird ein klein wenig gedämpft durch Hochachtung. Denn die Sterne, die begehrt man nicht. Lieber Harden, Sie habens herrlich weit gebracht. Was müssen Sie nur alles für Verbindungen haben – Sie sind ja eine Macht geworden, und *wirken* nun gewiß auch, als Macht auf Mächte. Ein Faktor im öffentlichen Leben, so nennt mans wol auf gebildet. Im ersten Artikel bin ich stolz auf Sie; aber auf der letzten Seite liebe ich Sie mehr d'amour. Famos der Wedekind; so gutes, treffendes hat noch niemand über ihn gesagt. Habe mich riesig drüber gefreut.

Wann kommen Sie nach München? bei Schüler-Ackermann sagte man mir, um den 20 Februar, und Sie würden über den »Fall Bahr« sprechen. Dann machen Sie sich nur auf eine lebensgefärliche Fülle gefaßt; erstens Sie, dann nochmals Sie, und dann noch der Fall Bahr – das zieht rasend. Lassen Sie michs wissen, wenn das Datum feststeht; damit ich mich nicht um die Zeit grade wieder nach Berlin verspreche.

Also Schweningers ziehen in ungewisse Fernen? und der Proceß Marion ist auch verloren? Mein Geschaftlhuber der Oberst stellte mir die Sache anders und für Lena günstiger dar, als es die Zeitungen und die Partei Lolo tun. Was auch in dieser Sache wieder Stimmung gelogen wird, das ist einfach zum brechen – ich kanns nicht billiger tun. O Welt! o Welt! nichts mehr von ihr hören und sehen, aus der Heimat in die Heimatlosigkeit gehen, wobei man sich ja nicht absolut in die Betrachtung seines Nabels (bei uns heißts seit der Kinderstube immer noch »Bauchknopf«) zu versenken brauchte, das wäre das rechte. Aber wo ist er, der Freund, dessen man dazu benötigt? Sie sind ein Faktor, und Rußland ist weit. Na, und überhaupts.

Mir gehts nicht gut, nicht schlecht; einfach öd'. Bei Tommy's ist alles in Ordnung, Erika gedeiht an der Mutterbrust, und kleine Schwiegerdifferenzen sind beigelegt.

Von Erik bekomme ich den Umständen angemessene Nachrichten, die mich aber garnicht befriedigen. Dies bleibt eine offene Wunde. Als Pflaster versuche ichs mit Arbeit, helfe Miez Fogazzaro's »Il Santo« übersetzen, den ich langweilig und unbedeutend finde, und lerne ein bischen spanisch. Gebe auch kleine

Diners – Samstag kommen Stucks, Ahd-, Bernsteins etc – und lasse die Jugend tanzen.

Ob Sie bis hierher sich durchgearbeitet haben? Dies ist ein Manuskript kein Brief. Ich möchte Sie einmal sehen und sprechen, ich möchte sehr gern. Besuchen Sie Mimchen nie?

Grüßen Sie Maxa und Ihre Frau herzlich.

Immer Ihre treue Freundin

Hedwig Pringsheim.

München 12. 3. 1906.

Liebster Harden

Etwas änliches von düsterer Verstimmung, wie heute auf mir lastet, können Sie sich nicht denken. In Ihren schwersten Neurasthenien sind Sie ein heiterer kleiner Waisenknabe dagegen. Ich habe allerhand Gründe; aber es muß auch körperlich sein, influenzahafte Widerstandsunfähigkeit, Blei in den Gliedern, im Kopfe Dumpfheit, im Herzen Weh – – – kurz, eine Jammerpuppe. – Im Haus ists schrecklich einsam, Klaus in Wien, von Erik keine Nachricht, der allereinzigste, aber nicht himmlischste Peter mit seinen Liebstens im Theater, und Alfred, der Ärmste, im Bett. Sozusagen doppelt im Bett. Nämlich mit operirtem Fuß und einer Liege-Hunger-Diätkur. Da kann man schon mit erheblich besseren Dingen im Bett liegen. Aber da der Fuß, resp. die immer wieder sich bildende Geschwulst, doch einmal geschnitten werden mußte – sehr tief und schmerzhaft diesmal – so wollte der ökonomische Professor gleich zwei Fliegen mit einer Klappe schlagen, und das erzwungene Liegen gleich mit der schon lange über ihm schwebenden Magenkur verbinden. Nun bekommt er also, zur Erheiterung für seinen schmerzenden Fuß, täglich 4 Tassen mit nicht sehr ermunternden Flüssigkeiten als einzige Narung, und auf dem Magen liegt der Eisbeutel. Ich finde, die Doktors denken sich immer so nette Sachen aus, die ja doch alle nicht helfen. Alle Quacksalber, die sie sammt und sonders sind! Natürlich macht sich der Mangel an Kindern unter sotanen Umständen doppelt fülbar; Katja kommt wol täglich, aber die möchte man am liebsten selber ins Bett stecken, so blaßschnutig wie sie aussieht. Ihr Tommy-Männchen färt fort, eine Ungeschicklichkeit nach der andren zu begehen und sein Leben mit Beleidigen und Widerrufen zu fristen. Über »Wälsungenblut« habe ich in den letzten 8 Tagen nichts neues gehört, es macht hübsch langsam und sicher seinen Weg in die weitesten Kreise. *Wir* sind endgültig fertig mit der Affaire.

Über Bahr hört man auch nichts mehr; es heißt nur wirklich, daß er kommen soll. Wogegen die Ultramontanen energisch Front machen. War es Ihnen in Ihrem Brief, lieber Freund, für den ich Ihnen herzlich danke, eigentlich Ernst, daß Sie noch einmal nach München kommen, noch einmal reden würden? Ich glaube es nicht, nach dem was Sie mir von der Aufregung und Angst erzält haben, die solch ein Vortrag Ihnen macht. Sonst, wenn Sie wirklich kämen, wäre es doch sicher eine Leichtigkeit, es zu arrangiren und würde vielen eine riesige Freude sein. Von mir sage ich garnicht. Übrigens hoffe ich, Ende des Monats bestimmt nach Berlin zu kommen.

Ihre Aufklärungen in eigner Sache contra Leuß sind absolut ausgezeichnet: klar, einfach, objektiv, sachlich, überzeugend, ein klassisches Muster, wie man solche Dinge anzufassen hat. Peter sagte nach der Lektüre ganz stralend: »Da könnte Schwager Tommy lernen, ich habe selten etwas bessres gelesen«!

Sie waren so freundlich, Klaus für Wien Empfehlungen anzubieten; wenn es Ihnen nicht unbequem, wenn es nicht unbescheiden ist, so würde er gern an Hofmannsthal, Benedikt, Korngold, eventuell auch an Klimt empfohlen sein. Sie könnten die Schreiben an mich, oder auch direkt an ihn, *Wien III, Prager-Str. 10/3* schicken. Ich wäre Ihnen in des Nesthäkchen Namen herzlich dankbar. – Nun seien Sie mir nicht böse über den garstigen Brief, der nächste wird besser. Viel herzlichste Grüße Ihnen und den Ihrigen. Immer Ihre Freundin

Hedwig Pringsheim.

HP

München, Arcis-Straße 12
23. 5. 1906.

Lieber Harden – schade, daß Sie nicht in Nürnberg waren. Obschon wir ja natürlich unter des Wetters Ungunst zu leiden hatten und es bei dem eisigen Mailüfterl nicht so schön wurde, wie es hätte sein können. Immerhin tut ja eine kleine Ausspannung, dies bischen »mal was anders« stets seine guten Dienste, und man kehrt erfrischt heim in des Tages ödes Einerlei. Ihnen zumal, lieber Freund, wäre *jede* Abwechslung, *jede* Ausspannung, gleichgültig ob bei Regen, ob bei Sonnenschein, so gesund, so notwendig. Ich hätte Ihnen Rom mit den netten Deutschs von Herzen gegönnt; und wenns Rom nicht sein konnte, wenigstens Nürnberg mit den netten Pringsheims. Straußens »Salome« würde Sie zwar kaum gereizt haben, denn die können Sie ja in Berlin – oder in Dresden wenigstens – sehr viel besser haben. Und mir hat sie keinen Eindruck gemacht, ich finde Wilde's mit der Eysold viel, viel beduselnder; was mein Alfred ist, der war ja über die Musik, die garkeine Musik mehr sei, ganz außer sich vor Entrüstung, wärend Heinz, der ja der jungen Generation angehört, von reger Begeisterung erfüllt war. Klaus kam auch, auf dem Weg von Wien zum Musikfest in Essen, aber erst zur Sonntag-Auffürung, sodaß wir ihn nur einen halben Tag noch genossen. Er ist mit Wien sehr zufrieden, hat sich aber einen kleinen Schnurrbart zugelegt, in dem er unsagbar scheußlich aussieht; wirklich wie ein ganz gewönlicher Jud' – ich hätte ihm beim ersten Anblick um keinen Preis einen Kuß geben können.

Dann sahen wir in Meßthalers »Intimem Theater« Wedekind »Totentanz« und »Hille Bobbe«. Was soll man nur aus diesem Wedekind machen? Hat er sich einen frechen Witz erlaubt? Dazu ist das Stück nicht amüsant genug. Es ist nämlich langweilig. Stellt es wirklich eine Lebensanschauung vor? Dann ist es mislungen, denn es hebt sich ja am Schluß auf. Ne, lieber Wedekind, das geht nicht, so grün sind wir nicht mehr, um diesen blauen Dunst Ernst zu nehmen. Sehr niedlich übrigens, zwei Stücke hintereinander, in denen das Bordell – pardon – als moralische

Anstalt heilig gesprochen wird. »Hille Bobbe«, das mir beim Lesen unmöglich vorkam, fand ich bei der Auffürung ganz amüsant; mit Ausnahme des moralischen letzten Aktes. Daß ich in dem einen blonden Freudenmädchen, das im »Totentanz« zum Schluß in schwarzseidenen Strümpfen und kurzem Hemdchen herausstürzt, Carla Mann, Tommy's jüngste Schwester, erkannte, war pikant. Eine komische Familie, Katja's neue Familie.

Die Landesausstellung ist natürlich, wie alle Ausstellungen, scheußlich; der Park ist schön, und Alfreds Silber ist schön. Na, und die Plastik aus Seife überwältigend. Aber entzückend Nürnberg im Blütenzauber von Flieder, Goldregen und Rotdorn, der in den Wallgräben duftet und prangt und lockt wie in Klingsors Zaubergarten. Überhaupt die Stadt hat einen unbeschreiblichen Reiz.

Nun sind wir seit Sonntag Abend wieder daheim, und heut Abend müssen wir unser Katjalein wieder hergeben; denn morgen kommt ja der olle Tommy nachhaus. Der hätte dreist fortbleiben können. Und Alfred gehts nicht sehr gut. Wenn Sie den Artikel von Baas über Prophylaxe gegen Magenblutungen noch auftreiben können, so bitte, schicken Sie ihn doch. Und wie gehts Ihnen? immer das alte? wie dürfen Sie behaupten, Sie könnten nicht mehr schreiben? werden Sie mir kokett? Ich schreibe bald wieder. Heute von Herzen

Ihre Hedwig Pringsheim.

HP — München, Arcis-Straße 12

16. 6. 1906

Liebster Harden

Schönen Dank für die beiden Artikel; ob Alfred praktischen Nutzen daraus ziehen kann, wird sich zeigen. Jedenfalls hat er sie einstweilen mit Interesse gelesen und will sehen, wie er sie verwerten kann. Er läßt Ihnen bestens für Ihre Mühewaltung danken.

Mir kommt vor, als hätten wir lange nichts von einander gehört. D. h. ich höre und lese ja allwöchentlich von Ihnen, weiß aus dem vortrefflichen Halali und Wien-Kubub, daß Sie mindestens geistig weiter in *unerhörter* Frische und Gesundheit strotzen. Famos, scharf, gut, absolut überzeugend alles, was Sie da sagen. Muß mich immer wieder wundern, daß es nicht stärker in die Räder des Geschehens eingreift. Und den einen Eugen Wolf will ich Ihnen nur Ihrer sonstigen Taten willen hingehen lassen. Er ist wol ein schrecklicher Kerl; ich glaube, nicht sehr seriös zu nehmen. Also der Geist ist in Ordnung; aber wie gehts dem Körper? und dem Gemüt? soll Ihnen der Sommer keine Ruhe, keine Ausspannung bringen?

In Kubub war ich nicht, obgleich Sie die Reise dahin so verlockend leicht und bequem schildern; aber in Wien. Bin den Spuren meines Kaisers und meines Prinzen Heinrich gefolgt. Aber mein Kaiser hatte ein solches Regenwetter mitgebracht, daß er nur im geschlossenen Wagen wenig herumfur, und mein Prinz Heinrich war von oben bis unten unglaublich bedreckt, als er als ziemlich Später unter den Herkomer-Konkurrenten dem versammelten Wiener Ring-Publikum ein nur spärliches Hurra entlockte; trotzdem fand ich, daß er seinem erlauchten Herrn Vettern sehr ähnlich geworden ist.

Wir haben nämlich die Pfingstferien benutzt und Wien und Klaus auf 5 Tage besucht. Es hätte bei besserem Wetter noch hübscher sein können. Denn die Umgebung ist wol das verlockendste an Wien. Mit Alfreds altem Schulfreund, der auch einst zu meinen Verehrern zälte, Max Kalbeck, konnten wir einen durch seine immer noch eifersüchtige garstige Frau einigermaßen beeinträchtigten Ausflug auf den reizenden Kahlenberg machen, und eine schöne Nachmittagsstunde benützten wir zu einer Fart nach dem vornehm stilisirten, ganz entzückenden Schönbrunn. Nachher gerieten wir in eine falsche Stadtban und furen, anstatt 15 Minuten 1½ Stunden zurück, sodaß wir um die Ouvertüre der wirklich charmanten Figaro-Auffürung kamen. Mahler kann was, das ist sicher. Und er scheint sich für Klaus zu interessiren, der nun sicher nach den Ferien wieder nach Wien zurückgehen wird. Er, Klaus, ist auch in seine Primadonna, mit der er vegetirt, verliebt; es ist also alles in Ordnung. In der Burg sah ich »Tasso« und »Frau vom Meere«. Das Niveau ist doch *sehr*, sehr wesentlich höher, als bei uns, obschon die Hohenfels eine ur-uralte Prinzessin war. Tasso's Schwiegermutter. Aber in den Operetten-Tenor Treumann und in Hansi Niese könnte man sich sofort verlieben, trotz den gradezu teufelisch schlechten Schmarren, in denen sie auftreten. Das sind ja Genie's.

Jetzt haben wir wieder Logiebesuch; eine junge Russin, die immer in eine Kaltwasseranstalt muß, wenn sie verliebt ist und eine kurze Zwischenstation bei uns macht. Tommy's gehen morgen auf einige Monate nach Oberammergau. Wir wollen nicht reisen. Ich mache überall Besuche, komme auch mal nach Grunewald. Sahen Sie Mimchen jetzt? sie war doch bei Ihnen, resp. Ihrer Frau. – Ich schrieb Ihnen da einen greulichen, durch Olga, Katja, Erika, Plisch, Motz, Alfred fortwärend unterbrochenen Brief.

Bald besser und wieder. Aller-allerherzlichste Grüße

von Ihrer Hedwig Pringsheim.

[Fortsetzung auf der ersten Briefseite:] Zwischen Reinhard und Käte R. spielt ja nicht das geringste, das ist nur dummes Geschwätz. Maxa und ihrer Mutter schöne Grüße. – Haben sich Schweningers wirklich in Meiningen angekauft? Dann arme Lena!!

HP München, Arcis-Straße 12

6. 7. 1906

Lieber Freund – das ist ein seltsamer Sommer! kaum einen Tag one Gewitter, und heute gießt es nun infolge der nächtlichen mit rasender Gewalt und zerschlägt mir alle meine Rosen im Garten. Und die arme Katja hat, seitdem neulich der Blitz in ihr sehr exponirt liegendes Villinchen in Oberammergau eingeschlagen hat (one Schaden anzurichten), immer bei Gewittern eine gewisse nervös-aufgeregte Angst, die bei ihrem »Zustand« garnicht gesund ist. Von Tommy will ich nicht reden; der ist wie der Schriftsteller Elias, den meine damals noch kleinen Kinder »den Gewitterjuden« getauft hatten, weil er in der Villa, die wir in Tegernsee gemeinsam bewonten, beim Gewitter immer weinend im Korridor auf und ab rannte. Tommy ist ein kolossaler »Gewitter-Christ«. Mein Gott – überhaupts (wie man hier sagt)! Ich war neulich auf 2 Tage draußen in dem lieblichen Oberammergau, das one Passionsspiele eine Freude, mit Passionsspielen ein Grauen ist. Ganz idyllisch und allerliebst haben sich meine jungen Leute da eingerichtet, nur daß sie jedem Blitz und jedem Dieb wehrlos preisgegeben und nur allzusehr in Gottes Hand sind. Ihr Eheglück schien auch sehr zu gedeihen, und Katja machte einen behaglich-zufriedenen Eindruck. Mir würde Tommy so, blos nur ab und zu ganz freundlich mit ihm zu verkehren, ganz wol zusagen. Aber als Ehemann – – –! nun, er ist ja gottlob nicht meiner. Die kleine Erika ist braunrot wie eine Herzkirsche, und wenn ich eine Omama nach Gottes und der fliegenden Blätter Sinne wäre, müßte ich zerfließen vor Wonne an dem Kindchen und seinen zwei funkelnagelneuen Beißerchen. Herrje: ob ich amende eine widernatürliche Omama bin?

Nun sollte ich Ihnen vieles, warmempfundenes sagen über Ihre Schaffenskraft und über Ihr Geschaffenes der letzten Wochen. Ich fand Sie nie so produktiv, so anhaltend spendend aus der Fülle Ihrer Gaben. Aber mir kommt es immer direkt anmaßend und undelikat vor, wenn ich Ihnen schreibe: »Ultimo« war wieder scharf, klar, erleuchtend; »Brachmond« von wundervoller Tapferkeit, aufregend durch den künen Wagemut und die einzig dastehende Warhaftigkeit; u. s. w. Nicht war, das wissen Sie ja ein für allemal, daß ich eine ehrliche Bewunderung für Sie, und eine ehrliche Freude an Ihren Arbeiten habe, die ich stets mit Spannung erwarte und nie one innere Genugtuung und Anregung und Belehrung aus der Hand lege.

Sagen Sie, was ists denn mit unserm gemeinsamen Walter? ists war, daß er seine Stellung aufgibt, wie mir Mimchen schreibt?

sich vor der Welt verschließt? welchen Freund (Freundin?) hält er dabei am Busen?

Und, falls Schweningers wirklich in Schwaneck sind (bei mir haben sie sich noch nicht gemeldet), warum kommen Sie nicht einmal nach München, und wir besuchen sie gemeinsam draußen? War Dr. Besserwisser der Meister himself? Übrigens, lieber Harden, komme ich am 26 Juli auf 10–14 Tage zu Mimchen nach Grunewald. Da hoffe ich dann, auch Ihrer endlich einmal froh zu werden.

Frau Lily habe ich zu ihrer Mutter Tod kondolirt. Gott, die andre Frau Lily, die Braun'sche, ist die nicht ein Ekelbiest? mir ist sie übrigens immer noch 4500 M. schuldig, in deren Genuß sie sich zinsenlos seit 6 Jaren befindet, die stolze Seele. Sind die Ihren schon in Brunnen? Wenn nicht, grüßen Sie sie.

Immer von Herzen, lieber Harden, Ihre

Hedwig Pringsheim.

HP

München, Arcis-Straße 12

1. 8. 1906.

Lieber Harden – ein solcher Sturm braust durch die Straßen und rüttelt an den Fenstern, daß einem angst und bange werden könnte. Und ich bin so gar allein. Mutterseelenallein im großen Haus. Blos Plisch zu meinen Füßen. Und oben der tolle Motz. Die andern im Koncert. Heut vor 8 Tagen rüstete ich um diese Zeit zu Ihrem Vortrag, und Ihre Angst hatte mich, weiß Gott, ein wenig angesteckt. In den Fingerspitzen fülte ich das Prickeln, das mir aus den seligen Zeiten der Meiningerin noch als Lampenfieber in der Erinnerung bebt. Aber bei Ihren ersten Worten kam Sicherheit und Ruhe über mich. »Das kann keiner« – das war mir sofort klar. Und alles, was folgte, war gut, sehr gut, und Sie dürfen mit sich, »öffentlich und privat«, zufrieden sein, wie wir alle es waren; wie ich es war: und ich bin meinen Freunden gegenüber besonders kritisch, mit meiner Liebe wächst meine Kritik. Natürlich gab es auch Enttäuschte. Das waren die, die etwas unermeßliches erwartet hatten, etwas sensationell-oppositionell-majestätsbeleidigend-prickelnd-furchtbares; mit einem Wort: die Quatschköppe. Aber der Ober-Quatschkopf und direkte Fälscher war doch der Referent der M.N.N.; nein ich höre, jener unsympathische junge Mann, der auch an dem Nachmittag bei Knars war – Bischnig schreibt er sich – und der Ihnen geradezu Dinge in den Mund gelegt hat, die Sie mir gesagt haben und mir sagen konnten. Für die Höhe seines Unverständnisses spricht auch die abgeschmackte Schlußbemerkung, in der er Bismarck, Bebel und – Sudermann (haste Worte?!!) als Ihre großen Erlebnisse hinstellt. Es ist doch, um die Bäume hinaufzuklettern. Aber der Kerl lont nicht, sich über ihn zu ärgern.

Was aber Alfreds Werk betrifft, so hat Hirth sich als ein Ehrenmann erwiesen. Denn am nächsten Abend wurde ein niedliches Schächtelchen mit einer blanken Mark und 5 blanken Pfenningen abgegeben, begleitet von folgendem Verschen:

Sie dachten, werter Helfer in der Not,
Wol gar, Ihr Darlehn ginge in die Binsen;
Doch sind wir noch von altem Korn und Schrot:
Hier ist das Kapital sammt Dank und Zinsen.

Pastor Fidelis.

Alfred, als eingeborner Mathematiker, teilte ihm jedoch mit, daß dies 900% Zinsen vorstelle und erbot sich, sein ganzes Vermögen bei ihm anzulegen. Und so jagte ein Scherz den andern.

Denken Sie: die Sache mit den als Einwickelpapier benützten Fanen von »Wälsungenblut« stimmt in noch größerem Umfange, als wir – nicht glaubten. Es ist auf diese Weise ein komplettes Exemplar zusammengekommen, das ein Kommis der Jaffé'schen Buchhandlung cirkuliren läßt. Da kann es sich doch nur um eine Durchsteckerei vonseiten eines Fischer'schen Angestellten handeln, und es scheint mir unbegreiflich empörend, daß so etwas vorkommen kann. Aber ist unser liebes München Krähwinkel?

Wann geht Ihre leidige Angelegenheit zuende? resp. wann kommt sie überhaupt dran? Mir geht es nahe, daß Sie sich mit solchem Pack herumschlagen, um solchen Dreck ärgern müssen. Aber den Ärger und Widerwillen verstehe ich. –

O ich war froh, daß ich Sie einmal wieder gesehen habe; aber viel, viel zu wenig wars. Ich komme nun warscheinlich doch *vor* der Italienfart, am 20 März, nach Berlin. Schreiben Sie mir, wann Sie Zeit haben. Ich bin sehr einsam. Klaus geht Montag nach Wien. Peter wurde von allen jungen Leuten *so* beneidet, weil er mit Ihnen zusammen Mittagbrod gegessen hatte! Viele Grüße Maxa und Mutter. Immer Ihre Freundin Hedwig Pringsheim.

HP München, Arcis-Straße 12
12. 8. 1906

Lieber Freund – mit angenehmem Schauder, der mir prikkelnd übern Leib läuft, nicke ich errötend: »ja, du därfst«, und es kommt mir vor, als sei meine Tugend nun endgültig dahin. O, Lajos II!

Und da kommt auch das Gestammel Stamms zurück. Der »allzuordentliche« hat nicht nur einen Blick hinein geworfen, er hats richtig kritisch gelesen; und es hat keine Gnade vor ihm gefunden. Was Stamm will, findet er Quatsch; wie ers ausdrückt, inferior. Die Prima ganz *one* Mathematik wäre *nur* für künftige Philologen denkbar, das Gymnasium solle doch aber für *jede* wissenschaftliche Laufban vorbereiten. Da habe Freund Schopenhauer seiner Zeit einen acceptableren Vorschlag gemacht: bei den 2 obersten Klassen eine Gabelung eintreten zu lassen, für Mathematiker resp. Naturwissenschaftler einer-, für Philologen andrerseits. Stammen zu erwidern könnte er sich nicht entschließen, da ihm Gedankengang und Form zu inferior sind. Ein richtiges Gymnasialpauker-Gewäsch dünkt es ihn. Übrigens war auch ich so frei, die Arbeit durchzulesen und kann mich dem harten Urteil meines »ordentlichen« nur anschließen. Der Vergleich mit der Geige hinkt auf sämmtlichen Füßen, die Prima ist keine Meisterklasse, sondern die Oberklasse einer *Mittel*schule, und Herr Stamm soll keine Gespräche verfassen, sondern Aufsätze korrigiren.

Ja, im Grunewald war ich gern, trotz Mücken und Kanalisation und Eifersucht auf Frau Olden. Wie weit kamen Sie nun mit ihr? Weit, weit jedenfalls, da *sie* ja mit Siebenmeilenstiefeln vorwärts stampfte. Meine Abreise war scheußlich, Mimchen von gradezu pechschwarzer Melancholie; und Lili, deren Chocolade zuende war, tat mit. Aber Manderei, das ist ein herrlicher Mann: stark, zuverlässig, lebensfreudig. Er brachte mich durch all das Regenwetter und Automobilgebraus eine volle Stunde zu früh auf die Anhalter Ban; und dann bekam ich einen ebenso tüchtigen Schlafwagenmann, unter dessen Obhut ich ganz leidlich ruhte. Hier war Alfred und Plisch. Plisch freute sich wie irrsinnig, förmlich hysterisch. Alfred war gelassener, bedauerte wol seine schönen Allotria-Abende mit dem gemütliche Tarock und die Junggesellenfreiheit überhaupt. Er neigt doch nun mal zum Schnarchen und zum Schnurcheln, aber das *kann* ich nicht aushalten, da kriegt er Püffe.

Aber Harden! Freund! Geliebter! Sie nennen ja Pietsch einen alten Schweinigel! es ist doch das himmlischste, was ich je gelesen habe. Nun wird er Sie gewiß fordern, denn er hat ja Jugend aus Julchen gesogen. Ein alter Schweinigel! hat man je so etwas gehört! Dafür könnte ich Sie umarmen, würde auf *alles* antworten: du darfst.

Nachher kommt Miez mit ihren Kindern an; morgen Tommy's. Ich könnte immerzu weiter schwätzen, aber Sie haben morgen zu tun. Waren also nicht in Bayreuth? Schade. Und wie stehts mit München-Schwaneck? Grüßen Sie die Schweizer Damen. Herzlichst, allerherzlichst

Ihre Hedwig P.

Wie in aller Welt kam ich nur zu meinen letzten Konfidenzen?!

Wannsee 27. 9. 1906
Villa Pringsheim.

Mein lieber Freund – o dies tut mir aber furchtbar leid. Ganz besonders leid. Denn nun weiß ich garnicht, ob ich Sie noch sehen werde. Denn eigentlich wollten wir nur eine Woche, bis 1. October hier bleiben. Aber jetzt steht auf einmal nichts fest. Der alte Schwiegervater ist recht unwol und wenn im 86ten Lebensjare so eine Herzschwäche auftritt, weiß man natürlich nie, wohin sie fürt. Jedenfalls warten wir, bis der Anfall definitiv überwunden ist, und Sie lassen mich vielleicht wissen, wann ich Sie eventuell besuchen dürfte. Was fehlt Ihnen nur, liebster Harden? Schwester Else erzälte mir, Sie wären in Sylt, und ich schob die Artikel, die ich nicht sah, auf genossene Freuden (Frau Deutsch, Walterchen etc) und beunruhigte mich nicht. Nun hätte ich auch noch so etwas wie eine diplomatische Mission bei Ihnen. Otto Julius Bierbaum, der gestern in einer andern Angelegenheit an mich schrieb, sagt mir ungefär folgendes, one jegliches Tanderadei: er sei doch (ich wußte es garnicht) seit so vielen Jaren mit Ihnen auseinander, habe Sie aber inzwischen ungeheuer achten und ehren gelernt, und es sei ihm längst ein wares inneres Bedürfnis, sich wieder Ihnen zu nähern. Da habe er nun neulich gelegentlich der Kaiserparade in Breslau ein kleines Gedicht gemacht, das, zwar unbedeutend an sich, doch Ihrer Gesinnung entsprochen hätte; und schon habe er es als Gruß an Sie in das Couvert, aber dann nicht in den Kasten getan: denn er habe gefürchtet, Sie könnten amende seiner Annäherung unlautere Motive unterschieben, die ihm weiß Gott weltenferne lägen. Und nun frage er mich, die ich Sie doch gut kenne, um Rat, wie er sich Ihnen gegenüber verhalten solle und dürfe. Also, Harden, wie soll und darf er? Ich weiß nicht, was Sie mit einander hatten, halte Bierbaum aber für einen netten, sehr anständigen Kerl, den ich persönlich, nebst seiner reizenden italienischen Frau, gern mag. Und [ein Wort unleserlich, Archivstempel] gehen tuts ihnen ja gottlob auch nicht.

O Gott, da scheint ja die Sonne! – nun werden Sie mir gesund. Mir, uns, vor allem sich. Mimchen bleibt bis anfangs der Woche bei Rosenbergs; ich sehe sie viel und bin zufrieden mit ihr. Aber sonst ists eine öde Welt. Übrigens habe ich mich nämlich in Stuttgart mit David Hilbert aus Göttingen definitiv verlobt. Man kommt aus den Kinderkrankheiten nicht heraus.

Grüßen Sie die Ihren. Von ganzem Herzen

Ihre

Hedwig Pringsheim

Ich möchte wirklich nicht abreisen, one Sie gesehen zu haben: Sie gehen mir doch über *alle* Bräutigämmer.

HP München, Arcis-Straße 12

8. 10. 1906.

Lieber Freund – zu was hat man eine Freundin? eine gute Freundin. Mit Ihnen ist etwas nicht in Ordnung, das lasse ich mir nicht ausreden. Krank? nun ja, warscheinlich auch; oder dazu; oder in Folge. Aber doch nicht so krank, daß Sie nicht die Freundin eine halbe Stunde, nicht zehn Minuten empfangen konnten. Ich telephonirte eigens von Grunewald, von Eva, an, weil ich dachte: nun wird er doch zurückrufen, daß er sich freuen wird, wenn ich en passant einen Augenblick herankomme, ihm einen Abschiedsgruß zu sagen. Ja Kuchen! nix. Nein, mein lieber Harden: Ihr tragt ein krankes Übel im Gemüt, Wovon, nach meiner Stelle Recht und Würde, Ich wissen sollte; und auf meinen Reim – Fleh ich bei meiner einst gepriesnen Schönheit, Enthüllt mir, Eurer Hälfte, Eurem Selbst, Was Euch bekümmert. – –

Sehen Sie, ich bilde mir ein, es hängt irgendwie mit Sylt zusammen, und ein kurzer Passus in den paar freundlichen Zeilen, die Sie mir nach Wannsee schrieben, scheint mir den Verdacht zu bestätigen. Verzeihen Sie mir meine Zudringlichkeit, und halten Sie mich nicht für indiskret. Aber mich schmerzts, daß ich nur in der Vorstadt Ihrer Zuneigung wonen soll.

Eine große Beruhigung war es mir, daß Sie wieder gearbeitet haben, viel und gut gearbeitet; beinahe die ganze Nummer. Moritz und Rina liebe ich zärtlich. Sie sind mir zu Menschen geworden und ich nehme Teil an ihnen, hoffe auch, daß sich Rina's junge Leute noch »z'sammenraufen« werden und freue mich der köstlichen Natur der Schwester, der überlegenen Klugheit und Weltweisheit des Bruders. Über die Welfen und ihre Geschichte haben Sie ein helles Licht fallen lassen und der Schluß, zu dem Sie kommen, muß jedem vernünftig, billig und klardenkenden Menschen einleuchten. Ich bin ja natürlich wieder einmal ganz Ihrer Meinung.

Vor großer Aufregung wurden wir in Wannsee gewarnt; es war nur ein im ganzen so sehr unerquicklicher Aufenthalt. Jetzt erholt sich der beinahe 86järige wieder, und wir konnten doch ziemlich beruhigt abreisen. Ich möchte sehr gern noch ein wenig fort, denn ich hatte ja den ganzen Sommer eigentlich keine rechte Erholung; denn selbst die Verlobung mit Hilbert (erster deutscher Mathematiker, in Göttingen wirkend) war doch nur ein vorübergehender Genuß. Ich arbeite an Alfred, daß wir auf 8–10 Tage nach Paris gehen; aber er will nicht recht heran, möchte mich mit Peter und Heinz allein schicken, oder bietet uns ein »Pauschale«, wenn wir alle zuhausbleiben. Schließlich werden wir ja natürlich bleiben.

Viel frohes habe ich noch nicht erlebt hier. Mein Hausmädchen hat den Diener »einen Hanswursten«, der Diener das Mädchen »ein freches Luder« geheißen; die Hausmeisterin hat sich mit Magenschwüren ins Bett gelegt, die Jungfer hat die Elektricität kaput gemacht, und ich bin gleich den ersten Tag die Treppe herunter gefallen und benehme mich, wenn ich mich setzen will, wie Beckmesser nach der Prügelscene. C'est tout.

Nun will ich von Ihnen hören, vertrauendes, freundschaftliches. Grüßen Sie die Ihren.

Von Herzen

Ihre

Hedwig Pringsheim.

HP München, Arcis-Straße 12
17. 10. 1906.

Lieber Freund Maxim – ich schreibe Ihnen heut auch nur eine Zeile; wie Sie sehen, nicht aus Paris. Vielmehr stehe ich auf dem Sprunge nach Berlin. Schlechteste Nachrichten. Alfred wurde Freitag telegraphisch wieder zurückberufen, seit dem gehts mit dem alten Vater rapid abwärts. Gestern ein Schlaganfall, dabei im 86ten Jare – da kann man wol nicht mehr hoffen. Mein Koffer steht parat, ich warte nur, daß Alfred telegraphirt; dann fare ich mit dem nächsten Zuge. Das aufregende und schlimmste an diesem Falle ist nicht das erwartete Ende, sondern die Nebenumstände; die fast 80järige Frau, die in 56 Jaren keinen Augenblick ihres Lebens one den Mann verbrachte, und die nun schwachsinnig geworden ist – für diesen Fall, – man fült sich beinahe versucht, zu sagen »leider« – nicht schwachsinnig genug. Und so liebelos und liebeleer, daß auf der weiten Welt niemand, aber auch niemand, ist, mit dem man sie zusammentun könnte. Wir können uns alle nicht denken, was werden soll und müssen auch hier die Entwickelung ruhig abwarten …

Nun sind Sie also wieder gesund? mindestens gesunder? Wenn Ihre Arbeitskraft das Maß Ihrer Gesundheit ist, dann hoffe ich das beste. Da haben Sie ja doch über Chlodwig geschrieben; und werden noch schreiben, denn Sie haben noch viel auf dem Herzen. Für den ersten Anhieb genügte ja dies. Ihren interessanten Artikel aus der Neuen Fr. Presse druckten die M. N. N. ganz ab, wärend die Frankf. Ztg. sich damit begnügte, darauf hinzuweisen, als von »einem publizistischen Vertrauensmann Bismarcks« herrürend. Es wirkt ja gradezu kindisch, albern, unwürdig, dies Vertuschen Ihres Namens. Maximilian Harden: gibts wol jetzt einen besseren?!

Ach, lieber Freund, ich bin konfus, rastlos, dumm. Schrecklich wäre es, wenn Sie doch mit Walter herkämen, und ich wäre nicht da. Ein Vortrag über Hohenlohe etwa – herrje, das möchte ich erleben!

Leuß soll ruhig kübeln; ich bitte, ich beschwöre Sie: darüber regen Sie sich nicht mehr auf, da stehen Sie denn doch allzu turmhoch drüber.

Von Erik bekomme ich leidlich gute Nachrichten, sehr regelmäßige, liebe Briefe. Und Klaus ist gar mit 100 Kr. monatlich an der K. K. Hofoper als Solorepetitor angestellt.

Grüßen Sie Maxa und ihre Mutter herzlich. Die Herbstpracht nimmt dieses Jar kein Ende, heute ist wieder ein Himmelstag.

Herzlichst – und vielleicht bald auf Wiedersehen! –

Ihre

Hedwig Pringsheim

HP

München, Arcis-Straße 12
13. 11. 06.

Liebster Harden – das war nett von Ihnen, daß Sie das gute Mimchen besucht haben. Ich sehe daraus, daß Sie doch nicht alle Hedwigs der Familie endgültig aus Ihrem Herzen verbannt haben. Und ich finde es doppelt und dreifach lieb von Ihnen, daß Sie jetzt die Zeit dazu fanden, da Sie unter einer märchenhaften Arbeitslast und Arbeitsleistung doch fast erliegen müssen. Mimchen schrieb, Sie sähen spitz aus, wären aber liebenswürdig, anregend und gemütlich gewesen. Spitz und angegriffen, schrieb sie. Nun, das nimmt mich nicht wunder (das liebenswürdig-anregend-gemütliche natürlich auch nicht). Was Sie jetzt schaffen, das brächte ja einen Ochsen um. Es ist einfach bewunderungswürdig. Die reine Arbeitsleistung an sich schon; und nun, was alles davor, dahinter, darin steckt. Mit aller-, allergrößtem Interesse, mit angespanntem Eifer verfolge ich Ihre »Enthüllungen«; und ich denke, wie mir, muß es doch wol einem großen Teil aller guten Europäer gehen. Und daß die leidenschaftliche Wärme für den Einen, Großen zuweilen so elementar hervorbricht, das macht Ihre Artikelserie ja eben zu einem so fesselnden, neben der überzeugenden Macht der Tatsachen so persönlichen Dokument-Warzeichen. Sie: ich will keine Kritik schreiben; nur mich einmal wieder als Ihre dankbar ergebene Schülerin bekennen. – Wissen Sie, was mich, trotz meiner greisen Jare und großen Erfarung, immer wieder verblüfft? Das ist die verbrecherische Leichtgläubigkeit der Menschen Tratsch und Klatsch gegenüber. Wenn ich z. B. den Korrespondenten E. Gagliardi kenne, kann ich doch seine politischen Ergüsse unmöglich ernst nehmen. Und wenn ich Herrn Geheimrat Geffcken kenne, ebenso wenig. Den habe ich nun recht gut gekannt; er wurde mir durch Bam zugesandt und kam oft und gern zu meiner Teestunde. Unter uns gesagt: ein alter Schwabbelpeter und ein seiner Nervenleiden wegen ganz unzuverlässiger Mensch. Litt an Exhibitionismus (so heißt es glaube ich, wenn man sich nackt auszieht und die Dienstmädchen vis-à-vis durch Zurschaustellung seiner zweifelhaften Reize entsetzt), und seine sehr nette Frau war froh, wenn ers so doll trieb, daß er wieder mal in eine Anstalt gebracht werden mußte, weil sie dann wenigstens eine Weile Ruhe vor ihm hatte. Und so etwas ist dann Kronzeuge gegen Bismark! Na, zur Entrüstung hätte man ja auch jetzt wieder hier in München reichlich Veranlassung. Wärend auf der ersten Seite alle Zeitungen angefüllt sind mit Klagen und Anklagen wegen der allgemeinen Reichsmisère, strotzen die übrigen von byzantinischen Lobhudelungen des Kaisers, und S. M. wird wie ein Gott gefeiert. München steht Kopf. Die Stadt ist wunderbar geschmückt, alle Straßen zum Ersticken voll, alles will den Kaiser sehen. So lange die Völker noch *so* sind, haben auch Erscheinungen wie Wilhelm II volle Existenzberechtigung. Einzig Lipps hatte die Künheit, in seiner Vorlesung zu sagen: »in den nächsten Tagen wird in München viel Hurrah gerufen werden, stimmen Sie nicht mit ein in das blöde Hurrahgeschrei der Menge; und *wenn* Sie es tun, so vergessen Sie nicht, daß es außer Glanz, Macht und Pracht auch noch Würde, Ehrlichkeit und Warheit gibt«. So, dem Sinne nach, hat er gesprochen und nicht endenwollendes, minutenlanges Beifallstrampeln lonte ihm. Es war in der Vorlesung über Ethik. Lipps ist ein tapferer und ehrlicher Mann. Die meisten andern sind pfui Deibel!

Ich grüße Sie und die Ihren von Herzen.

Ihre

Hedwig Pringsheim.

[Fortsetzung auf der ersten Briefseite:] Die sächsische Gesandtin Baronin Friesen fragte Frau Schaeuffelen, ob sie in die Festvorstellung im Theater gehen werde. »Nein, erwiderte meine Freundin, ich habe mich auch garnicht erst um ein Billet bemüht, da ich mir keinen refus holen wollte.« »Sie haben ganz Recht, meinte die excellente Dame, es ist diesmal sehr schwer, Plätze zu erhalten: meine Kammerjungfer hat auch keinen bekommen.« (!!) Ware Geschichte, echt München.

HP

München, Arcis-Straße 12
14. 12. 1906.

Liebster Harden – Sie wachsen, wachsen, wachsen; Sie werden so groß, daß ich mich garnicht mehr an Sie heran traue. Und ich werde immer dummer und untergeordneter: Kinderstube, Haus, Küche – so 'ne rechte teutsche Hausfrau werde ich; fehlt nur noch der Strickstrumpf. Ich verehre und liebe Sie ungemein; ich bewundere Sie ungeheuer; ich bin sehr stolz auf Sie, – nun wo sogar Kardorf sich zu Ihnen bekannt; ich bitte Sie, schieben Sie mich nicht ganz beiseite! solch eine hausbackene, einfache Frau kann einem unter Umständen auch noch ganz angenehm und ausruhsam sein; und ich war Ihnen doch auch in schlechteren Zeiten treu. Nur eins nehme ich Ihnen übel. Daß Sie mir nie gesagt haben, daß Sie Vanille-Eis gern essen. Ich hätte es Ihnen auch gegeben, so gut wie »Frau Johanna« (diesen Delbrück [dazu auf dem Seitenrand: was ists denn mit dem Leuß-Proceß? ich las nirgend nichts.] könnte ich umbringen!); obgleich ich es eigentlich garnicht sehr gut finde. Weichsel-Eis ist gut, und Ananas-Eis und Maraschino-Eis, und Kaffee-Eis mit kochheißer Chocoladensauce; aber grade Vanillegefrornes find' ich nun am wenigsten gut. Und doch hätte ich es Ihnen gemacht, und Baumkuchen als Zuspeis gegeben. Wissen Sie, wie es meinem Vater mit weißen Rüben ging? Das einzige, was der sonst garnicht heikele Mann nicht über die Lippen brachte. Und ein paar alte Jungfern in Weimar hatten es verwechselt, glaubten, es sei seine Leibspeise und hatten den Leckerbissen eigens für ihn verschrieben und freuten sich kindlich ihrer Überraschung. Und mein Vater, herzensgut und Kavalier durch und durch, würgte 2 große Teller voll von den Teltowern, stürzte dann fort und übergab sich. So habe ich Sie, glaube ich, auch aus Mißverstand jarelang mit Baumkuchen gefüttert; aber Ihr Vanille-Eis sollen Sie nun haben.

Wie gehts mir nun all die Zeit? ganz dumm. Ich komme nicht zu mir selber, laufe täglich zweimal zu Katja, hüte dazwischen Klein-Erika, die bei mir wont und als erstes Schriftstellerkind täglich meine sämmtlichen Bücher herausreißt und sich nur in einem Berge von gedrucktem wol fült. Und dann habe ich so eine rasende Familienkorrespondenz, mit all diesen auswärtigen Kindern, und Müttern und Schwiegermüttern. Sonst hätte ich Ihnen, lieber Freund, längst einen Gruß geschickt und einen Dank für Ihre fabelhaften Leistungen der letzten Monate. Herrgott, Herrgott, sind Sie ein Kerl! Lachen Sie *noch*, wenn ich sage, daß Sie ein einflußreicher und bedeutender Mann sind? Ich freue mich Ihrer, lieber Harden.

Äußere Erlebnisse habe ich wenig. Wir gehen ja, der Trauer wegen, garnicht aus, und Besuche verfehlen mich regelmäßig, da ich zumeist bei Katja bin. Das hört aber jetzt auf, denn sie ist auferstanden, und es geht ihr normal und gut. Den Vortrag von Hoffmannsthal habe ich gehört: »Der Dichter und diese Zeit«: viel feine Einzelheiten, viel unklares Wischiwaschi, im ganzen zwecklose Worte, nichts als Worte. Sein »Ödipus u. die Sphinx« hat man hier in Grund und Boden gespielt; Sie machen sich keinen Begriff, was für eine Saukomödie man in München vollfürt. Ich möchte das Stück bei Reinhard sehen (las Ihre Besprechung noch einmal durch); hier wirkte es ermüdend, manches fast komisch.

Ich bin müde und habe schrecklich geschmiert, verzeihen Sie, es sollte nur ein herzlichster Gruß sein

von Ihrer ganz verblödeten Freundin

Hedwig Pringsheim.

Maxa u. ihrer Mutter schöne Grüße.

HP München, Arcis-Straße 12

5. 1. 1907.

Liebster Harden – ich bin schon so gespannt, ob Sie über diesen Bülow-Brief, den ich ganz unglaublich jämmerlich finde, dasselbe sagen werden, wie ich. Nachher kommt die »Zukunft«, die ich immer erst Samstag nachmittag erhalte. O je, warten Sie mal: kann denn in dieser Nummer schon etwas darüber drin stehen? meine Zeitrechnung versagt. Aber dem Kerl sähe es recht änlich, daß er Ihnen wieder einmal in Ihre Nummer gespuckt hätte! nun mir dieser Zweifel gekommen ist, warte ich doppelt ungeduldig auf das Blatt.

Sonst geht es leidlich. Recht still und ereignislos. Alfred, der jetzt immer zwischen München und Berlin pendelt, ist gestern sehr spitz und angegriffen vom Besuch seiner wirklich beklagenswerten alten Mutter – der ich nun alles, was sie mir je angetan, vergessen muß – heimgekehrt, und nächste Woche werde ich wol als »Ablösung vor« hinmüssen. Sodaß ich, bevor noch Sie mich besuchen (wie Sie mir so erfreulich ankündigen), Sie in Grunewald, mindestens in Berlin, zu sehen hoffe. Ich wone nicht in der Wilhelmstraße, sondern bei Rosenbergs; aber ich werde den größten Teil des Tages der armen, einsamen Frau widmen müssen. Immerhin wird mir doch so viel Zeit bleiben, Sie wenigstens einmal zum Tee oben zu sehen. Wenn anders *Sie* Zeit für mich und Lust zu mir haben. Denn Sie sind der tätigste Mann, Sie leisten beinahe unheimliches. Daß Sie neulich die ganze Nummer allein gemacht haben – und *wie* gemacht haben! – das ist, glaube ich, etwas nie zuvor geschehenes. Man nennt das einen

Rekord schlagen, oder leisten, und, in der Sportswelt gilt das als etwas riesig feines. Hat mans in der politisch-litterarischen Welt anerkannt? Hören Sie, mein Freund: neulich erzälte hier jemand, der aus Berlin kam, Sie wären nun dort so durchgedrungen, so anerkannt – förmlich schade wäre es, wie Sie anerkannt wären, ekelhaft anerkannt. Ich habe davon noch nichts gemerkt, wenigstens nicht in diesem ekelerregenden Umfange. Meine Organe, die Münchner N. N. und die Frankft. Ztg., schwiegen Sie doch noch meerschtendeels tot, oder versetzen Ihnen einmal einen hämischen Seitenhieb. Was Sie mir jüngst über Phili andeuteten, ist allerdings märchenhaft. Aber *ich* habs ja immer gewußt und gesagt. O, lieber Harden: warum lassen Sie sich nicht wälen? Ich denke, Sie wären nun grade der rechte Mann. Man ruft mich ans Telephon – verflucht! …

Sonntag. Kam gestern nicht dazu, diese lausigen Zeilen zuende zu schreiben. Inzwischen Ihren Artikel gelesen. Sehen Sie, lieber Freund, das nenne ich wieder eine Tat: so mutig, so ehrlich, so stark und so im höchsten Sinne sittlich. Gradezu befreiend wirken solche tapferen und redlichen Worte auf mich; und ich meine, so müßten sie auf jeden wirken, und Sie müssen den Widerklang von allen Seiten hören. *Ihr* Manifest und Bülow'n seins: daß i net lach'! – – –

So, nun schreibe ich weiter nichts, denn bald hoffe ich Sie zu sehen und alles andere verspare ich mir auf das Plauderstündchen, auf das ich mich, auch one »phantastisches Glück«, so recht von Herzen freue.

Viele Grüße Maxa und Ihrer Frau. Immer in Treue die Ihre

Hedwig Pringsheim.

HP

München, Arcis-Straße 12

26. 7. 1907.

Lieber Freund – Sie sind misgünstig und absprechend. Ich habe ja garkeinen Familienstolz weiter, aber daß Sie Eva'n den

Busen nicht gönnen, ist hart. Freilich mögen Sie ja durch die Eysoldt verwönt sein!

Aber nicht als Eideshelferin für meiner Schwester weibliche Reize komme ich zu Ihnen, sondern blos so; weil Sie schreiben, Sie sind einsam, Eremit, erkältet, »depressirt«. Da, denke ich mir, werden Frau Jonas' Oblaten auch den Kol nicht fett machen, und ein ganz kleiner, gänzlich nichtssagender Besuch zwar wird freundlich angenommen. Über Einsamkeit kann ich nicht klagen; eher übers Gegenteil. München steht ja um diese Zeit stets im Zeichen des durchreisenden Fremden; und dieser Fremde ist – so oft ein Bekannter. Ich glaube, ich hatte letzte Woche fast jeden Tag irgend einen Mittagsgast; von denen einer aus Argentinien, der noch am Tage seiner Abreise von B. Aires Erik gesehen hatte und mir gute Nachrichten von ihm brachte, mir weitaus der wichtigste war. Ich plane nun, mit diesem Herrn Funke, der seit 30 Jaren drüben lebt und ein reicher und angesehener Mann ist, im November hinüber zu faren. Aber dieser olle Spießbürger von Alfred wirds ja nie erlauben. Und mitfaren? Da ist erstens der Beruf; und dann ist er so wasserscheu. Sie sollen sehen, er erklärt mich schlankweg für verrückt, wenn ich ernsthaft mit meiner Idee herausrücke. Erik bereist augenblicklich, behufs Ankaufs, das Innere des Landes, auf ziemlich abenteuerliche Art, zu Pferde, nachts auf dem Sattel unter Lama-Decken schlafend. Aber Herr Funke sagt, das macht garnichts, so habe ers auch getrieben! Na ja, wenn's Herr Funke sagt! … Für Klaus können Sie wol augenblicklich auch nichts tun, aber ich danke Ihnen für Ihre freundliche Absicht. Er steht in einigen Unterhandlungen, die ja wol zu nichts füren werden. Aber dieser Knabe ist ebenso weltfremd, wie überzeugt von seiner Schlauheit und Erfarenheit in allen Lebenslagen; da muß er eben durch Schaden klug werden.

Bierbaum habe ich Ihren Gruß ausgerichtet. Ich habe neulich mit Alfred einen seit 2 Jaren fälligen Besuch in Pasing, einem netten Villenvorort, abgestattet – und das Ehepaar in einer ganz idyllischen, ländlichen Zurückgezogenheit vorgefunden, von der Frau Gemma's italienische Schönheit besonders reizvoll abstach. In einer gemütvollen Laube tranken wir Tee, und es ist garnicht zu beschreiben, wie sich die 4 kleinen weißen Hündinnen mit meinem Plisch auffürten. In der Natur gehts nämlich doch wirklich recht unanständig zu, und es ist bewundernswert, wie herrlich weit wirs in der Heuchelei gebracht haben …

Über Wölfl und den Fürsten war nichts mehr zu lesen; aber was ist denn das nun wieder mit Hülsen? sollte etwa Wilhelm selber …? o, es ist nicht auszudenken! – Über Hau hat man sich in der Familie fast gehauen. Klaus fand ihn so richtig sympathisch; ich fülte mich doch zu sehr Schwiegermutter, um das zugeben zu können. Übrigens ist Tommy auch sehr für Hau – das ist beunruhigend. Ob Sie sich wol äußern mögen?

Mit Domborg ists immer noch nicht sicher, weil man uns die gewünschten Zimmer nicht zusagen kann, und keinesfalls vorm 14. August; das ist ein bischen spät.

Ja, lieber Maxim, viel zu sagen hatte ich ja nicht, nur so ein kleines Stipvisitchen! Herzlichst wie immer

Ihre

Hedwig Pringsheim.

Domburg 26. 8. 1907.

Liebster Harden – schönen Dank für Ihr Kärtchen, das auf einmal den Zusammenhang mit der Welt wiederherstellte. Zwar von Weingartner, das wußte ich schon seit 3 Wochen durch allerpersönlichste Mitteilung: aber schuldig? wieso? es freut mich fast, denn man ist stets innerlich befreit, wenn man Recht behält. Klaus und Tommy hatten sich zu sehr für ihn engagirt. – Klaus! Denk' ich doch, mich laust der Affe, wie ich vor etlichen Tagen die mir vom Hausmeister nachgesandten Zukünfte eröffne und der Name »Klaus Pringsheim« mir unvermutet ins Gesicht springt. Dieser Heimtücker hatte uns kein Wort von seinem Artikelchen gesagt; vielleicht, weil er fürchtete, wir würden es ihm ausreden. Denn wir, die Herren Eltern und er, hatten schon die lebhaftesten lebhaftesten Kontroversen gleich nach der Lektüre des Göhler'schen Aufsatzes gehabt, den wir Alten, einzelnes Anfechtbare zugegeben, sehr gut fanden, wärend Klaus sofort mit dem ganzen Geschütz, das er nun aufgefaren, gegen ihn zu Felde zog. Ich bin der Meinung, daß Klaus sich an Äußerlichkeiten heftet, sodaß Göhler garnicht Unrecht hat, sich etwas von oben herab für misverstanden zu erklären. Alfred war direkt sehr ärgerlich über Klausens Missetat, fand seine Erwiderung im höchsten Grad überflüssig, nichtig und leer. Überflüssig finde ich sie auch, weil man ja doch mit so etwas niemandem nützt, höchstens sich selber schadet. Übrigens waren der Herr Verfasser himself etwas verblüfft, sich so als selbständigen Artikel wiederzufinden; hatten angenommen, sich allerhöchstens ganz klein gedruckt hinten unter Notizen aufhalten zu dürfen. Und vor Kerr darf ich mich nun garnicht mehr blicken lassen, dem ich durch diesen Ihren neuesten »Gnadenakt«, der die Zukunft vollends zum Pringsheim'schen Familien-Organ stempelt, ganz zu Ihrem Schleppenträger verpflichtet erscheinen werde!

O Harden! Mimchen ist ja schon seit 14 Tagen mit Miez und Mira in Bansin. Von dort wird sie wol ziemlich direkt nach Wannsee kommen, um die Woche, die ich dort im Dienste der Schwieger erleiden muß, mir durch Ihre liebe Gegenwart zu versüßen.

Unsre Tage hier sind gezält. Alfred ist schon gestern, in seiner Eigenschaft als »Gründer«, zu einer Sitzung nach Berlin abgereist und färt bereits heut Abend weiter nach München zu einer unlieb unterbrochenen Zan-Operation. Sie sehen, Sie sind nicht der einzige meiner Freunde, der dem Zanarzt zum Opfer fällt. Ich breche Donnerstag auch meine Zelte hier ab, zeige meinen Sönen Haag und Harlem, und Sonntag sollen wir uns mit Alfred wieder in Amsterdam treffen, noch eine Fart durch das nördliche, wenig besuchte Holland machen und am 8ten in Wannsee enden. Schließlich waren alle gern hier; die 3 Männer fanden einen gemeinsamen flirt mit schönen, dicken Beinen, Alfred und Klaus eroberten sich durch Klavierspiel, Peter durch Tanzen die anwesenden weiblichen Herzen. Ich blieb für mich und fand mich in leidlich guter Gesellschaft. Das Wetter war so so. Meist trüb und windig, mit Regenböen, gestern ein idealer, heute ein grauer, verregneter Tag.

Von Wannsee werde ich mich telephonisch oder kärtlich melden. Vielleicht machen Sie den lang gehegten Plan war und besuchen dann Rosenbergs einmal. Ich habe trotz der mangelnden Sonne sehr viel Sommersprossen bekommen und bin furchtbar dick geworden. Die Holländer haben zu viel gutes Gebäck und Käse zum Frühstück – förmlich gedunsen sehe ich aus, und alle Absätze sind schief getreten. Zeitungen sah ich buchstäblich seit 2½ Wochen nicht; aber nun schrieben Sie ja alles. Grüßen Sie Maxa und ihre Mama.

Von Herzen, mein Lieber, immer Ihre

Hedwig Pringsheim.

HP München, Arcis-Straße 12

1 October 1907.

Lieber Harden – also am 23. October ist die Verhandlung! ausgerechnet an meinem Hochzeitstage. Wie elend schade, daß ich Sie nicht mehr sehen und sprechen konnte. Das Leben ist eine ungemein lächerliche und läppische Einrichtung, da man nie die Sachen tun kann, die man möchte und immer die tun muß, die man nicht mag. Übrigens bin ich nach der Richtung besonders talentvoll: keine Spur von einem Lebenskünstler.

In Dresden wars nicht nett. Ich war scheußlich, aber scheußlich erkältet, das Wetter war unfreundlich und rauh, und die paar netten Leute, mit denen ich gern zusammenkomme, waren ausgeblieben. Dann folgten die drei Tage Wannsee, von denen Sie sich, nach dem was ich Ihnen das letzte Mal erzälte, ein ungefäres Bild machen können. Das verwirrendste, was auszudenken ist. Keine Möglichkeit, auf ein paar Stunden zu entkommen. Übrigens warens Ihre Arbeitstage, Montag und Dinstag. Mittwoch abends reisten wir, und unter Anwendung teuflischer Listen gelang es mir, Mimchen wenigstens in der Galakutsche derer von

Pringsheim nachmittags in die Warmbrunnerstraße zurückbringen zu können. Doch mußte ich mich eidlich verpflichten, umgehend wieder heimzufaren. Ich hätte Sie so *rasend* gern noch einmal gesehen! aber es war einfach nicht zu machen. – Hier habe ich nun gleich mein Haus voll. Alle Söne (außer dem einen, den ich meine), dazu Tommy's mit Kindern und Kinderfrau, die den Umzug vom Lande in Mutterns Behaglichkeit von ihren Mädchen besorgen lassen. Aber von heute an bröckelt die Familie hübsch nach und nach ab. Heinz – nein, Klaus reist abends nach Genf ab, um seine Stellung als zweiter Kapellmeister anzutreten. Er hat schon vorgebeugt, indem er uns erzälte, das Publikum dort sei gegen Fremde sehr unliebenswürdig, rufe so lange »démission«, wenn ihm jemand misfiele, bis der Direktor den betreffenden wegschicken müsse. Wir sollten uns also nicht wundern ... Nächste Woche geht Peter nach Cambridge, Heinz nach Pergamon; und Manns Mädchen werden mit dem »Großreinmachen« ja auch demnächst fertig werden. Nachher sind wir wieder ganz allein; bis Alfred, so um den 12. November, noch alleiner wird. – Und wärend ich Küchenzettel dichte und meine Reiseausrüstung im Hirne wälze, leisten Sie, mein Freund, einfach das unglaubliche! Die letzte Nummer ist märchenhaft. Und prachtvoll. Der Theaterartikel absolut vorzüglich. Herrgott, wie tut es einem so wol, in dieser klaren und überzeugenden Weise dem wilden Phrasen- und Lügengewebe ein Ende bereitet zu sehen. Für mich ist alles, was Sie da aussprechen, letzte Warheit, gegen die kein Aber mehr aufkommt. Über den politischen Artikel sage ich nichts, weil ich nicht unbescheiden bin. Ich würde es ja albern und überheblich finden, wenn ich sagen würde, wie trefflich ich ihn finde. Aber, nicht war, übers Theater darf ich doch auch ein bischen eine eigene Meinung haben, und dann kann ich auch aussprechen, daß Ihre Arbeit mich meisterhaft dünkt. Peter, der Mann mit der Glatze, der mit uns die schlechten Kotelette's aß, war begeistert. Und der ist eklich kritisch. – – So, da kommt mein neuer Diener! auch das noch! nun muß ich zeigen, wo Messer u. Gabeln liegen – ich sags ja! – Ich grüße Sie sehr, sehr herzlich. Ihre Hedwig. Maxa + Mama Grüße

HP

München, Arcis-Straße 12
16. 10. 1907

Liebster Harden – ich fürchte, Sie stecken jetzt so in den aufregenden Vorbereitungen Ihres Processes, daß Ihnen ein Brief selbst von so teurer Freundeshand ungelegen kommt. Es wird auch garkein Brief, nur ein Gruß. Und eine Liebeserklärung. Ich habe Sie furchtbar gern, lieber Harden.

Ihr Besuch neulich war hart, sehr hart. Unsern Freund und Berater Bernstein in Ehren: aber den Nachmittag hätte ich ihn ins Land, wo der Pfeffer wächst, gewünscht. Ich hätte so gern, wie weiland Faust, ein Stündchen ruhig Dir am Busen hängen und Brust an Brust und Seel' in Seele drängen mögen; und dem Justizrat seine Peters-Reminiscenzen und sonstigen Schalkhaftigkeiten waren mir just in dem Augenblick in tiefer innerer Seele verhaßt. Aber es ging wol nicht anders, und ich mußte einmal wieder die Tugend aller besseren Frauen, Resignation, üben. Daß Sie Samstag nicht mehr kamen, war treulos. Frau Bernsteins Kaffee war jedenfalls besser, als meiner; aber mein Herz schlägt wärmer für Sie. Übrigens, glaube ich, war der Brief, den Sie vereinbart, sehr gut, würdig, einfach und sachlich.

Nun wünschte ich, der 23te wäre vorüber. Nicht, daß ich für Sie fürchtete in der Angelegenheit selbst; aber die Aufregung ist ja zu maßlos und könnte einen Stärkeren töten. Aber Sie werden siegen und leben in die Unsterblichkeit hinein – das walte Gott und Bernstein und Ihr gutes Recht.

Falls ich Ende des Monats noch einmal nach Berlin kommen sollte, ist alles vorüber, und ich kann Sie noch in Ruhe sehen und mich von Ihnen verabschieden.

Hier ists traurig. Das Haus verödet, seit über 4 Wochen von Erik kein Sterbenswörtchen und nichts als Trauer und Tod rundum. Furtwänglers plötzliches Sterben hat mich sehr erschüttert; so ganz allein und verlassen, draußen in der Fremde. Die telegraphisch nach Athen berufene Familie kam grade recht zur Beerdigung. Für München ists, ganz abgesehen vom Sentimentalen, ein großer, kaum zu ersetzender Verlust.

Ich habe viel zu tun mit meinen Reisevorbereitungen. Das Haus muß bestellt werden, sodaß Alfred kein Unbehagen spürt; und Schneiderin und Modistin halten mich für leicht verrückt, weil ich Sommerkleider und Strohhüte verlange.

Wie heißt denn das »Allheil« bei Gerichtsverhandlungen? »Allgerechtigkeit«? Die wünsche ich Ihnen. Und gedenke mit Freundschaft und allen guten Gefülen Ihrer.

Grüßen Sie Maxachen und ihre Mutter.

In Treue

Ihre

Hedwig Pringsheim.

Hamburg-Südamerikanische Dampfschifffahrts-Gesellschaft.

Am Bord des Postdampfers Cap Arcona 30/11 1907

Lieber Freund – gute Weihnachtstage wünsche ich Ihnen und den Ihren und ein neues glückseliges Jar! Daß ich nun garnicht weiß, wie Ihr zweiter Proceß ausgegangen – ob er überhaupt stattgefunden … o, Gott, wie ist man doch abgeschnitten von allem menschlich Lieben, wenn man so wochenlang nur Wasser und Himmel sieht. Aber die Poesie von Wasser und Himmel und der Taumel der Unendlichkeit wird doch erheblich beeinträchtigt durch das turbulente Treiben des schwimmenden Riesenhôtels, das Tag und Nacht nicht aufhört. Was für böse, unerzogene Rangen argentinische Kinder sind, davon machen wir mit unsren wolgesitteten Kinderstuben uns garkeine Vorstellung. Alle Welt, d. h. so weit sie deutsch ist, leidet unter dieser schlimmen Plage; aber auf Abhülfe darf man nicht hoffen. Denn auf diesem deutschen Schiff genießen die Argentinier einer sehr ungerechten Bevorzugung, weil sie die mehreren sind und die Compagnie sie sich nicht verscherzen will – les affaires sont les affaires. Wenn ich aber *Herrn Ballin* einmal träfe, würde ich ihm mit blühenden Farben schildern, welch dumpfen Groll, ja Haß, er bei den Deutschen gegen seine Compagnie großzieht. Gestern entlud sich die lang aufgespeicherte Spannung in einem kräftigen Unwetter. Ein Argentinier hatte einen Steward, der sich eines besonders frechen Lausbuben mit etwas unsanfter Bewegung kaum erwehren konnte, georfeigt u. mit Füßen traktirt. Darauf brach es wie ein Wirbelsturm der Empörung los; aber es blieb bei – Worten. Ich erzälte meinem dicken Kapitän die Sache; aber er blieb phlegmatisch (wie es bei einem solchen Bauch kaum anders möglich ist) und meinte: »ich nehme nicht Partei.« Weisung von oben, sagt man.

So nichtige Dinge beschäftigen und erregen die durch lange Fart aus der Ordnung gebrachten Gemüter. O, morgen geht sie zuende, die lange Fart, die uns »grämte«, d. h. erst übermorgen. Aber wenn wir (es schwankt eklich) morgen Abend in Montevideo anlegen, betrachte ich mich als angekommen. Und mein sogenanntes Mutterherz sagt mir, daß der Eti bis dorthin mir entgegen gekommen sein wird, der Eti! wie werde ich ihn wiederfinden …

Die Reise war sehr gut; am Äquator ists blödsinnig heiß, und man befand sich ungefär eine Woche in einem Sudatorium. Gott, habe ich geschwitzt! Heute ist zum ersten Male eine frischere Luft, und ich griff nachts nach meiner Decke, da mich in meinem paradiesischen Zustand zu frösteln begann. Das Meer, das so ganz unglaublich tiefblaue Färbung hatte, sieht grau u. trübe aus, und lange Dünungen heben das Schiff auf und nieder. Aber ich bin nun schon ein ganz ausgepichter Seebär, füle kaum ein Unbehagen; wärend mirs die ersten Tage schon recht weh und übel zumute war. Hoffentlich kommts nicht noch die letzten Tage nach. Für mich ist übergeben schlimmer als Zanarzt.

Unsre Cap Arcona ist ein schönes, sehr komfortables Schiff; das Leben an Bord kennen Sie ja, mit den endlosen Malzeiten und dem scheußlich vielen Essen, das das wesentlichste Interesse der Reisenden ausmacht. Die Gesellschaft besteht zum größeren Teil aus argentinischen Familien, die kleinere Hälfte bilden die Deutschen, fast ausschließlich Kaufleute. Es sind sehr nette Männer darunter (ich sitze mit 8 Herren an einem Tisch, am Ehrenplatz neben dem »Kaptein«), aber sie sind nicht Blut von meinem Blut, und ich lerne mit Interesse u. Staunen eine ganz neue, fremde Welt kennen. Ich werde sehr gut behandelt u. genieße die besondre Protektion meines dicken Kapitäns. Gestern allerdings wurde ich beleidigt, indem ein jüngerer Argentinier mir zweimal ganz brutal sagt »cloth Jour mouth«. Aber dem habe ichs gegeben; denn, oho! ich stehe meinen Mann.

Madeira war schön. Aber es regnete leider, wärend wir dort vor Anker lagen. Immerhin hat der Besuch sich gelont.

Gott, Gott, wie mags in dear old Europe aussehen, speciell bei Ihnen! An Alfred sandte ich einmal, 2 Tage hinter Madeira, durch ein zwar unsichtbares, aber doch vorüberfarendes Schiff einen Telefunkengruß. Das ist wol eines der größten Wunder: aber wir wundern uns ja über garnichts mehr, wir abgestumpften Esel – pardon: Sie natürlich ausgenommen.

Seien Sie, liebster gutester Freund, von ganzem Herzen gegrüßt von der treuesten Freundin,

Hedwig, der Seefarerin.

Und beiden Damen alles herzliche.

Royal Hotel
Buenos Aires

Meine Adresse:
Standt p. C$^{\underline{ia}}$
(para Frau Pr.)
669 Bartolomé Mitre
10. 12. 1907.

Mein lieber Freund Harden – ich bin nun schon vier volle Wochen hier, und leider, leider bin ich bereits in vollendeten Idiotismus versunken! Ich, die ich mit der Feder im allgemeinen flinker bin, als mit dem Mund, kaue verzweiflungsvoll an ihrem elfenbeinernen Ende und schreibe, wie die Zwillinge dunnemals bei ihren Volksschulaufsätzen, »nackte dürre Sätze«.

O Gott, Harden, welche Enttäuschung, dies Land und diese Stadt! Nicht war, man denkt sich doch: Buenos Aires, Südamerika, wie interessant, wie fremdartig, wie anders! Aber garnicht. Wie uninteressant, wie europäisch, wie ebenso.

Die Stadt ist eine moderne Großstadt, vollständig regelmäßig quadratisch angelegt, mit lauter ganz gleichen, sehr engen Straßen, in denen ein unglaublich geräuschvoller Tramban- u. Wagenverkehr unausgesetzt tobt. Sehr staubig, sehr heiß, sehr laut. Einheimische Damen sieht man nie auf der Straße, und ich habe mich auch schon so weit »verhiesigt«, daß ich in irgend einem Schlumps den ganzen Tag in meinem Zimmer sitze und erst gegen Abend nach »Palermo« fare. Das ist der Tiergarten von B. Aires; nicht annähernd so schön, wie man hier glaubt, aber immerhin eine köstliche Oase in dieser sterilen Wüste. Dort trifft sich dann die ganze beau monde, vier u. fünf Wagenreihen faren langsam neben einander, man hält an, steigt aus, besucht sich, flirtet u. zeigt die neuen Pariser Toiletten. Denn absolut pariserisch ist die Aufmachung; und wenn man sehr dunkle, an die indianische Abstammung gemanende Gesichter sieht –. Das ganze Treiben wirkt doch unoriginell, europäisch. Nur daß die große breite Avenida eben eine prächtige Palmen-Allee ist, an deren Ende der meeresbreite La Plata schäumt. Aber so weit geht man nie, von wegen der Mosquito's unten am Wasser.

Wundern Sie sich, daß ich Eriks noch garnicht erwänte? Das Wiedersehen war wol das schönste, und wir haben beide glückselig geweint. Aber dann kamen gleich die kummervollen Eindrücke, die mich ja nicht überraschten. Der Bub ist eben völlig, völlig unverändert geblieben, im guten wie im schlimmen. Ich mußte ihn zunächst, mit einer nicht unerheblichen Summe aus seiner bisherigen wirklich scheußlichen Wonung auslösen, damit er zu mir ins Hôtel ziehen konnte. Und in diesem menschenunwürdigen Dasein vegetirte er seit fast 4 Monaten tatenlos immer abwartend, mit unsagbar brutalen »Stammtischgenossen« nicht etwa besonders lüderlich, aber doch weit über seine allerdings bescheidenen Verhältnisse lebend. Wissen Sie: kein großer Zug, so recht eine kleinliche, stumpfsinnige Misère. Ich bin in recht deprimirter Stimmung, denn ich soll nun auch Alfred gegenüber die Verantwortung tragen, wenn wir ihm etwas kaufen und es schlecht ausgeht. Vorläufig haben wir ja nichts in Aussicht, sitzen abwartend in dieser »stinkfaden« Stadt u. ich schwitze, schwitze, schwitze. Es ist ja wansinnig heiß, wir wonen inmitten der Stadt, und die Nächte külen nicht mehr ab.

Lange halte ich dies Leben nicht mehr aus; dann flüchte ich irgend wohin, aufs Land, ans Meer – es wird doch in diesem Land einen ruhigen küleren Winkel geben. Sie sehen, mein lieber Freund, grad' recht beneidenswert ist meine Situation augenblicklich nicht. Mein Berater Funke ist gleich nach der Ankunft weitergereist; im stillen hoffe ich, daß er uns zu Weihnachten auf seine Estancia einladen wird. Aus Europa hatte ich noch keine Nachricht, warte so sehnsüchtig auf Briefe. Schreiben Sie mir ein Wort, wie es Ihnen geht, wie Ihre Sache steht.

Grüßen Sie Ihre Frau u. Maxalein u. seien Sie herzlichst, herzlichst gegrüßt von Ihrer Hedwig.

[Fortsetzung auf der ersten Briefseite:] Erik erzählt mir, in einer hiesigen spanischen Zeitung habe neulich gestanden: »Harden ist von einem kleinen Schauspieler zu einem zweiten Kaiser in Deutschland heraufgestiegen; die Zeitung ist sein Tron, die Feder sein Szepter u. damit hat er größere Macht errungen, als der wirkliche Kaiser.« Na also!

Rodolfo Funke	Estación Tornquist
T	F. C. S.
Estancia Rincón Tres Picos	6 Januar 1908

Mein lieber Freund! ich *konnte* Ihnen die ganze lange Zeit nicht schreiben. Nicht daß es mir an Zeit gefehlt hätte, oder an Lust – o nein. Aber ich wußte nicht, wie es um Sie stand, und ich wollte keinen falschen Ton anschlagen, der Ihre armen, wunden, aufs äußerste gereizten Nerven verletzt, der Ihnen wehe getan hätte. Wol berichten die hiesigen Zeitungen tägliche Telegramme über den Fortgang des »Proceso Harde.Moltke«; aber es war alles wirr, unzuverlässig und gefärbt – ich konnte kein Bild gewinnen, aber ich zitterte für Sie. Und gestern erfur ich hier in meiner weltabgeschiedenen Einsamkeit, daß ich nicht umsonst gezittert hatte. O mein lieber, guter Harden: es ist infam! infam! infam! Ich bebe vor Zorn und ich leide mit Ihnen. Noch ist es ja nicht zuende; ich lese, Sie gehen ans Reichsgericht. Aber daß dies überhaupt geschehen konnte, ist eine unerhörte Beugung jedes Rechtes und jeder Moral, und ich habe die Empfindung, alle Gutgesinnten müßten aufstehen und protestiren gegen diese Schmach! Mir fehlen ja alle Einzelheiten dieses neuen Processes, ich bin, wie gesagt, nur auf die dürftigen und gefälschten Telegramme der argentinischen Tagesblätter angewiesen. Das letzte, was ich von *Ihnen* las, war in No 10 der Zkft. Ihr Artikel »Reichstag«, der mir einen deutlicheren Einblick in die Art u. Weise gestattete, wie man mit Ihnen umspringt. Glauben Sie, mein Freund, daß im hintersten Argentinien ein Herz schlägt, das für Sie klopft, Augen sind, die um Sie weinen und hübsche, weiße Zäne, die Ihretwegen knirschen. Und nicht ich allein fresse diese ungeheure Empörung in mich hinein: mein freundlicher Gastgeber und Reisegefärte Funke strömt sie in kraftvollen Worten aus sich heraus. Er läßt Ihnen sagen, er sei vom ersten Tage an Abonnent u. Bewundrer der »Zukunft« gewesen, und wenn Sie für Ihre gemarterten Nerven Ruhe und Erholung brauchten, so böte er Ihnen sein Häuschen an, 600 Km hinter aller Civilisation, wo vor 20 Jaren noch die Indianer hausten. Da sieht man keine Zeitungen, da hört man keinen Menschen, da ist man allein mit Gott, der Pampa und sehr vielen Kühen, Schafen und Pferden. Am Weihnachtsabend trafen wir, der Eti und ich, gleichzeitig mit Herrn Rodolfo hier ein; und obgleich der nicht an Sentimentalität leidet, zündete er uns sogar ein kleines, statts Tannenbaum verkleidetes hiesiges Sträuchlein als Weihnachtsbaum an. Hier sitzen wir nun volle 14 Tage, und ich ruhe mich in völliger Weltabgeschiedenheit, Ruhe u. Frieden von dem scheußlichen B. Aires aus. Das ebenerdige Haus, das fern, fern von menschlichen Wonsitzen liegt, ist bequem und luftig, wir haben deutsches Personal, essen gut, und die Herren trinken noch besser und mehr. Denn Rodolfo Funke ist ein trinkfester Teutscher. Abwechslung gibts nicht. Vormittags lese und schreibe ich und laufe ein wenig in der Quinta, dem frischgepflanzten Garten, der der Stolz und das Schoßkind jedes Estanciero ist (denn im ganzen Land wächst außer diesen dürftigen Anpflanzungen kein Baum u. kein Strauch) umeinand', nachmittags faren wir spazieren, auf schlechten, oder auch garkeinen Straßen, über Stock u. Stein, durch Flüsse und Stoppelfelder immer mitten durch; und abends sind wir sehr müde. Morgen hat dieses idyllische Leben ein Ende, und wir kehren nach B. Aires (von Pueblo 15 St. Eisenbanfart) zurück; wo ich aber keinesfalls zu bleiben gedenke. Ich belege einen Schiffsplatz für die Rückreise, circa 15 Februar, und dann flüchte ich irgendwohin. Bietet sich für Erik, der immer sucht u. nicht findet, in den nächsten 14 Tagen noch keine Aussicht, die seine Gegenwart nötig macht, so bin ich kapabel und fare mit ihm auf 2 Wochen über die Cordilleren nach Chile. Das soll sehr interessant u. lonend, wenn auch ein wenig strapaziös sein. Aber ich weiß noch garnicht, was ich tun werde. – Ich bin so besorgt um Ihre Gesundheit, Lieber! Hegen und pflegen Ihre Freunde Sie auch recht? Daß Ihre Frau und Maxa es tun, weiß ich ja. Was wird die Arme, Treue in dieser Zeit um Sie gelitten haben! grüßen Sie sie von mir; Maxa. Sie, lieber Freund, grüßt aus liebevollem Herzen u. weiter Ferne

Ihre Hedwig Pringsheim.

Herr Funke läßt sich Ihnen unbekannterweise, Erik bekannterweise bestens empfehlen.

Royal Hotel
Buenos Aires

27. 1. 1908.

Mein lieber guter Harden! mein armer Freund! gestern kam ich mit Erik von einem 14 tägigen Ausflug über die Cordilleren nach Chile zurück und fand unter der reichen Post, die sich inzwischen aufgespeichert, auch den ersten Teil der Sitzungsberichte von Ihrem zweiten Proceß. Ich bin ganz erschüttert! Wie hat man Ihnen mitgespielt, und was haben Sie durchgemacht! Auch daß Sie so ernstlich leidend, ja schwer krank waren, ersah ich erst aus diesem Bericht; der, wie gesagt, noch längst nicht bis zum Ende reicht. Nun, der Ausgang, der leidige, ist mir ja bekannt, und ich hoffe, Sie haben meinen Brief von der Estancia, den ich Ihnen nach dem schmachvollen, telegraphisch mitgeteilten Urteil umgehend schrieb, richtig erhalten. Mein Gott, Sie werden viele, hoffentlich *sehr* viele Freundesbriefe bekommen haben – keinen aber aus wärmerem und treuerem Herzen! – Ich bin in so tiefer Sorge um Sie und um Ihre schwer erschütterte Gesundheit, denke fortwärend an Sie, und wie seltsam unberechenbar des Menschen Schicksale doch verlaufen. Ich glaube kaum, daß je eine so himmelschreiende, infame, infame Beugung des Rechtes vorgekommen ist; jedes Gerechtigkeitsgefül schäumt dagegen auf – und bleibt machtlos. Könnte, o könnte ich doch etwas für Sie und zu Ihrer Erheiterung tun! Ich hätte ja mancherlei drolliges, und interessantes auch, zu erzälen; aber ich fürchte, der Moment ist nicht gut gewält. Was hätten Sie gesagt, wenn in Chile der Erdboden mich verschlungen hätte? Denn ein bischen gebibbert hats grade wieder wärend unsrer Anwesenheit in Valparaiso, diesem armen, kläglichen Trümmerhaufen einer einst blühenden Stadt. Und hier stehen wir am Vorabend eines Revolutiönchens, die Truppen sind konsignirt, der Belagerungszustand soll proklamirt werden, und man weiß nicht, was noch werden mag.

Die Cordilleren sind furchtbar hoch, die Reise teilweis recht abenteuerlich.

Und nun folge ich diesem Brief auf dem Fuß. Meine Kabine ist engaged, und ich fare am 7. Februar auf dem »Avon« des Royal

Mail nach Europa ab; diesmal auf einem fremdsprachigen Schiff, one irgend welchen Anschluß – mir graut. Erik will nicht mit, und eine passende Estancia für ihn hat sich auch nicht gefunden; sorgenvoll und schweren Herzens, wie ich kam, gehe ich auch wieder.

Bald nach meiner Ankunft daheim hoffe ich zur Begrüßung meiner Lieben nach Berlin zu kommen: möchte ich Sie, mein Freund, doch in einem erträglichen Zustand finden!

Grüßen Sie Ihre Frau und Maxa. Von ganzem Herzen grüßt Sie

Ihre treue Freundin

Hedwig.

HP

München, Arcis-Straße 12
26. 3. 1908.

Liebster Harden – Alfred sieht sich die reizvolle indische Tänzerin Ruth St. Denis zum zweitenmal in einer Woche an (denn für so kleine Männer haben so unermeßlich lange Gliedmaßen stets einen unwiderstehlichen Zauber), und ich benütze den freien Abend – den ersten seit vielen Tagen – um Ihnen noch einen Münchner Gruß zu senden. Denn morgen schüttele ich den durch Automobile erheblich verstänkerten Heimatstaub schon wieder von meinen Füßen und gehe auf 3 Wochen nach Italien: Florenz, Rom, Neapel. Diesmal aber ganz gesittet und matronenhaft mit Alfred und Peter, meinen zwei schönbeglatzten Männern. Hat sich die Zeit nun nicht auch erfüllet, da *Sie* Ihre Erholungsreise antreten wollten? Könnten wir uns nicht irgendwo treffen? ernstlich? Florenz nicht; das ist wol für wunde Seelen, aber nicht für wunde Rippenfelle (was 'n unpoetisches Wort!); heringegen Rom und Neapel, da kann man in Schönheit Vergessenheit trinken und zugleich den kranken Körper in der linden Luft stärken und heilen. Schreiben Sie mir eine Zeile nach Rom, ferma in posta, wenn Sie in der Zeit zwischen 1. und 16ten April für Rom und Neapel sich entscheiden könnten. Denn etwas *müssen* Sie für sich tun! Wie wollen, wie können Sie gesund werden, wenn Sie im Grunewald bleiben, immer in derselben Atmosphäre atmend stets von neuem diese selben namenlosen Erregungen durchmachen! Ich füle es nach, was wieder dieser lange Artikel in der vorigen Woche Sie gekostet haben muß. Es ist ja doch auch wie zum Rasendwerden, diese unerhörte Sache mit diesem Schubiak, dem Dr. Frey. Daß auf solcher Leute Aussagen Urteile gefällt und Menschen vernichtet werden, ist eigentlich entsetzenerregend. Kein Mensch ist ja mehr seiner Haut sicher, wenn die Justiz bei uns *so* gehandhabt wird. Und Excellenz Dernburg! wie hat ers nur genommen? Nun haben Sie's öffentlich ausgesprochen, was Sie mir persönlich sagten, als wir im vorigen Sommer auf einem unsrer schönen Abendspaziergänge bei der excellenten Villa vorbeikamen. Hat es nicht viel böses Blut gemacht? mir kam noch kein Echo von Berlin. Dabei fällt mir, auf dem Wege der Verschwägerung, *mein* Schwager Rosenberg ein. Ich habe ihn neulich doch noch zur Rede gestellt, wie er dazu käme, über Sie in so sehr unfreundlicher Weise zu sprechen. Er fragte mich, wie ich dazu käme, und ich erwiderte ihm, es sei Ihnen selber zu Oren gekommen. Er leugnete es schlankweg ab. Niemals habe er sich unfreundlich über Sie geäußert; das einzige, was er je in dieser Sache gesagt habe, sei: seiner Meinung nach müßten Sie, wie die Dinge lägen, wegen Beleidigung irgendwie verurteilt werden. Im übrigen könne er sich nicht verteidigen wegen Äußerungen, von denen er überhaupt nicht wisse, wie sie gelautet haben sollten, noch wer sie hinterbracht hätte. Beides wußte ich ja auch nicht. Die Sache schien ihm sehr leid zu tun, und ich dachte, ich wollte es Ihnen doch mitteilen. Entschuldigen Sie, Lieber, wenn ich Sie mit der für Sie unerheblichen Parenthese gelangweilt habe.

Ich denke oft und viel an Sie und möchte so gern etwas für Sie sein können. Aber: nun bin ich frei, und in der Freiheit liegt die Angst der Onmacht. Es wird leider sehr wenig für Sie bedeuten, daß ich in Warheit bin und bleibe

Ihre gute und liebe Freundin

Hedwig Pringsheim

[Fortsetzung auf der ersten Briefseite:] Ihrer Frau und Maxa meine besten Grüße. Bernstein war neulich so heiser, daß er, anstatt zum Skat zu Alfred zu kommen, nach Bozen fur. Mir kam er überhaupt gedrückt vor; aber vielleicht war er nur heiser.

HP München, Arcis-Straße 12
16. 7. 1908

Liebster Harden – zuerst vielen Dank Ihnen und den gütigen Damen für den telegraphischen Glückwunsch. Und dann weiß ich rein garnicht, was ich sagen und schreiben soll! Diese Wendung im Proceß: was soll man draus machen? Ist ER wirklich so schwer krank? es sieht doch so aus. Und was wird nun? ich bin in rasender Unruhe. Und so weit vom Schuß, auf diese blödsinnigen M.N.N. angewiesen, die in dieser Angelegenheit – wie sonst auch – an schwankender Haltlosigkeit gradezu wieder das unmögliche möglich machen.

Was mein Alfred ist, der tobt, wenn er an diesen Proceß nur denkt; haßt den Eulenburg, den er vorher gern mochte, mit seinem besten Haß und findet keine Ausdrücke, um seinen Zorn über den Verlauf der Angelegenheit auszusprühen. Er sagt mir, auch im Professorenzimmer spräche man ausschließlich in diesem Sinn.

Nach meiner Ansicht, kann doch nur der Tod den Mann noch vor dem Zuchthaus retten. Und Deutschland *muß* Ihnen danken, und schließlich, mein Freund, kommen Sie doch noch in die Geschichtstabellen. Behalten Sie nur den Kopf oben, und pflegen Sie ihre liebe kleine Gesundheit ein bischen. Durch Nacht gelangen Sie zum Siege, per aspera ad astra u. s. w.

Sie machen ja eine grausam schwere Zeit durch; aber bedenken Sie doch auch, wieviele Beste der Nation zu Ihnen stehen.

Mein Abschied von Grunewald war diesmal tot traurig; ein tragischer Hauch lag über dem Hause, das ich verließ. Ihren guten Rat, mit Dernburg zu sprechen in Angelegenheit des Fontane-Denkmals konnte ich leider nicht befolgen, da er verreist war. Ich habe aber gleich von hier aus in Ihrem Sinne an ihn geschrieben und sinne, wie man dem armen Klein sonst noch dazu helfen könnte, ihm diese letzte Genugtuung und Freude zu verschaffen. Fällt Ihnen etwas ein, so wäre es schön. *Sie* sind wirksamer als ich.

Heute telephonirte ich nach Schwaneck, wollte Schweningers besuchen; aber nun sind sie natürlich schon in Bayreuth.

Wie finden Sie, daß mein alter Verehrer Schaeuffelen mir zum Geburtstag Rosen sandte und mich auf der begleitenden Karte »verehrte Freundin« anredete! der letzte Rest von Erotik entwich ... ah que je regrette etc etc – et le temps perdu ... O Astaf! O Ast-Aff! ...

Katja schreibt aus Tölz, daß Isenbiel bei der Verhandlung in der Charité vor einem Pianino sitzen mußte, habe sie sehr mitgenommen. Von Kinädenschmach war bei ihrem letzten Besuch wieder sehr ausfürlich die Rede und sie erzälte, als Frucht ihrer neuesten Plato-Studien, wie Alkibiades baff gewesen sei, als Sokrates ihn eines Tages reinfallen ließ und verschmähte. Auf dem Gebiete ist sie überhaupt sehr beschlagen und wußte uns mancherlei belehrendes und unterhaltendes mitzuteilen.

Leben Sie wol, Lieber; Sie stehen meinem Herzen nahe. Grüßen Sie die Damen.

Immer

Ihre

Hedwig Pringsheim.

HP

München, Arcis-Straße 12
27. 7. 1908

Liebster Harden – daß Sie keinen Stiernacken haben, ist angenehm; daß Sie Sehnsucht nach mir haben, ist süß. Wenns war ist. Professor A., der Ordinarius mit der einzig richtigen Auffassung, erlaubts. Er ist anderweitig engagirt, schwärmt wie ein kleiner Gymnasiast für eine kleine Sängerin. Ist sich Bömm'. Ein netter armer Kerl, die kleine Ella Tordek, nichts von Milka's stattlicher Pracht. Ein lieb' Mädchen, und mir sehr ergeben. Ich protegire das Mädchen und die Schwärmerei. Oh, nicht, um gelegentlich gleiche Rechte zu beanspruchen – wir sein nobel. Und dann: meine Stiernacken sterben aus; stirbt mir dieser (Schaeuffelen), ich habe keinen zweiten zu erwarten, ich armer alter Verrina ich. Und Ihre Sehnsucht? o mein Freund, ich glaube nicht dran. Aber Alfred erlaubts. –

Und was wird nun eigentlich? stirbt der Held, oder stirbt er nicht? Marx soll neulich beitisch gesagt haben, er wisse genau, der Walde habe nur noch einige Wochen zu leben. Sind Sie aufgeregt, oder nun, nach den maßlosen Erregungen der langen Monate, abgespannt? sind die Damen nach Sils Maria gereist und Sie allein im blumigen Häuschen? Dann müssen Sie nach München kommen, wo ich Sie mit *so* weit geöffneten Armen erwarte. Alfred erlaubts. Und schließlich: *alles* brauchen wir ihm ja nicht zu sagen. Zunächst schäumt er noch, wenn von Eulenburg die Rede ist, schlägt auf den Tisch, daß Teller und Gläser tanzen und heißt ihn einen gemeinen Schuft. Nun, einiges haben Sie ja nun auch gesagt, gottlob gesagt; ein bischen hat sich doch die furchtbare Spannung entladen, und es weht wie ein befreiender Hauch aus Ihrem trefflichen Artikel. Dem ersten; denn nun kommt doch noch mehr? Wenn Sie nur die ganze Warheit sagen dürften! aber das geht wol nicht, dann haut man Ihnen den Kopf herunter wie der Grete Beier. Was ich übrigens sehr gemisbilligt habe. Das dumme Luder war ja verrückt, mannstoll, one Verantwortlichkeitsgefül. Wie plauderte sie doch so anmutig, behaglich, treuherzig, selbstverständlich über ihre Taten – der olle Sachsenkönig rächte an ihr den Luisenschimpf, und darum gab er keinen Pardon. Ekel! Das nebenbei.

Aus der Warmbrunnerstraße lauten die Nachrichten traurig. Und alles, was ich unternommen, um die Denkmalsfrage zu fördern, war nutzlos. Dernburg hat sehr freundlich und warmherzig zugesagt, in seinem Feuilleton darüber zu schreiben. Obs helfen wird? Und der Ober-Kirschner hat in einem langen, ausfürlichen, sehr gefälligen Schrieb an seinen Schwager Kalbeck, an den ich mich gewandt, den langen Instanzenweg, bei dem auch schließlich der Kaiser nicht zu umgehen ist (da zwar nicht die Stadt, aber die mitbeteiligte Regierung seine Genehmigung verlangen wird), auseinandergesetzt; sodaß noch »viele Monate vergehen werden, ehe an die Aufstellung des Denkmals zu denken ist«. Doch will er, K., »gern nach Kräften für die Beschleunigung der Sache wirken«. Das klingt nicht hoffnungsvoll. Was Sie, lieber Freund, dafür tun könnten? Höchstens vielleicht hinten in der Zkft., unter den Notizen, jetzt anläßlich des nahenden 10ten Todestages Fontane's den Aufruf noch einmal veröffentlichen (von dem der gute Onkel Bondi, glaube ich, noch einige 100 Exemplare besitzt). Denn natürlich kann man nicht für ein *beliebiges* Fontane-Denkmal die Werbetrommel rüren (sonst kriegts ein andrer), sondern eben nur für dies, das im Aufruf als ein von *Max Klein* zu Schaffendes gesperrt gedruckt ist.

Jetzt fare ich nach Tölz zu Tommy's (die die »feine Epikerkunst« dankend quittirt haben). Klaus hat nach – Plauen als 2. Kapellmeister abgeschlossen – a net übel. Meine »Schwiegertochter« hat mir einen selbstgefertigten seidenen Unterrock als Geburtstagsgeschenk gesendet: wissen Sie, oben eng und unten so weit auseinanderfallend, in dem man wie die Tortajada aussieht. Nur muß ich spanische Tänze lernen. Also wann kommen Sie? Bis dahin muß ich mich ordentlich in den Hüften drehen können in meinem Serpentinröckchen!

Tausend Grüße

Ihre
Hedwig (auch Mümmel!)

HP München, Arcis-Straße 12
12. 8. 1908

Mein lieber Harden

Aus einer mir von St. Moritz zugeflogenen Karte sehe ich, daß die Damen sich in der Schweiz erholen und Sie allein in Grunewald hausen. So neidisch ist nun das Geschick, daß es mich diese günstige Konjunktur nie ausnützen läßt. Ein einziges Mal traf sichs so, und ich erinnere mich, daß wir damals wundernette, vertrauliche Spaziergänge mit einander verübten.

Freilich, wenn ich auch jetzt bei Mimchen wäre: mit Spiel und Tanz wäre es ja doch vorüber. Jammervoll, jammervoll sieht es bei Kleins aus; der arme Kranke muß den schauderhaften Kelch bis zur Neige leeren, und Eva steht ihm tapfer und treu und liebevoll zur Seite. Nicht einmal ihr Bett läßt sie von dem seinen entfernen, schläft unmittelbar neben ihm, obgleich sich die schrecklichen Begleiterscheinungen des schrecklichen Übels aufs peinlichste geltend machen: damit er nicht die Empfindung habe, man rücke von ihm ab, damit er bis zum Ende von Liebe umgeben sei! das ist heroisch – so etwas tun nur Frauen.

Und Sie, auch tapferer Streiter, Sie arbeiten und wirken, auch heroisch, aber anders wie Frauen; eben heroisch wie ein Mann. Wie wirds enden? wie wirds enden! Ich telephonirte neulich einmal an Bernstein, um doch einmal irgend etwas zu erfaren; denn ich werde nachgrade ganz zappelig, wenn ich so gar nicht weiß, was unter der momentan so stillen Oberfläche gärt. Hörte zu meinem maßlosen Erstaunen: der Herr Justizrat ist in Lissabon. Was macht er denn da im Hochsommer? verteidigt er vielleicht die Königsmörder? Erst Sie, dann Hau, dann die portugisischen Helden – eine schöne Stufenleiter!

Wir waren Freitag zum Parsifal in Bayreuth. Es regnete in Strömen; kein interessantes, internationales Leben in den Zwischenakten, nur Regenmäntel, Schirme, Drängen und Stoßen in den Corridoren und im übervollen Restaurant. Siegfried im grauen Schlapphut als einzige »Persönlichkeit«. Sah weder Schweningers, noch Frau Mary Balling, verwittwete Levi, verwittwete Fiedler, née Mayer. Auf der Treppe stießen wir mit Prinz Eitel Friedrichs zusammen, die in unser Haus einzogen, als wir auszogen. Die Begegnung war aber zu kurz, als daß ich ihn hätte fragen können, ob er bisexuell sei.

Was die Auffürung betrifft, so sah ich schon bessere. Immerhin wars schön genug, und so lange der »Parsifal« Bayreuther Waare bleibt, so lange wird auch der Zulauf wären, der dieses Jar ganz ungeheuer ist. Man bekommt *positiv* kein Billet. Übrigens in München auch nicht. Künstlertheater, Mozartspiele, Wagner-Festspiele: alles bis auf den letzten Platz ausverkauft. Samstag gibt man im Künstlertheater des ollen Kotzebun »Kleinbürger«, in der Ausstattung von Th. Heine – das wird gewiß fein. Seien Sie leichtblütig, telegraphiren Sie mir um ein Billet, und kommen Sie Freitag auf 3 Tage nach München. Sie *müssen* doch einmal ein klein wenig ausspannen, Sie Übermenschlicher, nach den unerhörten Leistungen der letzten Zeit. Ja??

Katja hat sich in Tölz angekauft. Dies junge Volk ist leichtsinnig. Ich glaube, der Ehrgeiz plagt sie, und sie bereitet wieder ein neues Kind.

Wie denken Sie über Zeppelin?

Ich grüße Sie herzinnig.

Ihre

Hedwig Pringsheim.

HP München, Arcis-Straße 12

7. 10. 1908.

Lieber, lieber Harden – ist das war, was ich eben in den M.N.N. lese? wirklich war? Am 23 November kommt Ihr Proceß wieder dran, *one* Eulenburg, *mit* Lehmann? Soll mans glauben? Ich schäume, Alfred schäumt, Peter schäumt, Katja schäumt, Tommy schäumt – wir alle schäumen. Ich wüßte warhaftig nicht, was Klaus in Plauen anderes tun sollte als schäumen. Selbst Heinz in Athen. Höchstens Erik in Argentinien nicht; denn der legt sich überhaupt eben selber eine Schweinezucht an.

Ja, was tun wir denn nur da? Das ganze ist ja doch eine solche Schmach, daß man wirklich nicht in Deutschland wonen bleiben kann. Wollen wir ins Königreich Bulgarien auswandern? Also ganz im Ernst: ich habe die Empfindung, angesichts dieser ungeheuerlichen, empörenden, unfaßbaren Rechtsbeugung müßte die öffentliche Meinung aufstehen, wie ein Mann müßten sie alle aufstehen, die eine Stimme haben und laut müßten sie rufen: nein, bis hierher und nicht weiter! Das lassen wir uns nicht bieten! wir machen eine Revolution, wenn wir nicht anders erreichen können, daß Recht – Recht bleibt. Hören Sie, Harden, ich gehe zu Kohlhaas in die Wälder, ich werde Räuberhauptmann, ich zerbreche Alfreds teuersten Majolikateller…! Ja, und was tun dann *Sie*? und was tut Bernstein???

Geht denn dieser verruchte Liebling, dieser Phili weiß Gott nach Abbazzia? Vor lauter Gift weiß ich schon nicht mehr, ob das Nest zwei b's oder zwei zette hat!

Wie traurig war ich, daß ich Sie neulich in Grunewald verfehlte. Ich habe zehn ganz furchtbar schreckliche Tage in Wannsee verbracht; dann einen netten in Plauen, wo ich Herrn Direktor Franz Grüße von Ihnen brachte und eine Fidelio-Auffürung sah, die doch immer noch ein mögliches Niveau hatte. Sie haben Plauen unterschätzt, mein Herr, 110000 Einwoner (one Klaus), elektrische Trambanen, *ein* Herr im Smoking in der Loge und ein unabsehbares Heer von Handlungsreisenden mit Musterkoffern im Hôtel und auf den Straßen. Klaus hat viel zu arbeiten und wird sich, hoffe ich, ganz leidlich fülen. Die Gegend ist allerliebst.

Ich schreibe in Eile, voll Zorn und Wut. Und voll herzlicher Freundschaft für Sie. Tausend gute Grüße für Sie und die Ihren.

Ihre

Hedwig.

HP

München, Arcis-Straße 12

23. 10. 1908

Denken Sie, wie ekelhaft: heute bin ich 30 Jare verheiratet! Man ist nun wirklich ziemlich alt geworden; meinen Sie, ich soll Capote-Hütchen tragen? Alfred, mein Gegenjubilar, hat dies triste Datum vergessen. Er ist gestern Abend auf 2 Tage – geschäftlich – nach Berlin gefaren und läßt mich allein in seligen Erinnerungen schwelgen. Wir reisten nach Leipzig … Ich finde

Leipzig übrigens nicht hübsch; wir mußten uns neulich auf der Durchreise 1½ Stunden dort aufhalten – das Hôtel von damals steht noch, aber das Rathaus ist neu, der Turm gefällt mir garnicht. Ich habe vorher, als ich bei Schaeuffelens aß – mit meinem argentinischen Funke, der übermorgen wieder nach drüben färt – ein Glückwunschtelegramm an Alfred geschickt. Nun *muß* er mir doch was hübsches mitbringen! blos daß ich eigentlich garnichts brauchen kann. Vielleicht eben das Capote-Hütchen …

Ihr letzter Brief, liebster Freund, tat mir wehe. So schrecklich deprimirt klang er, so unendlich traurig. Wer Ihnen doch helfen könnte! Ich verstehe die Situation nicht, ich sehe nicht klar. *Kann* denn Ihr Proceß überhaupt stattfinden one den Zeugen Eulenburg? Mir erscheint dies völlig ausgeschlossen; völlig. Aber man ist eben nur ein dummes Weib. Hier in meinem Freundeskreis, wo man *sehr* empört über die ganze Angelegenheit ist, spricht mans unverholen aus, daß die Fürung des Processes sich nur dadurch erklären ließe, daß Allerhöchste Personen kompromittirt werden würden, wenn man Phili nicht schone. Im Zusammenhang damit spricht man auch wieder vom Tode des Hahnke damals in Norwegen und meint, auch den Kistler habe man laufen lassen, weil er im Besitze eines kompromittirenden Briefes sei. Ist denn an all diesen Dingen etwas wares? Und Funke sagt, in Kiel erzäle man sich tolle Dinge von den Nordlandfarten.

Wir waren auch alle sehr empört, daß bei der Walhallafeier, die doch auf der Krone Bayern gehörigem Boden stattfand, wenn schon kein Preußen- so doch auch kein Bayernprinz, kein lumpiger Bayernprinz, zugegen war.

Bekommen wir Krieg? Ich sehe die »Zukunft«, aus der ich meine ganze Weisheit sauge, ja immer erst Samstag. So wills mein Buchhändler.

Aus Argentinien bekomme ich tröstliches zu hören. Der Gute gebiert – gebärt (wie sagt man? ich konnte es blos *tun*) Kälber, schlachtet Schweine und verkauft Mais; die Frau schreibt einfach, natürlich, klug, vertrauenerweckend. Klaus dirigirte den

»Walzertraum«, hatte aber eine mäßige Kritik (die sein Talent anerkannte), weil auf der Büne ein kleines malheur passirte. Er hat riesig viel zu arbeiten. Die geben in Plauen alles: Operetten, Lohengrin, Mozart, Trompeter, Fidelio, und das Schauspiel habe ein erstaunlich anständiges Niveau.

Sie gehen mir so im Kopfe herum, Freund. Lassen Sie mich ein Wörtchen hören, wie's um Sie steht. Bernstein sah ich noch nicht, verfehlte ihn bei meinem Besuch. Ernst Rosmers »Maria Arndt« ist ein von ihr innerlich erlebtes, aber nicht gut gestaltetes Stück; garnicht gut.

Grüßen Sie Ihre Frau und Maxa. Herzlichst und in Treuen

Ihre

Hedwig.

HP München, Arcis-Straße 12

9. 11. 1908

Mein Lieber, mein Teurer, mein Trefflicher! auf die Frivolitäten, Cynischkeiten und leichtsinnigen Offerten (wie, wenn ich drauf einginge? da säßen Sie in einer schönen Patsche!) kann ich natürlich heute nicht eingehen; dazu ist die »Weltlage« zu ernst. Und Sie, der Sie mir nie glauben wollten, daß Sie ein »Faktor« sind, stehen mitten drin. Ob sichs die andren, die man vor einigen Jaren so gerne »Die Vielzuvielen« nannte (damals, als man sich noch »ausleben« wollte), ob sie sichs eigentlich klar machen, daß sie jetzt alle, sammt und sonders, nachplärren, was *Sie* seit so langen Jaren drönend in die Welt hinausschrien? Auf einmal wissen sie es alle, wußten es immer schon und nannten Sie dabei ganz schamlos einen Nörgler, Oppositionsmacher aus Princip, und wie die hübschen Titel sonst noch hießen. Wie könnten Sie jetzt triumphiren; wenns nicht so schrecklich wäre, *daß* Sie triumphiren können! War so etwas denn je erhört? Mich dünkt, Sie mäßigen sich »Gegen den Kaiser« mit würdiger Zurückhaltung; wenigstens in der Form. Denn daß Sie ihm raten abzudanken, wird ihm kaum gefallen. Aber eigentlich müßte ers doch, und *hier* hört mans häufig sagen. Na, hier schimpft man anders, und wir entrüsten uns ganz gewaltig. Wie konnte man Ihnen denn wieder den Eisenbanverkauf entziehen? Die Leute sind wol rein verrückt. Diesmal müßten sie dann wirklich fast die gesammte Presse ausschließen. Selbst die M.N.N., die in ihrem naiven Unverstand und ehe sie anten, daß die Volksseele kochen würde, den Kaiser über den Schellenkönig lobten, aber dann eine derartige Schwenkung machten, daß man es selbst bei ihnen kaum für möglich gehalten hätte. So'n lausiges Käseblatt! Jetzt hoffen sie, daß der Reichstag morgen »Fraktur reden« wird. Wird er? ich fürchte nein. Sie haben ja alle die umfallende Sucht, unsre Herren Abgeordneten und Politiker. Was sagt denn Walter nun zu seinen zwei Spezi's, dem Bernhard und dem Wilhelm? Ich denke, Sie sind vor lauter An- und Aufregung plötzlich ganz gesund geworden und haben neulich Abend sicher »Fraktur« geredet. Warum konnte ichs nicht hören! Mimchen, das arme, alte, liebe, gute wollte gehen, fülte sich aber zu elend; wäre in drangvoller Enge sicher doch auch erdrückt worden. Und der Proceß ad calendas graecas vertagt? Alfred hats immer gesagt. Wie nehmen Sie dies?

Ich finde Ihren Artikel in seiner knappen Sachlichkeit, die mit Keulen dreinschlägt, prachtvoll.

Beinahe hätte ich geschlossen: Seien Sie umarmt … Also: seien Sie nebst Ihren Damen herzlichst gegrüßt.

Hedwig.

HP München, Arcis-Straße 12

3 December 1908

Liebster Harden – ho, wie ich mich auf den 18ten freue! Sonntag war Ihr Vortrag angezeigt, und wie ich mittags zu Bauer kam, war die erste Reihe der teuren Plätze (na, ich werde mich doch nicht lumpen lassen!) schon fort; also zweite Reihe links an der Ecke. Und was die billigeren sind, schon riesig viel verkauft. Es strömte, wärend ich im Laden war, nur so herein, alles »Billets für Harden«. Ich fülte mich denn auch nicht wenig. Wie mir aber Prinzeß Bruckmann nachmittags sagte »na, was sagen Sie zu ›unserm‹ Harden? ich bin mit ihm gegangen durch dick und dünn« – da wäre ich doch beinahe grob geworden. »Unser« Harden – Elsa Bruckmann und ich – rein lächerlich. Nicht war, *mein* Harden: rein lächerlich? Sie ist überhaupt eine ganze arme Prinzessin gewesen, war Gesellschafterin bei der Baronin Worms und mußte mir die Gummischuhe anziehen. Rein lächerlich. Sie hatte auch sehr viel Pickel im Gesicht und redet ungemein schöngeistig und gebildet, ein Aesthet; Aesthetiker, würde Ihsenbill mich verbessern. Kurz und gut: ich freue mich auf den 18ten.

Gott, und der arme Kaiser! was sich der nun alles sagen lassen muß. Das hätte noch vor 3 Monaten niemand geant, daß so etwas möglich sein könne; in Deutschland. Ich genieße Ihre Aufsätze, ich lese sie in fiebernder Erregung. »Waffenstillstand« – o, famos! herrlich! Nun, Sie wissen, wie ich über Sie denke, schon viele Jare vor der ollen Pickelprinzeß über Sie dachte. Ich bin eine einfache alte Dame, kann Ihnen nicht jede Woche quittiren, was Sie für ein Kerl sind. Mein Gott, mein Gott, ich habe doch nicht einmal das Recht dazu, es wäre ja doch direkt unbescheiden.

So nett und gütig waren Sie auch zu Peter. Hat er nicht eine *zu* klobige Nase und einen *zu* aufgeworfenen Mund, mein Peter? ein häßlicher Knabe, aber er sieht Walter Rathenau ähnlich, Typus Neger. Schön angezogen ist er, mein Peter, wunderbare Westen und Krawatten, alles äußerst elegant; gescheidt ist er auch. Aber Reichskanzler wie Walter (Rosenberg sagts) könnte er nie werden.

Hier war Lili Lehmann, fabelhaft schön in rotem Sammt mit Spitzen und Brillanten; und sie sang erstaunlich. Denn Alfred behauptet, sie sei nicht 60, sondern 62. Aber Alfred ist schließlich auch nicht unfehlbar. Vor mir saß Ernst der Schweninger mit Lena. Er benahm sich wie ein Wansinniger, stürzte aufs Podium und küßte Lili die Hände, brüllte und tobte grauenhaft. Lena hat sich verändert, sieht welk und schlecht aus.

Wie stehen Sie mit Bernstein? er aß neulich am Sonntag bei uns, weil seine Familie über Land ginge, telephonirte er. Das war aber ein Irrtum. Die Familie blieb zuhaus, aß den Sonntagsbraten one den Gatten und Vater, der unsern Kalbsrücken ziemlich würzte. D. h. im ganzen finde ich ihn seit dem letzten Jare gealtert und matt geworden; er hat seines Geistes Kräfte in Ihrem Dienste aufgerieben.

Soll ich Ihnen eine Gesellschaft geben? Sie brennen darauf, ich weiß es. Wen soll ich Ihnen einladen? Sie sind zu sämmtlichen Malzeiten – hören Sie: zu sämmtlichen – bei mir versagt, *dürfen* keine andre Einladung annehmen, weder bei Halbe's, noch bei Prinzessin Bruckmann. Das wäre noch besser!

So, nun gehe ich schlafen, ich bin ganz furchtbar müde und bis zum Idiotismus verdummt. O lieber Harden, Sie sind solch ein reizender Mensch.

Ach, das vergaß ich – – Zeichen und Wunder geschehen: Heinrich Braun, den ich im Sommer zum Zeitvertreib mal mante, hat mir gestern 500 M. abgezalt! Nun sinds nur noch 4000.

Viele Grüße Ihnen und den Damen. Ihre Hedwig.

Ich freue mich!!!

HP

München, Arcis-Straße 12
11. 5. 1909

Mein lieber Freund Harden – ich komme wie aus einer Gruft und bin dem Leben ganz fremd geworden. Und nun will ich versuchen, ob ich den Weg zurückfinde. Immer habe ich mir Grenzsteine gesetzt: wenn du da und da angelangt bist, dann wirst du wieder ein Mensch mit Menschen sein. Und jedesmal, wenn ich die Etappe erreicht hatte, dann sah ich, daß es noch nicht ging. So sind beinahe 4 Monate ins Land gegangen seit Eriks Tod, und ich habe mit niemandem gesprochen, und ich habe an niemanden geschrieben. Zuerst habe ich vier Wochen – volle vier Wochen! – gewartet und gewartet auf den Brief der Frau, der mir sagen sollte, wie und warum Erik starb; dann habe ich auf die Ankunft der Frau gewartet, in banger Sehnsucht; dann auf ihre Abreise – fast noch ungeduldiger; dann auf die Ankunft von Eriks Leiche. Und letzten Donnerstag haben wir, was noch übrig war von ihm, in Ulm verbrannt. Nun kommt die Auseinandersetzung, die Abrechnung mit der Frau …

Lieber Freund, Sie werden nicht erwarten, daß ich alle Stationen dieses Leidensweges noch einmal durchmache – ich wäre dazu nicht einmal fähig. Denn ich bin ganz zerbrochen und habe die Empfindung, als würde ich niemals wieder aufstehen. – Vier Wochen lang ging meine Phantasie entsetzliche Wege. Dann kam der Brief der Frau: Erik hat sich vergiftet. Dann kam die Frau. Ein schreckliches Weib. Jedes Wort eine Lüge; Widersprüche und Unmöglichkeiten in jedem Wort. Kurz vor ihr, mit dem gleichen Schiff, kam ein Brief von Pannwitz, an den wir uns gewandt hatten u. der zufällig in Buenos Aires im gleichen Hôtel mit ihr gewont hatte. In dem Brief stand, daß man sie, deren recht kluge, recht sympathische eigene Briefe sie als schmerzgebeugte, elende, kranke, totunglückliche Frau darstellten, daß man sie im Hôtel »die lustige Witwe« heiße, und stand noch vieles, was geeignet war, eingeschlummerte Verdächte wieder aufzuwecken. Und dann sie selbst! Sie ist jetzt seit 4 Wochen in Charlottenburg, und wir haben sie hingehalten und hingehalten, weil wir sie bei der Feuerbestattung nicht haben wollten. Erik ist auch, one daß sie es weiß, secirt worden; aber es kam nichts heraus, was im Widerspruch zu den Aussagen der Frau gestanden hätte. So hat sie ihn also nicht direkt gemordet; aber sie hat ihn in den Tod getrieben. Nach meiner Überzeugung absichtlich in den Tod getrieben. Auf die einfachste Formel reducirt, stellen sich mir die Vorgänge so dar: sie hat ihn aus Spekulation geheiratet, eingefangen; die Spekulation ist misglückt u. sie mußte ihn loswerden. Da hat sie ihn dann hineingehetzt – Eifersucht, berechtigte Eifersucht, muß auch mitgespielt haben – da ist ein Engländer, der verhängnisvoll war. Ihre Briefe an uns waren klug ersonnen, gut durchgefürt; sie selbst ist in aller Raffinirtheit dumm, oberflächlich, nicht fähig eine Rolle durchzufüren. Nach einer Stunde hatten wir sie durchschaut. Eine Kokotte, die möglichst viel Geld von uns »herauszuschlagen« hoffte. Es ist märchenhaft, was sie mir zu bieten wagte; sie muß mich für ungewönlich – naiv halten. Nun haben wir ihr geschrieben; in den nächsten Tagen muß ihre Antwort kommen. Pannewitz, durch den glücklichen Zufall, daß er gleichzeitig drüben war – er hat eine immens reiche Argentinierin geheiratet – unser Ratgeber geworden, berät uns weiter. Mit alledem ist Erik tot, ein Häuflein Asche, kommt nie wieder. Eine Bekannte schrieb mir, sein Tod werde keine Lücke in unser Leben reißen, da er so lange schon fort war. Die Frau – eine kinderlose Frau! – weiß nicht, daß ich vieles einfach als einen Brief an Erik erlebte. Keine Lücke! ich sehe überhaupt nur noch eine Lücke u. nichts, das sie ausfüllen könnte ....

Katja hat inzwischen ihr drittes Kind bekommen, einen kleinen Buben, der zu aller Entsetzen »Angelus« heißt. Und Ihr Proceß! mit brennendem Interesse habe ich die vorletzte »Zukunft« gelesen, vom ersten bis zum letzten Wort. Ich vergaß für eine Stunde alles andre und war Feuer und Flamme für Sie. Wie stehen Sie da, groß und merkwürdig und überzeugend nach jeder Richtung, als intelligente, als moralische Potenz! und wie jammervoll die andern. Ich war wieder einmal sehr stolz auf Sie, mein Freund.

Nicht war: dieser Brief ist ja nur für *Sie* bestimmt. Für die Vielen, die es auch garnichts angeht, starb Erik an einem Hitzschlag. So wars vereinbart, er hatte »um einen leidlichen Abgang« gebeten, u. so stehts im ärztlichen Totenzeugnis.

Wie geht es Ihnen nun? jetzt sollen Sie mir wieder schreiben.

Von Herzen

Ihre alte Freundin

Hedwig.

HP München, Arcis-Straße 12
28. 5. 1909

Lieber Freund

Ich danke Ihnen für Ihre Zeilen. Was sollten Sie mir auch sagen? Sie können mich doch nicht »trösten«. Ich weiß, Sie haben mich gern, und Sie fülen mit mir. Und das genügt mir. Ich denke, Sie haben das »Heroische« in mir überschätzt. In diesem Fall bin ich ein dummes Muttertier, one allen Heroismus. Nun, davon reden wir nun nicht mehr.

Eben habe ich den Schlosser kommen lassen, um Eriks Schreibtisch zu öffnen; und da habe ich wieder ein paar Tage zu ordnen und zu sichten. Solche dummen kleinen Sachen hat mein armer kleiner Junge aufgehoben – es ist ein so wehmütiges Geschäft! aber das tue ich gern, da kann man von Zeit zu Zeit ein bischen weinen …

Nicht so einfach ordnen sich die Verhältnisse mit der Frau. Auf meinen Abrechnungsbrief ist sie nach England abgereist – man könnte auch sagen »geflohen«. Und hat sich mit nichtigen und verlogenen Ausflüchten gegen meine harten Vorwürfe verteidigt, den Hauptpunkt: Eriks Tod, aber garnicht berürt. Und hat zum erstenmal zugegeben, bei seiner Heimkehr, vor seinem Tode, ihm eine furchtbare Scene mit brutalen, rohen Beschuldigungen, gemacht zu haben. Die chemische Untersuchung der traurigen Reste hat Gift im Magen *nicht* ergeben; man untersucht nun noch die andern Organe. Ich werde nie erfaren, wie und warum Erik starb. Aber ich weiß, so oder so, daß die Frau seine Mörderin ist.

Ich war vorige Woche 2 Tage in Berlin; Alfred hatte zu tun, ich wollte nach Mimchen sehen, die sehr elend gewesen war. Ich wagte nicht, Sie anzurufen mit der Bitte, mich zu besuchen. Ich glaube, Sie fürchten sich vor mir. Aber ich bin garnicht fürchterlich; genau so einfach, vernünftig und herzlich wie immer. Wenigstens mit den Menschen, die mir lieb sind. Und daß Sie dazu gehören, sage ich garnicht erst.

Mimchens gings besser. Und ich bin Rosenberg dankbar, der

kategorisch erklärte, er erlaube ihr ihre unvernünftig experimentirende Lebensweise nicht mehr: dann müsse sie ausziehen, denn er gestatte nicht, daß jemand in seinem Hause verhungere.

So ließ er, one Mimchens Wissen und Willen, Dr. Fließ kommen, der ihr denn auch eine auskömmliche und narhafte Kost verschrieb, die ihre Kräfte zu heben schien. Wenn nun noch Eulenburg in Gastein die gewünschte Genesung findet, so sind wir wol am Ziel all unsrer Wünsche. For shame! was für ein Possenspiel!

Schreiben Sie mir von sich, von Ihrer Gesundheit, Ihrem Leben. Einen netten persönlichen Brief wie sonst. Was macht Maxa? was für Reisepläne hegt man? wie schade, wie schade, daß es mit dem Grunewald für mich vorbei ist, seitdem Mimchen die Sommerwonung dort aufgab.

Katja hat sich über Ihre Karte sehr gefreut. Sie närt den jungen Mann mit dem seltsamen Namen noch selbst, wärend Tommy in Zürich bei Bircher-Benner Erholung sucht von den Strapazen der Entbindung – von seinem Roman.

Grüßen Sie die Damen des Hauses bestens.

Von Herzen, wie immer,

Ihre

Hedwig Pringsheim.

HP München, Arcis-Straße 12

22. 6. 1909

Lieber Harden – wir haben einen Bekannten, der wirft von Zeit zu Zeit Freunde, die ihm nicht mehr passen, »über die Mauer«. Haben Sie mich über die Mauer geworfen? Und warum? Unglück ist doch kein Verbrechen? Unbequem, das gebe ich zu. Sehen Sie, lieber Freund, ich denke mir, Sie haben die Vorstellung, man müßte mich jetzt mit Glacéhandschuhen anfassen, anders mit mir verkehren, wie früher. Das *wäre* unbequem; sogar unleidlich. Aber so ists ja garnicht, das ist ja doch ein Irrtum. Gleich in meinem ersten Brief nach Eriks Tod, den ich an meine Leute richtete, bat ich, mir weiter zu schreiben wie bisher, von allem und allen. Denn ich weiß ja doch, daß die Welt nicht stehen bleibt, weil einer Mutter Son starb. Es geht alles seinen gewonten Gang weiter, und man muß, wenn man nicht definitiv ein Ende machen will (und das will und darf man ja nicht), versuchen, sich wieder einzureihen. Aber da es schwer, maßlos schwer ist, so müssen die andern einem helfen. Also bitte ich Sie, Lieber, tun Sie, als ob ich garnicht gestorben wäre, und schreiben Sie mir wie einer richtig Lebendigen. Ich nehme ja auch so viel Anteil an allem, was Sie betrifft; bin so zufrieden, daß dieser Moltke-Proceß ein für Sie so ehrenvolles Ende genommen hat. Denn *Sie* sind Sieger auf der ganzen Linie, und von dem so überaus Jammervollen wird kein Hund mehr ein Stück Brod nehmen. Der muß nun doch im Dunkel verrecken. Und Phili? nein, ich hätte es nicht gedacht, daß der wirklich noch mal dran käme!

Ihre Studie über Holstein sehr fein, sehr scharf, sehr psychologisch. Wie Sie ihm gerecht werden, one seine Fehler zu vertuschen, wie Sie sein Bestes zutage fördern, one zu schmeicheln und zu lügen (ekelhaft das de mortuis nil nisi bene), das finde ich ganz meisterhaft.

Ich lebe wieder still und traurig, muß aber ab und zu Besuche annehmen. Der durchreisende Fremde speist sogar zuweilen bei uns. Zu Reinhard habe ich mich noch nicht aufschwingen können; aber Alfred, Tommy's, Klaus waren im Künstlertheater, und das für u. wider beherrscht augenblicklich München. »Hamlet« war eine Enttäuschung, Camilla Eibenschütz fand man franchement schlecht (ich kenne sie als unzulängliche »Julia«); aber der »Sommernachtstraum« war ein Sieg.

Mit Eriks Frau haben wir definitiv gebrochen, und was noch geschäftlich zu erledigen ist, geht durch Pannewitz. Es fand sich bei der Sektion nicht das leiseste Anzeichen von Gift! auch das Papier, das sie mir übergeben, enthielt kein Strychnin, sondern Reste eines harmlosen Pflanzen-Extraktes!! So bleiben wir vor dem furchtbaren Fragezeichen stehen und werden *nie* die Warheit erfaren! Aber das Weib hat ihn gemordet, so oder so. – – –

Sie sehen, lieber Freund: ich bin garnicht stolz, da ich schon wieder schrieb. Aber wie wenig, wie wenig Menschen habe ich doch: bleiben Sie also mein lieber Harden.

Herzlichst

Ihre

Hedwig Pringsheim.

Maxa und ihrer Mama schönste Grüße.

HP München, Arcis-Straße 12

12. 10. 1909

Mein lieber Harden – soll man denn nun wirklich garnichts mehr von einander hören? wollen Sie mir ganz entschwinden? Warum? Ich habe mich wol der Einsamkeit ergeben und bin gar bald allein gewesen, sehr allein. Aber ein paar Freunde muß man sich doch hinüber retten in die Öde des Daseins, und ich wünschte, daß zu den ganz wenigen Sie gehörten.

Sehr leid tat mirs, daß Sie nun wieder die ganze Zeit in Sylt schwelgten, wärend ich in Wannsee ein sehr stilles, sehr friedlicherholsames Familienglück genoß: bei Rosenbergs waren außer mir noch das gute Mimchen und Schwester Miez mit ihrer prächtigen Hedda zu Gast. So erlebte ich Mimchens starres Staunen, als sie sich aus einer Myrjam Born in eine Hedwig Dohm zurückverwandelt fand. Hat sich denn das Geheimnis dieser Metamorphose eigentlich aufgeklärt? ich hörte nicht mehr davon. – Einmal ging ich ja auch beim Blumenhäuslein mit heran, durfte aber die Herrin nicht stören, da Handwerker und Maxa's Krankheit ihre Zeit voll in Anspruch nahmen; hörte zu meiner Freude, daß die kleine Patientin fast genesen. – Mit Walter Rathenau hatte ich eine lange Unterhaltung, die mir zu denken gab; sowol wegen des Inhalts, als auch wegen des Redners. Denn *er* sprach, ich hörte. Es handelte sich, an Eriks Ende anknüpfend, um Tod und Unsterblichkeit, und um vieles andre. Ist der Mann echt? oder schillert er bald so, bald anders? Wie stehen Sie jetzt mit ihm?

und ists war, daß er mit Exc. Dernburg nicht mehr befreundschaftet ist? Das mochte ich ihn doch nicht fragen.

Von mir, lieber Freund, kann ich wenig sagen. Ich bin stumpf, und das Leben gleitet an mir vorbei. Weiß Gott, ob ich mich noch einmal aufrichten werde; man spricht ja so viel von der segensreichen Wirkung der Zeit. Jenes Weib setzt mich ab und zu noch in Aufregung. Da sie weiß, daß ich keine Briefe mehr annehme, sondern alles uneröffnet an Ihren nunmehrigen Nachbar vom Dachsberg, Pannwitz, schicke, hatte sie neulich die Schamlosigkeit, an Mimchen einen ekelhaften Brief zu schreiben, den die Ärmste furchtbar erregte. Daß man vor dieser rürenden und ehrfürchtigen Gestalt nicht mehr Respekt empfindet, selbst wenn man eine solche ist! Sie ist jetzt drüben in Argentinien, aber wenn sie »ihr Gut« verkauft hat, will sie in Berlin einen »Salon« eröffnen. Ich wünschte von ganzem Herzen, daß sie das Geschick ereilen möge, das ihre Kollegin Gräfin Strachwitz traf!

Meine Kinder sind zerstreut in alle Welt. Peter war in den Ferien in Canada und Kalifornien, kehrt demnächst nach Berlin zurück; Heinz »buddelt« in Klein-Asien, Klaus dirigirt bei Neumann in Prag und scheint es diesmal endlich nach Wunsch getroffen zu haben, und Tommy's erholen sich in ihrem lieblichen Villinchen in Tölz noch immer von der doppelten Geburt: Katja von Angelus Gottfried Thomas, Tommy von der »Königlichen Hoheit«, die in einem ziemlich kaklig gelben Gewande ja nun endlich bei Fischer als Buch herauskam. Ich wünsche ihm einen guten Erfolg und viele Auflagen; die gewiß nicht ausbleiben werden, denn das Werk hat treffliche Qualitäten. Werden Sie es lesen?

Meinem Alfred gehts mit dem Magen besser als seit lange. Er ißt die schwierigsten Sachen. Da er in diesem Winter Dekan ist und »S. Spektabilität« angeredet wird, braucht er aber auch Riesenkräfte. Welch stralender Herbsttag heute! Seien Sie herzlich gegrüßt.

Ihre Hedwig Pringsheim.

Viele Grüße den Damen des Hauses.

HP München, Arcis-Straße 12
19. 10. 1909

Liebster Harden

Sie haben unrecht mit dem, was Sie mir da neulich schrieben. Und Sie werden sehen: wenn wir uns erst ein einzigesmal persönlich gesprochen haben, kommt die alte Intimität wieder, wie »im Lenz unsrer Liebe«. Daß Sie mir nichts sein konnten in meinem schweren Erleben beklagen Sie? Glauben Sie mir, lieber Freund: *niemand* konnte mir etwas sein; auf Gottes weiter Welt niemand. Nicht einmal Mimchen, an der ich doch mit jeder Faser meines Seins in Liebe hange. Nicht mein Mann: denn er war der ungute Vater meines Toten gewesen. Nicht meine übriggebliebenen Söne, die ich monatelang nicht sehen wollte und nicht sah. Allenfalls Katja, weil sie stillverstehend mir täglich zur Seite stand. Aber viel konnte auch sie mir nicht sein, und lange Monate war mirs am liebsten, wenn man mich allein ließ. Nun bin ich ja aber weder gestorben, noch verrückt geworden und muß und will und werde ins Leben zurückkehren. Soll ich da die wenigen nicht wiederfinden, die ich zurückließ, ehe ich in die Einsamkeit ging? Glauben Sie mir, Harden: es ist eine Frage der feinsten Schamhaftigkeit, die Sie momentan von mir zurückhält. Darüber bringt uns ein erstes schmerzlich-scheues Wiedersehen hinweg. Ich weiß ganz genau, wie entsetzlich linkisch, wie schmerzhaft verlegen und grausam unfrei wir alle beide sein werden beim ersten Begegnen. Aber lassen Sie uns das tapfer überwinden, lieber Freund, und lassen Sie uns wieder Freunde sein wie ehedem.

Daß Sie ernstlich leidend sind, tut mir weh. Ich dachte es mir, als ich so lange die Zukunft hardenlos sah. Zuerst meinte ich freilich, das sei nur dem Genießen der Sylter Freiheit zuzuschreiben und freute mich förmlich Ihrer Faulenzerei. Aber nun geht mir die Pause doch über den Spaß. Was ists denn nur? allgemeine Depression? Nachlaß der Spannkraft, der Widerstandsfähigkeit, die doch bei Ihnen so wunderbar funktionirten? Ich bin traurig darüber und möchte so gern mit Ihnen plaudern. Fassen Sie mal einen künen Mut, und kommen Sie auf ein paar Tage nach München.

Sagen Sie, Harden, kennen Sie Margarete von Poschinger, née Landau? Die ist nämlich komplett verrückt. Nachdem Sie an mich, die sie nur aufs oberflächlichste kennt, schon einmal nach Lenbachs Tode (mit dem sie in einem etwas dunklen Verhältnis stand), einen gänzlich wirren, konfusen Brief geschrieben, erhalte ich gestern aus heiler Haut und aus dem Hôtel Adelon ein aus 6 Karten bestehendes Schreiben von ihr, nicht mehr wirr u. konfus, sondern völlig unverständlich und richtig und einwandfrei verrückt. Von Poschinger erzält sie mir, von Bismarck, von Busch, auch »Monsieur Haarden« kommt drin vor, und ich habe keine Anung, was die Dame eigentlich von mir will.

Bin neugierig, ob Sie über »Königl. Hoheit« wirklich schreiben werden. Doch nur, wenn das Buch Ihnen gefällt, dessen ich nicht so absolut sicher bin. Aber das Tölzer Häuschen wird es zum mindesten decken, man hält schon bei der 7. Auflage.

So, lieber Freund, ich habe mal rasend geschmiert, aber grade heute habe ich so furchtbar viel zu tun. Und wollte Ihnen doch sagen, was ich auf dem Herzen hatte. Zu Mimchen sollten Sie wirklich einmal gehen und nach München bestimmt kommen.

Herzlich grüßt Sie in der alten erprobten Freundschaft

Ihre Hedwig.

[Fortsetzung auf der ersten Briefseite:] Der guten kleinen blassen Maxa und ihrer Mama viele Grüße.

HP

München, Arcis-Straße 12
19. 11. 1909
abends.

Ja, abends. Und so totenstill und einsam, daß man sich in dem großen, öden Haus verkriechen möchte. Ganz allein bin ich, ganz allein. Denn die Leute sind ja in einem andern Flügel. Und wenn mein guter, treuer alter Plisch nicht zu meinen Füßen läge und vor Greisenhaftigkeit ein bischen schnarchte, könnte ich mich beinahe fürchten. Alfred ist gestern für ein paar Tage nach

Berlin gefaren – es tauchte eine ernstere Möglichkeit auf, unser Elephantenhaus zu verkaufen – und gleichzeitig mußte ich die 3 Mann-Kinder, die ich 4 Wochen zu hüten hatte, wieder in die heimische Franz Joseph-Str. liefern, da die lieben Eltern heute früh von ihrer Italienfart heimkehrten. So wurde mit einem Schlag das durch Kindergezwitscher wochenlang recht lieblich belebte Haus stumm und still und öde. Ich habe übrigens Einsamkeit furchtbar gern, und da ich mich ihr ergeben habe, trage ichs auch, daß ich gar bald allein war. Nur des Abends fürchte ich mich ein bischen. Da sollte immer jemand – nebenan sein. Beileibe nicht bei mir; nur nebenan. Auch des nachts. Mein Schlafzimmer ist so sehr weit ab von der menschlichen Gesellschaft. Die kleine Erika, hatte ich mir gedacht, sollte wärend Alfreds Abwesenheit bei mir schlafen. Das ist solch ein liebliches und reizendes Kindchen, obgleich's eine Knubbelnase hat. Aber nun kamen eben im unrechten Augenblick die Eltern, denen ich sie nicht vorenthalten wollte. Katja, die sich von ihrer Sommererholung an der Riviera erholen sollte, bedarf nun sehr der Erholung von der Riviera, so grünlich und mager wie sie ausschaut. Ich fürchte, No 4 ist unterwegs. Obgleich Erika kein Geschwister mehr will: »Denn vier, sagt sie, mein' ich immer ist ein bisserl zu viel.« Auch der Schwieger-Tommy, finde ich, ermangelt der Frische; sie sind ein misepetriges Pärchen. Aber sehr glücklich. Und heute gabs Chocolade und Torten mit Lichtern, denn der Kinder Geburtstäge wurden nachgefeiert.

Ich finde, lieber Freund, ich schreibe Ihnen da einen recht nichtigen Brief. Aber wenn ich doch so garnichts erlebe in meiner Weltabgeschiedenheit ... ach, Abgeschiedenheit: nun liegt ja mein guter, lieber, alter Löwe, mein prächtiger Kindskopf Björnson, auch im Sterben – les dieux s'en vont. Der hätte sich gewiß für Ferrer mit ungeheurem Brustton und der ihm eigenen kritiklosen Begeisterung ins Zeug gelegt; aber so banausisch und läppisch wie mein Ex-Brentano und Ihr Ex-Meier Gräfe hätt' ers doch nicht getrieben; denn er war kindlich, nicht kindisch. Wie Peter, mein Son Peter, vor einigen Wochen aus Canada zu kurzem Aufenthalt bei uns einkehrte, war er ganz erbost von diesem

Ferrer-Rummel, und seine erste Frage war: »hat Harden schon dagegen geschrieben?« Nun, die nächste Woche taten Sie es ja dann, und mir aus der Seele. Und denken Sie: schreibt mir meine Schwägerin Rohrscheidt, doch eine einfache Agrarierin aus Garzau bei Rehfelde an der Ostban »Hardens Artikel über Ferrer war mir eine Woltat ...« Daß Sie im letzten meinen »Neffen« (meines Neffen Brüder sind meine Neffen) Dernburg so angriffen, hat mich sehr mitgenommen und wird Ihnen im Hause Rosenberg keinen Stein im Brett gewinnen. Aber Sie werden wol Recht haben. Sind und bleiben der einzige – leider! – der ein freies, mutiges Wort wagt und gegen den Blödsinn der öffentlichen Meinung Front macht. Bleiben Sie, der Sie sind, und bleiben Sie auch mir ein wenig treu.

Herzliche Grüße den Damen. Ihrer Frau Karte nach dem Besuch bei Mimchen hat mich sehr gefreut. Maxa soll fabelhaft gewesen sein.

Alles Gute! Ihre Hedwig.

HP München, Arcis-Straße 12
6. 12. 1909

Liebster Harden

so hinterweltlerisch lebe ich, daß ich erst jetzt erfare, daß Sie am Sonnabend hier einen Vortrag halten! Einen schweren Kampf hats mich gekostet, denn natürlich reißt es mich mächtig hin, das brauche ich Ihnen nicht zu sagen. Aber ich kann nicht. Noch kann ich die Mauer nicht übersteigen, die mich von der Welt trennt. Ich weiß, da ist tout Munich – ich schaudere und bekomme gradezu körperliche Zustände, wenn ich dran denke ... Und Alfred hat ausgerechnet an dem Abend Rektoratsdiner, dem er als Senator und Spektabilität nicht fern bleiben *darf*. Er ist außer sich, aber machtlos gegen diese force majeure. Sodaß der Orientreisende Heinz, frisch aus Asien heimgekehrt, einzig die Familie repräsentiren wird. Aber Harden, lieber, guter, einziger Harden: das dürfen Sie mir nicht antun, daß Sie nicht zu mir kommen! Lange und immerzu müssen Sie zu mir kommen. Glauben Sie nur um Gottes Willen nicht, daß ich »peinlich« bin. Ich bin genau wie immer, Ihnen grade so gut wie immer, und freue mich, Sie zu sehen wie immer. Wann treffen Sie in München ein? wonen Sie im Continental? wie lange bleiben Sie? wann darf ich Sie erwarten? Sie halten mir morgens zur Probe Ihren Vortrag, wie Sie's schon einmal taten. Nehmen Sie ja keine blödsinnige und lästige Einladung an: wenn irgendwo, dann essen Sie bei uns und sagen den andern: »bedauere sehr, bin schon bei Pringsheims versagt«.

Also auf Wiedersehen, lieber Freund. Ich freue mich herzlich auf Sie. Sie müssen von unglaublicher Frische sein, schrieben in der letzten Zeit überaus herrliche Artikel.

Tausend Grüße

Ihrer

Hedwig Pr.

Auch den Damen alles liebe und gute.

HP München, Arcis-Straße 12

22. 3. 1910

Liebster Harden – sind wir uns denn nicht mehr gut? Ich Ihnen sicher; aber Sie mir? man hört nichts von einander, man sieht sich nicht, man schreibt sich nicht – – Gott, o Gott, Harden, das dürfte nicht sein! Ich bin so treu und anhänglich, wo ich einmal empfinde, ich *kann* garnicht anders. Aber ich bin im letzten Jar schreibfaul und unmitteilsam geworden, und Sie, lieber Freund, sind ja *zu* beschäftigt. So kommen Pausen in unsern Verkehr, die wie ein Nachlaß der Freundschaft aussehen – aber nur so aussehen, nicht war? und im Grunde ists, wie's war. Ich bin ja eben wieder in Berlin gewesen, aber nur 3 Tage, und zwar in den für Sie unmöglichen Tagen. Alfred hatte am Montag – d. h. Montag vor 8 Tagen – eine geschäftliche Sitzung, und da begleitete ich ihn am Sonntag hin, um nach Mimchen zu sehen, die ich drei Wochen zuvor in recht elendem und betrüblichem Zustand verlassen hatte. Fand sie diesmal etwas besser, etwas beruhigender, und konnte sie am Mittwoch leichteren Herzens verlassen. Sah diesmal in den lumpigen 3 Tagen außer der Familie keinen einzigen Menschen. Und war im ganzen recht deprimirt. Da außer dem doch immerhin noch so schwachen und so rürenden Mimchen verschiedene Glieder der Familie unerfreuliche Zustände hatten: Schwager Rosenberg mit dem Magen, die jüngere Tochter von Schwester Miez hysterisch angekränkelt, ach, und so weiter. Und hier wäre mir mein Plisch beinahe gestorben! Aber Sie Harter haben ja kein Hundeherz und verstehen die Kümmernis nicht, die in dem todestraurigen Blick eines kranken, klugen und liebenden Hundes liegt. Es scheint aber, er soll mir für diesmal noch erhalten bleiben; wenigstens lauten die Bülletins aus der Klinik seit heute hoffnungsvoller. Dazu kam noch einiges überflüssige; wie z. B. eine Polemik, in die sich der Schwieger-Tommy in edler Wallung gegen den eklen Theodor Lessing eingelassen wegen eines wirklich absolut unerhörten Artikels, den besagter Lessing wider einen gewissen Lublinski geschrieben hatte – o, eine durchaus widrige Affaire, mit Schmähungen und Gegenschmähungen, mit der ich Sie warlich nicht behelligen möchte. Daß der Lessing, der von mir in meiner unergründlichen Güte nur freundliches erfaren, es wagte, mich edles Frauenbild in seine widrigen Artikel zu mischen, war schon ungewönlich unanständig und gemein. Nun, ich stehe ja auf dem Standpunkt: mir kann keiner. Und nächste Woche fare ich überhaupt nach Konstantinopel, obwol ich nicht den Größenwan habe, mich für einen Balkankönig zu halten. Blos so, auf drei Wochen, mit Alfreden. Vielleicht wird auch nichts draus. – – Eben verläßt mich Karl Schweninger, der wieder gränzenlos gedruckst hat. Die Heyse-Feier haben wir nur durch einen Fliederkorb verherrlicht, sie sonst durch Berlin umgangen. Bitte, bitte nur ein freundliches Wort, ehe ich mich nach Osten wende.

Grüßen Sie die Damens. In alter Herzlichkeit durchaus Ihre

Hedwig Pringsheim.

HP
München, Arcis-Straße 12
30. 4. 1910

Lieber Harden – wenn nicht das mit dem »Mumps« in Gottes unerforschlichem Rat gelegen hätte, so hätte ich Ihnen gleich geschrieben, um Ihnen zu sagen, daß wir gut heimgekehrt sind, und um Ihnen für Ihren Willkommensgruß zu danken. Aber nun fanden wir ja Katja und Erika und Aißi mit Mumps (Ziegenpeter, Bauernwetzel, Bauerntölpel) hier vor, ich mußte – und muß – täglich in die Franz Josephstraße; und da kommt man denn zu nichts anderem. An sich ist das ja keine schlimme Krankheit, nur die arme Katja, die, wie immer, dicht vor der Entbindung steht und mit tausend kleinen Leiden gesegnet ist, triffts ziemlich hart. Und mich riß es aus orientalischen tausend-und-eine-Nacht-Träumen gleich ziemlich rauh in die harte Wirklichkeit. Von der uns die zerstörte Brücke über die Salzach schon einen kleinen Vorgeschmack gegeben. Denn nun konnten wir ja nicht weiter, und nachdem wir zufuß die gefärdete Stelle passirt und einen neuen Zug bestiegen hatten, war der Anschluß nach München versäumt, und wir mußten, so kurz vorm Ziel, noch in Salzburg übernachten. Wenn Sie übrigens mal eine schöne Eisenbanfart machen wollen, so rate ich Ihnen zu der neuen Tauernban Triest–Salzburg: wirklich eine großartige und prächtige Strecke. Übrigens die Fart Athen–Patras ist auch nicht übel. Herrgott, ist das schön! Gleich habe ich hier, zur Auffrischung, Hauptmanns »Griechischen Frühling« gelesen; aber one Genuß. Als Beschreibung hat er mir nichts gesagt, und die klassischen Reminiscenzen wirkten mir gewaltsam und ermüdend. Ich finde das Buch schwächlich, one jede Spur von naiver Freude. Na, Ernst Rosmers (Ella Bernsteins) »Achilles«, den ich, da ich doch einmal im hellenischen war, darauf setzte, war allerdings noch weniger befriedigend: recht eine wackere Gymnasiasten-Arbeit. Wir sind ja befreundet, und wir turnen zweimal die Woche zusammen (sie hat viel Biereifer, aber am Gerät bin ich ihr über): aber das kann mich doch nicht bestechen, und ich kanns einfach nicht verstehen, warum diese in ihrer Art doch recht begabte Frau nun ausgerechnet einen »Achill« schreiben mußte.

Ach, Harden, Ihr Judith-Artikel hat Mimchen recht betrübt. So antifeministisch findet sie ihn; und das ist er ja denn auch. Aber Mimchen schmerzt es bei einem, den sie so hoch hält, denn ihr ist es ja sehr heiliger Ernst mit ihren Frauen-Idealen. Und, o bitteres Leid! nun ist er doch gegangen und kommt nie, nie zurück, mein Löwe, mein kindisch-kindlicher Freund, mein alter junger Björnson. Der alles in allem ein Prachtkerl war, mit allem und trotz allem, was drum und dran hing. Ich hatte ihn faktisch lieb, und ach, lieber Freund: wieviele Götter leben uns denn nun noch? Arm, arm wird die Welt. Nicht der große Dichter ists, um den ich klage, und ich habe es immer lächerlich gefunden, wenn man ihn mit Ibsen in einem Atem nannte; aber der Mensch, der köstliche, warme, enthusiastische, kindische, priesterliche Mensch – so etwas kommt nicht wieder; und darüber könnte ich weinen.

Meine Männer, Alfred und Heinz, sind in der Oper, ich bin ganz allein mit Plisch. Der Regen regnet jeglichen Tag, ich kanns garnicht mehr denken, daß wir vor 8 Tagen in Sommersonnenglut in der schier tropischen Üppigkeit Korfu's spazierengingen. Reisen Sie mal nach Korfu, Harden, da ists herrlich. Wann kommen Sie nach München? Ich möchte so gerne mit Ihnen plaudern, Sie freundschaftlich und ausfürlich sehen. Grüßen Sie Maxa und Ihre Frau. Herzlichst, lieber Harden, Ihre

Hedwig Pr.

[Fortsetzung auf der ersten Briefseite:] Katja erzälte mir aus der Zeitung von einem Proceß Jähnke (so hieß er doch?), der, wenn er sich wirklich so verhält, doch einfach fabelhaft und groteskunglaublich ist! Dann kann ja unser Heinz eines Tages auch seinen Reserveleutnant an den Nagel hängen, da seine Mutter diesen Harden liebt!

HP München, Arcis-Straße 12
10. 6. 1910

Lieber Harden

Bernhard Dernburg ist gegangen; aber Monika Mann ist gekommen. Und obgleich jenes Gehen für die Welt sicher sehr viel wichtiger ist, als dieses Kommen, beschäftigt mich Monika doch wesentlich mehr, als Bernhard. So eng sind wir Weiber. Was ich über Dernburgs Abschied zu denken habe, werde ich schon durch Sie noch erfaren, mein liebes Orakel. Denn ich habe ja garkeine eigenen Meinungen mehr, hier übrigens auch nicht die geringsten Einblicke. Kann mir zwar nach vorhergegangenen Bemerkungen schon vorstellen, wie Sie die Sache auffassen werden. Dafür fehlen Ihnen nun wieder alle Anhaltspunkte für Monika, und da ich mir denken kann, daß Sie darauf brennen, nähere Details zu erfaren, so sei Ihnen mitgeteilt, daß die zu Unrecht so lange erwartete Kleine am Montag nein, da feierten wir noch Tommy's Geburtstag mit einem wirklich vorzüglichen Mittagessen; also am Dinstag früh um ½ 8 auf die Welt kam und sich bei dieser Gelegenheit rücksichtsvoll und anständig auffürte. Es war eine normale Geburt, in 5 Stunden war alles vorbei, und Katja vollfürte bis heute früh, wo sie plötzlich ziemlich starkes Fieber bekam, ein prachtvolles Wochenbett. Der Arzt beruhigt uns, es liege alles normal und gut, zu Beängstigung sei keine Veranlassung. Immerhin ist Fieber recht unbeliebt. – Ich sitze nun nach des Tages großer Last und vieler Arbeit ganz mutterseelenallein zuhaus, oder vielmehr auf meiner Veranda, kritzele zur Erholung belanglose Zeilen an den Freund und esse Kirschen dazu; würde mich garnicht wundern, wenn ein Kern den weißen Bogen verschmutzigte. Mein Professor hat sich mit der Zeit eine ganze Masse Vereine und Sitzungen angewönt, und ich, die ich nie ausgehe, werde ein völliger Einsiedler und verblöde zusehens. Und der Ärger, den ich mit Katja's Kindermädchen habe, die ich, die arme Anungslose, am 15ten jäh herausschmeiße, bereits hinterrücks eine neue gemietet habend, der wirkt auch nicht grade geistig sehr befruchtend. Nun höre ich zudem noch, daß es dem lieben Mimchen und Schwester Else garnicht gut geht

– o Harden, warum ist man keine weidende Kuh geworden! warum ein fülender Mensch! Sobald ich hier abkommen, d. h. meine drei Kinder wieder ins Elternhaus liefern kann, komme ich nach Grunewald. Finde übrigens, nebenbeigesagt, daß Sie über meine erste Ankündigung kein jauchzendes Frohlocken zur Schau getragen haben. Zur Erholung lese ich so zwischendurch Goethe's Briefe an Frau v. Stein in der betrügerischen Inselausgabe, wo man immer denkt, »drei dünne Bändchen«, und dann werden sie nie alle; und da bin ich denn doch starr, daß es Leute gibt, die behaupten, das sei kein »Verhältnis« gewesen mit jeglichem Drum und Dran. Sogar in der Vorrede wirds behauptet. Na, wenn das *kein* Verhältnis war, dann wars ja verdammt pervers und eklich, beinah unmoralisch; ne, das traue ich meinem Goethe nicht zu. (Donnerwetter, jetzt hatte ich aber ein paar sauere Kirschen!)

So, lieber Harden, verzeihen Sie das Geschmier. Herzliche Grüße den Damen; allerherzlichste Ihnen von

Ihrer treuen

Hedwig Pringsheim

HP

München, Arcis-Straße 12

14. 8. 1910

Lieber Harden – hatte ich nicht Recht, als ich Sie einen rechten Teufel nannte? Wie ein richtiger Satan haben Sie sich gegen mich betragen, lieblos und eiskalt; und da fällt mir ein Wort ein, von einem Arbeiter, das mein Vater immer erzälte: »Mariechen«, sagte der zärtliche Liebhaber zu seiner jungen Frau, »Mariechen, wenn ick Dir nich so lieb hätte, ick schlüge Dir, daß Dir der blutige Bräjen an de Wand spritzte.« Na, der hatte sein Frauchen doch gewiß lieb. Und so gehts mir mit Ihnen. Ich bin nämlich der Arbeiter in diesem Fall, und Sie sind, nichts für ungut, mein Mariechen. So haben Sie mich denn richtig aus unserm gemeinsamen Grunewald abziehen lassen, one *einmal* mich zu besuchen, ganz one Sang und Klang und Abschied; wo ich Sie doch gradezu überlaufen habe, ich Schamlose. Das war nicht hübsch von Dir, Mariechen! – Aber natürlich meine ich das nicht ernsthaft, rechne Sie zu meinen unveräußerlichen Gütern und – rechne im übrigen nicht mit Ihnen. Denn, nicht war, wir sind doch keine Krämerseelen, die ängstlich ihre gegenseitigen Leistungen abwägen? Also, Mariechen, ich verzeihe, und Dein Bräjen hat Ruhe vor mir. –

Tja, und der ewige Regen! was treiben Sie? gehen Sie spazieren? wen sehen Sie, da nun Fürstenberg Ihnen auch entrissen? warum sehen Sie sich eigentlich Oberammergau nicht an und wüten einmal gegen diese Prostitution höchsten Christentums? es wäre doch ein ganz guter Stoff. Nachher gingen wir ins Regententheater und soupirten dann in der Odeon-Bar mit den Reinhard-Leuten. Na?? Ganz so ausgelassen geb' ichs ja in der Regel nicht, aber in der Odeon-Bar mit den Reinhard-Leuten habe ich weiß Gott einmal soupirt. Das war nach »Christina's Heimreise«, wo wir mit *meinen* Dernburgs waren (Ilse wonte eine Woche bei uns), und bei deren intimer Liaison mit dem Deutschen Theater gelangten wir dann in den erlauchten Kreis. Hoffmannsthal hat kein Meisterstück geleistet, sondern ein unerlaubt schwächliches, das zudem noch dem schlimmsten, nämlich dem genre ennuyeux angehört. Und Madam Reinhard-Heins ist ja auch man blos hübsch. Und so garkeine, aber garkeine Minna von Barnhelm. O du liebreizende Sorma mit deinem bezaubernden Lächeln und deinem weiblichen charme –, wie mußte ich deiner in ungeduldiger Sehnsucht gedenken! Auch von der ganz talentvollen, aber derbkomischen Konstantin fehlte es weit bis zur graciösen Schnippischkeit der Höflich. Immerhin war »Minna« ein Erfolg, im Gegensatz zur »Christina«, die abfiel. Sogar Moissi wurde nicht goutirt, besonders die Herren fanden ihn eklich. Ja, er kann ja aus dem schwächlichen Florindo keinen Vollblut-Casanova machen: *mir* war er grad verfürerisch genug. Das waren so meine Erlebnisse. Nur indirekt, wegen Katja und Tommy, berürte mich der törichte Selbstmord von Tommy's jüngster Schwester Karla, der Schauspielerin. Eine dumme Liebessache, die am nächsten Tag beizulegen war. In momentanem Affekt ausgefürt, da das

Gift grade zur Hand war. Solch zwecklose und grundlose Tat kann mich mehr aufreizen, als erschüttern. Immerhin wirft sie einen tiefen Schatten auf den Sommer meiner Tölzer, umsomehr da Mama Mann nun in tiefster Trauer draußen bei ihnen wont.

Peter ist momentan, auf der Durchreise nach Salzschlirf, 10 Tage daheim und flirtet mit Macht. Heinz arbeitet auf seine Habilitation, Klaus schuftet gratis in Prag, und *wir* wissen garnicht wohin, nachdem die Cholera uns so eklich in unsre russischen Pläne gespuckt hat.

Gestern war ich – endlich – bei Lena, fand den göttlichen Hausherrn abwesend, Lena überraschend gut aussehend und herzlich, das Haus sehr hübsch, die Mädchen nett und hübsch, die Buben kränklich und vermickert. – So, mein Freund, nun reden Sie. Viele herzlichste Grüße

Ihrer alten guten Tante Hedwig.

HP München, Arcis-Straße 12

5. 2. 1911

Lieber Harden – ich könnte Ihnen einen 20 Seiten langen Brief schreiben, so viel habe ich Ihnen zu sagen; aber ich schone Sie.

Also erstens: als biereselicher Philister der ich bin, nahm ich Ihren Vorwurf, ich hätte Sie nicht mehr angerufen bei meinem letzten Besuch, ganz ernst und erwidre Ihnen darauf bierehrlich: Gott, Harden! wie hätte ich gedacht, daß Sie's bemerken würden; denn *ich* war mir dessen wol bewußt. Also ich bin Ihnen gegenüber etwas scheu geworden und möchte Sie nicht gern zu mir zwingen. Sie haben mir des öfteren von einer liebenswürdigschönen Frau erzält, die den einen Fehler habe, daß sie Ihren Wunsch nach Alleinsamkeit nicht respektire und Sie allzu oft zu vergewaltigen trachte. Da zögen Sie sich zurück. Nun bin ich nicht einmal mehr liebenswürdig und schön, sondern alt und traurig und verblüht, und mein einziger Rechtstitel ist, daß ich

Sie nun so lange schon furchtbar gern habe. Und da fürchte ich mich so, Ihnen zudringlich zu erscheinen und halte mich mehr zurück, als mir lieb ist. Ecco. Irre ich mich in meiner Auffassung und sagen Sie es mir aufrichtig: na, dann sollen Sie mal was erleben! Ich komme nämlich am 16ten wieder in die Tiergartenstraße zum Mimchen (habe sogar ein rendez-vous mit Astaf!), und da werden Sie sich vor mir noch bekreuzigen, so werde ich Ihnen zusetzen. Überlegen Sie sichs also vorher ordentlich, ehe Sie mir ein Freundschaftsattest one Rückhalt ausstellen.

Und zweitens: Berolinum. Nicht zu sagen, ausgezeichnet, famos erstaunlich. O, mein Harden!

Und drittens: Ornamente. Gottseidank, daß es einer öffentlich sagte; *so* sagte. Vor wenigen Tagen sprach mein Ordentlicher genau in demselben Sinn, teilweis fast mit denselben Worten. Es ist ein Skandal, ein ungemeiner. Warum sind Sie der einzige in Deutschland, mein Freund, der diese Dinge, die so viele, die besten, empfinden, öffentlich ausspricht? Man sollte Sie zum Senator mit einem extraschönen Talar ernennen.

Und viertens: was tun wir mit Schröder und Genossen? was schaffen wir ihnen für eine Genugtuung? Ein paar Mark »Entschädigung« tuns freilich nicht. Ich bin sehr aufgeregt, wenn ich an diesen Fall denke. Nun hören Sie. Gestern war ich in einer Gesellschaft beim Geographen Drygalski, der erst 3 Jare hier ist; ein Neuer, der nichts von Joseph weiß. Der setzt, um mich zu ehren, mich zwischen meine 2 Feinde Brentano und Hertwig, einst meine guten Freunde. Hertwig ist ein braves Männchen, wir geben uns die Hände; denn seine Frau ist ja das Karnickel, eine gerechte Kammacherin wie nur je eine, die ich mit einer kleinen hochmütigen Kopfbewegung grüße, die wie ein Rutenstreich züchtigt. Aber mit Brentano war ich klug, liebenswürdig, temperamentvoll; weil er empfinden soll, was er, der vereinsamt und *sehr* verbittert ist, an mir, die ich wirklich eine gute Freundin sein kann, sich verwirkt hat. So 'ne Canaille bin ich. Bringe also, in meiner furchtbar ernsten Empörung, das Gespräch auch auf den Fall Schröder; sage, es müsse etwas geschehen, das deutsche Volk muß denen Genugtuung schaffen etc., und er sei der Mann, das zu entwirren. Und er: mittun wolle er gern, aber nichts unternehmen, denn wenn sein Name an der Spitze stünde, sei die Sache von vornherein tot, so übel sei er angeschrieben. Und ich, mit unerbittlichem Ernste: das wolle ich doch nicht glauben, obschon er sich ja allerdings des öfteren verhauen habe … ja ja: verhauen, wenn er auch dagegen aufzufaren beliebe. Und wie nun der Übergang auf Sie war, erinnere ich mich nicht ganz genau; kurz, er sagte: »und Ihr Freund Harden wäre ja der rechte, der mir in die Suppe spuckte, wenn ich etwas derart in die Hand nähme«. Und ich: ich werd' ihn fragen. Und er: »ja ja, schreiben Sie ihm das ruhig, ersparen Sie es weder ihm noch mir«. Und ich: bon, soll morgen geschehen. Und *ist* morgen geschehen. Aber was tun wir für Schröder und Genossen? Von Brentano erzäle ich Ihnen noch mündlich; und von vielem andern. Ich wollte Sie ja schonen. Also, lieber Harden, nun freue ich mich sehr auf Sie. Im »Rosenkavalier« waren wir auch. Und warum gratulirten Sie mir nicht zu »Schwager« Bondi?

Ihren Damen Grüße. Ihre alte Sie liebende Freundin

Hedwig Pringsheim.

[Fortsetzung auf der ersten Briefseite:] Kaum bin ich in Berlin, so rufe ich Sie an.

HP — München, Arcis-Straße 12

28. 4. 1911

Lieber Harden – Sie sind doch kein bloßer »*Ast*-Aff«: Sie klettern ja weit höher, auf die höchsten Zinnen (Baumeister Solnes könnte Sie beneiden!), von denen aus Sie dann den guten ollen Goethe zu Mus zerdrücken. Sie sind doch warhaftig ein wagehalsiger Kerl. Das muß ich sagen. Aber: wagen gewinnt. Und Ihr letzter Faust-Artikel ist famos. Glänzend. Und so richtig. Gott, so was hätte ein Ast-Äffchen nie zuwege gebracht, dazu muß man schon ein Riese von einem Schimpanse sein. Ich gratulire; das ist eine »erstklassige« Arbeit, (bei weitem »erstklassiger« als meine Männer), sehr überzeugend, sehr war und sehr tollkün. Es gibt nur einen Harden: er lebe hoch! – Wenn Sie übrigens, mei' Kutester, von Leberhören (Alfred nennts auf gut bajuvarisch Leberknödel) zu früh entfernt wurden, so ists Ihre Schuld. Die Leberhörn, vons Ballet und von andern höheren Sphären, drängen sich ja nur so an Sie heran. Wenn Sie sie ablehnen, dürfen Sie nicht klagen. Ich bin aber nicht sehr überzeugt von der Stichhaltigkeit Ihrer Behauptung, und mir kam mancherlei zu Oren, das von recht naher Berürung mit dem saftigsten Leben und seinen charmantesten Chören erzälte. Ach, mein lieber Harden: Sie hätten mich manches lehren können! Und nun ists zu spät. Schade.

Paris war schön. Auch one die olle Bartel, die nicht spielte, und one Molière und Racine, die nicht auf den Brettern erschienen. Ich deutete es auf der Karte flüchtig an: *was* dort erschien, war minderwertig; *wie* es erschien, war wundervoll. Die Leute dort haben ja eine ganz andre Anschauung vom Theater wie wir. Theater ist ihnen Theater: ein Spiel. Wir sind so verdammt ernsthaft im Theater und genießen so ungemein pedantisch und philiströs. Übrigens wird man das wol auch verteidigen können. Und ich bin ganz gewiß auch zu deutsch theaterhaft, um mich nicht zu ärgern, wenn die Franzosen zu spät kommen, laut ihre Bemerkungen machen und den Nachbarn, der mit gefalteten Händen wie in der Schule andächtig zuhört, rücksichtslos stören. Aber eines haben sie doch von uns gelernt: die Damen müssen die Hüte abnehmen. Vor 7 Jaren, als ich mit den Kindern dort war, rasten wir, weil die Riesenhüte im Parkett uns den Blick auf die Büne schlechthin versperrten; heute wippt nur dann und wann eine Reiherfeder vom hochfrisirten Haar, aber im allgemeinen sind die Köpfe klein, die scheußlichen Lockenbaun verschwinden, und man sieht nicht mehr Hüte und falsche Haare, sondern wirklich die Büne. Sagen Sie Ihrer Frau, daß man infolgedessen in Paris auch abends ins Restaurant nicht mehr im Hut geht: es ist ein völliger Umschwung der Mode. Und gar die guten deutschen Damen, die sich den von Ihnen so vermöbelten Hosenrock angeschafft: die sind absolut lächerlich, Provinz im allerhöchsten Grad. Paris hat die jupe-culotte glatt abgelehnt, es ist das größte Fiasko, das eine im Schneideratelier geborene Mode je erlebt. Ich kenne hier Frauen, die sich rasend chic vorkommen, weil sie ihn sofort acceptirten. Die Beklagenswerten! sie sind nicht chic, sondern ridicule. – Und welch ein Himmelswetter hatten wir! Versailles, St. Cloud, St. Germain – reine Frühlingsträume. Nun, hier ist es auch sehr lenzfroh, und die Blumen blühen und duften. Aber heute scheints umschlagen zu wollen, wer weiß, obs morgen nicht schon wieder schneit. Denken Sie, vom waren Astaf hörte ich seit der Trennung kein Sterbenswörtchen. Das schmerzt. Dafür hatte ich in Paris ein richtiges rendez-vous mit Harold Smith, der, obgleich er blos Smith heißt, ein ungewönlich netter Mann ist. Aber von dem wissen Sie nichts. Mit dem fur ich vor 3 Jaren auf dem Avon von Argentinien nach Cherbourg und korrespondire seitdem mit ihm.

Jetzt höre ich auf zu schwätzen, Sie sind schon rasend ungeduldig. Tausend Grüße.

Ihre

Hedwig Pringsheim.

Den Damen Grüße

HP München, Arcis-Straße 12

9. 6. 1912

Lieber Harden – Ihre schöne Karte vom 25ten, mit dem ergreifenden Bilde, fand ich gestern erst hier vor, als ich nach einer achttägigen Pfingstreise mit meinem Professor daheim wieder landete. Ich finde, Sie sehen sehr hübsch und sehr jung aus, wie Sie da an meines alten Recken Grabe stehen, und die Studenten machen herzbewegte Gesichter. War es nicht ein schöner Moment für Sie? einer von denen, wo man »sich fült«? Und sich fülen heißt doch eigentlich erst leben. Deutschs, die neulich auf der Auto-Durchreise bei mir eine Tasse Tee tranken (Frau Lili schön, jung, ausgesucht elegant; das Töchterchen aber dick, und in hochrot), erzälten mir schon von den unerhörten Triumphen, die Sie »da oben im Norden« feierten. Schön ists in Norwegen, und die 2 Tage in Aulestad, beim alten Patriarchen, wo sogar die Pferde, mit denen uns Dagny einholte, Abraham und Jakob hießen, sind mir ewig unvergeßlich. Aber der Patriarch wurde böse, als ich von seiner Butter nahm. »Das dürfen Sie nicht tun, sagte er, das ist ja meine Butter; Ihre steht ja bei Ihrem Teller.« Als sie in Christiania im Hôtel, wo man uns als simple Radreisende nicht hoch wertete, erfuren, daß Björnson aus Aulestad uns antelephonirt hätte und daß wir hinaufreisen würden, wurden wir auf einmal mit göttlichen Ehren behandelt und kriegten bessere Zimmer. Ja, damals ging die Eisenban nach Bergen noch nicht, und wir sind zweimal übers Gebirge nach der Westküste geradelt, auf verschiedenen Wegen; und das war wol beschwerlich, aber schöner und interessanter als mit der Ban wars zweifellos. Daß Alfred, als er einmal stürzte, zwischen zwei Prellsteinen hängen blieb und nicht in den tiefen Felsenabgrund kugelte, war ein reines Wunder. Da wäre ich nun schon seit 10 Jaren Witwe. Ich aber trage noch eine Narbe am Elbogen, von einem Sturz ziemlich an der gleichen Stelle, wo 1 Jar zuvor des Kaisers Officier – Gott, wie hieß er doch? der Son seines Adjutanten – »verunglückt« war. Meine Flanellbluse saß fest in der Wunde und im nächsten Hôtel gab mir ein alter Engländer Verbandzeug und Karbol; meinem Alfred aber trage ichs bis an mein seliges Ende nach, daß er die schmerzhafte tiefe Wunde »eine kleine Hautabschürfung« nannte. Ihm tats nämlich garnicht weh. – Nein, sagen Sie mir blos, Harden, warum ich Ihnen das heute erzäle? Komplett blödsinnig. Aber ich liebe Norwegen sehr, und beim Anblick Ihrer Karte kommen mir tausend Erinnerungen. Jetzt aber waren wir vier Tage in Prag und drei in Wien. Und in Wien sahen wir, unglaublich aber war, »Die fünf Frankfurter« in der Burg, wo sie denn doch reizend Theater spielen. Thiemig war solch ein göttlicher Frankfurter Jud'. In Bahrs »Tänzchen« (Lessing-Theater) gingen wir aber nur, weil uns Freund Max Kalbeck (auch ein alter Verehrer von mir) eine herrliche gratis-Loge schenkte. Reicher als jüdischer Parvenü (nischt als Juden!) famos; sonst wurde bei Herrn Brahm man mäßig gespielt. Daderzu brauchen sich die Berliner nicht nach Wien zu bemühen. Übrigens traf ich bei Kalbeck auch seinen Schwager Oberbürgermeister Kirschner; Gott, das ist ja ein rechtes Männchen! und solche Art von kleinen Spitzbäuchen heißen bei uns in der Familie Idiotenbäuche. Also: Männchen mit Idiotenbauch; nicht sehr repräsentativ. Aber in Prag besuchten wir Klaus, der mit der Inscenirung von »Schmuck der Madonna« wolverdiente Triumphe feierte. Er ist indertat ein sehr guter Regisseur, und ist es mit Leib und Seele. Reibt auch Leib und Seele dabei auf. Mir wäre er lieber als guter Kapellmeister. Hoffentlich findet er den Weg zurück, denn er ist ja doch ein tüchtiger Musiker. Herrn Lewales habe ich ganz ungenirt von Ihnen gegrüßt und mich mit allen am Theater sehr gemein gemacht. Heinz ist ja nun auch engagirt, nach Bochum. Nun, des Menschen Wille ist sein Himmelreich. Augenblicklich übt er in Dillingen, und ich lebe mit Alfreden eine Flitterwochen-Idylle. Katja solls besser gehen. Aber ehe ich sie in Davos besuche, komme ich auf 14 Tage nach Grunewald zu Mimchen. Da werde ich Sie doch einmal wieder ausführlicher sehen. Worauf ich mich von Herzen freue. Gratulire auch schön zu Lolla's Verlobung! Den [Fortsetzung auf der ersten Briefseite:] Ihren beste Grüße, und gute Besserung dem lieben, klugen, »niederträchtigen« Kopf.

Ihre
Hedwig Pringsheim.

Waldsanatorium
Professor Jessen
Davos-Platz 2. 8. 1912

Telegramm-Adresse:
Waldsanatorium Davos

Lieber Harden! o, solch ein Tag wie dieser Tag! ein Graus, eine nasse Hölle! Vom frühen Morgen an liegen die Wolken im Tal; vielmehr wir schweben in den Wolken, und es regnet, regnet, regnet, und Himmel, Erde und Luft sind gleichmäßig und eintönig grau. Man geht trotzdem aus, und 2 Röcke und 2 P. Stiefel von mir sind auf unabsehbare Zeiten geliefert, werden nie wieder trocken. So sitze ich denn in einem abgelegten Kleid von Katja, von unten dringen die Klänge von Wagner-Musik, die Klaus dem Klavier entlockt, zu mir, auf dem Nebenbalkon links nimmt die hübsche lungenkranke Griechin italienische Stunde und auf dem Nebenbalkon rechts hustet der Regierungsrat aus Kassel. Abends unterhalten wir uns mit dem allerliebsten Fräulein aus Hamburg mit dem Blutsturz und dem vollbusigen Fräulein aus Köln mit dem Pneumo-Thorax, und alle machen sie Witze über ihre schreckliche Krankheit, das Fräulein mit dem Pneumo-Thorax läßt ihn pfeifen und erzält, der Arzt habe ihr geraten, sie könne sich ja wärend der Zeit, da sie ihn »trägt«, als Orchester engagiren lassen (!); und man vergißt zeitweilig ganz und gar, daß man sich im Haus und im Tal der Totgeweihten befindet. Seit 10 Tagen bin ich hier zum Besuch von Katja, und Klaus verbringt seine Ferien, teils zu Katja's Erheiterung, teils aber auch zu der eignen, dringend notwendigen Erholung hier im Sanatorium. Sie wollten ihm natürlich – wie jedem, der so unvorsichtig ist, sich hier in Davos untersuchen zu lassen – eine Tuberkulose in die Lunge schwätzen; aber, gottlob, die Röntgenphotographie ergab alsbald den Irrtum, und man mußte ihn, contre cœur, für gesund erklären. Katja fand ich ja sehr gebessert, wettergebräunt und gut aussehend, stärker geworden und munter im Wesen. Auch sei »der Befund« wesentlich zurückgegangen, wenn sie auch leider noch keineswegs ganz »entgiftet« ist. Doch wird sie immerhin Ende September nachhaus gehen; ob geheilt? ich bin skeptisch. Ich bin überhaupt skeptisch gegen Davos, wo sie jeden, der sich einmal in ihre Klauen begeben, mit eisernen Klammern festhalten. Die hübsche Griechin nebenan hat eine Schwester zum Besuch, ein blühendes strammes Frauenzimmer, hat eben maturirt, 20 Jare alt, rennt 8 Stunden am Tag, spielt Tennis, rudert und schwimmt, hat nie »Temperatur«, kurz: eine Bärengesundheit. Da sie für einige Wochen herkam, wurde sie gestern untersucht; natürlich: beginnende Tuberkulose, Liegekur, nicht Tennis, nicht gehen, 8 Mal am Tage messen! ja, wer davon nicht krank wird, der muß schon eine Riesenwiderstandskraft haben. Das hübsche, kraftvolle, lebensprudelnde Mädel schaut heute trüb und finster, stiert vor sich hin, und die kranke Schwester ist außer sich. Unter uns, mein Freund: ich halte Davos für einen Schwindel. Selbstverständlich ist es gesund und bekömmlich, täglich 6 Stunden im Freien in der köstlichsten Luft auf einem Liegestul zu verbringen, 5 Malzeiten, viel Milch, keine Sorgen und Dienstmädchen, in absoluter Ruhe. Es braucht kein weiser Medicinmann vom Himmel zu steigen, um einem das zu sagen. Ich bin überzeugt, wenn Katja in ihrem Tölzer Landhaus one Tommy, one die 4 Bamsen und one dies abscheuliche Dienstbotengezücht 5 Monate so lebte wie hier, wäre sie grade so weit. Nur daß sie das eben nicht kann. Ende September will sie unter *allen Umständen* fort, und ich kanns ihr nicht verdenken. Ich könnte die herrlichsten Berichte über meinen Aufenthalt im Sanatorium schreiben; aber ich will dem Schwiegertommy nicht ins Handwerk pfuschen, der ja auch 4 Wochen hier war, und der ja, sozusagen, nur »Material« lebt. Professor Jessen wird sich nächstens sein blaues Wunder erschauen! – Daß Sie, lieber Harden, Klaus' Prager Brief one Namen brachten und einige besonders kränkende Stellen strichen, dafür bin ich Ihnen sehr dankbar. Denn wenn er in der Sache zehnmal Recht hat: seine Stellung wäre sicher unhaltbar geworden. Zuerst wollte das Dummchen das nicht einsehen, aber jetzt ist er selber durchdrungen davon.

Am Dinstag gehe ich ins »Tiefland« zurück, bleibe 14 Tage in München, wo ich auch Peter und Heinz antreffe, dann gehen wir zum internationalen Mathematikerkongreß nach Cambridge, ein bischen Schotland, ein bischen Wannsee, und der Sommer ist herum. – So, mein lieber Harden, seien Sie auf das allerherzlichste gegrüßt von

Ihrer getreuesten Freundin

Hedwig Pringsheim. (Ist eigentlich der Mikado tot?)
[Fortsetzung auf der ersten Briefseite:] Den Damen, die vom Lido hoffentlich gesund und befriedigt heimgekehrt sind, besten Gruß.

HP München, Arcis-Straße 12
18. 10. 1912

Lieber Harden – am 23ten, lese ich in der Zeitung, halten Sie einen Vortrag über die politischen Verhältnisse (ach, daß ich ihn doch hören könnte!), und übermorgen ist Ihr Geburtstag. So werde ich wol nicht fehlgehen, wenn ich Ihnen meine Glückwünsche in den so lange gemiedenen Grunewald schicke. Sehr traurig war ich, daß ich diesmal garnichts von Ihnen haben konnte. Einen gemütlichen Abend verbrachte ich im ausschließlich Fürstenbergisch-Rosenbergschen Familienkreise bei Carlos und Aniela und erfur auf telephonische Anfrage bei Ihnen, daß Herr Harden noch bis Mitte October fortbleiben würde. Moritz bestätigte es mir ja dann in seinem köstlichen Brief an Rina. Überhaupt haben Sie ja diesmal in Nordwyk garnicht gefaulenzt wie sonst, sondern sind fleißig am Werk gewesen, uns andern zur Freude – aber auch Ihnen zur Erholung? Die Sie sehr nötig hatten, wie man mir erzälte. Ich wußte ja garnicht, daß Sie im Sommer wieder einmal richtig krank waren. Aber, mein Lieber, Sie sind doch fabelhaft elastisch und zäh, fallen wie eine Katze immer auf die Füße. Die Arbeitsleistung dieser letzten Zeit war ja wieder kolossal, Moritz und Rina (auf die ich mich jedesmal schon lange freue) allein bewunderungswert. O Harden, in welcher Zeit leben wir! Nun sagen Sie mir nur in der nächsten Nummer ausfürlich und gründlich Ihre Meinung. Was ists denn mit dem Fürsten Lichnowsky? Sieht aus wie ein müder Mann. Ich sah ihn hier öfters, als er mit der Mechthild Arco verlobt war und bei Bernheimer Ausstattung besorgte. Er ist wol mit Reinhard sehr liirt? Wenigstens sah ich bei irgend einer Elitevorstellung der Kammerspiele seine Frau in der ersten Reihe sitzen, und in der Pause sprach sie mich an: wir kennten uns doch von alters her von der Straße in München. Sehen Sie, wie falsch Max Reinhard informirt ist: Der hatte mir nach dem Londoner Mirakel-Aufenthalt ganz entzückt von Richard v. Kühlmann gesprochen, der sei der künftige Reichskanzler, nicht mehr und nicht weniger. Da hätte er doch als Vorstufe mindestens englischer Botschafter werden können. Seine schöne Frau, geb. von Stumm, hätte ganz gut zur Botschafterin gepaßt, jedenfalls besser als die arme kleine Sisi Brentano, die den Richard Kühlmann so heiß geliebt hat, als er noch kein bischen adlig war und bei Lujo'n das kameralische lernte. – Gott, ich alte Schwatztante! was krame ich da für greulichen Unsinn aus! Ich wollte Ihnen ja eigentlich erzälen, daß meine Schwägerin v. Rohrscheidt, eine Agrarierin von echtem Schrot und Korn, nebenbei eine tüchtige und sehr klug-verständige Frau, von Ihrer Stellungnahme in der agrarischen Frage ganz begeistert ist und mir noch neulich schrieb: »Harden ist, abgesehen vom Parsifal, ganz mein Mann.« (Nämlich in Bezug auf den Parsifal ist sie absolut Neu-Bayreuth; wärend ich, die ich wieder weniger agrarische Interessen habe, grade von Ihrem Parsifalartikel sehr hingenommen war.) Übrigens hat sich auch mein Son Klaus zu dieser Frage im Prager Käseblättchen recht klug geäußert. Sonst beschäftigt sich dieser Knabe ausschließlich mit Regie, wärend sich Heinz in Bochum mehr mit Verkrachen zu beschäftigen scheint. Infolge von einer ganzen Reihe mislicher Verhältnisse kämpft der arme Direktor Birrenkoven einen ziemlich aussichtslosen Kampf mit der Pleite. Was halten Sie denn von dem »Deutschen Schauspielhaus« zu Berlin? an dem ist – mein 19järiger Neffe Andreas Rosenberg so eine Art Direktor! Denn zu's Theater gehen sie doch nun alle.

Heute haben Tommy's ihren Einzug in München gehalten, Katja nach einer Abwesenheit von genau neun Monaten. Da man in der Zeit ein Kind kriegen kann, sollte man doch auch gesund werden können. Aber das wird die Zukunft erst erweisen. Jedenfalls sieht sie dick und gut aus. Verzeihen Sie dieses dämliche Geschreibsel: wenn einem nun aber nichts gescheidtes einfällt! Sollte nur ein Lebenszeichen sein und ein herzlichster Gruß Ihrer [Fortsetzung auf der ersten Briefseite:] uralten Freundin

Hedwig Pringsheim.

(Den beiden Damen ebenfalls beste Grüße).

München 8. 11. 1912
Arcis-Str. 12.

Liebster Harden – aus einem Wust von Geschäften, häuslichem Ärger und Familiensorgen nur einen herzlichen Gruß und die – wol unnötige? – Versicherung, daß ich mich *so* auf Ihr Kommen und auf Ihren Vortrag freue! Das erste Billet, das überhaupt verkauft wurde, eine halbe Stunde nach der ersten Anzeige, habe ich; die Plätze waren noch nicht numerirt, und das Fräulein bei Bauer wollte durchaus nur 4 M. nehmen. Aber ich bestand auf fünf und machte ihr plausibel, daß Harden doch nicht von seinem Tron herabgestiegen sei, da könne er doch auch nicht billiger geworden sein. Schließlich erfur sie, »über Erkundigung«, daß *ich* Recht hatte. Hätte ich damals »Réveille« schon gekannt, hätte ich ihr, one mit der Wimper zu zucken, 7 M. 50 geboten. O Harden, welche Tat wiederum! Rein quantitativ eine Riesenleistung, ganz abgesehen vom inneren Wert und Gehalt. Ich hörte einmal in Rom vor einem Raphaël einen deutschen Maler in Sammetjacke und Schlapphut begeistert rufen: »Dieser Raphaël war doch ein jroßer Knopp!« So rufe ich mit Seeleninbrunst: »Harden, Sie sind ein jroßer Knopp!« Und ich freue mich auf Ihren Vortrag. Es wird so wol tun, in dieser wirren und schlimmen Zeit ein kluges, ernstes Manneswort zu hören von einem, ders versteht, der mit eigener Meinung und überlegenem Verständnis in die dunklen Ecken leuchtet. Darf ich unverschämt sein und Ihnen einen Rat geben? es ist doch eine treue Freundin, die Ihnen rät, nicht *zu* lange zu sprechen, sich zu beschränken, selbst wenn Sie noch etwas zu sagen haben. Denn die Aufnahmefähigkeit des Publikums hat Grenzen, sie können nach 2 Stunden nicht mehr mit Sammlung folgen, kriegen Hunger, denken ans Essen, das zuhaus verbrutzelt, schauen auf die Ur, und so wird durch die letzten 20 Minuten der Gesammteindruck geschädigt, und ich leide blutige Qualen, weil ichs merke. Finden Sie es frech, daß ich das gesagt habe? ich freue mich doch so drauf. Sagen Sie, Harden: wann sehe ich Sie? essen wir wieder nachher zusammen und zechen in der Torgelstube? *Muß* ich Sie mit Frigga teilen? Das wäre gemein.

Verzeihen Sie mein Geschmier, ich war in Eile, habe immer so furchtbar viel zu schreiben. Grüßen Sie die Damen.

Immer herzlichst die Ihre

Hedwig Pringsheim-Dohm.

Ich freue mich sehr.

HP München, Arcis-Straße 12

23. 12. 1912

Lieber Harden – Die selige, die fröhliche Weihnachtszeit mußte kommen, um mir einmal wieder die Feder in die Hand zu drücken. Und waren doch so intim – Gott, beinah wie verlobt, als wir uns das letzte Mal trennten! Morgens um ¼ 4, nachdem der Schriftsetzer im Torgelhaus uns seinen Segen gespendet. Das war doch wol ein Schaute mit Eichenlaub, der Schriftsetzer im Torgelhaus. Von der Sorte laufen hier in München eine ganze Menge herum. 'Ne ganz andre Sorte, aber auch keine ganz wünschenswerte, ist unser gemeinschaftlicher Freund Wedekind, der ja jenen schönen Abend auch mit verherrlichen half. Der hat inzwischen ebenfalls einige niedlichen Geschichten geliefert. Ich war in der sogenannten vor »geladenem Publikum« gegebenen Première seines Mysteriums »Franziska«, bei der man pro Kopf 20 M. in den Haushalt Wedekind beisteuern durfte. Nun, einen solchen Riesen-Bluff wie dies »Mysterium« hat die Welt, ich meine die litterarische Welt, ja noch nicht gesehen! Die Kritiker sprachen von Wedekinds »Titanenfaust«, von »Franziska, dem weiblichen Faust«, von dem »Sehnen und Ringen des Weibes«, und weiß Gott, was sie alles sagten. Das einzige »Faustische« schien mir der mephistophelische Pferdefuß, den Herr Frank Wedekind – wie nirgendwo – so auch hier nicht verbergen konnte. Hernach hat er vor dem Zensurbeirat eine hysterische Wansinnsscene aufgefürt und sich schließlich mit – Thomas Mann entzweit, den er – natürlich fälschlicherweise – für den Anlaß hält;

daß die Censur, die in unglaublicher, nie dagewesener Toleranz und fast sträflicher Liberalität die Auffürung selbst der heikelsten Scenen dieses »Mysteriums« (weils kein Mensch versteht!) gestattet hatte, daß die Censur ihm *einen* Satz schließlich strich. Dieser Satz lautet, echt wedekindisch »ich halte es immer noch für anständiger, zwei Väter zu einem Kind, als zwei Kinder von einem Vater zu haben«.

Wissen Sie: ich mag Wedekind furchtbar gern, interessire mich richtig für ihn; aber er ist ein Narr, der an Reklamesucht, Verfolgungswan und eingebildetem Märtyrertum traurig verrecken wird. – Nun, ist dies ein Weihnachtsbrief oder nicht? ich wollte Ihnen ja nur fröhliche Feiertage und Frieden auf Erden wünschen; und mir sind Sie ein Wolgefallen und sollen es bleiben, so lange ich in dieser kümmerlichen Welt noch atme. Sehr gut, sehr richtig, überaus verständig, was Sie über unseren ollen seligen Regenten geschrieben haben. Das war wirklich ein lieber, anständiger, wackerer alter Herr; und weiter nichts. Ich setze nun einige Hoffnung auf Ludewichen, im Gegensatz zur übrigen Menschheit. Der ist intelligent, ist eine Persönlichkeit, ist Einer. Weit mehr als sein seliger Herr Vattern. Und wenn er lächelt, wenn man ihm auf der Straße begegnet, das ist nun zum Entzücken gar. Wer aber neulich den Vogel abgeschossen hat bei dem unermeßlichen Leichenzug, das ist euer »Berliner Kaiser«, der Willem. Wie der einherschritt, mit dem Marschallstab in der Hand, düsteren Ernst im Gesicht, mit erhabenem Gang und wundervollem Pelzkragen – ich sage Ihnen, Harden, er wirkte historisch. Er war der Erfolg des Tages. Und im Volk – meine Masseuse sagts – hat es einen überwältigenden Eindruck gemacht, daß er mit seinen vier Sönen im Extrazug herbeieilte und hinter der Leiche herschritt. Die Ausländer, Amerikaner und Engländer, sagten »the Kaiser is quite wonderful«. Die darstellerische Seite des Berufs hat er intus, das muß man ihm lassen.

Von uns nichts neues. Peter kam, Klaus wird kommen, Heinz bleibt aus. Ich habe Ihnen ja von unserem Konflikt erzält, den die Zeit noch nicht gemildert hat. Gott, und das nennt man nun »Friede auf Erden«!

Seien Sie, lieber Freund Harden, so froh wie es geht, grüßen Sie die Damen und glauben Sie an die unvergängliche Anhänglichkeit

Ihrer

Hedwig Dohm.

HP München, Arcis-Straße 12

19. 2. 1913

Lieber Harden – Sie sind doch wirklich ein rechter Ehrabschneider! Lolla's Ihrer. Jotte doch! Ich bin doch keine verbrauchte Lustgreisin, die sich an den Reizen junger Knaben anregt. Jotte doch, Jotte doch! sind Sie aber einer! Nach Riga mögen Sie's immerhin vermelden, ich hatte heute Brief von dort, unser rendez-vous in Berlin auf Anfangs März fixierend, und antwortete umgehend, mit dem Bemerken, daß »unsre Brautvisite« von Harden im Grunewald erwartet werde. So, das wäre das. – Im übrigen war Ihr Vortrag, mein Lieber, neulich ganz, aber ganz famos, selbst für *Ihre* Verhältnisse ungewönlich gut. Sie müssens ja an der Wirkung gemerkt haben: das Publikum war enthusiasmirt, die Münchner Jugend, – wol zumeist Studenten – ganz aus dem Häuschen. Sahen Sie die älteren, schwarzgekleideten Damen, die sich zum Schluß an das Podium drängten? Sahen – hörten Sie die schöne Blondine in der ersten Reihe, links von Lolla Ihrem, die vor Wonne kreischte? Aber Sie hatten auch alle Ernsten für sich, und Sie verdienen es; denn Sie waren sehr, sehr ernst: wenns auch die kreischende Blondine nicht kapirte. Gut daß Sie abreisten, mein Freund; gut für mich. Denn ich hätte ja doch der Versuchung nicht widerstanden und weiß Gott, was wir noch verbrochen hätten! Und ich gehörte ins Bett, mutterseelenallein ins Bett, ich und meine Influenza. Mußte auch die nächsten drei Tage für meinen Leichtsinn, kaum halbgenesen auszugehen, büßen und fest liegen bleiben. Heute bin ich, müd' und matt, wieder erstanden, habe aber noch Hausarrest und liege im Schlafrock (japanisch) auf der chaise longue. Dem Bernstein konnte es nicht gelingen, mich zu einem tête-à-tête-souper zu verfüren: obgleich ers mir zalen wollte. Zalen: Harden, das erinnerte mich an meine Schmach. Mit der elektrischen zu Ihrem Vortrag farend, bemerkte ich, daß ich mein Portemonnaie vergessen. Ein Bekannter (den ich aber nicht kannte,) half mir mit einem Zehnerl aus. Dann bot er mir, damit ich nicht in Verlegenheit käme, noch 50 Pf., ich sagte aber, das reiche nicht, er möge mir doch lieber eine Mark leihen. »Gerne, Frau Geheimrat« sagte er. Und im Moment, da ich ihn nach Namen und Adresse fragen will, hält die Tram, der Unselige steigt aus, andre drängen nach und ich habe keine Möglichkeit, sein' Nam' und Ort zu erkunden. Was wird er nun von mir denken, die ich ihm das Doppelte von dem abknöpfe, was er mir bietet, und es ihm dann einfach nicht wieder gebe! Denn auf die Idee, daß ich ihn nicht kenne, wird er ja nie und nimmer kommen. Finden Sie nicht, daß ich sehr entehrt bin? Viel reeller entehrt, als durch Ihre unsäuberlichen Phantasien. Bernstein behauptet, wenn ich inserirte »der Herr, wo mir nur 50 Pf. bot, und von dem ich ein Markl verlangte …«, das könnte zu schlimmen Misdeutungen Veranlassung geben; »und noch dazu so billig ….« sagt Bernstein. Also was soll ich denn nur tun? –

Also gute Nacht, lieber Harden. Sind Sie müde, so bin ich halbtot, ganz matt und elend. Aber in ein paar Tagen hat meine Jugend das schleichende Gift wieder überwunden; und bis wir uns im März wiedersehen, sind wir alle zwei beide frisch und hold wie der junge Frühling.

Adieu; ich freue mich immer, wenn ich Sie sehe.

Viele Grüße den beiden Damen des Hauses.

Von Herzen

Ihre

Hedwig Pr.

HP

München, Arcis-Straße 12
17. 6. 1913

Oho, lieber Harden! wer mich am Bismarkplatz gesichtet hat, der war ein Fernseher: denn ich habe mich in den 8 Tagen von Wannsee aus nicht fortbewegt – außer einmal 1 Stunde nach Berlin, um meinen Schlafwagen nach München zu besorgen; und dann habe ich Sie auch nicht »gescholten«, weil Sie »stumm« sind, sondern mich quasi entschuldigt, daß ich so lange nichts hatte von mir hören lassen. Denn ich habe Zeit und auf der Welt nichts, nichts zu tun. Und Sie sind der tätigste, fleißigste Mensch, den ich kenne, und Sie sind *wer* und haben auf der Welt unendlich viel zu wirken. Zudem war ich – nach der strikten Observanz – »dran«; denn ich war abgereist, und der Abgereiste schreibt zuerst. Ich bin doch kein oller Spießumdreher, sondern ein ehrlicher und zuverlässiger Freund, one Faxen. Über Ihre schleunige Antwort war ich aber paff! Das grenzte ja nahezu an Hexerei! Am Donnerstag Mittag gebe ich mein Briefchen an Sie in den Kasten, Freitag um 10 treffe ich, um 12 bereits Ihre Karte ein – ich traute meinen Augen nicht. Aber warum, mein Freund, sind Sie seit 10 Tagen besonders unwol? Wo fehlts? wo sitzts? In der letzten Zukunft nichts: das ist mir immer eine herbe Enttäuschung. Der alte Herr aus Neisse ist ja sehr bieder, sehr ordentlich; aber *Sie* vermag er nicht zu ersetzen, und ich habe eine eigensinnige kleine Abneigung gegen ihn. Und: warum haben Sie nichts »bekommen«? keinen Adel, keinen hohen Orden. Nicht einmal ins Herrenhaus hat man Sie gerufen. Im Herrenhaus – grade da! – möchte ich Sie arg gerne sehen. Aber natürlich: wenn Sie es so offen aussprechen und zeigen, daß Sie es jetzt »ganz abnorm ekelhaft« finden, so unterbinden Sie ja jeden Huldbeweis. Aber nun sagen Sie mir, im Ernst, eines: was feiert man denn eigentlich an diesem Jubiläum? Daß ein Fürst 25 Jare lang hinter einander regiert, ist doch ganz üblich und kein Verdienst; wozu also der Lärm? Fünfzig Jare – das lasse ich mir gefallen, das ist was besonderes. Ich feiere auch erst die goldene Hochzeit mit Alfredchen, die silberne finde ich ebenfalls einen albernen Popanz; und die haben wir völlig ignorirt. Gestern bin ich mit meinem Ex-Freund (und nun ja auch Ex-Feind) Lujo im englischen Garten spaziert, und der sprach sich auch sehr misbilligend über den Klimbim aus. Er ist ein schrecklich selbstgefälliger Schwätzer, mein ehemaliger Intimus, und badet sich förmlich in den Fluten von öffentlichen Beschimpfungen, die auf ihn niederregnen; lobte mich mit seinem breiten Grinsen als sehr tapfer, daß ich mich so coram publico mit ihm zeige. Aber ich sagte ihm, ich sei so, habe es mein Leben lang immer mit den Verfolgten gehalten; und gab ihm so eine feine Lehre. Denn er hatte ja, als damals bei Mimchens Buch die Meute gegen mich hetzte, sich noch ein extra kleines Jagdvergnügen gestattet. Gott, Gott, wie lang ists her! und wie unwichtig heut!

Warum sind *Sie* nicht mit dem »Imperator« nach Amerika gefaren? Ich bin ja Familienmutter, und dann wäre es mir auch zu teuer; denn wir sind ja scheußlich arm jetzt. Aber Sie hätte Ballin doch mit tausend Freuden eingeladen, und es soll auf dem Schiff wirklich wunderbar sein. Ich grüße Sie herzlich, herzlich, herzlich, herzlich. Stets Ihre

Hedwig Pr. D.

Den Damen Grüße.

HP

München, Arcis-Straße 12
30. Juni 1913

Liebster Harden – es erscheint »Wrangels Spielgefärtin« gegen die Scham, wenn sie Ihre Arbeitsleistung »anerkennt«. Wie käme sie, ein armes Hascherl, dazu, Ihnen sozusagen Censuren auszuteilen? Sehen Sie: Lujo's täte es schon eher. Denn dazumal, als wir, mein guter Wrangel und ich, jung waren, herrschte doch ein besserer Ton, mehr vornehme Sitte und taktvolle Zurückhaltung; die heute, in unserem Pöbelzeitalter, leider immer mehr verloren gehen. Aber heute, mein Lieber, komme ich als ganz Zeitlose (Herbstzeitlose leider!), um Ihnen zu sagen, wie mich

Ihr heutiger Artikel wieder gefreut hat. Manchmal denke ich doch warhaftig, daß wir beide (sans comparaison) die einzigen vernünftigen Leute in deutschen Landen sind. Was Sie über den Fall Hintze sagen – mir aus der Seele geschrieben! obgleich meine Nachbarin Frau Guggenheimer, née Stadtrat Wolff aus der Viktoriastraße, gewiß empört darüber sein wird; denn dieser Weiberfeind und Antisemit Hintze hat sich trotz seinen 50 Jaren, das reiche Goldfischchen mir nichts dir nichts aus seinem Kolleg weg geangelt, die Hedwig Guggenheimer nämlich, mein Patenkind; und er ist in seiner christlichen und professoralen Glorie der Stolz der vereinigten Familien Wolff-Guggenheimer. Und nun das gegen Hauptmann – das ist nun zum Entzücken gar. Ersticken könnte man vor Wut, bersten vor Zorn an all dem scheinheiligen Heuchlergetu', das sich an das Verbot des hehren Puppenspiels geknüpft hat. Wie ein famoses, reinigendes Gewitter sind nun Ihre Worte in all diesen blauen Dunst gefaren, und ich atme wieder auf. Unter uns gesagt: ich halte ja das Verbot für eine faustgroße Dummheit. Wie hatte Hauptmann sich mit dem Festspiel allerorten geschadet! es war das größte Fiasko seiner Dichterkarrière, an dem er lange noch getragen hätte: und nun schafft man ihn zum Märtyrer, und aus dem durchgefallenen Autor wird der Missionar des Fatums! Es war ja kaum nötig, es zu verbieten, leer wie es onehin immer war. Kaete Rosenberg sah es bei der 5. oder 6. Auffürung und brachte aus dem Kollegenkreise nach Wannsee die Kunde, es werde unmöglich sein, die 15 Vorstellungen einzuhalten, da die Halle nur mit Hülfe zahlloser Freibillette notdürftig gefüllt würde. Nun, wie dem auch sei: Ihr kräftig Wörtlein hat mir wolgetan, und ich danke Ihnen, als ob Sie es für mich persönlich geschrieben hätten. Klang auch nicht, als käme es von einem Leidenden, Schmerzgeplagten. Ich hoffe, lieber Freund, es geht Ihnen, wenn nicht gut, doch wieder viel besser.

Von hier nichts neues. Denn das schandbare Wetter ist nachgerade etwas altes. Wir heizen wie im Winter. Katja und Tommy baden sich in Viareggio vom Keuchhusten ihrer Kinder rein, ich hüte die inzwischen wieder gesundeten. Aber reisen tue ich garnicht »bald«; kaum vor 1. September. Wir bleiben ja im Sommer immer hier. Meine Freundin Schaeuffelin, die *viel* älter noch ist als ich, mit dem großen Kurfürsten Tanzstunde hatte, hat neulich ihr – Chauffeur-Examen bestanden; das ist die neueste Münchner Sensation. Ja, dazumal, das waren noch Kerle! Liselotte hätte es sicher auch gemacht. Adieu, lieber Harden, Ihnen und den Damen herzlichste Grüße.

Ihre

Hedwig Pr.

HP München, Arcis-Straße 12

15. 7. 1913

Lieber Harden – ich danke Ihnen herzlich für die rürende Schleunigkeit, mit der Sie Klaus' Artikel gelesen und mir sofort geantwortet haben. Und noch dazu an einem Montag! Nein, wirklich, Harden: *so* hatte ichs nicht gemeint, und nun ich obendrein weiß, wie schlecht es Ihnen momentan geht (Ihre Karte, für die ich bestens danke, kreuzte sich mit meiner Sendung), habe ich förmlich ein schlechtes Gewissen wegen meiner Zumutung.

In der Sache werden Sie ja wol Recht haben. Ich kanns nicht beurteilen, denn ich kenne das Buch des inkriminirten Ludwig nicht, interessire mich auch, offengestanden, nicht weiter dafür; habe aber allerdings von vielen Seiten mit großer Erbitterung darüber sprechen hören; und selbst was mein Schwieger-Tommy ist, einer von den Neo-Antiwagnerianern, der sich als Klein-Nietzsche gedruckt gegen des alten Hexenmeisters verhängnisvollen Einfluß gewehrt, selbst der äußerte sich mit entschiedener Entrüstung gegen dieses grade im Jubiläumsjar doppelt verletzende Buch.

Und was das »vielfach refüsirt« betrifft, so war es eine ad hoc von mir erfundene graciöse Floskel, um zu erklären, wieso nicht Klaus selbst, sondern ich, die ich sonst nicht die Geschäfte meiner Söne besorge, Ihnen das corpus delicti übersandte.

Aber, wie ich Ihnen schrieb: nicht als Fürsprecherin, nur als Vermittlerin nahte ich mich Ihrem Tron und empfinde nichts wie Dank für Ihre mehr als prompte Erledigung.

Wie leid tut es mir, daß ich jetzt, wo Sie überreizt, krank und elend – und onedies Strohwitwer – sind, nicht in Grunewald sein kann, um Sie durch meine beruhigende Gegenwart und durch anmutige kleine Abendspaziergänge (one Peter!) ein wenig zu erheitern. Aber ich werde wol nie wieder zum Aufenthalt nach Grunewald kommen.

Das Mimchen bleibt heuer den ganzen Sommer in Wannsee, wo es ihr über Erwarten gut gehen soll, und falls ich sie im September dort noch einmal besuche, werde ich Sie auch kaum sehen; denn da baden Sie sich ja im Meere gesund: was ich Ihnen von ganzem Herzen gönne. Nur bedauern, sehr bedauern muß ich, wie wenig man die paar Menschen, die man gern hat, an denen einem gelegen ist, zu Gesicht bekommt. O Harden, das Leben ist eine dreckige Angelegenheit!

Ich finde, ich schreibe Ihnen jetzt zu oft. Nicht böse sein!

Von Herzen

Ihre

Hedwig Pringsheim.

Zweiggeschäft:
Hotel Bristol Ragaz.

Giger's Hotel Waldhaus
Sils-Maria (Engadin)
10. 9. 1913

Lieber Harden – es ist schauerliches Wetter, die Wolken hängen bis hinunter ins Tal und jagen in solcher Hast von Maloja nach St. Moritz, als ob sie etwas versäumten; und den ganzen Tag Salammbô lesen, das kann ich nicht, obgleichs ein wunderbares Buch ist. Den ganzen Tag Bridge spielen, wie Familie Liebermann, allerdings noch weniger. Die sitzen unentwegt im Billardzimmer und spielen Bridge; aber abends sitzen sie schön geputzt, in der Hall und spielen »Coon can«. Alfred meiniger ist im Salon und phantasiert so unentwegt Wagner, daß ein fremder Herr, der die Familienbeziehungen nicht ante, entrüstet zu Petern äußerte: »Der Mann scheint aber auch garnichts anderes wie Wagner zu können.« Aber der Reichskanzler sitzt auf seinem Zimmer und regiert. Herr Geheimrat Röbner aus Berlin, der ein Allerweltsranschmeißer ist, sagt wenigstens, daß er furchtbar viel zu regieren hat. Aber: Frau Liebermann findet, er sähe so blühend aus, daß kein Grund vorliege, ihn auf Reiches d. h. unsere Kosten, in Sils Maria im teuersten Zimmer des teuren »Waldhaus« sich erholen zu lassen. Ich muß ihr insofern beistimmen, als er wirklich ein ungewönlich kräftiger Mann zu sein scheint, breit und wolproportionirt, keine Spur von der langgezogenen Karikatur der Witzblätter, und gradezu wundervolle Waden hat er, derb und muskulös, Säulen, auf denen »lieb Vaterland« ruhig sein mag, und die er in kurzen Kniehosen sehr stolz zur Schau trägt. Er hält sich ganz zurück und verkehrt nur mit den beiden Herren seines Gefolges, einem Hamburgischen Herrn v. Bülow und einem jungen Adjutanten, die sich wie Lakaien immer in 2 Schritt Entfernung ehrfurchtsvoll hinter ihm halten. Selbst die beiden Excellenzen Binding aus Leipzig und Erb aus Heidelberg scheinen keine Gnade vor seinen Augen zu finden. Aber morgen kommt Theo Lewald, und der ist ja ein Allerweltstausendsasa. Die reizende Karla Liebermann, die abwechselnd in einem grauen, einem schwarzen und einem weißen Abendkleid erscheint (ich finde das schwarze am schönsten), kann ihren »Park« ja dann wieder um einen Anbeter vergrößern. Zwei ständige und unentwegte hat sie schon in ihrer Menagerie, aber Peter ist zu stolz, um als »Elephant« darin zu figuriren und hält sich, obgleich in Berlin und Wannsee ihr guter Kamerad, mehr zu seinen guten alten Eltern.

Ich glaube, Sie kennen Sils Maria garnicht. Es ist wunderschön, unvergleichlich reizend, aber ich zäle bereits die Tage, bis wir wieder abreisen und bin froh, daß ich die erste und allemal längste Woche nun glücklich hinter mir habe! Ich bin ein für allemal für diese Hôtel-Existenz verdorben, hasse die langen Malzeiten, die genau abgesteckten Stunden und meine Füße tun mir vom vielen Laufen scheußlich weh, und ich kann auch die sinnlosen Unterhaltungen, hier ein Bröckchen, da ein Bröckchen, nicht ausstehen – kurz, ich bin unliebenswürdig, Madame Abseits, und mein Alfredchen, der Karten und Klavier spielt und kleine Gelegenheitsgedichte macht, ist weit mehr am Platz.

Glauben Sie, daß Sie diesen Brief, auch one nähere Adresse, bekommen? Sie sind doch so berümt, »Europa« würde wol auch genügen. Denken Sie, Lili Keith-Klein ist auch hier; d. h. in einem billigen Hôtel in Maloja, wohin der gute Onkel Bon sie geschickt, weil sie in Paris sich einen ganz, ganz kleinen Kropf zugelegt hat. Sie steht zwar in der Fremdenliste als »Mad. Keith de Paris«, aber sie ist doch man blos die kleinwinzige, putzige Lili Klein aus Grunewald geblieben. Soll ich Theobalduin sagen, daß ich Ihnen geschrieben habe? er muß Sie zärtlich lieben. Ich auch. Herzlichste Grüße Ihrer

Hedwig P.

Wir bleiben bis 17ten; gehen dann via München nach Wien.

HP

München, Arcis-Straße 12
11. 11. 1913

Lieber Harden – da lese ich ja heute etwas gräßliches, etwas niederschmetterndes in der Zeitung: Sie sprechen am 26 Nov. hier, und ich bin nicht da! bin am 26ten unabänderlich, unabwendbar in Berlin. Ich bin, wie meine russische Freundin zu sagen pflegte, ganz, »außerr siech«. Was ist da zu tun? Sie können nicht verschieben, ich kann nicht verschieben – es ist Schicksals Tücke, wie sie im Buche steht. Ich komme am 17ten nach Berlin, um den durch den bösen Finger damals versäumten Besuch nachzuholen; und unter 14 Tagen hat mich das Mimelein noch nie fortgelassen, und ich darf auch nicht daran denken, ihr von der ihr zugemessenen Zeit etwas abzuknapsen. Aber Harden, lieber Harden, ich muß Sie dann wenigstens in der ersten Woche an einem Ihrer freien Tage sehen, wenn Sie mir schon in der zweiten durch die Lappen gehen. Ich telephonire Sie dann an und frage ob ich Sie oder ob Sie mich besuchen – halt, wie ist nun die Konstruktion? hols der Teufel, dieser Satz ist verfaren! einerlei, Sie haben ja verstanden. – Ich muß Ihnen ja auch noch für Ihre Karte aus Nordwyk danken und für den wunderschönen Brief, den Sie Klaus gedichtet haben. Ich hoffe, der Knabe hat sich gleich bei Ihnen bedankt. Wie seine Angelegenheiten eigentlich nun stehen, ane ich garnicht; denn er hat, da er mit Antischreibewansinn behaftet, nichts mehr verlauten lassen. Er ist ja solch ein rürender Parsifal, mit dem Wan des Neunmalweisen. Er ist ein reizender, sehr begabter Bub, und wenn er auch noch weltklug wäre, könnte es ihm garnicht fehlen. – Ach, und ich bin so glücklich, denn morgen huldige ich meinem König. Und Sie haben einmal wieder recht, so unglaublich recht, wie man garnicht rechter haben kann. Wir sind ganz entzückt von Ihrem Artikel. (Auch mit Zeppelin: es liegt so auf der Hand, und niemand außer Ihnen wagts zu sagen!) Als die Zeitungen neulich die ausfürliche Krankheitsgeschichte S. Majestät des Königs Otto brachten, wo die Tierheit des erhabenen Patienten unverblümt geschildert ward, sagte ich gleich zu Alfreden: und wegen eines Artikels, der nicht den zehnten Teil dieser Warheit sagte, wurde Harden seiner Zeit wegen Majestätsbeleidigung verdonnert. Nun, dessen erinnert sich wolweislich niemand mehr, und es freut mich, daß Sie auch dies den hiesigen Herrschaften unter die Nase reiben –

Ich habe eine unausstehliche Feder, sie treibt mich zum Schluß.

Tausend Grüße, auch den Damen freundliche Empfehlung. Und auf baldiges Wiedersehen!

Ihre alte Freundin

Hedwig.

HP München, Arcis-Straße 12
7. 3. 1914

Mon très-très cher Harden – si vous étiez plus que starr, moi je suis ganz außer sich, car j'ai fait une perte immense, indem ich Ihren wichtigen langen Brief d'une tendresse presque livlandoise (o jegerl!) nicht erhielt. Und *die* schlaflosen Nächte und betrübten Tage, die mir Ihr langes, unerklärliches Schweigen verursachte, und in denen ich grübelte über mein mir unbekanntes Vergehen! Aber lassen Sie mich historisch-chronologisch recapituliren: am 17 December schrieb ich Ihnen einen Brief, in dem ich Ihnen meine kleine Bitte wegen des Lafontaine vortrug; am 23 Dec. erhielt ich eine Karte von Ihnen, kül im Ton (wie mir schien) und mit der Anrede »Frau Geheimrat«; bis zum 24. Januar brauchte ich Zeit, um diesen Schimpf zu verwinden, an welchem Tag ich von neuem an Sie schrieb. Und hierauf nichts, nichts, rien de rien; und das von Ihnen, der Sie jeden Wisch mit der Höflichkeit der Könige umgehend zu beantworten pflegen! Mußten mir da nicht schwarze, todestraurige Gedanken kommen? mußte ich da nicht, um einen Ausdruck meines Freundes Ludwig Derleth zu gebrauchen, nicht glauben, Sie hätten mich »über die Mauer geworfen«? Daß es nun nicht an dem ist: wie bin ich des' so froh! wenn es mir natürlich auch ein großer Kummer ist, daß mir ein lieber Brief von Ihnen – noch dazu une lettre très intime – verloren ging. Daß so etwas viel öfter vorkommt, als man gemeinhin annimmt, ist mir aus eigener Erfarung leider bekannt, und Klaus wundert sich, daß ich nicht viel mehr »rekommandirt« schreibe. Er rekommandirt jeden Tag irgend einen Brief. Na, so wichtig nehme ich ja mein Geschreibsel nicht, aber um den einen Ihren ists mir leid. – Unter sotanen Umständen wagte ich es natürlich auch nicht, Ihnen über Ihre »Arbeitsmühen« der letzten Zeit ein Echo zukommen zu lassen: denn ich riskirte ja, daß es mir unliebsam zurückgeworfen würde. Sie können doch, mein Freund, sehr eklich werden; was ich, nebenbeigesagt, für eines der unveräußerlichen Menschenrechte eines Jeden halte. Daß ich aber Ihre Arbeitsmühen mit grenzenloser Spannung verfolgte und schon als reine Leistung, ganz abgesehen noch vom Inhalt, als Arbeitungsleistung, kolossal bewunderte, können Sie sich wol denken. Welche Summen von ernsthaftem Studium, welche Fülle von Gedanken, von Geist, Selbständigkeit, Anregung steckt nicht in diesen drei Theaterartikeln. Ich weiß *niemanden*, der imstande wäre, Ihnen das nachzumachen. Die Neuheit Ihrer Auffassungen frappirt ja zuweilen, aber Sie zwingen einen zum Nachdenken, und Sie zwingen einen schließlich zu sich.

Reinhardt darf Ihnen dankbar sein. Und daß Sie ihm manches tadeln, zeugt wie ernst Sie ihn nehmen. Ich habe es sehr genossen, daß Sie einmal für kurze Zeit der ollen Politik den Rücken wandten und sich einem der Menschheit – und mir – so großen, so wichtigen Gegenstand so völlig hingaben. Das ist doch eine Domäne, die Sie beherrschen wie kaum ein andrer, und ich habe immer gemeint, daß Sie durch die »olle Politik« dies Feld so ganz brach gelassen hatten. Nun haben Sie es einmal wieder tüchtig bestellt, und ich bin für eine Weile zufrieden und kehre gern und will mit Ihnen auf die politischen Gefilde zurück.

Von mir heute nichts neues. Es ist ein klötriges Jammertal. Wissen Sie, daß ich eben 14 Tage in Berlin war und mich aus Angst vor schlechter Behandlung nicht zu Ihnen traute? Dabei sagen alle, ich sähe mit meinen grauen Haaren *zu* nett aus. Also nun sind wir, gottlob, wieder gut! Ich grüße Sie aus erleichtertem Herzen, ebenso Ihre Damen. Sehr. Ihre

Hedwig Pringsheim

HP München, Arcis-Straße 12

4. 4. 1914

abends spät.

O, Sie sind ein ganz himmlischer Mann, lieber Harden! Dank, vielen Dank. Sie haben das so hübsch gemacht, so ganz dem entsprechend, was ich mir gedacht und gewünscht hatte, mit

Takt und Gracie und Feingefül. Wirklich, ich bin Ihnen herzlich dankbar. Und daß Sie in dieser Zeit wansinnig angestrengter und wichtigster Arbeit Muße fanden, an mein unbescheidenes Anliegen zu denken, dafür muß ich Sie gradezu umarmen. Was für Sie, seitdem ich im Schmuck meiner Silberlocken prange, ja grade keine besondre Lockung sein dürfte, meinen Liebkosungen aber etwas decidirt uranenhaftes und – ach allzu! – erlaubtes verleiht.

Es ist keine billige Lüge, lieber Freund, wenn ich Ihnen sage, daß dieser Bogen mit der Adresse parat lag, und daß ich Ihnen, auch one die liebe Überraschung von heute früh, an dem heutigen friedlich-stillen, einsamen Abend geschrieben hätte, um Ihnen meine Bewundrung auszusprechen und meine Huldigung zufüßen zu legen. Denn was Sie in dieser letzten Zeit wieder geleistet haben, muß selbst Ihren Feinden imponiren und Männern wie Kraus oder Kerr (ich greife die ekelhaftesten Narren heraus) die Schamröte über eigne Impotenz in die falen Wangen treiben. Aber nicht die Wut der Feinde, sondern die Freude der Freunde ist das wichtigere. Ich bin immer, wenn ich solch einen »Weltbrand«, oder gar ein »1864« gelesen habe, ganz fabelhaft stolz auf Sie. Der »Weltbrand« behandelt eine Zeit, die mir besser bekannt ist, einen Heros, der meinem Herzen näher steht und ich habe meine helle Freude dran gehabt. Aber »1864« habe ich, grade weil der Artikel mir unbekanntere Dinge behandelte, mit ungemeiner Spannung und größtem Interesse gelesen, ich habe so viel daraus gelernt, und die Zusammenhänge sind mir mit einemmal so klar geworden. Ich verstehe ja garnicht, Harden, wie Sie es möglich machen, dieses enorme Material zu bewältigen: Sie sind Politiker, Historiker, Literarhistoriker, Kritiker – ja, was sind Sie denn eigentlich nicht? In der Universalität, in der absoluten Beherrschung ungeheurer Gebiete und in dem nie fehlenden Gedächtnis (das auch eine Form des Genie's ist) erinnern Sie mich kolossal an meinen Freund Napoléon. In der Verachtung der Frauen auch. Aber grade, die beleidigen, verführen uns Erbärmliche ja, Gott sei's geklagt. Der heutige Orbis Pictus ist überaus famos, klug, scharf, klar und – verzeihen Sie meine Härte – so riesig amüsant dabei. Wie erlösend Ihre Worte über Mad. Caillaux, wie prächtig Ihre Charakteristik des Mannes. Nur daß Sie die Suffragettes »widrig« nennen, wird das gute Mimchen kränken; die aber die »three cheers for the little difference«, als ich sie ihr bot, trotzdem schmunzelnd genoß.

Von uns nicht viel neues; wenig gutes. Katja immer noch in Arosa, mein treuer alter Plisch, der klügste und menschenänlichste der Hunde und Eriks letztes Vermächtnis, wie ein Mensch an Urämie gestorben und von mir schmerzlichst betrauert. Peter, der in Paris auf Einladung der franz. physikalischen Gesellschaft einen Vortrag über seine Arbeiten halten wird, zu kurzem Ferienbesuch daheim, Klaus auf ein halbes Jar, ehe er nach Breslau geht, ein angenehmer Gast im stillen Elternhaus, Heinz immer noch mit seiner Frau und seiner verfehlten Existenz in Berlin. Was aus uns werden wird, ist schleierhaft. Unsre Geschäfte entwickeln sich immer scheußlicher, eine Hiobspost nach der andern. Vielleicht verlieren wir alles, dieser verfluchte Fürstenkoncern reißt uns in seinen unheilschwangren Strudel. Fürstenberg hilf!

Wann kommen Sie nach München? wie gerne möchte ich mal wieder Sie sehen, mit Ihnen sprechen. Aber vielleicht mögen Sie keine Bankrotteure nicht? Ich grüße Sie viel-vielmals und bitte Sie, auch Ihre Frau und Maxa zu grüßen. Ihre ganz alte

Hedwig Pringsheim.

Postkarte München 10. 5. 1914

Lieber Harden: Dank für eben eingetroffene Karte (das ist bei andern Leuten ein richtiger Brief – aber wir mit unseren kleinen Handschriften …!) Nur dies: faren Sie, mit dem großen Kan, faren Sie! Es wird so wundervoll für Sie sein; so ausruhsam, so ungewont ausruhsam: mitten im Wasser, unerreichbar für den Alltag. Sie haben's nötig, und Sie haben's verdient, reichlich. Welche Arbeitsleistung diesen ganzen Winter, es ist einfach unerhört, nie da gewesen; wenigstens seit meinem Napoléon (dessen Geliebte ich unter dem Namen Walewska war – das war *vor* Wrangeln) nicht. Also leisten Sie sich mal dies Extra. – »Mirakel« famos. Las es in einem Zug in stillem Genießen. – Gott, Gott: Mutter und Son drangsaliren Sie? Sind Sie *mir* böse deswegen? denken Sie, wenn ich auch noch Tinte ließe – das Unheil wäre ja unabsehbar! Aber ich bin unschuldig, ein harmloses Nichts-als-Weib –, zwischen zwei produktiven Generatione geklemmt. Was Sie über Wanfried sagen: leider, leider war. Ein unerhörtes, widerliches Schauspiel, das »Nationalheiligtum« auf ewig besudelt.

Also faren Sie! das war der Zweck dieser Zeilen. Wenn ich im Juni nach Wannsee komme, erzälen Sie mir dann von Amerika.

Herzlichstes Ihnen und Ihrem Haus.

Ihre Mummelgreisin

Hedwig Pr.

HP München, Arcis-Straße 12

11. 7. 1914

Lieber Harden – Gott schenke dem Deutschen Reiche viele solche kranken Männer, wie Sie einer sind! Alsdann wären wir schön heraus und könnten ruhig in die Zukunft blicken. Im Ernst, mein Lieber: was Sie in den letzten Wochen wieder geleistet haben, wäre für einen Robusten, einen Kerngesunden, phänomenal. Und nun waren Sie krank – sinds hoffentlig nicht mehr – mußten Schmerzen leiden, den Arm hülflos in der Binde tragen, konnten selbst die teilnehmend-liebende Freundin nicht empfangen … O, lieber Harden, Sie wissen doch, daß ich keine alberne Gans mit allerlei Niedlichkeiten und Verlogenheiten und Mätzchen bin: und so werden Sie mir auch one weiteres glauben, daß ich genau so weit im Text gekommen war, als man mir Ihre Bleistiftkarte brachte. Ach Sie Armer, Sie Armer! Daß Sie so viel aushalten müssen! Ich bin voll tiefen Mitgefüls und so warmer Teilnahme! Und bin sehr gerürt, daß Sie invalider Leierkastenmann mir geschrieben haben. Aber – um auf den Anfang zurückzukommen; was Sie Ihrer Drehorgel mit lamem Arm für

Melodien zu entlocken verstehen, das ist rein fabelhaft. Sie haben ja die drei letzten Nummern wieder fast allein, die mittlere wirklich allein bestritten. Der Wagnerartikel – na! Siegfried wird ihn sich ja nicht hinter den Spiegel stecken. Aber wie gut Sie diese ekle Sache von allen Seiten beleuchtet haben, wie tapfer und wie klug Sie die Warheit gesagt haben. Überhaupt das Warheitsagen, das ist Ihre force, und ich bin Ihnen immer von neuem dankbar, wenn Sie in dies greuliche Lügengewinsel mit starken Worten dreinfaren und die Luft säubern. Es ist ja die reine Woltat, was Sie über den Tronfolger und seinen für ihn und die Kinder ja gewiß recht bedauerlichen Tod schrieben. Ich atme immer erleichtert auf, wenn ich solche Worte gelesen habe und freue mich, daß es wenigstens *Einen* gibt, der die Klarheit, die Warheit und den Mut besitzt, der Meute entgegenzutreten. Die heutige »Zukunft« las ich noch nicht, bekam sie eben erst.

Aus Wannsee bin ich nun schon weit über 2 Wochen zurück, fand das Mimchen recht zufriedenstellend und bekomme auch weiter ganz leidliche Nachrichten von ihr. Katja und ihre ganze Familie sind schon in ihr Landhaus nach Tölz gesiedelt, wo Katja hoffentlich ihre Lunge völlig auskuriren wird. Peter schwimmt auf hoher See gen Australien und Klaus – heiratet. Ich kriege 'ne nette Sorte von Schwiegertöchtern, das muß mir der Neid lassen. Aber ich bin nun ganz abgehärtet und stelle mich tot. Mit »Tommy« kann ich ja immerhin zufrieden sein; Fehler hat er natürlich auch, aber wir sind ja allzumal Sünder.

Schöne Sommertage haben wir jetzt, leben auf der Veranda und im Garten. Aber sonst ist tote Saison, auf der Straße grassirt der Loden-Fremdling. Der Düsseldorfer »Sturm« war fürchterlich, ein Miserfolg auf der ganzen Linie. Na, Frau Dumont, mit so was dürfen Sie *uns* nicht kommen. Das *eingeladene* Publikum der Première zischte: was ich doch eine ziemliche Pöbelei fand. Aber es kam von Herzen.

Mein Lieber, pflegen Sie sich, schonen Sie sich, arbeiten Sie sich nicht zutode! Und seien Sie tausendmal gegrüßt von Ihrer Hedwig P.

Den Damen beste Grüße!

HP München, Arcis-Straße 12
13. 10. 1914

Ja, lieber Harden, so melde ich mich denn mal wieder; obgleich ich weder neues, noch frohes zu vermelden habe. Wir warten. Und das ist die Hauptbeschäftigung. Die Zwischenpausen werden mit Zeitunglesen und mit Häkeln ausgefüllt. Sie können sich garnicht denken, was für einen ungewönlich scheußlichen, großen grauen Wollenschal ich für Heinz häkele. Aber ich habe immer die Empfindung, so lange ich dran arbeite, kann doch dem Buben nichts passiren. Nun ist er bald fertig und folgt den vielen, vielen schöneren und teureren Sachen, »die ihn nicht erreichten«. Aber schon liegt eine andre Arbeit, diesmal eine Strickerei, angefangen. Seit dem 26/9 eine Nachricht, und heute ist der 13/10! Dabei liest man seit 4 Tagen dauernd von schweren Kavalleriekämpfen »da oben«; und wir Kavalleristenmütter sind sehr unruhig und sehr traurig. Heinz' Frau, von der ich Ihnen erzälte, ist nun mit Gottes Hülfe so gemütskrank, daß der Arzt ihr strengste Bettruhe anbefohlen hat; was namentlich *uns* sehr woltut, da sie uns nicht mehr überlaufen kann und ich meine Besuche nun nach meiner Bequemlichkeit einrichte. Peter soll ja sicher (d. h. »bestimmt«) in Australien sein. Irgend eine Verbindung herzustellen, scheint fast unmöglich, obgleich ich die gelehrtesten Männer von Europa deswegen in Kontribution setzte.

In der letzten »Zukunft«, mein Lieber, vermißte ich schmerzlich Ihren Artikel, der mir immer ein solches Labsal ist. Der olle Goethe ist ja gut; aber Sie sind aktueller. Ich habe mich sehr beschwert, daß ich die Zukunft jetzt immer erst am Dinstag bekomme; aber mein Buchhändler versicherte, es sei nicht seine Schuld, da er sie nie vor Montag Abend erhielte.

Was sagten Sie eigentlich zu dem Protest unsrer Geistes- und Kunstheroen gegen die Beschuldigung verübter »deutscher Greuel«? Finden Sie es nicht leichtsinnig mit »Namen und Ehre« umspringen, wenn diese Herren sich mit ihrem Namen und ihrer Ehre dafür *verbürgen*, daß kein deutscher Soldat eine Greueltat verübt habe? Wie wollen sie's wissen? Mich dünkt es mehr als unwarscheinlich, daß unter einer Million von Männern nicht einige Dutzend – und mehr – Verbrecher und Rohlinge sein sollten, deren Sitten und Gemüter unter der Wirkung dieses blutrünstigen Krieges auch nicht grade milder und zuchtvoller geworden sein dürften. Wie sollten denn die keine Greuel verübt haben? Was eine junge holländische Freundin von uns allerdings immer noch nicht rechtfertigt, die an meinen mit ihr flirtenden Alfred schreibt, daß man jetzt, seitdem die belgischen Flüchtlinge Holland überschwemmten, dort *sehr* deutschenfeindlich geworden sei, was angesichts der entsetzlichen Schand- und Greueltaten der Deutschen nur selbstverständlich wäre; und sie hoffe, *wenn* Holland seine Neutralität aufgäbe, würde es nur an der Seite des Dreibundes kämpfen, denn »neben den deutschen Barbarenhorden zu fechten wäre ja eine Schande für uns!« Immerhin ein starkes Stück für ein junges Mädchen an einen deutschen Mann, dessen Söne zu diesen »Barbarenhorden« gehören. Aber recht lehrreich. Wo haben wir denn noch Freunde? So müssen wir uns denn also unter einander recht lieb haben: lieber Harden, beherzigen Sie dies.

Grüßen Sie Ihre tapfere Frau, deren Opfermut mir sehr imponirt hat; und die kleine Maxa auch. Schreiben Sie mir, wenn Sie Zeit haben, ein kleines, freundliches Wort. Herzlichst immer Ihre olle Hedwig Pringsheim.

HP München, Arcis-Straße 12
15. 11. 1914

Liebster Harden – ach, daß Sie doch in allem Recht behalten mußten! in allem Recht haben! Manchmal wünschte ich warlich, es wäre nicht so. Aber es ist, es ist. Und Sie der Einzige in All-Deutschland, der die Warheit auszusprechen wagt. Die Warheit ist ja oft trübe genug: aber daß Sie sie aussprechen, ist Befreiung und Trost, und ich denke mir, viele, viele müssen es mit mir Ihnen danken. Ich kann und will Ihnen natürlich nicht im einzelnen eine gute Censur erteilen – obgleich No I mit dem Stern nicht zu viel wäre (à propos: finden Sie nicht, daß das Eiserne nun ganz entwertet wird? entweder *alle*, denn in gewissem Sinne verdienen es alle; oder nur für ganz besondere Leistungen: jetzt freut sich keiner mehr, ders kriegt und ärgert sich jeder nur, wenn ers nicht kriegt. (Mein Heinz hat es, natürlich, auch) – – also nun bin ich ja ganz aus dem Text gekommen – also: ich freue mich auf jede neue Nummer, aus der ich immer wieder in so klarer, überzeugender Weise bestätigt bekomme, was teilweis nur als dumpfe Empfindung in meiner ungelehrten Weiberseele gärt; was ich aber doch oft auch schon vorher genau so gedacht, wenn auch nicht so präcis formulirt hatte. Ich leide unter dem Zeitungsschwatz und unter dem gehässigen Chauvinismus, der täglich mehr geschürt wird, unsäglich; ich finde es grauenhaft, beschämend, widerwärtig. Ich verhülle mein Haupt, ich mag mit niemandem mehr reden. Dieses blödwitzige Verkennen der andern Nationen, dieses pralende, stinkende Eigenlob ist doch kaum noch zu ertragen. Fassungslos stehe ich auch vor der Lustigkeit – ja, gradezu Lustigkeit unsrer Zeitgenossen. Neulich war ich durch ein rendez-vous mit durchreisenden Freunden (der Mann wurde in geheimnisvoller Mission, ihm selbst noch unkund und erst in Konstantinopel zu enthüllen, von Berlin nach Erzerum geschickt), gezwungen, ein Café zu betreten und fur wie von der Tarantel gestochen zurück: ein Riesenraum, mit farbigen Lampen grellbunt beleuchtet, alle Tische besetzt, der ganze Saal gefüllt mit einer geputzten, schwatzenden, schmatzenden Menschheit und dazu – lustige Tafelmusik! Ich, die ich tagtäglich still und einsam zuhaus sitze, traute Augen und Oren nicht. Schon im Frieden wären mir solche Lokale ein Greuel, aber heute scheinen sie mir brutalste Barbarei. Und mein Freund, der direkt aus den Schützengräben kam, fand keinen Zusammenhang mehr zwischen dieser Welt und jener. Ist das nicht eigentlich furchtbar? Und kein Mensch kann doch wissen, was die nächste Woche bringt. Böse Gerüchte gingen ja um über Posen und Schlesien; aber Klaus schreibt mir heute, in Breslau seien zwar vom

6. bis 12ten Post, Telegraph, Telephon und Eisenban fürs Civil *völlig* gesperrt gewesen; zugleich aber geht das Theater gut, sie bereiten allerlei neues, darunter ein Weihnachtsmärchen mit kostspieliger neuer Ausstattung vor, und er bittet mich, ihm nun seine Möbel und Garderobe zu schicken, da er sich endgültig in eigener Wonung installiren will. Das sieht doch nicht nach Furcht vor Belagerung und friedlicher Invasion aus? Von Heinz habe ich immer noch gute Nachricht; er lag die letzten Wochen in der Gegend um Lille meist im Schützengraben und sehnt sich förmlich nach seinen künen Patrouillenritten zurück. Die Rolle der Kavallerie im Kriege scheint ja endgültig ausgespielt. Von Peter hatte ich auch einen Brief vom 23/9 aus Melbourne, wieder über Amerika. Er ist zwar Kriegsgefangener, aber, dazumal wenigstens, ziemlich frei und in einer netten Familie gut aufgehoben. Nur daß er sich so furchtbare Vorstellung über sein Vaterland und über uns macht, seine Eltern für »völlig ruinirt« hält und verzweifelt fragt, »wie und von was« wir denn eigentlich leben. Da er seit 22. Juli nichts mehr aus Europa hörte und aus trüben englischen Quellen nur schöpft, kann man sich darüber ja kaum wundern. Ich habe ihm nun wieder über aller Herren Länder geschrieben und hoffe, etwas wird ihn doch endlich erreichen. Und so verrinnt die Zeit und unser Leben. Mein Professor hat 10 u. 20 Hörer, wo er sonst 60 u. 120 hat und geht unlustig seinen Pflichten nach. Ich stricke. Katja's Kinder haben die Masern. Ich habe eine neue billige Köchin. Für 1 M. kriegt man 8 Eier und die Kollegiengelder fallen auch fort. Ach ja, von »Astaf« hörte ich seit [Fortsetzung auf der ersten Briefseite:] 1 ½ Jaren keine Silbe! – Tausend Grüße, auch den beiden Damen vom Haus. Ihre treue

Hedwig Pr.

12. 12. 1914
Tiergarten-Str. 18e

Liebster Harden – herzlichen Dank für Ihre Zeilen! Daß Sie im Drange Ihrer *unerhörten* Tätigkeit auch dazu noch Zeit fanden, ist erstaunlich. Vom »Ende« der Tätigkeit lassen Sie mich aber nichts mehr hören. *Nie* waren Sie so groß; *nie* haben Sie so gewirkt, im nahen und im weiten; *nie* konnten wir Sie weniger entbehren. Eine Dame, die eben aus Hamburg zurückkehrte, erzälte von dem jubelnden Enthusiasmus, den Sie dort mit Ihrem Vortrag (von dem ich nichts wußte) ausgelöst.

Am Sonnabend d. 19 reise ich früh morgens wieder heim; muß. Es ist der letzte Termin. Lassen Sie mich Sie vorher sehen und sprechen! ich möchte so sehr gern. Donnerstag oder Freitag müßte es doch gehen, wenn Sie nur irgend wollen. Also? Lassen Sie's mich durch eine Zeile oder durch Telefonruf wissen: Maxa kann so etwas doch besorgen.

Von Heinz gute Nachricht; unser armer Peter, der als geladener Gast des Landes kam, sitzt schon seit 2 Monaten im Koncentrationslager bei Melbourne! erfurs erst vor 4 Tagen.

Herzlich grüßend in alter Treue (ich bin doch Ihre älteste Getreue!)

Ihre

Hedwig Pringsheim.

HP München, Arcis-Straße 12
12. 1. 1915

Liebster Harden – sehen Sie, sehen Sie: nun geht es doch! und *wie* es geht! herrlich und unvergleichlich gut. Es wäre ja auch ein Verbrechen gewesen, Selbstmord (der an sich nicht immer ein Verbrechen ist), Diebstahl an uns, Verrat an der Sache der Unmündigen, der Abhängigen im Geiste, die des Vormunds, des Sachwalters bedürfen. Kurz, es wäre Wansinn gewesen, jetzt die

Feder hinzuwerfen und zu erklären: ich spiele nicht mehr mit. Ich verstehe es nur zu gut, ich weiß, wie schwer es unter den obwaltenden Verhältnissen oft ist, sein muß, ein Blatt wie Ihre Zukunft weiter zu füren, die eben sein muß wie sie ist, oder nicht sein kann. Aber dafür sind Sie doch eben Harden, dazu hat Gott Sie so geschaffen, daß Sie's trotz der Zeiten Ungunst fertig bringen. Und Sie haben es fertig gebracht und werden es weiter fertig bringen. Das walte Gott. Ich habe eben wieder das letzte, mir verspätete Heft mit »Wie geht es den Feinden« durchgelesen und, wie immer, Sie aufs höchste bewundert. Ihr Wissen, Ihr Können, Ihre Durchdringung der ganzen Materie, das ist einzig, und das gibts – wenigstens in Deutschland – nicht wieder. Und sehen Sie: trotz Censur und trotz verschärften Preßgesetzen verstehen Sie es doch gar herrlich, Ihre gottlob so abweichenden Ansichten zu glissiren; und wer Augen hat, der sieht, und wer Oren hat, der hört. Und wer Sie liebt, der freut sich. »Ecco«; pflegte Ihr Freund, der selige Alfred Kerr zu sagen.

Na, und sonst? Der Besuch bei Ihnen war mir ungemein wertvoll, ich zehre noch davon. Aber ich glaube, ich blieb warhaftig zu lange. Nachher machte ich mir Vorwürfe. Und wie Sie recht hatten, an dem »entscheidenden Siege« zu zweifeln, den die flatternden Fanen und läutenden Glocken damals grade verkündeten, und der abends bei Rosenbergs mit einer Flasche extra prachtvollen Weines und mit einem großen Phrasenschwall gefeiert wurde. Und war doch wirklich nur »ein strategischer Erfolg«. (Gott, wie habe ich mich neulich an dem einen Satze: »was die Engländer in Aegypten geleistet, kann kein Geschrei wütender Narren wegschreien« gefreut. Denn es gibt dieser Narren allzuviele, und sie laufen unter den Gebildeten, den Freien, den Kultivirten der Nation frei herum, und sie enervieren mich allgemach so, daß ichs kaum noch aushalte). So, das war eine lange Parenthese. Aber sie kam von Herzen; und darüber habe ich nun vergessen, was ich sonst noch sagen wollte.

Wir leben so still, so »Pringsgemäß«, daß Sie mit uns zufrieden wären. Essen nur Roggenbrod – nicht einmal »gestrecktes« Weizenbrod – und sind fern von den tadelnswerten Freuden lärmender Geselligkeit. Ein bischen mehr Ansprache möchte ich haben, gar so einsam fließen meine Tage dahin. Langeweile kenne ich nicht, bei ernster Lektüre, meiner maßlosen Korrespondenz und dem – Strickstrumpf; aber die Alleinsamkeit bedrückt mich doch zuweilen. Alfred hat seinen Beruf, die angestrengte Arbeit und daneben doch den Verkehr mit den Kollegen auf der Universität, Akademie und in Spezialsitzungen; wo er nun doch manches verständig-einsichtige Wort gegen die ekelhaften Verhetzungen, gehässigen Ungerechtigkeiten u. über unsere ganze Lage aus dem Munde der gelehrten Herren hört. Aber ich bin recht allein. Familie Mann weilt zur Erholung nach vielfachem Elend für 6 Wochen auf dem Land, und Klaus ist längst wieder in Breslau, uns das kleine Sonnensträlchen Milka entfürend, wie sein gutes Recht war. Daß Heinz' Frau, das russische Ekelbiest, es trotz allen Verboten des Generalkommando's u. des Generalstabs durchgesetzt hat, ihn in Maubeuge zu besuchen, ist uns allen ein Rätsel. Aber sie ist auf 3 Wochen dort, und alle sehen mit Schaudern dem Ende dieser Woche entgegen, da sie uns wiederkehren wird. Gibt's denn keine einsichtige Bombe?! (dies nennt man dann »Schwiegermutter«!) Ein kurzes Wort lassen Sie mich mal wieder hören, liebster Harden; nur ein ganz kurzes. Das Wetter ist barbarisch. Grüßen Sie Ihre Damens. In alter Treue Ihre Hedwig Pringsheim.

München 12. 1. 1915 mittags.
Arcis-Str. 12.

Nanu! was soll denn das heißen? werden sie angesichts dieses Geehrten rufen und dabei denken: die Alte schreibt im Fieber. Keineswegs. Denn dies ist das eigentliche, und der Brief von heute früh war nur Schnörkel, Ornament.

Ich war nämlich, endlich! – bei Bauer, und wir sind begeistert. Ich komme also einheizen. Bauer verspricht sich *großen* Erfolg, ich desgleichen. Niemand von meinen nicht wenigen Bekannten, der mich nicht nach meiner Heimkehr gefragt hätte: »Haben Sie Harden gesehen? was sagt Harden?«

Also Sie sind der, auf den man hört, auf den man wartet: Sie *ziehen*.

Drei Punkte sind Ihnen verwehrt (wie Bauer übrigens Ihrem Vertreter bereits geschrieben).

1) Angriffe gegen die vergangene Politik Deutschlands, resp. gegen das auswärtige Amt. (Das ist bitter!)

2) Keine konfessionellen Fragen streifen. (na, warum auch?)

3) Wie sich die politische Lage nach dem Kriege gestalten dürfte bezügl. Belgien u. Serbien.

Dies also wäre verbotenes Gebiet; aber ich glaube, da würden Sie sich schon durchhelfen; denn Sie sind, ungeachtet Ihrer Löweneigenschaften, ja auch ein schlauer Fuchs, mei' Liaba! Die Unmöglichkeit, das Manuskript Ihres Vortrages vorzulegen, hat Bauer »oben« dargelegt; darüber wird er Ihnen ja berichten. Unser »Gott-Öberster« ist Baron v. d. Tann, soll ein einsichtiger, verständiger Mann sein. Den Presse-Referenten des General-Kommando's kenne ich nicht.

Bauer meint, es sei nicht wünschenswert, Ihren Vortrag bis Ende Februar hinauszuschieben; am besten wäre es, wenn Sie ihn noch im Januar ermöglichten. Ich glaube, er hat Recht. Das Publikum ist just reif dafür. Grade in dieser Zeit tastenden Abwartens, in der nichts geschieht, will es von einem Maßgebenden hören, was er eigentlich denkt. Also entschließen Sie sich kurz, kommen Sie, und kommen Sie bald. Ich würde mich unendlich freuen.

Bestens grüßend und immer noch in derselben Treue wie heute früh

Ihre alte Freundin im Silberhaar
Hedwig Pringsheim.

Postkarte

München 19. 1. 1915
Arcis-Str. 12

Lieber Harden – nun sagen Sie, ob uns Gott nicht für einander schuf! Wir waren bestimmt, uns auf dieselbe Insel zu retten und dort glücklich zu sein. Denn wärend Sie die Werke Friedrichs d. Großen als einzig mögliche Lektüre empfehlen, tue ich seit über einer Woche nichts andres, als in meinen nicht sehr zalreichen Mußestunden »Das Zeitalter Friedrichs d. Großen« mit steigendem Interesse zu studiren und dadurch doch auf kurze Zwischenräume dem brandenden Alltag zu entfliehen. Es ist doch ein Kan, der die Sache, wärs für Stunden, auf eine ummauerte Insel trägt. Und wie lehrreich heute, wie den Blick weitend, die Zusammenhänge erschließend, wie geeignet, den blöd-engen Zeitungsschwatz in sein Nichts zu schleudern. Kann sein, kann sein, ich gehe schließlich noch von Nappel'n zu Fritz'n über. Denn, ich könnte mit Natalie sprechen, so einfach wie überzeugend » ... du gefällst mir!« Welche Übereinstimmung schöner Seelen, Harden, daß Sie mich auch auf ihn wiesen: Du gefällst mir! – Und seien Sie doch nicht so und kommen Sie nach München. Hemmungen (von denen ich Zanschmerz allerdings anerkenne) hemmten Sie ehedem doch nicht. Ich gebe die Hoffnung noch nicht auf. Von Peter aus Tralien (eine Redewendung, die in unsrer Familie absolut üblich!) seit 3 ½ Monaten absolut nichts. Die von der Akademie eingeleitete Aktion wird auch nichts nützen. In den M. N. N. hatte Robert Davidsohn (alias Kinne) einen langen Leitartikel über den »Fall«, one Namen.

Übrigens: Die Schnur *wird* abgerissen! es geht nimmer. Eine lange, garstige Geschichte, die ich Ihnen gelegentlich erzäle. Herzliche Grüße Ihnen u. dem Haus.

Ihre Hedwig Pr.

HP — München, Arcis-Straße 12

[Klappkarte] — 25. 1. 1915 abends.

Lieber Harden – gestern Abend von Tölz heimkehrend, las ich zu meiner Freude die Anzeige Ihres Vortrags für 12. Februar. Lief heute gleich zu Bauer, 4 Plätze vorzumerken, für Alfred u. mich, Tommy u. Katja; schon *massenhaft* Vorbestellungen, großer Andrang, »seit 8 in der Früh'«, sagte mir Herr Bauer. Der etwas perplex war, weil noch keine ganz bindende Zusage Ihrerseits vorläge. Na, das geht doch nicht! das können Sie uns doch nicht antun! Immerzu kamen Leute an die Kasse wärend der 5 Minuten, daß ich dort war. Der 12. Februar ist überhaupt ein gradezu allerliebstes Datum, gegen das von keinem Gesichtspunkt was einzuwenden ist. Ich freue mich *so*. Essen Sie bei mir? sind wir nachher zusammen? Bitte, Lieber, ein Wort!

Herzliche Grüße und auf Wiedersehen!

Ihre

Hedwig Pr.

[Ansichtskarte] — München 5. 2. 1915
Arcis-Str. 12

Lieber Harden – heute in 8 Tagen sitze ich also den ganzen Vormittag zuhaus und harre Ihrer. Ists schön, so können wir spazieren, ists garstig, so plaudern wir bei mir. Ich habe *so* viel auf dem Herzen, privates u. öffentliches, daß ich beinahe platze und mich *furchtbar* auf Sie freue. Den Eidam werden Sie ja nicht völlig abmurksen (bei der abgerissenen »Schnur« gäbe ich Ihnen Vollmacht zu jeder Untat!), und ich werde keinesfalls schelten. Wie gefällt Ihnen unser bajuwarischer Dichtersmann? net übel.

Also einstweilen freue ich mich u. grüße Sie u. Ihr Haus.

Ihre uralte Hedwig Pr.

HP München, Arcis-Straße 12
27. 2. 1915

Lieber Harden, daran, daß es heut schon wieder zum zweitenmal Suppenrindfleisch gibt (*und* Äpfelstrudel!), merke ich, daß bereits wieder 14 Tage seit Ihrem Besuch verflossen sind. Wenns nicht am Rindfleisch wäre, so hätte ich rein garkeinen Maßstab; denn im grauen Einerlei der Tage fliegt die Zeit dahin one Markstein, die Zeit ertrinkt spurlos, man weiß ja schon garnicht mehr, was gestern, heute oder morgen ist. Wie schön war es da, einmal noch gerüttelt zu werden! und das haben Sie, mein Lieber, getan mit Ihrem Vortrag, mit Ihren Besuchen, mit Ihrer Persönlichkeit. Mit warem Entzücken gedenke ich unsrer traumhaften Gänge durch die Korridore und Kämmerchen unsres blauweißen (blau-weiß à outrance) Kriegsministeriums! und wie manchmal im Traume hatte man doch die Empfindung: hier gibts kein Entrinnen, das geht nun immer so weiter, immer ein neuer Herr Soldat, der uns sinn- und zwecklos durch neue Gänge über neue Treppen in neue Kammern mit neuen eisernen Betten, neuen Proletarierwaschtischen und neuen Kanzleiräten schleift! das fand ich sehr himmlisch. Nur zu Prinz Bruckmanns hätten Sie nicht noch gehen sollen! das gab mir einen Stich. Diese hohen Herrschaften sah ich seither nicht mehr, aber Wedekind treffe ich öfters spazierenschleichend, und da macht er mir jedesmal in seinem sonderbar feierlichen, altmodischen Kurialstil wolgesetzte Komplimente über mein Aussehen. Ich habe ihn wunderschön angelogen über Ihr Nichtkommen, telephonisch und mündlich, und er schien ganz unbeleidigt. Die elegante, reizende geschiedene Witwe von Alfred Walter Heymel kriegte mich auf der Straße an, um mir, ebenso wie Frau v. Kaulbach, ihr Entzücken über Ihren Vortrag entgegenzusprudeln. Sie haben diesmal ganz entschieden die Eroberung der schönen Frauen von München gemacht, Sie sind nun in der »monde« direkt Mode. Also kommen Sie bald wieder und nutzen Sie's aus. Aber, das sage ich Ihnen: zu Kupplerdiensten bin ich nicht zu haben.

Wissen Sie, nun komme ich ja schon wieder nach Berlin; warscheinlich nächste Woche schon. Und es wird sogar ein recht komplicirter Besuch, denn das gute Mimchen möchte so gern ein paar geliebte Urenkelinnen um sich versammeln und hat sehr um Katja's Erika und um Klaus' kleine Milka gebeten. Und da werde ich denn wol als Großmütterlein mit der Hornbrille und 2 Enkelkindern diesmal in Berlin einziehen. Höchst warscheinlich. Aus Australien hatte ich, nach einer Pause von 4 ½ Monaten, neulich zu meiner freudigen Überraschung einen Brief, der durch den amerikanischen Konsul in Melbourne befördert worden war. Leider weigerte sich die amerikanische Botschaft in Berlin, meine Antwort auf gleichem Wege zurückzubefördern. Fürstenberg, den ich um seine Vermittlung gebeten, hat mirs in einem ungewönlich reizend-freundschaftlichen Briefe mitgeteilt. Peter ist in dem Kriegsgefangenenlager eingesperrt, wird anständig behandelt, hat seit 16 Juli (!) von mir keine Nachricht erhalten und weiß von nichts und von niemand etwas, da keine Zeitung ins Lager darf. Welche Seelentortur! Einmal durfte er hinaus, zum Zanarzt. Er schreibt: »Spaß, wie heißt leiden – Zanweh ist jetzt mein einziges Vergnügen.« Und doch bin ich sehr, sehr froh um diesen Brief. Aber die Schnur ist ein Nagel zu meinem Sarge. Will denn niemand sie tottreten?!

Auf Wiedersehen, lieber Freund. »Einem baldigen Frieden entgegensehend« (wie mein unbekannter Landsturmmann, dem ich selbstgestricktes geschickt hatte, seinen Dankbrief schließt) grüßt Sie und die Ihren

Ihre getreueste

Hedwig Pringsheim

HP München, Arcis-Straße 12
27. 3. 1915

Liebster Harden – heute haben Sie ja nun einmal zur Abwechslung nichts; und ich nehme an und hoffe, daß nicht Krankheit, sondern anderweitige Abhaltung Sie am Schreiben gehindert hat. Auch gabs wol diese Woche neues kaum zu sagen. Aber vorige Woche: »unheiliges Volk« – famos, ausgezeichnet, hat mir wolgetan. Irre ich mich, oder hat die Censur die Zügel ein wenig gelockert? Denn daß Sie das alles drucken durften, was da steht, war mir eigentlich erstaunlich. Sie wurden ja sehr, sehr deutlich, und wer zu lesen versteht, konnte viel herauslesen. Gottlob, daß Sie es sagten! und Heil der großmütigen Censur, die es passiren ließ! Unsre Presse ist denn doch von einer Widerlichkeit, von einer so schamlosen, niedrigen Verlogenheit, daß selbst mein Alfred manchmal schäumt. »Das feige englische Gesindel sollte doch wissen, daß kein deutsches Schiff vor der engl. Marine kapituliert« stand neulich in der Augsburg-Münchner; und diese Tonart schlagen unsre Blätter täglich an. Es hebt sich einem, man kann's fast nicht mehr aushalten und empfindet es dann wirklich dankbar als Erlösung, wenn Sie einmal mit eisernem Besen auskehren. Auch Ihr freundliches Gedenken der armen, nachrichtenlosen Eltern von australischen Gefangenen habe ich mit herzlichem Dank quittirt. Ich hatte vom guten Peter ja inzwischen einen Brief vom 6 Januar – ich glaubte, das erzälte ich Ihnen schon bei meinem letzten Besuch. Nun steht heute, aus der Vossischen abgedruckt, die sie einer Genfer Ztg. entnimmt, eine ganz blödsinnige Notiz, daß die beiden in Australien zurückgehaltenen Gelehrten, Prof. Gräbner und Dr. Pringsheim, auf Grund einer Intervention der römischen Academia dei Lincei freigelassen worden seien; und seit einer Stunde steht unser Telephon nicht still von Gratulanten, die sich dieser Erlösung von Peter freuen. Und ist kein wares Wort daran: so viel Worte, so viel Lügen; nach Art eben von Pressenachrichten. Denn wir haben die Antwort des Präsidenten der Academia, die ja wirklich von unsrer Akademie angegangen worden war, und der bedauert, statutenmäßig verhindert zu sein einzugreifen; gleichzeitig einen Brief des engl. Botschafters in Rom Rodd an ihn, daß absolut nichts zu tun sei, außer die Herren gäben ihre Parole, nicht zu kämpfen. Aber sehen Sie: sobald man eine Zeitungsnachricht kontrollieren kann, ist sie falsch. Wir müssen sie warhaftig dementieren, sonst geht unser Telephon kaput, und unsere Nerven gleichzeitig. – Ach Harden: nicht schön siehts eben in der Welt aus! eigentlich stehts wol überall ungünstig, nichts will vorwärts gehen, manches ist rückwärts gegangen. Und der Bundesgenosse! Herrgott, *der* Bundesgenosse! Und dann die Schwieger, die in unserem Bekanntenkreis herumläuft und, um uns zu infamiren, sich als – Köchin anbietet! und der arme kleine Angelus Mann, dem man gestern zu seinem 6ten Geburtstag plötzlich das Bäuchlein aufschneiden mußte, da sich binnen weniger Stunden eine eitrige Blinddarmentzündung gebildet hatte, die schleunigst operirt werden mußte! Es ist gut vorbeigegangen, aber die Stunde, die ich mit Katja vorm Operationssaal verbrachte, war hart. Papa bleibt solchen Dingen lieber fern. Nun ja.

Wie schade, wie schade, daß ich am 1. April nicht in Berlin bin: Ihre Bismarck-Rede hätte ich für mein Leben gern gehört. Leben Sie wol, lieber Harden, grüßen Sie die Damen und seien Sie von Herzen gegrüßt.

Ihre Hedwig Pr.

München 25. 4. 1915
Arcis-Str. 12

Lieber Tollkopf! Sie Rasender! Was hatten Sie nur gestern Abend? Sie machten den Eindruck eines Verzweifelten, eines Selbstmordkanditaten, und Sie haben mich sehr betrübt! Ich lief hinter Ihnen her, meinen Mantel überm Arm, wie eine verlorene Seele, konnte Sie nicht erreichen – das Publikum schaute nur so, dachte wol, ich hätte den Verstand verloren – und plötzlich waren Sie futsch, und ich stand da und hatte das Nachsehen und fülte mich ungemein verlassen und ein bischen blamirt ...

So fand mich Bernstein (neben dem ich ganz zufällig gesessen), und wir beschlossen, daß Sie Unbändiger den Zug unmöglich – un-mög-lich – erreicht haben könnten. So gingen wir selbander ins Continental, um Sie dort frisch zu begrüßen und benutzten den Weg, um über Ihren Vortrag *höchstes* Lob zu ergießen. Höchstes, wolverdientes Lob. Es war, wie ich Ihnen heute früh telegraphisch mitzuteilen nicht unterlassen *konnte*, ausgezeichnet. Bernstein bat mich direkt, Ihnen das von seiner Seite ebenfalls mitzuteilen. Es gab nur *eine* Stimme hierüber. In Form und Inhalt absolut auf Ihrer Höhe, Ihre Sorgen vom Vormittag so gänzlich ungerechtfertigt! So was dürfen Sie *nie* wieder tun und unmittelbar darnach abreisen. Ihre Nerven sind nach der ungeheuerlichen Erregung und leidenschaftlichen Leistung natürlich kaput, Sie *brauchen* Freunde (mich!), um Sie zu beruhigen, abzuregen, die Stimmung nachklingen, ausklingen zu lassen: da lauft man nicht einfach davon! Haben Sie denn wenigstens meine charcuterie bekommen und gegessen? (»ah non, pas de charcuterie, ça me rappelle Adophe!« das sagte die Indic in einer blödsinnigen Posse so unvergleichlich komisch – Adophe war ihr Lieblingsschwein: daran muß ich bei dem Wort charcuterie immer denken). Es sollen sich an der Tür des Künstlerzimmers noch viel Begeisterte angefunden haben, die enttäuscht mit langen Nasen abzogen. Bernstein und ich aber warteten im Continental, bis der Hausknecht die unwarscheinliche Kunde brachte, Sie hätten den Zug warhaftig noch erreicht.

Wissen Sie, gegen den Schluß sah ich ein paar Mal heimlich auf meine Ur; wie es ¾ 10 wurde und Sie nicht schlossen, lehnte ich mich behaglich zurück, entspannte Körper und Seele, dachte: gut, daß ers aufgegeben hat, nun erzält er uns noch weiter so *reizend*, so wunderhübsch, so ganz aus dem Herzen von Bismarck, und dann plaudern wir nachher und zum Schluß kriegt er bei mir (denn ich bin keine née princesse) einen guten Kaffee. Und dann kams auf einmal so ganz anders! Aber schön und gut wars, Sie haben, wie »es steht«, so präzis hingestellt, so scharf umrissen und haben so ausgezeichnet gesprochen, und Ihre leidenschaftliche Seele kam so deutlich in die Erscheinung, so künstlerisch vollendet war der Vortrag – wir durften so zufrieden sein, wie Sie es sein dürfen.

Verzeihen Sie dies Geschmir und Gestammel – mir wars Bedürfnis.

Tausend Grüße.

Ihre alte Freundin

Hedwig.

HP München, Arcis-Straße 12

12. 6. 1915

abends auf der Veranda.

Nein, lieber Freund, mir geht's *nicht* gut. Ginge es mir gut, so hätte ich längst geschrieben. Nun drückt mir Ihr herzerquikkendes Gespräch mit dem Balten die Feder in die müde Hand. »Notleine, Tobsucht«: ach, daß leider so garkeine Veranlassung dazu gewesen! nie nicht. Von *dieser* Keuschheit machen Sie oller Wüstling sich überhaupt keine Vorstellung. Bei innerem Feuer. Nun, ich werde ihn ja nie wiedersehen, und meine Schneelocken sind ja so ungemein heilig; ehrwürdig, mecht' mer sprechen. Und seit 2 Jaren sind alle Fäden zerrissen. Gott, wie weit liegt das alles hinter einem! hat man doch in diesen 10 ½ Monaten ein Jarhundert durchlebt. Aber warum sollten *Sie* nie wieder durch meinen Garten galopiren? Jetzt blühen die Rosen und der Jasmin duftet; aber ich darf mich seiner nicht in Frieden freuen denn der Nachbar, der infame Kerl, spielt bei offnem Fenster Klavier, stundenlang, scheußlich. Ich habe eben einen Brief herübergeschickt, sehr höflich und energisch, Lili Lehmann könnte es nicht besser; aber ich fürchte, es wird nichts nützen. Und ich bin so nervös! ganz kaput. Alles allgemeine, ungemeine, gemeine trifft und berürt mich so gut wie jeden; und dazu die ekelhafte Sache mit Heinz, von Peter seit Monaten nichts (die Lusitania-

Sache hat die Situation, glaube ich, verschärft, und Australien geht überhaupt sehr ins Zeug), und nun seit 3 Wochen – heute auf den Tag 3 Wochen – der Kampf mit dem Tode um ein geliebtes kleines Bübchen, Katja's 8järigen Son, der binnen weniger Stunden aus einem blühend schönen, reizenden Kind ein verfallener bleicher Todeskandidat ward. Blinddarmentzündung, Durchbruch, Operation, eitrige Bauchfellentzündung, zweimal noch die Operation wiederholt – kein Schrecknis blieb uns erspart. Seit gestern, kann man sagen, haben wir Hoffnung ihn zu behalten. *Falls* keine neue Komplikation eintritt, wird er nach 3–4 Wochen aus der Klinik entlassen werden können. Stellen Sie sich vor, was das heißt! Aber Sie waren, so viel ich weiß, nie Mutter. Katja ist bei ihrem Kind in der Klinik; ich besuche sie täglich. Bei der Riesenentfernung, bei der Tropenhitze recht sehr anstrengend. Daneben hatte ich – weil's noch nicht genug war! – einen Forunkel im Or, der mich beinah 8 Tage mit unsinnigen Schmerzen ganz idiotisch machte, und dessen Nachwirkungen noch nicht ganz überwunden sind – und dann werden Sie begreifen, daß ich mit einer bei Ihnen beliebten Wendung frage: »reicht's?« und daß ich nicht dazu kam, Ihnen einmal wieder einen Gruß zu senden; wozu es mich sehr drängte.

O diese Politik! o diese Zeitungen! o diese Menschen! darüber sage ich nichts, das haben Sie mir ja alles schon aus der Seele gesagt. Friedrich d. Große hat übrigens in späteren, reiferen Jaren, als er den »Anti-Macchiavell« überwunden, viel eindeutiger und deutlicher sich über die Notwendigkeit des Treubruchs ausgesprochen, wenn es das Wol der Völker erfordere. Die persönliche Ehre und die Ehre des Herrschers, der sein verpfändetes Wort brechen *muß*, wenn das Heil seines Landes es erfordert, hält er fein säuberlich auseinander. Haben Sie mal die Korrespondenz Voltaire – Fédéric gelesen? ich habe sie eben von A bis Z durchstudirt und fand sie rasend interessant. Jedenfalls bekommt man ein total anderes Bild von »Fédéric«, als wie es der »Eidam« in seinem eben bei Fischer erschienenen Essay malt. Sonst, guter Freund, nichts. Verzeihen Sie die Jammerade; aber zu was hat man Freunde? Sobald es unserem kleinen Liebling besser geht, komme ich zu Mimchen nach Wannsee. Dann sehe ich Sie. Allerherzlichste Grüße von Ihrer alten vielgeplagten

Hedwig Pr.

Den Damen Grüße.

HP München, Arcis-Straße 12

27. 6. 1915

Liebster Harden – Ihre letzte, so freundlich teilnehmende Karte ist vom 14ten. Was wir dazwischen durchgemacht haben an Sorge, Angst, Hoffnung und Enttäuschung, und wieder Hoffnung, und Verzweiflung – um das zu schildern, müßte mir schon die Feder des Schwieger-Tommy zu Gebote stehen; die sicher auch eines Tages diese Episode verarbeiten wird. Nachdem grade vor einer Woche auch Katja's drittes Kind binnen 10 Wochen am Blinddarm operirt wurde, Sonntag vormittags, mußte man gegen Abend zu einer vierten Operation des armen kleinen Märtyrers schreiten, der nun in der sechsten Woche unsagbar schwer krank in der chirurgischen Klinik liegt, mit 2 Kanülen und einem Not-Darm in seinem lieben kleinen Bäuchlein. Diese letzte Operation war die allergrausamste, denn sie schien nutzlos, und bis Donnerstag lag der arme kleine Bub hoffnungslos, aufgegeben, ein Sterbender da. Dann kam, wie durch ein Wunder, wieder Leben in seine Organe; denn die Hilfsquellen der unverbrauchten kindlichen Kräfte sind schier unbegrenzt; seit 2 Tagen gings aufwärts mit ihm, und heute können wir aufatmend sagen: er ist gerettet. Die arme 9jährige Erika ist um die ganze Glorie ihrer Blinddarmoperation, die denn doch auch kein Frühlingsfest war, gebracht worden; denn sie machte die Sache so normal und gut durch, daß sie neben dem totkranken Brüderchen kaum beachtet wurde.

Meine zarte arme Katja hat übermenschliches geleistet, wie es eben nur so ein Mutterweibchen kann, lebt seit 5 Wochen in der Klinik und hat sich überraschend gut gehalten. Ich bin ihr zur Seite gestanden so gut ich konnte, täglich in der Klinik, manchmal zweimal, und habe die angeneme Beigabe einer Forunkulose im Or dabei so bagatellmäßig behandelt, wie wir alle Erika's Operation. »Reicht's«? Da bin ich denn warlich, so gern ichs gewollt hätte, nicht dazu gekommen, den Briefwechsel Friedrich – Voltaire nochmals auf Brauchbares durchzusehen. Übrigens bezog ich mich in meinem letzten Brief nicht auf eine Stelle in dieser »Correspondance«, sondern auf einen Absatz aus Wilhelm Onckens »Das Zeitalter Friedrichs d. Großen«, der mir zu der Zeit, als alle Welt sich über Italiens sich vorbereitenden »Treubruch« so unsinnig alterirte, als *sehr* bemerkenswert auffiel. Ich habe die Stelle gestern Abend für Sie abgeschrieben (auf, wie ich eben bei Tageslicht merke, etwas schmuddligem Papier: aber das macht ja nichts); vielleicht können Sie sie benützen. – Von Peter hatte ich heute einen Brief; etwas sehr trübselig. Aber es geht ihm, so weit, nicht schlecht.

Meine Reise nach Wannsee mußte ich natürlich, unsres lieben Kindchens wegen, immer hinausschieben; gibts keine neuen Zwischenfälle, so hoffe ich, diese Woche zum guten Mimchen zu können. Dann sehe ich Sie, nicht war? Ich *muß* hören, wie es Ihnen geht und *muß* Sie sprechen über alles, was geschieht, geschehen wird. Die letzte »Zukunft« habe ich wieder mal noch nicht bekommen. Sollte man sie, wie den »Vorwärts«, verboten haben? Dann doch gleich unsern Herrn König auch, wenn ich bitten darf.

Von Herzen grüßend

Ihre alte und vielgeplagte

Hedwig Pr.

Daß Ex. Denzburg nun doch endlich zurück ist! ich konnte die ewige Reklame kaum noch aushalten.

HP München, Arcis-Straße 12
19. 9. 1915

Liebster Harden – nie in meinem Leben bin ich so schreibeunlustig nicht nur, sondern auch so völlig schreibeunfähig gewesen. Ich finde, es wird immer gräßlicher. Ich ziehe mich ganz und gar in mich zurück; ach, und da ists auch nicht schön. Ekelhaft drinnen und draußen. Was wird nun aus alledem? Katja sagt hönisch: »Die russischen Generalstabsberichte lese ich nicht, denn die lügen ja doch blos.« Ich sage: »lügen blos *die*? wer sagt dir, daß dort mehr gelogen wird als – anderswo?« Dann erbittern wir uns und gehen innerlich gekränkt auseinander. Wenn mir das am grünen Holz geschieht (denn Katja *ist* grünes Holz, gescheidt, urteilsfähig, viel gebildeter als ich) – warum soll ich mich mit all dem dürren Gestrüpp herumschlagen? Ich schweige und gräme mich. Freue mich dann Samstag auf meine »Zukunft« und bin sehr erbost, wenn wir, nach Klaus' Wort, wegen Mangel eines Harden-Artikels »kleine Ferien« haben. Gestern Abend, als ich mutterseelenallein in unserm großen Hause saß – während Alfred dem gewonten Samstag-Tarok in der Allotria frönte – hatte ich ja wieder eine erfrischend-genußreiche Stunde bei dem Großfürsten Nikolai. Es ist nach all dem öden, verlogenen, übelriechenden Zeitungsgewäsch immer, als ob man aus dumpfer, verbrauchter, erstickender Stubenluft ins Freie träte und köstlich frische, klare Luft einatmete. Sagen Sie nur: warum dieser Wust von Verlogenheit, von Schwindel, Böswilligkeit und gehässigem Wan allüberall? Aber Katja sagt: nur bei uns herrscht der Geist der Warhaftigkeit. Meine Mann'schen waren neulich auf 24 Stunden von ihrem Tölzer Tusculum hereingekommen, da der ausgemusterte Tommy sich natürlich nach dem neuen Gebot auch noch einmal stellen mußte. Nach der Anmeldung wird diese Woche die ärztliche Untersuchung folgen, und da er 40 Jahre alt ist und seine Organe gesund, seine Muskeln kräftig sind, wird er wol genommen werden. Im übrigen hält er die Ausbildung keine 8 Tage aus; denn er ist ein – Intellektueller. Ich sprach neulich in einer recht mittelmäßigen Vorstellung des »Parsifal« (und die verträgt der reine Tor nicht: es war von schlechthinniger Langweiligkeit) den Forum-Herzog, der mir seine Trauer über Thomas Manns Stellung zu der Zeit in wehmütigen Worten aussprach; und das müsse sich auch eines Tages rächen. Ich weiß es nicht, ob es geschah, um wenigstens äußerlich einen Ausgleich zu schaffen: jedenfalls hat Tommy sich in ländlicher Stille einen Bart stehen lassen, der ihn Bruder Heinrich sehr anänelt. Von Peter hatte ich mal wieder einen recht melancholisch gefärbten Brief, Klaus ist bislang mit seiner Stellung zufrieden, und die Stellung mit ihm. In Bremer Blättern war zu lesen, daß sich das Niveau des Theaters seit Antritt des neuen Ober-Regisseurs entschieden gehoben habe. – Mit Ihrem Freund B.-H. hat man hier furchtbar »umgetrieben«. Was wollte er? hat er dem König die Leviten gelesen? Man sagt, daß der absolut Straßburg wolle. Ich ging beim Regina-Hôtel vorbei, wo eine dichte Menschenmauer stand, weil der Kanzler zum von Schön arrangirten Diner erwartet wurde. Ich sagte zu einem Packträger, es wäre garnichts an ihm zu sehen, halt ein großer, stattlicher Herr. »Aber der Hindenburg ist noch größer, erwiderte er, der wenn erst käm'!« – Auch im Hofbräuhaus ist er sehr gefeiert worden; mich aber dünkt dies officielle Gefeiere und Diniren und Biersaufen in so tottrauriger Zeit geschmacklos und überflüssig.

Dies ist garkein Brief, nur ein Gruß, ein Zeichen herzlichen Gedenkens. In Treuen grüßt Sie

Ihre Hedwig Pr

Den Damen Grüße.

HP

München, Arcis-Straße 12
9. 10. 1915.

Lieber und guter Harden! so einen schönen, langen und interessanten Brief haben Sie mir geschrieben: ich war ganz gerürt. Daß Sie bei Ihrer maßlosen Arbeit und gradezu unerhörten Leistung Zeit fanden, an die ach so dumme, abseitige *Freun-*

din (die nur den einen Vorzug hat, durch Dick und Dünn eine Freundin zu sein) zu schreiben, das kreidet sie Ihnen hoch an. Einiges von dem, worauf »man in Berlin schwört«, hatte eine Freundin von mir auch schon von dort durch eine »gewichtige und geheimnisvolle Persönlichkeit« erfaren und es mir unter dem Siegel *tiefster* Verschwiegenheit (»aber schwöre!«) mitgeteilt. Tags drauf kam Ihr Brief, nach dem diese Dinge ja kaum mehr öffentliches Geheimnis sind. Leute mit Onkels im Generalstab waren mir von Anbeginn an verhaßt. Bei Rosenbergs spukten in der ersten Zeit auch solche bedeutlich herum; aber da sie sich regelmäßig blamirt haben, sind sie allgemach dorten verschwunden. Die von Ihnen, der Sie zu den ganz Wenigen gehören, die *wirklich* informirt sind, angekündigten Dinge haben ja nun schon angefangen, sich zu vollziehen. Ist die Entlassung von Venizelos für uns nicht doch günstig? In Ost und West ists entsetzlich, schlafraubend. Wir gehen heute in die Première Bernstein-Blumenthal, zur Auffrischung der Humöre. So sinkt man. Mir fehlt ja jede Anregung von außen, ich sitze immer allein, stricke Strümpfe und lese Voltaire (Pierre le Grand, Charles XII – sehr interessant, namentlich jetzt), spreche selten einen irgendwie interessanten, informirten Menschen. Alfred meiniges hat wenigstens Examina, darf 14 Tage Lehramtskandidaten prüfen: heißt ein Vergnügen! Vorgestern war ein Industrieller bei uns, Vertreter, Direktor von Siemens-Schuckert in Nürnberg, der von wegen der italienischen Unternehmungen (elektr. Banen etc) in dauernder Verbindung mit jenem Lande geblieben ist, gegen das Exc. Dernburg die fürchterlich-grausame Drohung (grenzt es nicht an Erpressung?) ausstieß, es 5 Jare lang weder zur Erholung noch Zerstreuung zu besuchen. (Hätten D'Annunzio, Salandra, Sonnino eine änliche Drohung gegen uns ausgesprochen, hätten wir's nicht unter schallendem Gelächter mit einem »und wenn schon!« beantwortet?) Kurz, unser Freund, der noch dazu Cohen heißt, kommt alle 2 Monate mit den ital. Großindustriellen aus Mailand, Palermo, Florenz in Zürich zusammen, wo sie eines so höflichen, liebenswürdigen und anständigen Verkehrs pflegen, wie nur je vor dem Krieg. Sie sprächen so vernünftig über die Weltlage, wie mans bei uns selten hört, und es scheint, daß sie das Ministerium und den König, die das dem wolhabenden Mittelstande unwillkommene Abenteuer des Krieges herbeigefürt haben, absetzen und unter einem neuen Könige aus der Verwandtschaft einen annehmbaren Frieden schließen möchten. Vedrémo. Übrigens ad vocem Italien: ist es nicht sehr sonderbar, daß *unsere* Censur in meinem Briefe an eine Freundin in Zürich die Stelle bis zur Unleserlichkeit geschwärzt hat, wo ich von meiner so urdeutschen Schwester Mieze erzälte, die man als Italienerin aus Wannsee herausgeschmissen! Man will also nicht, daß das Ausland erfare, wie man bei uns mit den Italienern verfärt.

Nun zum wichtigsten: natürlich sollen, müssen Sie kommen. Die Leute *wollen* hören, rennen zu jedem »Nischtel« (so nannte meine Schwieger die Nullen), jeder Vortrag soll überfüllt sein: und Sie haben doch etwas zu sagen. Viel; bedeutendes; immer interessantes. Die Situation ist momentan so gespannt, jedes Gemüt so belastet, daß ein Vortrag von Ihnen woltuende Entspannung, Erleichterung, Belehrung ist. Kommen Sie, und kommen Sie so bald wie möglich. Ich war heute bei Bauer, habe mit ihm ernsthaft gesprochen: er brennt darauf, verspricht sich Riesenzulauf. Und er hat doch Fülung mit dem Publikum, ist, nebenbei (?), Geschäftsmann, der sein Schäfchen ins Trockene bringen will. Ende October bin ich in Berlin, so etwa vom 20. an. – Daß Sie mir schreiben, Sie brächten keinen anständigen Satz mehr heraus, ist der größte Quatsch, den Sie je geschrieben! Kleiner Schäker. – Guter Freund, ich grüße Sie von Herzen. Bleiben Sie, wie Sie sind: »Du gefällst mir!« (sagt Natalie).

Also herzlichst

Ihre Hedwig Pr.

Den Damen Grüße.

München 25. 11. 1915

Lieber Freund und Harden! In Eile. Meine Gedanken zu Ihrem Vortrag. Ich finde, es ist mein Recht und meine Pflicht, Ihnen meine – ganz *unmaßgebliche* – Meinung zu sagen. Also, mit schwerem Herzen und schlechtem Gewissen, sage ich: ich bin *nicht* dafür, daß Sie so bald wieder kommen. In 14 Tagen können Sie kaum etwas neues sagen, weil die Situation im wesentlichen dieselbe sein wird; in 2 Monaten, im Februar etwa, *muß* ja doch irgend eine Änderung eingetreten sein. München ist nicht so groß, Ihre Freunde und Verehrer, die Neugierigen und die dabei sein wollen, wo etwas los ist, die waren alle neulich bei Ihnen und kommen, mit wenigen Ausnahmen, nicht nach 14 Tagen wieder. Das ist auch die Meinung unsres gemeinsamen Freundes Bauer, bei dem ich heute war, und der sagte: »einen Saal, wie Herr Harden ihn gewönt ist, kriegen wir nicht, wenn die Tonhalle halb voll wird, ists viel.« Nun sprach ich allerdings auch mit Hofrat May, der aber ein dummer Kerl und ein Optimist der törichten Sorte ist. Der sagte mir, daß der Polizeipräsident (der sich selber einen »Idealisten« nannte!) und er selber Ihnen geschrieben und den 4 Dec. vorgeschlagen hätten. Auf meinen Einwand, ob er dies Datum nicht zu früh gewält fände, meinte er, der Herr v. Grundherr glaube doch sicher, daß … und »man muß doch annehmen, daß Harden zieht …« und so ganz allgemeine Redensarten one Knochen und Gehalt. Ich erwänte Ihren Einfall mit den Fragen aus dem Publikum mit extemporirten Antworten; aber dies hielt er für gefärlich und glaubte, daß die Censur dies Spiel keinesfalls zulassen würde. Was tun? Die Lage ist dadurch schwierig, daß Sie Ihr *baldiges* Wiederkommen versprochen haben. Aber diese Herren haben sich Ihnen gegenüber so unqualificirbar benommen, daß Sie dieses »baldig« nicht so à la lettre zu nehmen brauchen. Gründe – nicht blos Vorwände – um den versprochenen Vortrag hinauszuschieben, stehen Ihnen doch wol en masse zu Gebot. Ich schneide mir ins eigene Fleisch, indem ich so schreibe. Aber ich denke, Sie verstehen, wie ichs meine. Handeln Sie auf alle Fälle, wie *Sie* es für richtig halten. – Für Ihren Brief mit all den Einlagen Dank! Ich schicke Ihnen den Aufsatz von Otto Cahn, der mich riesig interessirt hat, als die Stimme eines sach- und menschenkundigen Mannes, der über dem Pöbelgeschrei steht, erst morgen, weil Alfred ihn noch lesen möchte. Dem Ehepaar Mann hat er – natürlich – nicht gefallen, in deren Kram paßt er ja denn auch garnicht. Ihre letzte Zukunft einfach wundervoll großartig, glänzend. Ich bin in heller Begeisterung. Fast, wie Voß, in »feierlicher Ergriffenheit« (die er mir übrigens neulich im Herausgehen schon mitgeteilt). – Ihre Hôtelrechnung *unerhört*. Alfred u. Katja finden, man müßte sie dem Generalkommando denunciren. Richtig wäre es ja vielleicht: aber so unbequem. Seit heute haben wir Reiskarten! pro Kopf auf den Monat ein halbes Pfund Reis! ein harter Schlag. Verzeihen Sie das Geschmier, auch den Inhalt …

Herzlich, furchtbar herzlich

Ihre olle Freundin Hedwig

München 27. 11. 1915

Liebster Harden – diese ganze Sache, wie sie nun einmal liegt, *muß* gemacht werden. Ich finde sie recht verfaren, aber wenn der Pol. Präsident richtig agirt, kann sie eigentlich nicht schief gehen. Ich war, auf Ihren Wunsch, dort, verfehlte den hohen Herrn aber, habe mich mit seiner Frau in Verbindung gesetzt, die es mir vermitteln wird, daß der Gatte, sofort nach seiner Heimkehr, mich anrufen wird. Das Resultat teile ich Ihnen dann noch mit. Die Sache mit dem Büffet ist hier sehr abgebraucht, wird seit Jaren bei jeder Woltätigkeitsveranstaltung gemacht. Alfred meiniges glaubt, es würde sehr »ziehen«, wenn die Sache, mit der nötigen Reklame, so angekündigt würde: Vortrag (nicht zu lang); Büffet mit Patronessen; nach der Pause Fragen aus dem Publikum, die von Harden ex temp. beantwortet werden. Was glauben Sie? es wäre nicht schlecht. Nur ist die Zeit bis zum 4/12, knapp eine Woche, arg kurz. Ich werde ja nachher hören, was der Präsident

Ihnen, der Zeit wegen, geantwortet hat. Hätten unsere Briefe sich nicht gekreuzt und hätte ich die Briefe der Herren May-Grundherr gekannt, so hätte ich den meinen nicht geschrieben. Denn da die Bande Ihr Wort hat und auf ihrem Schein besteht, so können Sie füglich nicht zurück, und es täte mir scheußlich leid, wenn ich etwa Ihre Misstimmung vermehrt hätte. Was der Herr Präsident mit seiner gänzlich überflüssigen Sendung der Zeitungsausschnitte der Ihnen befreundeten Bruckmann- und andrer Presse zweifelsone getan haben. Es scheint mir aber nicht opportun, heute noch darauf zu antworten: Unsre Zeit lebt so irrsinnig schnell, und jeder Tag verschlingt alles vom Tage zuvor.

Dem lieben Mimchen gehts viel besser, wie durch ein Wunder fast wieder gut. Hier ist strengster Winter, mit ungeheuer viel Schnee. Frau Feist (die mir mit Bruno Frank, via Hulle, eine niedliche Klatscherei angerichtet hat) ist schon seit 8 Tagen fast im Besitz ihres Sones, der mit 3 Wochen Urlaub aus dem Osten eintraf. Nun harre ich meines Grundherrn ... abends 8 Ur: eben sprach ich mit dem so überaus liebenswürdigen und höflichen Herrn, und er sagte mir, daß er selber zu der Überzeugung gelangt sei, daß der 4/12 ein zu früher Termin, die andern Daten zu nahe an Weihnachten gerückt seien, und daß er Ihnen heute noch den Vorschlag machen wolle, den Vortrag bis Januar zu verschieben; wo ja dann eventuell neue Ereignisse für neuen Stoff sorgen würden. Womit wir denn wol alle erleichtert einverstanden sind. Für das Frage- und Antwortspiel, das ich ihm vorschlug, befürchtet er die Erlaubnis des Generalkommando's nicht erwirken zu können.

In Eile und wärmster Herzlichkeit grüßt Sie

Ihre olle Freundin

Hedwig.

München 23. 12. 1915
Arcis-Str. 12.

Liebster Harden – Frohe Festtage einander zu wünschen wäre wirklich nicht angebracht. Aber einen herzlichen Weihnachtsgruß darf ich Ihnen ja schicken. Mein Gott, ich habe schon lange keinen Sinn mehr für dies' fröhliche, selige Fest, wo jeder seinen »Bestellzettel« überreicht, und au fond keiner zufrieden ist: denn der Sinn des Schenkens, die sinnig-liebevolle Überraschung, ist doch längst abhanden gekommen. Ich finde, es ist ein ganz ekliches, geschäftsmäßiges Fest geworden bei dem höchstens noch die Kinder zu ihrem Rechte kommen. Ich nehme ja denn in diesem Jare garkeine Notiz davon: kein Baum durchduftet das Haus, kein Gabentisch wird errichtet – denn wir haben ja keine Gaben – und weder Kuchen noch sonstige Leckereien werden gebacken. Die Schachtel Marzipan natürlich, die eine Verehrerin mir aus Königsberg sandte, die fresse ich für mich ganz allein auf; aber das ist auch alles. Morgen zum Aufbau werden wir auf Katja's dringenden Wunsch zu den Mann'schen gehen, die ihren Kindern begreiflicherweise einen Christbaum anzünden. Aber wo soll man nur die Stimmung auch nur für eine kurze Stunde hernehmen? Vorher wieder, als ich las, daß wir nun heute den Hartmannsweiler Kopf unter gräßlichen Menschenopfern wiedergewonnen, nachdem er uns gestern unter ebenso gräßlichen entrissen wurde, empfand ich den ganzen Wansinn dieses zwecklosen, nie endenden Mordens schaudernd von neuem. Denn ist nicht jeder der Getöteten einer Mutter Son? und wievieler Mütter Söne sind zwecklos, nutzlos bei Gallipoli geschlachtet? und wieviele werden noch geschlachtet werden? Könnten Sie, lieber Freund, der so vieles weiß, mir nicht sagen, ob je wieder eine Zeit kommen wird, wo die Menschheit aus diesem Krampfe erwacht, diesen blutigen Wansinn abschüttelt, und wo es wieder wird, wie es einstens war? Werden Sie uns, wenn Sie am 14. Januar hier sprechen, Tröstliches zu sagen haben? Die Reden im engl. Unterhaus haben mich aufhorchen lassen, als ob sich da doch etwas wie bessere Einsicht regte. Und diese Absetzungen von all den feindlichen Oberbefehlshabern – wie soll man die deuten? Ich freue mich schon so sehr, daß Sie wiederkommen, denn Sie sind doch der Einzige, mit dem ich reden kann; d. h., der mir etwas zu sagen weiß. Vor einiger Zeit rief mich – als ob ich Ihre Impressaria wäre – doch richtig dieser törichte Hofrat May wieder an; ob ich den Freitag oder Samstag für richtiger halte, er wolle es nicht one mich entscheiden! Ich fand beide Tage ganz gleichwertig und meinte, da *Sie* geschrieben hätten, der Freitag sei Ihnen lieber, so solle das doch entscheidend sein. Und nun ist ja auch der Freitag angezeigt, bis jetzt ganz kurz und beiläufig. Aber man wartet wol mit Recht Neujar ab, ehe man zu weiteren Notizen schreitet. Von uns nichts neues, es geht alles seinen monotonen, traumhaften Gang – mir erscheint das ganze Leben jetzt so gespensterhaft und unwirklich. Aber der Gruß, den ich Ihnen – und den Ihren – schicke, ist lebendig und kommt aus wärmstem Herzen.

Alles gute Ihnen!

Ihre Hedwig Pr.

[Klappkarte] München 30. 12. 1915

Liebster Freund – ich bin so unruhig, förmlich gequält, daß ich garnichts weiß. Geschieht denn nichts? ändert sich denn nichts? So kann es doch nicht bleiben! Als ein besonders schwerer Druck, neben dem allgemeinen und privaten, die warlich schwer genug waren, lastet nun Ihr Schicksal auf mir, und ich werde es keinen Augenblick los. Keine Zeitung hat, außer den bagatellmäßigen zwei Worten, eine Zeile gebracht: das erlaubt wol die Censur nicht? Denn sonst *müßte* doch etwas kommen! Das Publikum weiß auch garnichts; und spricht man davon, dann sagen die Leute: ach, das handelt sich natürlich nur um eine Nummer, das passirt ja jetzt jedem Blatt mal – – sogar dem Lokalanzeiger. Dies antwortete mir heute der preußische Historiker Prof. Hintze, der eben von Berlin kam. Und meine Schwester

Mieze, die überhaupt *nichts* vom Verbot wußte, schrieb mir gestern, May, den sie bei Bondi's traf, habe gesagt, er sei überzeugt, wenn Sie die nötigen Schritte zu tun sich entschlössen, werde das Verbot zurückgenommen werden. Zu morgen hat sich Fürstenberg bei mir angesagt. Daß ich so garnichts weiß, auch nicht, wie es Ihnen geht, ängstigt mich sehr. Ach, würde doch das kommende Jar uns besseres bringen!

In alter, treuer Freundschaft

Ihre

Hedwig

München 5. 1. 1916
Arcis-Str. 12

Mein lieber Harden – Sie können sich garnicht denken, wie unausgesetzt ich mich mit Ihnen beschäftige! und ich kanns mir einfach nicht vorstellen, daß »nuscht« geschehen sollte. Eine »recht ärgerliche Bagatelle«? nein, das ist doch unmöglich, daß einer, der Ihr Freund war, der es ist – diese ungeheuerliche Sache so auffaßt! Wissen Sie, die kurze Bekanntmachung, diese zwei trockenen Zeilen waren so zweideutig und feige abgefaßt, daß fast niemand (ich spreche natürlich nicht von W. R.) die Tragweite verstanden und das Verbot lediglich auf eine Nummer bezogen hat. So schrieb mir Klaus, bekanntlich einer Ihrer aufrichtigsten Bewunderer und eifrigsten Leser, aus Bremen, er sei empört über das Verbot, das uns sicher sehr schaden werde; übrigens habe er auch »die heute fällige Nummer« noch nicht erhalten; änlich schrieb mir meine Schwägerin Rohrscheidt aus Garzau. Und als ich heute Frau Bernstein fragte, was ihr Max zu dem Verbot gesagt habe, fiel sie aus den Wolken, als sie durch mich erfur, daß es sich nicht nur um die eine Nummer handele. Meine Freundin Schaeuffelen rief mich eben an: ob ich den Grund des Verbots kenne? auf meine Verneinung teilte sie mir mit, sie habe »aus tadellos sicherer Quelle« (immer haben alle

Leute tadellos sichere Quellen! woher nur?), der Grund sei der, weil der »Temps« einen Artikel abgedruckt habe. Liegt dem etwas wares zugrunde? Kann's mir nicht denken, da Sie mir ja erzält haben, daß die auswärtigen, d. h. die »feindlichen« Blätter Sie seit einem Jare unausgesetzt abdrucken. Unser Freund Bauer hier ist ganz geknickt und fassungslos über den Fall. Von Berlin höre ich, daß man Sie bei Ihrem letzten Vortrag dort angepöbelt haben soll. Hatten Sie auch nicht Ihre »besten Hosen« an, als Sie hingingen, um für Warheit und Freiheit zu kämpfen? das soll man ja bekanntlich nicht. Aber der »stärkste Mann« in Deutschland sind Sie doch noch längst nicht; denn Sie sind noch längst nicht »allein«. Sie haben viele, viele hinter sich, wenn auch gottlob nicht die kompakte Majorität; denn die ist ja immer blödsinnig. – Es geschieht nichts? wirklich nichts? das ist doch unmöglich! Ich sorge mich so um Sie, all diese zurückgedrängte Arbeit muß sich doch auf Ihre Organe schlagen, wie sollen Sie denn leben one diese leidenschaftlich angespannte Tätigkeit? Was machen Sie? sagen Sie mir um gotteswillen, wie es Ihnen geht? Sie schreiben, daß Sie vielleicht einige Tage in unsere Residenz kommen: zu einem Zweck? wollen Sie sehen, hier eine Filiale der Zkft. zu gründen? oder wollen Sie nur an meinem Busen weinen? er steht Ihnen gerne zur Verfügung. Ich bin froh, wenn ich Sie sehen, sprechen, mich mit Ihnen aussprechen kann. Heute bin ich ganz elend, fiebrig, mit einem Mordskatarrh. Sonst bei uns alles beim alten. Von Peter ab und zu ein kärgliches, sehr kärgliches Lebenszeichen. Das Wetter widrig, Regen, matschige Luft, Fönstürme; kein Winter, außer dem unsres Misvergnügens. Könnte die Welt wol *noch* viel scheußlicher sein?

Verzeihen Sie den flüchtigen Gruß; der mir Bedürfnis war. In Freundschaft und Treue

Ihre

Hedwig Pr.

Den Ihren Grüße.

München 12. 1. 1916
Arcis-Str. 12

Liebster Harden – ich wollte nur den heutigen Reichstagsbericht noch abwarten, ehe ich auf Ihre Karte vom 8ten antwortete. Denn es schien mir doch *unmöglich*, daß die Censur-Debatte vorübergehen sollte, one daß Ihre Angelegenheit, die doch die Angelegenheit des ganzen Landes sein sollte, auf die eine oder die andere Weise zur Sprache gebracht würde. Aber ich habe, scheints, vergeblich gewartet. Wenigstens in dem etwas summarischen Bericht unserer Käseblätter habe ich von der »Zukunft« nichts gelesen. »Wie holde Illusionen haben Sie, liebe Frau Hedwig, noch immer über die Menschheit.« Im allgemeinen ists freilich mein Fehler nicht. Aber dies »Nuscht, Nuschtissime« entsetzt mich, das muß ich gestehen.

Nun bekam ich heute Ihre »Vertrauliche Mitteilung«, für die ich Ihnen doch gleich ein Wort des Dankes sagen möchte. Nicht nur für die Übersendung. Ich finde sie ganz ausgezeichnet, von einer so schlagenden Überzeugungskraft, einer solchen Würde und Vornehmheit, so unwiderleglich logisch, so einwandfrei nach jeder Richtung, daß ich einfach nicht verstehe, wie daraufhin nicht umgehend das Verbot zurückgenommen wurde, zum mindesten nicht eine Erklärung erfolgte vonseiten der Behörden. Nicht weil ich »solche Illusionen« habe, sondern weil jeder rechtlich denkende Mensch im tiefsten Innern empört sein *muß* über das Unerhörte, das man Ihnen angetan hat und den Schaden, den man tatsächlich vielen Tausenden damit antut. Denn wir brauchen die »Zukunft« einfach. Alfred, dem ich Ihre Rechtswarung gleich zu lesen gab, war ganz der gleichen Meinung, und da ich nachmittags zu Manns ging, nahm ich die Blätter auch gleich mit in die Poschinger-Straße. Tommy hat daraufhin gleich an Sie geschrieben; ich verließ ihn in dieser Tätigkeit. Ich sagte Ihnen ja damals gleich, daß er, obgleich oft andrer Meinung wie Sie, die Unterdrückung der »Zukunft« niemals billigen würde. Er wird Ihnen ja mitteilen, daß er in diesem Sinne einen Artikel an die Frankfurter Ztg. geschickt hat, in dem er energisch gegen das

Verbot protestirt. Sie hat ihn ihm als nicht opportun zurückgegeben. – Ins Ausland, lieber Freund, werden Sie nicht gehen. Was täten Sie da? Sie würden sich ja verzehren. Sie gehören zu uns. Und *so* kanns nicht bleiben, es ist ausgeschlossen. Sehr bald *muß* Wandel eintreten. In Augsburg und Nürnberg können Sie sich eine Grabstätte kaufen, meinetwegen; aber leben? ne!

Wenn Sie nicht ihren *guten* Plan ausfüren und nach München kommen, um sich zu erholen, dann sehe ich Sie Ende Januar in Berlin. Denn da will ich mal wieder nach Mimchen sehen, der es ganz leidlich zu gehen scheint. Auch sonst habe ich keinen Grund, persönlich Klage zu füren. Denn daß ich von Peter so selten höre, daran habe ich mich nun gewönt, und daß man mir die Brodration wieder verkürzt, werde ich tragen. Höchstens meine zwei großen kupfernen Waschkessel werde ich schwer vermissen. Aber: gebt mir die »Zukunft« wieder, und ich pfeife auf die Waschkessel! –

Lieber Harden, ich denke dauernd in Treue, Freundschaft und Sorge Ihrer.

Herzlich grüßend

Ihre

Hedwig.

München 25. 1. 1916
Arcis-Str. 12

Liebster Harden – ich bin ganz außer mir! Von Tag zu Tag warte ich auf die »Klärung der Lage«, die Sie dem Schwieger-Tommy in Aussicht gestellt hatten: und immer vergebens! das ist doch ein ganz unwarscheinlicher und unmöglicher Zustand, der die unwarscheinlichen und unmöglichen Dinge dieser Zeit um ein recht beträchtliches vermehrt. Ich bin in so ernster Sorge und Betrübnis um Sie! Als ein kleiner Lichtblick, vielleicht als ein Vorläufer der »Klärung«, wollte es mir vorkommen, daß ich heute Mittag las, Maximilian Harden werde am 5. Februar im großen Saal der Philharmonie einen Vortrag halten. Das hat man Ihnen also doch gestattet? ist's nicht ein Anfang vom Ende des Verbots?

Sagen Sie, lieber Freund, ist es unbescheiden, wenn ich Sie damit behellige, mir bei Ihrem dortigen Bauer ein Billet in der ersten Reihe reserviren lassen zu wollen? Ich nehme an, der Andrang wird kolossal sein, sodaß ich, wenn ich am 1. Februar in Berlin eintreffe, amende keinen guten Platz mehr bekommen werde. Und hören möchte ich Sie doch auf alle Fälle. Freue mich auch so sehr darauf, Sie nach allem, was vorgefallen und was mich so tief bewegt hat, persönlich zu sehen und – zu sprechen.

Ja, ich denke, wenn nichts dazwischen kommt, Montag in Berlin zu sein; rufe Sie dann von Haus Rosenberg aus an, um etwas mit Ihnen zu vereinbaren.

Sonst ist bei uns alles beim Alten, nur, daß man immer trauriger und deprimirter und hoffnungsloser wird. Wo steuern wir hin? was soll aus alledem werden? Daß ich einen neuen kleinen Hund habe, einen reizenden Japaner (Vaterlandsverräterin ich!) namens Wouwou, kann meine Lebensfreude auch nicht erhöhen, zumal er noch nicht einmal zimmerrein ist und alles vollmacht, das Schwein. – Jetzt gute Nacht. Ich wollte Ihnen nur einen Gruß senden, und dann auch mein Billet bestellen.

Mit herzlichstem Gruß für Sie und die Ihren

Ihre alte, älteste Freundin

Hedwig.

Postkarte

Berlin 14. 2. 1916

Lieber Harden – schade, jammerschade, daß ich Sie nicht mehr sah! Dies nur noch ein Abschiedsgruß, denn morgen bin ich in der Arcisstraße. Zürnt Maxa mir noch? Sie hat mich ausgelacht, aber es lag Abweisung darin: und ich habe es gut gemeint.

Hier habe ich nichts mehr erlebt; einen gemütlichen Abend mit Carl F., der frisch und witzsprühend war; ganz unpolitisch.

Gestern die ganze Familie, incl. Grunewald. Kein Theater, gottlob nichts rauschendes. In München schneit es und geht Hermina F. um, Katja liegt erkältet zubett, und Heinrich Mann erwartet ein Kind. Wirds nach der Mama – oh weh! Mimchen war gestern so frisch, förmlich lustig, wie seit lange nicht: mir wurde bange. Aber ich komm bald wieder. Wann kommen Sie nach München? da habe ich was von Ihnen, hier zu wenig. Nun muß ich packen, der Koffer soll vor mir auf die Ban: denn wer könnte auf ein Auto zur rechten Zeit rechnen? Also viele herzlichste Grüße, auch den Damen; nur Maxa sagen Sie, ich würd's nicht wieder tun.

Herzlichst

Ihre

Hedwig Pr.

Der letzte Artikel kurz, aber er hatte es in sich, war *vorzüglich*.

München 4. 3. 1916
Arcis-Str. 12

Liebster Harden – wie mag denn Ihre Affaire mit dem Herrn Polizeipräsidenten ausgegangen sein? Ich habe nichts mehr davon gehört, seitdem ich dem May Ihre Botschaft mitteilte und er mit directen »ja aber-s!« und »das ist doch net möglich!« u.s.w. sich am Telephon äußerte. Er wollte am selbigen Nachmittag noch den Präsidenten interpelliren, der den fraglichen Brief »natürlich« geschrieben habe; denn er, May, habe ja doch »im Auftrage des Herrn Präsidenten« mit mir verhandelt. Wir grinsten uns am Apparat höflich an – Schluß. Gelegentlich werde ich wol von der einen oder anderen Seite hören, was draus geworden ist. Wenn Sie herkämen und sprächen: wie's mich persönlich freuen würde, das brauche ich ja nicht zu sagen. Ob ich Ihnen zureden soll, weiß ich nicht so recht. Ich bin mindestens unsicher. Eine Verpflichtung Ihrerseits liegt meiner Meinung nach in keiner Weise vor, so wie man sich Ihnen gegenüber in der ganzen Sache von Anfang an benommen hat. Ja, ich bin gespannt, was Sie beschließen werden. Ein Fürer im Labyrinth unsrer Politik wäre mir brennend erwünscht. Ich bin so trost- und hoffnungslos, daß ich mich am liebsten hinsetzen und heulen möchte. Gibt es denn überhaupt noch einen Ausweg aus dieser Irrnis? ich habe manchmal die Empfindung, wir versinken alle darin und kommen rettungslos um. Und nun haben Sie heute nicht einmal etwas in der »Zukunft«, was leiten und trösten könnte! ist das recht??

Der kleinen Monika ist ihre Operation ganz gut bekommen, ich konnte sie vor 2 Tagen schon wieder der Mutter wieder abliefern. Die liegt noch immer fest im Bett, aber es fängt sachte an, sich zu bessern. Schonungsbedürftig wird sie noch lange bleiben, es war wieder ein rechter Schreckschuß. Wouwou hat auch Darmkatarrh und macht häßliche Sachen auf meine Teppiche. Aber er ist so niedlich, und seine naturalia sind kaum turpia. Manchmal suche ich ihm sogar Flöhe ab. Die sind ganz anders wie Menschenflöhe, hupfen nicht, und man kann sie knacken, beinah wie Läuse. Gott, Sie hatten ja keine Buben in der Volksschule, da haben Sie natürlich nie Läuse geknackt – das vergaß ich. Unsereins hat so seine Erfarungen. Und »Entlausungsanstalten« gabs damals noch nicht, da mußte das Mutterherz in die Lücke springen.

Übrigens weiß ich wirklich nicht, wohin ich mich verirre … Von Mimchen höre ich gutes. Von Peter seit 29. November nichts. Da hatte ihn der Staat neu eingekleidet, in grasgrünen Sweater, Wollenhemd, Hose, weißen Hut und viel zu große Stiebeln. Komisch muß er sich vorkommen in dieser Sträflingstracht, mein eleganter Junge! – Wenig Ansprache finde ich hier, garkeine Aussprache. Die Leute sind so unsinnig patriotisch, verachten und schmähen die »Feinde« alle so überheblich und kritiklos – ich kann und kann da nicht mit, werde immer stummer und in mich zurückgezogener. Einen reizenden Brief hatte ich jüngst von dem so kolossal gescheidten Professor Hilbert aus Göttingen, von dem ich Ihnen einmal erzälte; und neulich ein ganz interessantes Gespräch – fern ab von jeder Politik – mit

Jakob Wassermann, der einen tête-à-tête-Tee mit mir trank und mir von seiner entsetzlich armen, kleinjüdischen, entbehrungsreichen Jugend erzälte. Er hat einen sehr guten und merkwürdigen Roman »Das Gänsemännchen« eben veröffentlicht, gegen den sich gewiß auch manches einwenden läßt, der aber im ganzen wol zum besten gehört, was in letzter Zeit geschrieben worden ist. Meine Erholung in diesem Winter des Misvergnügens, das Kolleg bei Wölfflin, ist nun auch geschlossen. Wissen Sie, das ist ein prachtvoller Kerl, den ich beinahe lieben könnte: ungemein viel urwüchsige Kraft, eine ganz ungewönlich hinreißende, augenblicksgeborene, lebendige Sprache und solch eine himmlische schweizerische Derbheit! Schade daß man sich so selten sieht, und daß jedes Beisammensein immer mit so viel unangenehmen Dingen wie Essen und Einladen und albernem Formenkram umstellt ist. Solche Besuche, wie wir beide sie uns machen, one irgend einen andren Nebenzweck als sich zu sehen und einmal auszusprechen, gibts ja sonst nicht, wenigstens für mich nicht. Und diese lumpigen zwei Mal im Jar: das fluscht doch auch nicht.

Jetzt will ich zubett gehen; Alfred ist wie jeden Samstag in der Allotria, ich bin ganz allein im großen Haus. Gute Nacht, lieber Harden, seien Sie herzlich gegrüßt.

Ihre alte Freundin

Hedwig.

Grüßen Sie auch schön Ihre Damens.

München 8. 4. 1916
Arcis-Str. 12.

Mein lieber Harden – man sollte warhaftig glauben, wir liebten uns nicht mehr! Aber das gibts doch wol nicht?! – Was soll man sich schreiben? Erleben tut man nichts persönliches, und erlebt man was, ists nicht schön; und im Grunde so furchtbar gleichgültig. Und das andere? Ach du mein Herrgöttele, was kann man da denn sagen? Rein verzweifeln muß man! und zu was soll man das immer wieder aussprechen? Kein Ende, kein Ende. Abgesehen von allem andern: halten Sie es für denkbar, daß wir's wirtschaftlich noch lange »dermachen«? In den letzten vier Wochen ist es so rapid abwärts gegangen mit den Vorräten und aufwärts mit den Preisen, daß ich armes ungebildetes Weib es für unmöglich erkläre, daß wir noch einen Winter durchhalten können. Kein Zucker, keine Butter, kein Kaffee, kein Spiritus, keine Wurst (nur in Scheibchen aufgeschnitten; ebenso Schinken); keine Konserven. Heute hatten wir das samstägliche »Ochsenfleisch« (o des schönen fernen Tages, da Sie es improvisirt mit uns teilten! und damals wars noch delikat): das kostete für uns beide und die drei Mädchen 7 M. 50 und war ungenießbar, zäher, alter Kuhzadder. Und so weiter. War das nun gut, was der Kanzler sprach? Ich muß gestehen, daß ich einen Schreck bekam, als der Inhalt in kurzem Telegramm angeschlagen ward. Das verlängert den Krieg – war mein erster Gedanke. Aber wenn *wir* auch Frieden wollten – was nützt es, da die andern nicht wollen? In unserem Bekanntenkreis fortwärend Trauerkunden. Natürlich: wenn man vier Söne hatte, ist man mit so vielen waffentragenden Männern befreundet, bekannt, durch Jugenderinnerungen verknüpft. Das wird einfach ausgerottet; es ist höchst schauderhaft. Wie habe ich bedauert, daß ich am Donnerstag nicht in Berlin war, Ihren Vortrag nicht gehört habe. Mit hier hat sichs wol definitiv zerschlagen? O diese Bajuwaren! die sind dumm, dickfellig, hinterweltlerisch. Ich komme nun wieder zu Mimchen, gehe Ende nächster Woche nach Bremen zu Klaus, der kolossal arbeitet und viel Erfolg hat, und dann Montag oder Dinstag nach Berlin. Freue mich, freue mich *heftig*, Sie zu sehen. Mit Ihnen zu reden ist mir solch ein Bedürfnis; wenn ich ja auch nicht behaupten kann, daß Sie besonders aufheiternd wirkten. Aber Sie verstehe ich, Sie sind meine gleichgestimmte Seele; dergleichen ich hier nicht finde.

Eben bekam ich einen überraschend herzlichen Brief von Lena, die mir die Verheiratung von Erika anzeigt. Ich dachte, sie mögete mich nicht mehr, weil Sch.'s die letzten Male bei Ihrer Anwesenheit immer so ein gezwungenes Wesen, eine verhaltene

Eifersucht zur Schau trugen. Aber dies Schreiben ist einfach, natürlich und warm, und wenn ich es irgend machen kann, will ich wirklich noch vor meiner Abreise hinaus ins »Hexenhäusel«. Zumal wenn das Wetter so unwarscheinlich himmlisch bleibt, wie es jetzt seit Tagen ist. Ein Blühen und Knospen, ein Himmelblau und Sonnengold – es ist eine unerhörte Pracht! und da morden die Menschen einander, wo Gott solche Gnade über sie ergießt! o Wansinn, Wansinn, Wansinn! – Meine Manns sind, nachdem sie an Krankheiten das Menschenunmögliche geleistet, seit gestern in ihrem Landhaus in Tölz. Weiß Gott, was sie da wieder ausbrüten werden: es ist eine hoffnungslose Familie. Peters letzter Brief drei Monate alt, und immer dasselbe.

München hatte auch seine kleine Sensation: das war die Auffürung der Korngold-Opern, die zur Parteisache, Antisemitenhetze und anderen schönen Burgfriedfertigkeiten benützt wurde. Ein wansinnig talentvoller Bub, dieser kleine Erich Wolfgang; die heitere Oper wirklich famos, und im ganzen, trotzalledem, ein Erfolg. Alfred hat sie jetzt dreimal gehört, und jedesmal gefällt sie ihm besser: Aber alter Korngold sieht ja schauderhaft aus, so ein richtiger Wiener gemästeter Jud' und »Schornalist« (wie Schwager H. R. zu sagen pflegt, um seine tiefste Verachtung auszudrücken). So, nun schmierte ich in Eile, was mir in die Feder kam; war heute den ganzen Tag gehetzt und erholte mich an Ihnen von dem vielen Pflichtgeschreibsel. Tausend Grüße

Ihre Hedwig Pr.

(Den Damens Grüße)

München 8. 5. 1916
Arcisstr. 12

Liebster Harden – ich wußte ja, daß Sie es einfach nicht aushalten würden, schreiben *mußten*. Und bin so froh, daß Sie es taten. Der letzte Artikel ist *einfach prachtvoll*; der Mut, mit dem Sie der ganzen Welt und einigen anderen zum Trotz Ihre Meinung sagen, die Warheit wie Sie sie sehen und erkennen, hat für mich etwas warhaft befreiendes und erlösendes. Daß *ich* finde, daß sie in allem Recht haben, brauche ich Ihnen nicht zu sagen. Ich habe, zu meiner Freunde staunendem Entsetzen, immer schon erklärt, daß ich den Wilson für einen absoluten Ehrenmann halte, der stets das Beste will, auch da wo er eventuell irrt. Aber Hermann sagt ja, ich sei eine objektive Hundeschnauze, mit der man jetzt kaum verkehren könne. Ich kenne aber amerikanische Professoren, ungewönlich feine und reizende Menschen, die seine Kollegen an der Universität waren und ihn liebten, verehrten, unendlich hoch stellten. Und die kannten ihn eben doch, den »Dutzendprofessor«, »verbissenen Deutschenfeind«, »gekauften Lump«.

Diesen Artikel *kann* man Ihnen doch nicht wieder verbieten? Der *muß* doch wirken, nah und fern. Ich habe leider niemanden gesprochen, der ihn gelesen hat; weil ich überhaupt niemanden gesprochen habe, ganz einsam, ganz verlassen bin, und nebenbei so unwol, kopfschmerzig und gehirnmüde, daß ich kaum die Zeitung lesen kann und nicht zwei vernünftige Sätze zusammenbringe. Ich glaube, aber ganz ernsthaft, ich bin unterernärt, völlig blutleer im Gehirn; anders kann ich mir diesen blöden und unangenehmen Zustand nicht erklären. Wir haben fast kein Fleisch und garkeine Butter; wenig anderes, was die Fleischnarung ersetzen könnte: keinen Reis, Gries, Gerste, Hülsenfrüchte etc. Spargel allein tun's freilich nicht. Ich vermute, diese ganz fettlose Kost ist für Greise, wie ich einer bin, von übel. Ich habe tatsächlich in den 4 Tagen, seit ich zurück bin, 2 Pfund abgenommen. Ich erzäle es Ihnen nur, um meinen abnormen Idiotismus zu entschuldigen. Entspringts auch lediglich dem, daß mir die »Bedingung« in unserer Note nicht gefällt? – oder habe ich da einen hellen Moment?

Denken Sie, ich wollte heute gern dem Peter, von dem ich nach langer, angstvoller Pause endlich wieder einen kurzen, inhaltleeren Wisch hatte, ein Kistchen mit etwas geräuchertem, konservirtem, schicken, lief von Pontius zu Pilatus, von Amt zu Amt, bekam aber keine Erlaubnis: seit Einfürung der Fleischkarte derartige Sendungen ins Feld und an Gefangene verboten!

Ich erzäle es Ihnen nur als Symptom, und weil mir Nahestehende in Berlin erzälten, jetzt sei alles reichlich (!) da. O jegerl! wir wissen's anders. – Ins Freie gehe ich nicht, auch nicht nach Tölz. Aber nicht weil ich fürchtete, verdorben zu werden: ich bin incorruptible und habe dazu an Ihnen einen zu festen Halt; sondern weil ich gar so schollengebunden und gewonheitstierlich bin. Außerdem ist das onmaßen himmlische Wetter heut schon wieder vorbei und der Regen regnete den ganzen Tag.

Verzeihen Sie dies wirklich öde Geschwätz und halten Sie's meinem unterernärten Gehirn zugut. Ich wollte Ihnen eigentlich nur sagen, wie wundervoll ich Ihren letzten Artikel fand.

Grüßen Sie die Ihren. Von Herzen Ihre alte Freundin

Hedwig.

München 16. 5. 1916, abends.
Arcis-Str. 12

Lieber Harden, da das Porto noch nicht verteuert ist, nehme ich die Chance war und schicke Ihnen schon wieder einen Gruß; vielleicht zudringlich nach dem letzten. Aber so bin ich: wenns mich schreibert, schreibe ich. Wills aber kurz machen.

Schönen Dank für Ihre Karte. Daß Sie H. M. einen feinen, ernsten Menschen nennen, freut das Geschwister garnicht, glaube ich. Aber: Arminius Hamster ... o, o, o!! – Sehr vorzüglich die letzte Nummer, von »totmüdem Hirn« auch nicht die leiseste Spur; im Gegenteil eine Frische, Schärfe, Klarheit, die erlösen und befreien. Wundervoll die Parallele Bonaparte – Bismarck. Was Sie über unsere Note sagen, hatte mein kindlich-dumpfes Anen vorausempfunden, Sie liehen ihm die Worte, wie sie nur Ihnen zu Gebote stehen. Über »Fleisch und Knochen« muß doch jeder halbwegs Verständige mit Ihnen übereinstimmen; nur mit den ragenden Allgäuer Buttergebirgen kann ich mir nicht denken, daß Sie richtig informirt sind. Ich beziehe seit 20 Jaren meine Prachtbutter zu civilen Preisen aus dem Allgäu, bekomme aber jetzt von demselben Lieferanten auf vom Kommando abgestempelter Karte meine 100 gr. pro Woche und Kopf; macht für meinen aus 5 Personen bestehenden Haushalt 1 Pfund wöchentlich. Fragen Sie Ihre Hausfrau, was das bedeutet. Ragten wirklich Buttergebirge dorten, so kann ich mir nicht vorstellen, warum man die Landeskinder so knapp hält. Wenn Tirpitz und Rathenau die Sache in die Hand nähmen, bekämen wir vielleicht auch wieder Eier, Reis, Fleisch, woran wir nun nicht Mangel, sondern direkt das Nachsehen haben. Ex est. Sie haben Recht: so gehts nicht weiter. Na, wir in Bayern sind ja schön heraus, wir haben ja jetzt in der seligsten Jungfrau Maria eine Fürsprecherin und Helferin. Sie wurde ja, auf Bitte des Königs, officiell zu unsrer Patronin »erhoben«. Ich schicke Ihnen den Zeitungsausschnitt, weil Ihnen der Wortlaut dieser unglaublichen Kundgebung vielleicht nicht bekannt geworden ist. Aber sagen Sie: wo leben wir? in welcher Zeit leben wir? Ist eine Verständigung mit solchen Zeitgenossen überhaupt möglich? Ein Erstarken des religiösen Gefüls ist in Epochen wie der unsrigen ja nur zu begreiflich; aber ein Zurücksinken in die Untiefen mittelalterlichsten Aberglaubens ist doch gradezu erschröcklich. Man muß sich vor der Welt verschließen; aber einen Freund am Busen halten. »Wolle Se?« (wie Robert Kahn sagte, als er um seine jetzige Frau anhielt).

Heute traf ich den Maylichen Hofrat, der mir schon von weitem mit einem Riesencouvert zuwinkte: »Sagen Sie mir Herrn Harden, eben käme ich von der Censur, der ich den Vortrag des Grafen Andrassy vorgelegt habe, den ich ihm grade ins Hôtel zurückbringe.« (Er spricht heute Abend fürs Rote Kreuz). Ich sagte, ich würde es entrichten.

Peter'n, dem ich jetzt noch schreiben will, werde ich Ihren Gruß, der ihn freuen wird, bestellen. Ich bin ganz allein, sehr totenstill ists um mich, da habe ich Zeit und Muße zum Schreiben. Seien Sie höchst herzlich gegrüßt und empfehlen Sie mich den Damen. Ihre Hedwig Pr.

München 30. 5. 1916 / abends;
Arcis-Str. 12

Liebster Harden – ich bin schon wieder ganz allein, Alfred bei den Mathematikern, und tiefe, stille Einsamkeit um mich. Und weil ich grade rasend bin, muß ich an Sie schreiben. Blos ein ganz klein bischen; denn Sie haben keine Zeit und sind ja selber rasend. Den ganzen Tag ziehen heute die Feldgrauen bei uns vorüber zum Banhof. Sie singen »haltet aus!« – aber ich glaub's ihnen nimmer so recht. Da – eben wieder, endlose Schaaren – es ist zum Totheulen. Vorher traf ich auf der Straße den König, und er sah garnicht so trotzig-kün, annexionswütend und blut- und beutegierig aus, wie die Leute ihn malen. In Civil war er, mit einem kleinen Matrosenhütchen aus weißem Stroh und einem Regenschirm in der Hand, mit dem er lebhaft gestikulirte. »Er ist viel klüger, viel einsichtsvoller, als der Kaiser, sagen die Leute hier; denn er weiß, was er will, wärend jener aus Englandfreundlichkeit uns alles verpatzt.« Und dann wird von sonst verständigen Leuten immer dieselbe Geschichte kolportirt: wie Graf Zeppelin angeboten (»angeboten«!) habe, London mit 50 Luftschiffen voll Stick- und Brandbomben zu beschießen und zu vernichten, und S. M. habe es abgelehnt mit dem Bemerken: das ginge nicht, denn da könne ja auch eines der kgl. Schlösser getroffen werden. Mit dieser Geschichte geht man hausiren und macht Stimmung. Baron Stengel, der mit Hertling in Berlin war, jetzt wieder den Reichskanzler hier betreut hat, erzält mir positiv, S. M. habe Zeppelin, auf seine unermüdlichen Vorschläge, ins Hauptquartier kommen lassen, und es sei kläglich und peinlich gewesen, wie sämmtliche hohen Militär- und Marineleute ihm die Unmöglichkeit, Unausfürbarkeit und Zwecklosigkeit seiner Ideen haarscharf nachgewiesen hätten. Wissen Sie, die Bösartigkeit und Dummheit der Menschen macht mich eben rasend. London zerstören! das ist doch, selbst wenns ginge, der Einfall von Tollhäuslern. Daß der olle weißbärtige König mit seinem Matrosenhütchen und Regenschirm das wollen soll, kann ich mir nicht denken. Ja, wenn's noch Berlin wäre! wo er die Preußenkugel von 66 immer noch im Bein nachschleppt. Harden, Sie sollen sehen, Sie sollen sehen: das Reich wackelt, es geht aus den Fugen. Unverholen macht sich die Abneigung gegen norddeutsches Wesen wieder mausig; man sagt noch nicht grade »Saupreußen«, aber man denkt's vielfach. Sehr unzufrieden ist man, daß wir von unserem – relativen – Überfluß »an die Norddeutschen« abgeben sollen: warum haben die nicht besser organisirt?! Übrigens: mit den Butterbergen hatten Sie vielleicht doch so Unrecht nicht. Butter gäbe es jetzt hier genug; aber man kriegt sie nicht, sie verdirbt. Erst gabs Karten, aber keine Butter; jetzt Butter, aber keine Karten! Wir haben keine Veranlassung, auf die schlechte norddeutsche Organisation zu schimpfen. Dafür haben jetzt 5 Tage lang die Fanen geweht, daß es eine Lust war; 2 Tage für die Bulgaren, 3 für die Türken. Da war ich aber mutig, habe gestrikt und dem Hausmeister verboten zu flaggen. Meine bulgarischen Brüder, meine türkischen Brüder: ne, is nich. Es ist ja eine Affenschande. Sie sehen, ich bin wirklich rasend. Vergaß darüber fast, Ihnen für die letzten beiden Nummern zu danken. Der Auszug aus Goncourt war wieder eine trouvaille, wie sie nur Ihnen gelingt. Vernichtend für die jammernden Heuchler, die nie gesehene barbarische Scheußlichkeit in unsrer Feinde Aushungerungspolitik sehen. Zwei Millionen, 70 Millionen: wo ist denn da der Unterschied? »Krieg um Frieden«: wundervoll. Was sind Sie denn nur eigentlich für ein Mensch? O, ein ganz fabelhafter! Seien Sie tausendmal gegrüßt von

der alten Freundin Hedwig.

München 15. 7. 1916
Arcis-Str. 12

O lieber Harden – wie lange habe ich nichts mehr von Ihnen gehört! d. h. ich habe ja von Ihnen gehört, jede Woche –, nur heute nicht (warum?); aber Sie nicht von mir, was Sie wol tragen konnten. Was soll ich Ihnen schreiben? es ist ja alles, alles so schauerlich, so höllenmäßig schlimm, bei jedem Tagesbericht könnte ich laut aufheulen. Und wenn dann die um mich herum immer beruhigend und beruhigt urteilen: es steht ja gut, recht gut – dann möchte ich auf die Bäume klettern! woran Alter, Würde, steife Beine und lange Röcke mich aber leider hindern. Aber zum Austoben zurückgehaltener innerer Kräfte, zur Entspannung wäre es so übel nicht. Ich finde also, es steht garnicht gut, ich finde, es steht sehr beängstigend, atembeklemmend gefärlich, und ich finde, es wäre ein Wunder, wenn's anders wäre. Es ist so schrecklich dumm, daß »man« es immer als einen Zweifel an unseren Leistungen auslegt, wenn jemand unsere Position gefärdet findet, und wenn man die Leistungen der Feinde ebenfalls anerkennt. Aber zu was sage ich Ihnen das? wir sind ja in diesem Punkt, wie gottlob in vielen andern noch, derselben Meinung. »Der Mutige will weder getröstet noch belogen werden«, sagen Sie in Ihrem letzten so prachtvollen (nach jeder Richtung!) Artikel. Nun, dann müssen wir ja ekelhaft feige sein. Denn was wir getröstet und belogen werden – na, die Kuhhaut muß erst geboren werden, auf die das herauf geht. Daß die Franzosen nicht weiter können, weiß hier auch jedes Kind. Ich finde, dafür schlagen sie sich recht anständig. *Und* die Engländer; *und* die Russen, die schon vor 1 ½ Jaren »erledigt« waren? Die sollen ja auch Narungsmittelsorgen und Fleischnot haben. Wissen Sie, Harden, ich flenne nicht, weil ich keine Butter auf dem Brod, kein Hun im Topf, keinen Zucker im Tee (trinke ihn onehin bitter) und kein Ei zur Mehlspeis habe; bin auch noch allemal satt geworden – wenigstens so ziemlich. Aber daß wir 14 Tage nicht eine Kartoffel bekommen, war schon unangenehmer, und meine Köchin kam, wenn sie 1 ½ Stunden für 2 Eier »gestanden« hatte, mehrfach enervirt und weinend nachhaus. Und die Unruhen am Marienplatz waren sehr viel ernster, als uns Mutigen vorgetröstet und vorgelogen wurde; wie ich mich am Tage darauf durch einen Rundgang überzeugte, wo ich die zerschlagenen großen Schaufenster nicht zälen konnte, und wo mir die Stimmung der Bevölkerung denn doch recht bedenklich entgegenschlug. Die

Wut und Empörung über die sich täglich mehrenden blödsinnigen Vorschriften (unsere berümte Organisation! ja Kuchen: 'n Dreck ist sie!) sind ganz allgemein, selbst mein gesetzter, guter, kalköpfiger Apotheker hat mir gestern gesagt: »das nächste Mal schmeiß' ich mit d' Fenster ein.« Durch Höchstpreise one Ausfurverbot hat man uns z. B. wieder den ganzen Obstmarkt gesperrt – keine Kirsche so weit das Auge reicht; dafür hat man uns ungeheuere Chikanen auferlegt wegen des Einmachzuckers: Formulare ausfüllen, Angaben wieviel Einmachgläser im Besitz, wieviel Obst im vergangenen Jar eingekocht wurde, wieviel Zucker man dafür verbraucht, wieviel man dies Jare einkochen, wieviel Zucker man dazu benötigen würde. Und nachdem die gewissenhafte Hausfrau eine halbe Stunde sich den Kopf zerbrochen – was ist des Pudels Kern? Alle die eingereicht haben, bekommen one Ansehen der Person 1½ Pf. Zucker pro Kopf; d. h. auf mich treffen 7½ Pf. Zucker. Und darum Räuber u. Mörder! Vielleicht, da ich schon nicht auf die Bäume klettern kann, schließe ich mich das nächste Mal dem wackern Apotheker an und schmeiße mit. Gewiß, ich weiß: das alles sind läppische Kleinigkeiten neben dem furchtbar Großen, dem großen Furchtbaren. Aber unter Umständen sind stündlich wiederholte Nadelstiche schwerer zu ertragen als Keulenschläge. Und die gibts ja nebenbei auch, und reichlich. Unsre bayr. Regimenter haben eben wieder furchtbar gelitten, rundum ist tiefe Trauer.

Persönlich gehts uns nicht schlecht. Manns sind mit Beginn der Schulferien nach Tölz, wo der Regen ebenso jeglichen Tag regnet wie in der Stadt, und wo man »die Preißen« ebensowenig, als Sommergäste haben will, wie sonst in Bayern. Dem Klaus, der mit Familie, 5 Mann hoch, schon seit 4 Wochen zu Besuch bei uns (wirtschaftlich keine Kleinigkeit!), wollten sie doch absolut keine Zucker- u. Seifenkarten geben: er möge seinen Vorrat gefälligst aus Bremen mitbringen. (keine Seife, bei dem Windelnverbrauch! haste Worte!) Aber durch maßvolle Energie und die Tatsache, daß er Münchner Bürger ist, hat er beides der Behörde abgetrotzt. Von Peter kärgliche Nachrichten, nicht gut, nicht schlecht; nichtig. Alfred freut sich auf die Ferien, zum Arbeiten; ich komme Ende Juli nach Wannsee zum Mimchen, finde Sie hoffentlich in Grunewald! Alles Herzliche, lieber Freund. Sie wollten doch mal nach München kommen? Gute Nacht, grüßen Sie Ihre Frau und meine Feindin Maxa. Gute Nacht.

Ihre treue Freundin

Hedwig.

Wannsee 15. 8. 1916
8, Conrad-Str. 8.

Liebster Harden – wer zu seinem Bruder sagt, »du Narr«, der ist des Rates schuldig – oder des Gerichts, – das weiß ich nicht mehr. (Katja als kleines Kind zog diese beiden ihr unbekannten Strafen in eine zusammen und sagte ganz einfach: »der wird Gerichtsrat«.) Auf die Gefar hin, diesem schrecklichen Geschick zu verfallen, spreche ich: du Narr. Aber ich bediene mich dazu eines teuren 15 Pf.-Briefes, obgleich es eine 7½ Pf.-Karte auch täte. Aber dann könnten Sie mich vielleicht wegen öffentlicher Beleidigung belangen.

Unerquickter und fremder als je sei ich geschieden? und infolgedessen schimpfen Sie mich Frau Geheimrat? … du Narr! … Nein, lieber Freund, ich habe volle 2 Stunden bei Ihnen gesessen (mußte den Weg zur Ban *rennen* wie ein kleiner Junge und erreichte die Station grade als der Zug einfur) und habe mich bei Ihnen, in Ihrer Atmosphäre, so zuhaus gefült wie nirgend sonst. Mit niemandem kann ich sprechen wie mit Ihnen, mit niemandem habe ich das Gefül, so auf gleichem Boden zu stehen wie mit Ihnen. Und wenn Sie auch zehnmal, hundertmal über mir stehen, geistig und als Gesamtpersönlichkeit (wie sagte doch Mimchen?) – so füle ich mich Ihnen doch nah, ganz nah, nicht fern. Ecco – sagt Kerr.

Daß Sie nicht gern zum Essen herauskommen, bedauere ich, kann es aber verstehen. Schade. Es wäre eine Gelegenheit gewesen, Sie noch einmal zu sehen. Sonnabend reise ich. Morgen bin ich in Garzau.

Das mit der unermeßlichen Lily (die Hälfte hat sie abgezalt, 2500 M. hat sie mit ins Jenseits entfürt) ist mir nicht ganz klar geworden: war es nur ein bitterer Scherz, oder hat sie sich wirklich »abgemurkst«? Sie soll ja ernsthaft schwer herz- und nierenleidend gewesen sein.

»Man« ist hier – trotz allem und allem – mit den Berichten riesig zufrieden, findet unsre Position trefflich und prophezeit für die nächste Woche Großes, Entscheidendes.

Mimchen läßt Ihre Grüße herzlich erwidern. Bei Frau Feist habe ich Sie mit Arbeitsüberlastung entschuldigt, und sie hats natürlich geglaubt. Ich speise (dort »speist« man immer noch) heute mit Bruno Frank bei ihr.

Herzlichst, lieber Freund, und näher als je

Ihre

Hedwig P.

beste Grüße den Damen.

Hotel Klumpp
Haus 1. Ranges

Fernsprecher Nr. 1

Postscheck-Konto
Stuttgart Nr. 1849

Wildbad, den 14. 9. 1916
(württ. Schwarzwald)

Mein lieber Harden – an einem recht verregneten Tagesende, an dem man den geheizten Ofen im »Salon« freudig begrüßt, schicke ich Ihnen nochmals einen Gruß aus Wildbad, hauptsächlich um Ihnen für Ihre zwei Karten herzlich zu danken. Alles was Sie mir andeuteten, hat mich höchlichst interessirt, denn man ist ja hier so gänzlich ausgeschaltet, so hinterweltlich idyllisch, wie Sie in Ihrem ewig aufgeregt-angeregten, wansinnig strudelnden, vollgepfropften Leben sich einfach nicht vorstellen können, und wie man eigentlich in dieser Zeit – nenne man sie groß oder klein – nicht sein dürfte. Man liest den »Tagesbericht« ganz schnell, wenn man vom Spaziergang hereinkommt, schnell noch vor'm Abendessen, und auf die Zeitungen verzichtet man dann um so lieber, als sie – ja doch nicht vom frischesten sind. Die letzte »Zukunft« war mir ein Labsal, und der Abschnitt über den Januschauer fand den vollsten Beifall meiner agrarischen Schwägerin, die schon seit über einer Woche bei uns weilt und mit den Oldenburg'schen Auslassungen ebenso begeistert übereinstimmt, wie mit Ihren daran geknüpften Betrachtungen. Was sie von der Behandlung der Landwirte, der »Mishandlung«, wie sie sagt, erzält, von den aberwitzigen, sinnwidrigen Verordnungen und dem Unfug, der von Rindviechern, die von der Sache keine Anung haben verübt wird, klingt ja manchmal abenteuerlich; aber sie schwört darauf, daß sich alles so verhält und im Gegenteil noch hinter der Wirklichkeit zurückbleibt. Der Brief vom Herrn der »Schaubüne« gibt ja auch zu denken. *So* üppig haben wirs ja hier nicht, so in Eiern, Butter und Freßherrlichkeit wälzen wir uns nicht, aber wir leben zweifellos unendlich viel besser, als zuhaus und bekommen an einem Tag so viel Fleisch, wie daheim die ganze Woche. Jeden Mittag und jeden Abend (die fleischlosen Tage ausgenommen) reicht man uns meist ganz gutes, gut zugemessenes Fleisch: das macht – i bitt' schön – zehn Fleischgerichte die Woche! Es ist doch erstaunlich, wie das nur möglich ist. Aber da ich kein passionirter Carnivore, überhaupt kein berufsmäßiger Fresser bin, bin ich trotzdem nicht glücklich hier, füle mich mit allem Baden, Ausruhen und Spazierengehen garnicht besonders frisch, und Alfred und ich, wir zälen eigentlich die Tage bis zur Abreise. Ich glaube (aber sagen Sie es nicht weiter, denn es ist eine richtige Schande), ich glaube, ich langweile mich. Es ist hier alles so vorausbestimmt, der Tag ist so eingeteilt, immer um die nämliche Stunde das nämliche: da ist kein Platz für Überraschungen oder Abenteuer, und das einzige spannende ist das Wetter. Denn das ist indertat immer anders als man erwartet, meist schlechter; auf novemberfrische Morgen mit heller Sonne am blauen Himmel schwüler wolkiger Mittag und verregneter Nachmittag und Abend, das ist fast die Regel. Oder auch umgekehrt. Mein einziges Paar Stiefel mit durchlöcherten Solen – o Freund, wer könnte sich jetzt wol Stiefel besolen lassen! – wird nicht mehr trocken; kurz: neidig brauchen Sie mir nicht zu sein, trotz schönen Waldwegen und lieblicher Natur, und ich freue mich fast auf die Arcisstraße; freilich um dann hinterher zu sehen, daß es auch nichts ist. Meine Tölzer vertauschen heute ihr Tusculum ebenfalls schon mit der Stadtwonung, der schulpflichtigen Bamsen wegen, die die rohe »Offi« diesmal nicht übernehmen konnte, da sie den eigenen heiligen Leib in Wildbad pflegt. Vom armen Peter kam ein Geburtstagsbriefchen an Mimchen, das mir recht zu Herzen ging; er sehnt sich heim, klagt über die verlorenen schönen Jare und sagt, seine paar übrigen Haare seien ganz weiß geworden. Klaus ist wieder in Bremen fest an der Arbeit, Heinz mit Anhang wie vom Erdboden verschwunden, seit ¾ Jaren wissen wir nichts von ihm, absolut nichts. Eben hatte ich 2 Briefe aus weiten Fernen. Einen von einem Freund aus Mossul, der als deutscher Officier auf höchst abenteuerlichen Irrfarten gegen die Russen in Persien unter endlosen Strapazen und Gefaren schließlich nichts ausgerichtet hat; den anderen von meinem argentinischen Funke (sein Brief war 3 Monate, meiner an ihn 6 Monate unterwegs!). Der schreibt, daß die Stimmung in Argentinien, seit es den Leuten an den Geldbeutel ginge, zugunsten Deutschlands umzuschlagen beginne. Die ansässigen Franzosen hätten sich über unseren »Seesieg« und Kitchner's Tod »diebisch gefreut«, und auch die Argentinier, die durch das Brachlegen des deutschen Handels und das daraus resultirende Preissinken der Landesprodukte empfindlich geschädigt würden, fingen an, weidlich auf England zu schimpfen. Nun, das macht wol unseren Kol auch nicht fett. Was ist's mit der »Bremen«? Dies beängstigt mich. Und sieht es wirklich noch so aus, als würden wir Rumänien in 14 Tagen »erledigen«? Blödsinnig das Kammerdienergeschwätz, das das Bruckmann-O. als letzten Willen des hochseligen Königs Karl an seinen Ferdinand als »authentisch« bringt. Wäre ja direkt Landesverrat zugunsten der Hohenzollern und widerspricht allem, was Sie – mir denn doch viel »authentischer« – aussagen. – Gott, nun schwatze ich doch wirklich wieder 4 Seiten voll, so ganz one

Inhalt! Verzweiflung. Und viele allerherzlichste Grüße Ihnen, lieber Harden, und meine besten Empfehlungen Ihren Damen.

Ihre alte Freundin

Hedwig Pringsheim.

München, 4. 11. 1916
Arcis-Str. 12

Mein lieber Harden – immer Samstags, wenn Alfred abends in die Allotria gegangen ist und ich so mutterseelenallein in dem großen Hause bin, habe ich so schön Zeit an Sie zu schreiben. Und vorher näre ich meinen Geist mit der letzten Nummer der »Zukunft«. Ja, wer hat denn vor 14 Tagen behauptet, er *könne* nicht mehr schreiben, und er *werde* auch nicht mehr schreiben? und wer hat die beiden letzten Nummern wieder ganz allein bestritten? O Harden, Harden, Sie Wundermann! davon leben ja andere ein ganzes Jar –, was Sie verschwenderisch in 2 Wochen ausgeben! Ich freue mich Ihres Reichtums und genieße Ihre Fülle. Ein so unbegreifliches Gehirn wie das Ihre hat die Welt noch nicht erlebt; bei diesem unerhörten Maß von Wissen so viel eigenes Denken, so viel mutige Selbständigkeit des Urteils, in so künstlerische Form gegossen – ja, mein Lieber, Sie sind ein kolossaler Kerl, und die Zeit wird schon noch kommen, wo alle Welt Sie als den erkennt, der Sie sind. Aber dann, bitte, verachten Sie nicht die alte Freundin, die Ihnen durch alle Färnisse die Treue warte: woraus sie sich übrigens kein Verdienst macht. Nebenbei: ist's war, daß Sie neulich beim Kronprinzen in Potsdam waren? Mir schriebs eine Berliner W.-Dame als neueste Sensation.

Und denken Sie, Harden, welch holdes Wunder: Mimchen hat den fürchterlichen Husten wirklich überwunden und ist auf dem besten Wege, zu ihrer früheren Robustheit zurückzukehren. Der Tod ihres Altersgenossen Wippchen scheint sie nicht weiter berürt zu haben. Aber sie ist nun wirklich, außer mir, das letzte Überbleibsel aus jener alten guten Zeit. Mit uns beiden sinkt das vorgründerhafte Berlin, wo man Gäste mit ¼ Pf. Kielersprotten und einer Flasche Tivoli bewirtete, ins Grab. Es ist schade drum. Ich sage Ihnen, Jüngling, es war damals schöner.

Hier ist alles, wie es war. Übrigens sah und sprach ich noch fast niemanden. Heinz ist nun auch wieder an die Front gekommen, nach Siebenbürgen und war, nach 2 ¼ Jar, eine Viertelstunde hier, um sich zu verabschieden, ehe er in den Todesgraus hinaus mußte. Ich war leider noch nicht zurück. Klaus sowol wie Tommy sind für den 11ten zu einer neuen Musterung beordert. Ich will es beiden nicht wünschen, daß sie auch nur zum Büreaudienst genommen werden; aber wie man hört, wird jetzt jeder herangezogen, Einäugige, Einarmige, Einbeinige – alles muß dran glauben. Tommy ist übrigens heute Abend für ein paar Tage nach Berlin gefaren, wo er zweimal aus seinen Werken vorliest.

Bruder Heinrich tat ja eben, wie ich lese, das nämliche; hat er Sie wieder besucht? Die innere und äußere Gegnerschaft der beiden Brüder nimmt nachgerade einen pathologischen Charakter an. Als ob die Welt nicht wichtigere Probleme böte in diesem Augenblick. Ists wirklich garnichts mit den Aussichten auf den russischen Sonderfrieden? Die Gerüchte davon verdichten sich immer mehr. Wie sieht es sonst aus? Das sage ich Ihnen: wenn wir Vaux zum dritten Mal erobern, dann flagge ich nicht, und wenn ich meinen flaggenlüsternen Hausmeister drüber entlassen müßte. So herrlich schöne, sommergoldene Herbsttage haben wir jetzt, und die Welt sieht so grauslich aus! Ich bin voll Trauer und mag nicht denken; und zum Aussprechen habe ich niemanden. Alfred ist im ganzen sehr verständig, sehr gemäßigt, aber er ist überhaupt nicht geeignet zu Mitteilsamkeit und Aussprache. Und die übrigen – – na!

Seien Sie von Herzen gegrüßt

von Ihrer recht vereinsamten

Hedwig Pr.

Ihren Damen beste Grüße.

Eben lese ich, Sonntag früh, Polen Proklamation zum Königreich! ist das klug? politisch? Nun kriegen wir doch die posener irredenta – au waih geschrieen! – auf den Hals. Oder?

München [undatiert]

Mein lieber Harden – schönen Dank für Ihre Karte vom 12ten; aber noch schöneren für Ihren *wundervollen* Schaubünen-Aufsatz. Auch der weise Mathematiker, Geheimrat und Akademiker (ach, er denkt noch dran, und wol mit geheimer Sehnsucht im Herzen!) hat ihn genossen. Den zwei Kaisern haben Sie es ordentlich gegeben. Aber die, mit ihren unverantwortlichen Wünschen, haben es nicht besser verdient. Verschenken Königreiche und wissen garnicht, ob sie morgen selber noch welche besitzen werden. Daß Sie bei dieser märchenhaften Arbeitsleistung es möglich machen, Ihren so ganz auf Politik eingestellten Geist auch einmal litterarisch zu orientiren und einen so reichen, anregenden und – verzeihen Sie! – reizenden Artikel zu schreiben wie diesen heute ja schon vorletzten (ich sah die neueste Nummer noch nicht), das erfüllt mich immer von neuem mit staunender Bewunderung. Mimchen, die ich drauf aufmerksam gemacht hatte – und die sich, seitdem sie im Rollstul ausfärt, merklich frischer fült – schrieb mir heute auch »Hardens Aufsatz gefällt mir, wie dir, ganz ausnehmend«. Daß man Ihnen übrigens die Polen-Sache durchgehen ließ, hat mich beinahe gewundert. – Na, und nun hätten wir ja auch unser kleines Sensatiönchen gehabt, das für diesmal noch glimpflich genug abging; obgleich unsere Behörden wieder einmal in der kläglichsten Weise versagt haben. In den heute, *nach* dem Vorfall, veröffentlichten Verordnungen steht zwar, wir dürften über den Fliegerangriff nichts berichten: aber was gehen denn mich denen ihre Anordnungen an! Da man etwas derartiges erwartete, hätte man doch zum mindesten dem Publikum verraten dürfen, durch welche Signale die Fliegergefar bekannt gegeben würde. Aber sie wurde überhaupt nicht bekannt gegeben, und heute teilt man uns mit, daß »nächstens« etwas derartiges geschehen werde. Dafür wurde am Telephon jedes Privatgespräch, das sich auf das Ereignis des Tages bezog, unterbrochen: »Sie dürfen von den Fliegern nicht sprechen« – bums! abgerissen. Selbst eine staatliche Behörde wie die Verwaltung der Pinakotheken, bekam keine

Verbindung mit dem Generalkommando, als sie um Weisungen zur Sicherung der Sammlungen anging. Wir waren gestern Abend mit den Herren von der Pinakothek zusammen, die den ganzen Nachmittag im Schweiße ihres Angesichts gearbeitet hatten, um die Perlen der Galerie in den Kellern unterzubringen; was bei Perlen vom Kaliber der großen Rubens', Grünewald etc keine Kleinigkeit war. Und für die Nacht hatten sie sich in verschiedene Wachen eingeteilt. Denn nun erwarten wir ja häufig solchen Besuch. Keine 100 Schritte von uns fiel solch ein Biest nieder, im Garten von St. Bonifaz (Basilika). Es gab einen Mordsknall; alle Fenster bebten. In der Kirche sind sämmtliche Scheiben zertrümmert. Ein Hund und ein Kanarienvogel sind hin. Der Flieger war von tollkünem Wagemut, flog ganz niedrig über die Stadt dahin, sodaß man seine 2 roten Ringe deutlich erkannte, das von unsern ganz verschiedene Geräusch vernehmlich unterschied. Keine Animosität in der Bevölkerung, anerkennende Worte für das tapfere Unternehmen. Eine alte Frau hörte ich schimpfen »wann's nur glei' immer die Richtigen treffen tut'!« und heute sagte ein Weib aus dem Volke vor einem Haus, wo eine Bombe nur ganz geringen Schaden angerichtet, förmlich mitleidig »o mei! lauter Blindgänger san's«. Die Kinder wurden aus den Schulen geschickt, ein paar Stunden verkehrten keine Trambanen, und es war im ganzen eigentlich eine rechte Gaudi. Die aber doch ihre verflucht ernste Seiten hat. Wie das mit der »Wumba« (so was scheußliches kann doch nur aus Berlin kommen!) gemacht werden soll, ist mir völlig unerfindlich. Wird nun der als »arbeitsverwendungsunfähig« gemusterte Tommy in irgend eine Fabrik geschickt und muß Granaten machen? Klaus ist auch geblieben was er war: Büreaudienst one Waffe, und fült sich sicher als vom Theater Reklamirter. Wenn nicht auch ihn die Wumba packt! Heinz schrieb seiner Schwester Katja ein paar Worte aus Siebenbürgen: angenehme Stelle, aber reiner Infanteriedienst, dem er mit seinem gebrochenen Fuß auf die Dauer kaum gewachsen wäre … Eben kommt Alfred aus der Fakultätssitzung und erzält mir, der Chemie-Professor, der die Bomben zu untersuchen hatte, habe berichtet, sie seien zur Hälfte

1 Hedwig Pringsheim, um 1892.

2 1890 bezog die junge Familie Pringsheim das neu erbaute Palais in der Münchner Arcisstraße 12.

3 Der Musiksaal mit dem berühmten Thoma-Fries in der Arcisstraße 12. Er war mit etwa 65 qm der größte Raum, den eine Zwischentür mit der Bibliothek verband.

4 Hedwig Pringsheim mit ihren Kindern, um 1890. Von oben: Peter, Erik, Heinz und die Zwillinge Katia und Klaus.

5 Maximilian Harden (1861–1927), um 1900.
»Aber Sie verstehe ich, Sie sind meine gleichgestimmte Seele …«

6 Hardens Villa im Berliner Grunewald, Werner-Straße 16.
In der Nähe wohnte Hedwig Pringsheims Mutter.

7 Selma Harden (1863–1932), seit 1898 Lebensgefährtin, seit 1919 Ehefrau Maximilian Hardens, 1893.
»... und grüßen Sie Ihre Frau und Maxalein.«

8 Maxa (Maximiliane) Harden (1899–1983), um 1903.
Die Tochter Maximilian Hardens nahm die Briefe Hedwig Pringsheims später mit ins Exil nach Palästina und rettete so das Briefkonvolut.

9 Hedwig Pringsheim, 1896.

10 Alfred Pringsheim (1850–1941), in späteren Jahren.
»Denken Sie, wie ekelhaft: heute bin ich 30 Jare verheiratet! … Alfred, mein Gegenjubilar, hat dies triste Datum vergessen.«

11 Hedwig Dohm (1833–1919), genannt Mimchen, um 1916.
Die Mutter Hedwig Prinsgheims lebte zuletzt bei ihrer Tochter Else Rosenberg in Berlin-Tiergarten.

12 Hedwig Pringsheim mit ihrer Tochter Katia, um 1900.

13 Erik Pringsheim (1879–1909), der Lieblingssohn Hedwig Pringsheims, in Argentinien, um 1908.

14 Klaus Pringsheim (1883–1972), Katias Zwillingsbruder.

15 Peter Pringsheim (1881–1963). Der zweitälteste Sohn von Hedwig Pringsheim war während des Ersten Weltkriegs in Australien interniert.

16 Heinz Pringsheim (1882–1974).

17 Katia Mann mit ihren sechs Kindern, 1919. Von links: Monika, Golo, Michael, Klaus, Elisabeth und Erika.
»Meine Manns sind, nachdem sie an Krankheiten das Menschenunmögliche geleistet, seit gestern in ihrem Landhaus in Tölz. Weiß Gott, was sie da wieder ausbrüten werden: es ist eine hoffnungslose Familie ...«

18 Thomas Mann, um 1906.
» … ich will dem Schwiegertommy nicht ins Handwerk pfuschen, … der ja, sozusagen, nur ›Material‹ lebt.«

19 Haus Poschingerstraße 1 in München (»Poschi« genannt), gebaut 1914. Wohnsitz der Familie Thomas Manns bis 1933.

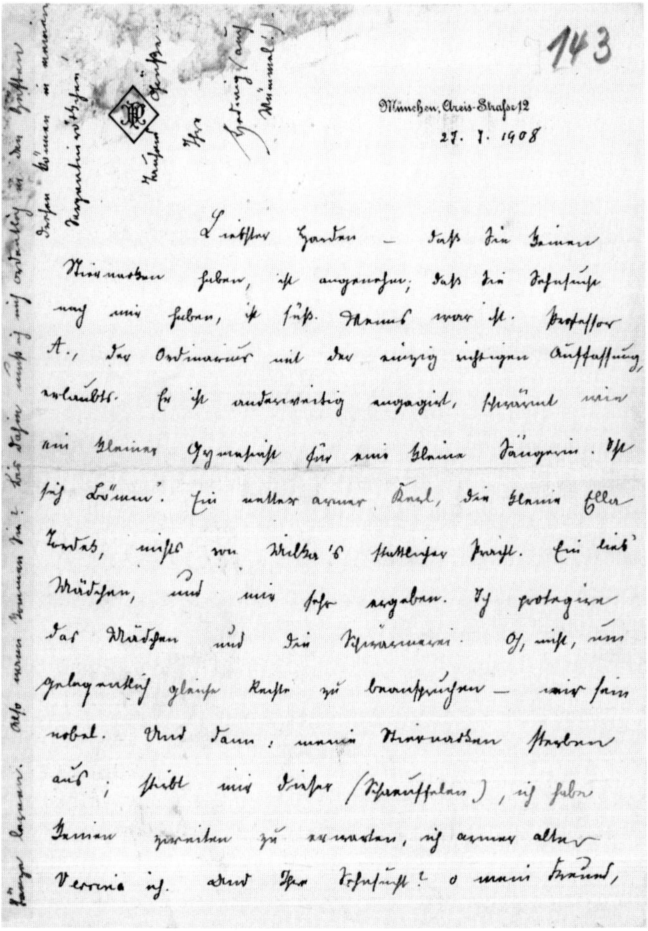
143

München, Arcis-Straße 12

27. 7. 1908

20 Brief vom 27. Juli 1908 mit dem Briefkopf Hedwig Pringsheims.

mit Giftgasen, zur Hälfte mit Brandstoffen gefüllt gewesen, *schlechtes* franz. Fabrikat zu unserem Heil, denn 6 blieben Blindgänger, nur eine explodirte (daher der vergiftete Hund und Kanarienvogel): sonst hätte die Sache für uns schlimmer enden können. – Sahen Sie Tommy's Artikel »Der Taugenichts« in der »Rundschau«? Er las ihn auch im Club 1914 vor. Ich möchte wissen, was Sie dazu sagen würden. Blicken Sie doch mal herein, er liest sich sehr gut; und schnell. Allerherzlichste Grüße Ihnen, mein Freund, von Ihrer ollen Hedwig – (den Damens Grüße)

München 14. 12. 1916
Arcis-Str. 12

Liebster Harden – nun halte ichs aber nicht mehr aus! Die ganze Zeit kribbelte es mir schon im Gemüte und in meinen Fingern, Ihnen zu schreiben, um Ihnen für Ihre letzte Karte vom 29/11 (so lange schon!) zu danken; und überhaupts. Aber ich kam und kam nicht dazu – wie zu nichts anderem auch. Hatte drei Wochen Klaus mit seiner ungewönlich goldigen 4 järigen Milka zu Gast, und beide Gäste, der große wie der kleine, waren ganz und gar auf mich angewiesen. Klaus hatte eine abscheuliche Operation an seiner Hand, und ich will Gott danken, wenn er nicht für Lebenszeit verkrüppelt bleibt und es mit seiner Carrière futsch ist. Gestern Abend ist er mit dem Kleinchen abgereist, die Hand noch im Verband, und der Finger mit der durchschnittenen Sehne krumm, bewegungslos, abscheulich: wie ein Bettler auf den Stufen der Peterskirche, sagt er selbst. Da unser trefflicher Chirurg aber zufrieden ist, will ich die Hoffnung auf Genesung nicht verlieren. Ich hatte neben dem Patienten das liebliche Kind, das one Aufsicht hier war, ganz allein zu versorgen, und so war denn meine Hand und mein Hirn – beides doch noch am Verkalken – mit Fleischschneiden, Verbandwechseln, Aufstöpfchensetzen, Berichte an die Bremer Gattin u.s.w. vollauf in Anspruch genommen. Aber nun bin ich frei, und nun halte ichs eben nicht mehr aus! Sagen Sie mir, guter und hülfreicher Freund: was soll ich denken? Ich denke, daß wir ein unwürdiges Spiel spielen; ich denke, daß wir die Welt mit einem ungeheueren Bluff – nicht täuschen; ich denke – o Gipfel des scheußlichsten Vaterlandsverrats! – daß die Times beinahe recht hat. Und was denken Sie? Man müßte ja natürlich die Bedingungen kennen. Aber ist es denn möglich, daß es Bedingungen gibt, heute gibt, die uns genügen und jenen zugleich annehmbar sein können? Das scheint mir, wie die Dinge liegen, einfach ausgeschlossen. Ich darf hier so etwas nicht äußern; meine Tochter findet es prachtvoll, mein Son lobt es als ungewönlich geschickt – und ich habe so einen bitteren Geschmack auf der Zunge, und mir kommt der ganze Handel unehrlich und unwürdig vor. Also was denken Sie? beruhigen Sie mich. Wir hatten ja an dem großen Tage den Kaiser hier, und er wurde aufrichtig bejubelt. Fur ganz langsam mit dem König im offnen Wagen durch die dichtgedrängte Menge – ich natürlich mitten mang – und die feldgrauen Herrschaften mit ihren Suiten, die Helme grau überzogen, one Prunk und Pracht, ganz eiserne Notwendigkeit, wirkten eigentlich recht monumental und historisch. Ich traf nachher Possart d. Großen, der mir stralend erzälte, S. M. habe ihn, der auf offnem Balkon stand, vom König auf ihn aufmerksam gemacht, huldvoll heraufnickend gegrüßt; und als er, noch im Stralenglanze dieser Gnade leuchtend, sich von mir verabschiedet hatte, fragte mich die kleine vierjärige Milka ganz ehrfurchtsvoll: »Offi, war das der Kaiser?« Nun: beinah, kleine Milka, beinah. – Im ganzen halte ich alles mit einander kaum noch aus. Auch von Peter die letzte Nachricht genau 4 Monate alt. Der einzige Lichtblick ist Mimchen, der es über Erwarten gut geht, die auf ihrem Rollstul wieder Fülung mit der Welt gewinnt und rürend für alle Kinder, Enkel, Urenkel, Portiers- und Gärtnerskinder, abgelegte Dienstmädchen u.s.w. kleine komische Weihnachtsgeschenke zusammenpusselt. So jung ist sie noch: wärend ich Uralte für Weihnachten überhaupt kein Empfinden mehr habe und in meiner eingefrorenen Füllosigkeit höchstens die Familiendiner-Frage als eine unangenehme Zwangslage empfinde. Jede Schenkmöglichkeit ist einem ja durch die leidigen Bezugsscheine onehin unterbunden: ich konnte Klein-Milka weder Söckchen noch Höschen, die sie brauchte, kaufen. Frau Feist aber, die auf der Auktion Hirth neulich 2 kleine Nymphenburger Porcellanpuppen für 75 000 M. erstanden hat (es wurden für die wertlosesten alten Scharteken gradezu verbrecherische Preise gezalt), hat mir vorgestern 6 Eier und 1/10. Pf. Butter geschenkt, und im Triumph zog ich mit diesen Neuerwerbungen nachhaus. Also: dauert der Krieg noch lang? Meine Obsthökerin hat mir heute gesagt: »Der Italiener nimmt's an, da folgt der Russ' ihm gleich nach, und, o mei! was wollen die andern da noch machen?« Ich fürchte, sie irrt.

Seien Sie vielmals herzlich gegrüßt von Ihrer alten Freundin

Hedwig.

(Den Damens viele Grüße.)

München 23. 3. 1917

Mein lieber Harden – mir geht's wie weiland König Lear: »ich bin ins Hirn gehau'n!« Und das ist kein Zustand, in dem man Briefe schreiben kann. Da kann man höchstens in die Haide rennen und *erhabenen* Unsinn reden. Erwarten Sie, bitte, keinen erhabenen Unsinn von mir; und mit richtigem Quasel-Unsinn ist Ihnen doch auch nicht gedient, wie? Ich finde die Zeit allzu fürchterlich, um über sie zu reden; aber meine kleine Privatexistenz ist doch höllisch uninteressant in diesem Augenblick, da alles aus den Fugen ist. – Ihre Studie über die große Vergangenheit fand ich überaus bedeutend und interessant; ich habe die drei Artikel »wie eine Welt stirbt« mit förmlicher Spannung und großem Genuß gelesen und Sie wieder einmal aufs höchste bewundert; Ihre Arbeitskraft und Leistungsfähigkeit an sich, abgesehen von der Leistung, sind fabelhaft. Ich habe mich, als ich noch jung und schön und gescheidt, noch nicht durch übermäßigen Dotschengenuß (»Genuß« ist gut!) und die aus den Fugen gerissene Zeit bis zur Unkenntlichkeit verblödet war, viel mit jener grandiosen Epoche beschäftigt, habe viel »einschlägige« Litteratur gelesen (z. B. die 4 dicken Memoirenbände des Herrn Barras, der das Ende von Robespierre so anschaulich erzält) und weiß also ein bischen Bescheid, war Ihnen eine verständige und verständnisinnige Leserin. Auch was Sie letzthin über das Recht der Adlonisten sagten, war mir so sympathisch und ganz aus der Seele gesprochen. Na, Sie überhaupts …!

Können Sie mir eigentlich sagen, was nun wird? In Rußland? ich bin ja nur eine simpele Frau, (nicht einmal ein »Luxusweib«, über das sich das gute arme Mimchen, das wieder recht krank war, so aufgeregt hat – Donnerwetter: Mauthner geht aber heute ins Zeug für unseren gemeinschaftlichen Walter!) – also ich simple Person kann mir nicht denken, daß diese russischen Vorgänge die Position der Entente grade günstig beeinflussen sollten. Denn so wie bei der franz. Revolution, die dem Heere ja einen nie geanten Aufschwung verlieh, liegen die Verhältnisse doch diesmal nicht. Na, und die Wundertat unsres großen strategischen Rückzugs? dies zu beurteilen ist ja für unsereinen natürlich völlig unmöglich; aber selbstverständlich schmerzt es unsereinen, so liebgewonnene Gegenden zu verlassen. Vor circa 15 Jaren haben wir auf einer Radreise alle diese Ortschaften kennen gelernt. In Noyon gabs im Wirtshaus so viele Fliegen, daß ichs nicht aushielt und meinen Mittagsschlaf in der wunderschönen, wunderkülen alten Kathedrale abhielt; in Roye fürte uns der kleine Son des Wirtes herum, er trug die typische Schülerschürze aus schwarzem Camelotte und hieß Léon; aber in Laon im Café wurden wir in unseren Radkostümen als Agence Cook honlachend angepöbelt; denn es war die Zeit des Buren-Enthusiasmus und Engländerhasses, und wir gewannen uns die Sympathien der Bevölkerung immer erst, wenn wir uns vom Verdachte, des anglais zu sein, gereinigt und uns als des allemands zu erkennen gegeben hatten. Solche Erinnerungen sind heute überaus lehrreich: fünfzehn Jahre sinds her. Also: was ist? was wird? Ach, ich bin ins Hirn gehau'n. Aber sonst ist kein edlerer Teil verletzt, obgleich ich neulich, als das Telegramm über die russische Revolution angeschlagen wurde, vor Schreck auf der

Straße derartig hingeschlagen bin, daß ich noch heute mit dunkelblauen Knien herumlaufe. Ich Trottl.

Der Geheimderat, der Ehrenbürger von Sofia und die Schriftstellersgattin befinden sich teils gut, teils erträglich. Man magert ab. Aus Australien drang, durch die U-Bootsperre, gestern nach beängstigend langer Pause wieder eine kurze, inhaltleere Nachricht. Ach, und dieser Winter unsres Misvergnügens, der nie ein Ende nimmt! Bis Montag können wir noch heizen; wenn dann der Mann mit dem Koks nicht kommt, ist Schluß. Und er hat gesagt, er kommt nicht. Haben Sie schon einmal Konserven-Aal mit Steinpilztunke gegessen? schmeckt scheußlich. Und grüne Heringe? die stinken, wenigstens hier, so weit vom Fang. O ja.

Nun höre ich auf; ich sagte ja, daß ich nicht zum Briefschreiben tauge.

Grüßen Sie die Damens. In herzlichem Gedenken

Ihre

Hedwig.

München 7. 4. 1917

Ach, lieber Freund, an einen Ostergruß hätte ich freilich heute nicht gedacht! Denn das kann mir doch niemand weismachen, daß Christ heute erstanden ist. Obgleich die Leute einem hier raten, am besten zur Auferstehung in die Ludwigskirche zu gehen: »denn da färt er in die Luft wie der Teufel.« Ich war heute in 5 Kirchen, um mir die Heiligen Gräber anzusehen und man weiß warhaftig nicht, ob man weinen oder lachen soll, wenn man die armen Leute mit solcher Inbrunst auf den kalten Steinfließen vor der kindischen Ausstellung, mit den bunten Flämmchen und dem garstigen Leichnam Christi, knien sieht, wie sie tränenden Auges die blutenden Wundmale des crucifixus küssen. Ja, sie küssen sie, einer nach dem andern, obgleich das doch so sehr unhygienisch ist; namentlich in unsrer Zeit drohender Epidemien. Aber sie brauchen, die Ärmsten der Armen, diese Flucht ins Transcendentale vor der höchst wirklichen Not des Hungers, des Frosts, des tiefsten Elends. Und nun haben Sie, lieber armer »Dürrer«, mir einen Ostergruß geschickt, für den ich Ihnen schön danke. Ja freilich: »fürs Allgemeine bleibt uns nichts mehr zu wünschen«! Da haben wir ja nun alles erreicht, was die Neunmalreichen erstrebt haben. Nun haben sie ja auch ihren Krieg mit Amerika, auf den sie so lange förmlich »giegerten«. Harden, mein lieber Harden, wo endigt dieser Wansinn? wie endigt er? Ich komme nächstens wieder nach Berlin, muß mich an Ihrem Busen ausweinen. Ich glaube, es wird jetzt doch manch einem bange, der bislang den Kopf recht hoch getragen. Auch aus »Tölz« steigen Zweifel und trübe Anungen auf. Bekommen wir Revolution? Es liegt so etwas in der Luft. Einfache Leute füren Redensarten, die einen aufhorchen machen, und selbst eine sehr reiche Dame aus Berlin-Wannsee sagte mir gestern, sie habe gehört, im Mai oder Juni ginge es los. Na, deren Porcellansammlung würde ordentliche Scherben geben; unsere zerbrechlichen Kostbarkeiten sind ja gottlob in staatlichen Kellern wolgeborgen. Und so sind doch unsere Revoluzzer nicht, daß sie sich an Staatseigentum vergreifen? Zuerst werden doch die reichen Juden totgeschlagen. Ach, Harden, mir ist garnicht zum Spaßen zumute; ich tu' ja man blos so. Ich habe heute W.'s Rede gelesen, finde sie auch einwandfrei gut und richtig. Aber wenn ich das hier sage, hauen sie mich. Gestern hatte ich einen Brief des Göttinger Mathematikers, von dem ich Ihnen gelegentlich erzälte, und mit dem ich mich, nächst Ihnen, am besten verstehe. Dieser Lebenskünstler genießt, trotz Krieg und Kriegsgeschrei, sein Leben in erstaunlicher Weise und benutzt alle Ferien zu herrlichen Reisen in die Schweiz. Jetzt schreibt er mir aus Lugano, einen kompletten Liebesbrief, in dem er mich, als sei es von je so gewesen, plötzlich »geliebteste Hedwig« und »Du« nennt. Ich bin vor Vergnügen vom Stul gefallen, und Gatte meiniges hat sich totgelacht. Er schreibt, daß man in Lugano herrlich und in Freuden lebt, er fürt längstentschwundene Bilder von Schinken, Würsten, Chocoladen und Sanentörtchen vor meine hungernden Sinne; aber von Politik schreibt er in dem offenen Brief aus dem Ausland natürlich nichts. Ich will Ihnen ein süßes Geheimnis anvertrauen: ich habe morgen auch einen Osterschinken! kann die ganze Familie speisen. Und noch dazu für den phänomenal lächerlichen Preis von 45 M.! wo man in Berlin vor 3 Monaten schon 11 M. für das Pfund bezalte. Da ist meiner mit 5 M. das Pfund doch wirklich halb geschenkt. Und mit der Haut lasse ich meine Stiefel besolen. – Macht nun die Türkei nicht bald einen Sonderfrieden mit Rußland? Dies scheint mir doch die nächste Überraschung. Wieso spielt sich eigentlich Hofmannsthal so als politischer Agent auf? Er reist aus einem neutralen Land ins andre und tut so, als ob er und Anette Kolb die Fäden der Geschehnisse in der Hand hätten. Ich sprach ihn nicht, aber meine Tochter erzälte es mir, die neulich nach seinem ziemlich unerheblichen Vortrag mit ihm zusammen war. Diese Herren und Fräuleins Aestheten nehmen sich gar so wichtig, es ist doch albern und widerwärtig, wenn man dies Getu in so schauerlich ernster Zeit mit ansieht. – Nun, *Ihnen* wünsche ich keine frohen Ostern; wo sollten Sie die auch hernehmen. Aber den herzlichsten Ostergruß kann ich Ihnen trotzdem schicken; sitze mit heftig geimpftem Arm, von wegen der Berliner Reise. Beste Grüße den Damen. Ihnen alles herzliche von Ihrer getreuen

Hedwig.

Berlin 21. 4. 1917

Mein lieber Harden – vous ne jugez pas: vous constatez. Aber Sie *ver*urteilen trotzdem und konstatiren falsch. Vergeblich sinne ich, wie und wo ich Sie durch »Neckisches« unbeabsichtigt verletzt haben könnte: was mir in *jedem* Falle unsagbar leid wäre. Ich habe Ihren letzten Artikel »prachtvoll« genannt – das kam von Herzen und kann nicht kränken. So kann es, so sehr ich mein Gedächtnis martere, nur der Eingangssatz gewesen sein: ich hätte anfragen wollen, ob Sie noch nicht eingelocht wären. Das sollte doch, aus koncentrirten Postkarten- in unser geliebtes Deutsch übertragen, nur heißen, daß ich Ihre beiden letzten Artikel so unglaublich kün, tapfer, unter den gegebenen Diktaturverhältnissen gewagt gefunden, daß ich, all in meiner weiblichen Schwachheit, für Sie gefürchtet habe. Daß Sie daraus schließen, ich spräche über Ihre ernste Tätigkeit wie über »Spaßiges« – Harden, Harden: wie konnte Ihnen dieser Gedanke auch nur im Traume kommen?! Ich dächte, Sie müßten wissen – und Sie wissen's auch – daß im weiten Deutschen Reich niemand lebt, der Ihre Tätigkeit und Ihr Wirken ernster, wichtiger, bedeutsamer, ja gewaltiger werten könnte, als ich es je und je getan. Ich verstehe aber auch Ihre gegenwärtige Verzweiflung und Ihre totwunden Nerven und bin deshalb *nur* traurig, daß Sie mich so misverstehen konnten.

Ich hoffe, Sie glauben mir, daß nichts, nichts auf der Welt mir ferner liegen konnte, als Sie auch nur eine Sekunde lang zu kränken, und daß es mir furchtbar leid tut, wenn es mir trotzdem wider mein Wissen und meinen Willen gelungen ist.

Mit den herzlichsten Grüßen

Ihre älteste und unentwegteste Freundin

Hedwig.

München 1. Mai abends.
(statts Maifeier)

Mein lieber Harden – eben erhielt ich Ihre Karte; hätte Ihnen aber auch onedies heute Abend geschrieben, wo das totenstille, einsame Haus – der Hausherr ist in seinem mathematischen Kränzchen – förmlich zu freundschaftlicher Zwiesprache herausfordert. Ja, das war scheußlich, daß ich Sie nicht sehen konnte! ich bin garnicht rechthaberisch, deshalb will ich nicht darauf bestehen, daß unbedingt Sie allein die Schuld an der »Fülle der Misverständnisse« trugen. Aber da Sie mir, wörtlich, schrieben: »aber in den nächsten Tagen wird es nun wol nichts werden. Wenn ich mich frei machen kann, melde ichs …« so *mußte* ich doch wol, wenn ich nicht eklich zudringlich werden wollte, geduldig (und vergeblich) warten. »Ein böses Omen«? O Gott, keine Spur. Das gibt's nicht. *So* zudringlich bin ich nun, trotz alledem, doch, daß Sie mich in diesem Leben nicht mehr abschütteln können. Also nun reden wir nicht mehr davon, und ich meinerseits begnüge mich damit, herzlich und aufrichtig zu bedauern, daß ich von den hundert Dingen, die Sie mir zu sagen hatten, kein einziges zu hören bekam; wenn auch nichts gutes darunter war. Ihr letzter Artikel (das wußte ich doch, daß ich Ihr »never more« nicht ernsthaft zu fürchten brauchte! denn *davon* können Sie nur lassen, wenn Ihr letzter Atemzug Sie verlassen hat: Gott sei Dank!), ja, Ihr letzter Artikel wird viel Staub aufgewirbelt, wird manchen aufgeregt, auch manche »Unentwegte« empört haben, dessen bin ich sicher. Ich fand ihn furchtbar ernsthaft, furchtbar packend, sehr großartig, sehr wundervoll. Daß Sie sagen durften, was Sie da gesagt haben, hat mich überrascht. Also ich glaube, man hat jetzt eine höllische Angst, nach »unten« anzustoßen und Leute wie Sie, deren Einfluß man fürchtet, zu Märtyrern zu machen. Und dann ist Kessel ja auch so furchtbar verlobt.

Mein jüngster Berliner Aufenthalt war nicht heiter, Mimchen in recht trauriger Verfassung, die allgemeine Stimmung gedrückt. Ich habe, außer der nächsten Familie, keinen Menschen gesprochen, nichts und niemanden gesehen, kein Theater oder sonst zerstreuendes genossen; und dazu dies phantastisch schlechte Wetter! Hier kam ich Sonntag mit dem Frühling zugleich an, und zum wehen weiche, linde Lenzlüfte. Denken Sie: Alfred erzälte mir, daß vor 3 Tagen wegen des Sieges bei Arras hier officiell geflaggt war! natürlich auch bei uns, denn da läßt unser Hausmeister sich nicht lumpen. Das ist doch ein starkes Stück, war natürlich Kotau vor unserem Rupprecht. Was wird nun? was *wird* nun!! Können Sie es mir sagen? Ich verzweifele und renne mit dem Kopf gegen die Wand. Aber wenn ich unsere Zeitungen lese, oder gar unsere Witzblätter, Simplicissimus und Konsorten, wird mir totsterbensübel. Pfui Deibel!

Der Geheimderat, Katja, Tommy (sahen Sie »Madame Legros«?) und alles was mein ist, so weit in Ordnung. Des armen Australiers kärgliche Nachrichten lauten immer melancholischer. Neulich schrieb er, gelegentlich der Ausreise einiger 45järigen: in 9 Jaren sei er ja nun auch so weit. Als er stralend die Vergnügungsfart antrat, war er 33 Jahre alt! Tja, mein Lieber: »wir standen nie besser als jetzt.«

Seien Sie vielmals herzlich gegrüßt und auf baldiges Wiedersehen! Auch den Damen meine Grüße.

Hedwig.

München 15. 5. 1917

Mein lieber Harden – in Eile und in Sorge! Eben telephonirte ich an unseren Buchhändler, warum ich die letzte »Zukunft« (die, immer gräßlich saumselig bestellt, selten vor Montag in meinen Händen ist) noch nicht hätte und bekam zur Antwort, sie sei beschlagnahmt. Einer Anfrage bei Manns ward die Auskunft, sie hätten diesmal ausnahmsweise ihr Exemplar bereits Samstag, vor der Konfiskation, bekommen, würden es mir schicken: es handle sich um China, und sie hätten nichts aufreizendes oder gefärliches darin finden können. Nun möchte ich vor allem wissen: handelt es sich um ein Verbot? oder um eine einmalige Maßregel? Ich bin in beiden Fällen außer mir, aber der zweite, als minder einschneidende, wäre mir natürlich lieber; oder weniger gräßlich. Ich habe mich, bei der Militärdiktatur, unter der wir doch einmal leben, ja schon des öfteren gewundert, daß man Ihnen noch so viel Redefreiheit gewärte, und bei der No 90 (die ich augenblicklich Frau Feist geborgt und deswegen nicht vor mir habe) hat ja manch' einer behauptet, er begriffe Kessel nicht, daß er »so was« dulde: Sie seien ja gradezu der Advokat der Feinde. Ich fand ihn ja, wie ich Ihnen, glaube ich, schrieb, schlechthin wundervoll. Und »der rote Mond«? So etwas gescheidtes, richtiges, maßvolles und uberzeugendes dabei ist doch wärend des ganzen Krieges überhaupt noch nicht gesagt worden – ich wollte Ihnen gleich schreiben, kam aber unter meinen zehntausend Nichtigkeiten nicht dazu. Nun bringt mir Katja heute Nachmittag »den zwölften Feind« – wie der Artikel ja wol heißen soll. Aber ich wollte das nicht abwarten, Ihnen schnell, sofort sagen, daß ich sehr empört bin über die Konfiskation und nur hoffe, daß Sie nicht zu hart davon betroffen sind. Na, überhaupts, Harden: ist es denn noch zum Aushalten? Und wie sie lügen, wie sie alle lügen! es ist doch zum Katholischwerden. Jetzt eben spielt sich wol im Reichstag das Frage- und Antwortspiel ab; wird wol auch eine leere Kömödie bleiben. Gott, amende gibt Theo Lewald die Antwort! der ist niedlich.

Also, mein lieber Harden, nur ein kurzes, heftiges Wort der Freundschaft und Anteilnahme ist dies Geschmiere

Ihrer alten Freundin

Hedwig.

München 19. 5. 1917
abends spätn.

Liebster Harden – halten Sie mich nicht für zudringlich, wenn ich schon wieder komme. Aber Ihre beiden Karten, die ich gestern gleichzeitig erhielt, haben mich erschüttert. Der Onmachtsanfall ist ein Zeichen von hochgradiger Erschöpfung, und Sie müssen: ja, Sie *müssen* etwas für sich tun. Diese beständige Gewichtsabnahme, bei diesen unerhörten Arbeitsleistungen und bei dieser dauernden inneren und äußeren wansinnigen Erregung und Spannung – das ist mehr, als man einem Menschen zumuten kann. Sie *müssen* ausspannen eine Zeit lang, sonst ruiniren Sie sich für Zeit und Ewigkeit. Und das darf nicht sein, darf unter keinen Umständen sein!

Sagen Sie, Harden, und das mit dem »Heranziehen zur Förderung der Munitionsbeschaffung« ist doch nicht Ihr Ernst? nein, das *kann* doch einfach nicht Ernst sein. Es wäre ja so unerhört, so grotesk, ein solches Satyrspiel: Harden Granaten drehend, daß ich das bei allen Unmöglichkeiten und Undenkbarkeiten unsrer Zeit denn doch für unmöglich und undenkbar halte. Ihr »Unternehmen« ist doch nicht verboten, es handelte sich doch – mir unbegreiflich und völlig unverständlich allerdings – nur um die eine Nummer. Es müßte – und würde – doch ein Schrei der Entrüstung durch Deutschland gehen, wenn Sie »Munition fördern« müßten, anstatt die »Zukunft« zu beschaffen. Nein, wenn es dahin käme, dann würde ich mein Antlitz verhüllen und vollends verzweifeln.

Aber was können Sie für sich tun? Essen, schlafen, ausruhen. Können Sie's? Haben Sie Eier, Milch, ein bischen Butter? denn: Ihr Tagewerk ist noch lange, lange nicht getan, Ihr Helmbusch soll noch wallen jetzt und in der »Zukunft«, wir können Sie *durchaus nicht* entbehren. Daß Sie mit 116 Pf. nur noch der Schatten der Maria sind, muß ich ja leider glauben. Der selige Julius Grosser pflegte eine Geschichte zu erzälen, wo ihn ein Protektor fragte »nu, Groß, nären Se sich?« Ich fürchte, Sie nären sich nicht von außen und verzehren sich von innen. Und das mit dem Geruch der Lüge, der des Blutes Duft überstinkt (prächtig gesagt), das macht uns ja auch alle krank: Mich bringts zuweilen zum Rasen, und daß man dabei so zur Onmacht verdammt ist.

Mein gutes Mimchen geht nächste Woche nach Wannsee. Ein kleiner, winziger Lichtblick, daß es nach vielerlei Versuchen und Petitionen endlich gelang, die uritalienische »Mieze« frei zu bekommen, sodaß sie nun zu Pflege und Schutz der beinahe 86järigen Mutter mit hinaus darf nach Wannsee; was die beiden letzten Jare nicht durchzusetzen gelang.

Von meinem Peter kam heute ein kurzer, ganz dumpf-hoffnungsloser Brief; der arme liebe Kerl hats wirklich furchtbar hart. Fast drei Jare nun! Und wer will sagen, wie lange es noch dauert. Sie ruhen ja nicht, bis die ganze Welt in Scherben liegt.

Seien Sie aus teilnehmendstem Herzen treu gegrüßt und grüßen Sie Ihre Damen.

Hedwig

München 6. 7. 1917

Mein liebster Harden – ich kann ja nicht sagen: wie ein Schlag aus heiterem Himmel – denn wo käme der »heitere Himmel« her? – aber doch ganz unerwartet, ganz unvorbereitet und tief erschreckend traf mich Ihre eben angekommene Karte! Ich bin erst seit vorgestern wieder hier und wirklich noch recht schwach und unwiderstandsfähig, und da hat mich die Nachricht so erschüttert, daß ich faktisch am ganzen Leib zittere. Ist es nun wirklich aus? ganz aus? ist nichts mehr zu machen? Wo doch im Reichstag erst gestern gegen die Militärdiktatur der Presse gegenüber manch kräftig Wörtlein fiel und die Präventivcensur der Frankf. Ztg. aufgehoben wurde. Man *kann* doch einem Mann wie Sie, man kann doch einem Harden nicht einfach den Mund verbieten, man kann Sie doch nicht einfach totschlagen! Was Sie mir sind, was Ihr Lebenswerk, was die »Zukunft« mir bedeutet, das wissen Sie, und das brauche und kann ich Ihnen hier nicht noch einmal aussprechen. Eine große klaffende Lücke in meinem Leben und, meinem Ermessen nach, auch im Leben der Nation entsteht mit dem Aufhören der Zukunft. Noch hoffe ich, daß es nicht so schlimm wird, wie es augenblicklich aussieht, und daß sich Kräfte regen werden, die diesen Schlag, der warlich ein Schimpf und eine Schande wäre, von uns abzuwenden vermögen. Ich bin, körperlich und geistig, noch allzusehr gebrochen, um Ihnen heute mehr zu sagen: aber wie ichs meine und empfinde, wissen Sie. »Vor dem vierten Tor« fand ich *wundervoll*.

Aus »Preußen« habe ich, seit ich Dinstag Abend abreiste, noch garkeine Nachricht. Aber mit dem armen Mimchen steht's furchtbar traurig, sie leidet unsägliches, und das Wunder ihrer Viertelgenesung verlängert wol nur das Elend eines eigentlich abgelaufenen Lebens. Die Natur ist *noch* grausamer als die Menschen: und das will was sagen.

Ähnlich entsetzlich nach *jeder* Richtung wars wol noch nie. Ach ja, wir wollen uns begraben lassen.

Ich aber bleibe, mit Grüßen für Ihre Damen, in unwandelbarer Freundschaft

Ihre

Hedwig.

Postkarte

München 11. 7. 1917

Ist das wirklich war, was ich eben im B.-Tgbl. lese? ist das wirklich war, dies unerhörte? Ich zittere, bis ichs von Ihnen selber erfaren!

Ihre

Hedwig.

München 21. 7. 1917

Lieber Harden – ich bleibe hier, und Sie sollen mir bald schreiben. Vorläufig herzlichen Dank für Ihr trauriges Kärtchen von neulich. Ich füle so mit Ihnen, bin sehr traurig und kann mir kaum vorstellen, wie Sie's tragen. Es ist ja *zu* unerhört, empört, unglaublich; selbst wenn das letzte mit dem Schreiberdienst noch nicht Ereignis ward. Und wenn ich ganz und gar von Ihnen absähe – was ich ganz und gar nicht kann – ist es dann nicht, um die Bäume herauf zu klettern? möcht' man da nicht weinen wie an kloaner Bua? Es wäre ja doch zum lachen, lachen, lachen, wenns nicht zum weinen, weinen, weinen wäre! Hat denn die Welt schon eine änliche Groteske erlebt? unsere fürenden Parlamentarier werden zu einer garden-party zu Helffrich »befohlen«, wo S. M. ihnen – Anekdoten erzält, die innerpolitischen Verhältnisse aber im Gespräch nicht berürt! Und um diese ridiculus mus zu gebären, kreißt der Berg, und das Ganze nennt man Demokratisirung und parlamentarische Regierung! Ich kann's nicht fassen, ich bin starr, ich bin erschlagen. Für so erbärmlich klein hatte ich unsere großen Männer denn doch nicht gehalten. Und der neue Herr? Platzhalter für wen? Ich bin nur ein einfaches, ungelehrtes Weib und will nicht vorschnell urteilen; kann nur sagen, ich habe den Gottesfürchtigen nicht lieb. Und nun? ich las neulich einen an eine hiesige Freundin gerichteten Brief des im Ausland so berümten Bernhardi, in dem selbst dieser sehr militaristisch-antibethmännische General gesteht, daß wir in W. nichts ausrichten können, da die andern dort zu stark sind und höchstens in O. noch was zu erhoffen sei. Wenn das am grünen Holze geschieht ...! Was versteht eigentlich unser »erster bürgerlicher Kanzler« (gar so furchtbar adlig war ja Bethmann auch nicht!) unter Frieden unter Sicherung unsrer Grenzen? Das kann man doch dehnen wie ein jetzt aus dem Handel verschwundenes Gummiband. Hier herrscht im Volk und beim kleinen Geschäftsmann maßlose Unzufriedenheit; man hört ganz öffentlich Äußerungen, die jeden Berliner Bankdirektor das Fürchten lehren könnten. Aber die stecken ja den Kopf in den Sand ... d.h. Carlos, den ich neulich sah, nicht. Gott, da war ich noch so maßlos elend und gehirnverkalkt, daß es mir unmöglich war, an der Unterhaltung teilzunehmen. Aber Carlos liebt ja Monologe. Sagen Sie: was ist Walter jetzt für ein großer Mann? Die kommenden Dinge sind ja furchtbar aktuell, erleben Auflagen wie sonst nur Meyrink'sche Romane. Katja hat immer behauptet, der würde Reichskanzler, und nun hätten sie ihn all wieder übergangen. Hat denn Exc. Dernburg bei dem Revirement nicht Chance, wieder in die Carrière zu kommen? Ich sehe und spreche buchstäblich keine Menschenseele, außer Alfreden, der doch blos mein Mann ist. Selbst Katja's sind nun auf dem Land, mein Leben versickert in trostloser Verlassenheit. Wenn ich Sie doch blos mal ein Stündchen am Busen halten könnte! – Gesundheitlich geht es mir besser, aber noch nicht gut. Ich brauchte Beefsteaks und ein bischen Freude: aber woher nehmen und nicht stehlen? Von Mimchen die Nachrichten lauten verhältnismäßig befriedigend, bei recht sehr herabgeschraubten Ansprüchen. Es ist ein recht betrübliches Lebensende. Ich lese ganz außerzeitliches, um die Zeit zu ertragen: die 10 Bände Briefe der Mad.

de Sévigné, sehr entzückend; und die dicken Mémoires du Cardinal de Retz, recht interessant.

So, nun habe ich Ihnen genug vorgeschwätzt; ach, wenn ich Ihnen nur was gutes antun könnte! Aber in meiner Machtlosigkeit kann ich Ihnen nur immer wiederholen, daß ich unausgesetzt in herzlichster Freundschaft Ihrer gedenke!

Viele, viele Grüße

Ihre

Hedwig.

Den Damen ebenfalls beste Grüße.

München 8. 11. 1917

Liebster Harden – endlich scheint sich doch etwas zu regen! wenigstens hat mein Geheimderat von seinem Schmerzenslager (davon später!) soeben eine »Beschwerdeschrift in der Angelegenheit der gegen Max. Harden ergangenen Verbote an das Oberkommando« unterzeichnet, in der gegen das Zukunft- wie gegen das Redeverbot energisch protestirt wird. Es ist allerdings ein rein principieller Protest, one die warme persönliche Note, die ich gewünscht hätte. Aber es ist immerhin besser als nichts und doch ein Beweis, daß das Gefül für Gerechtigkeit, *selbst* Ihnen gegenüber, noch nicht ganz aus der Welt geschwunden ist.

An der göttlichen Gerechtigkeit möchte ich allerdings angesichts der Schwierigkeiten, die sich unsrem Beisammensein entgegentürmten, mit Fug und Recht zweifeln. Ich sag's ja immer: telephoniren mit Haus R. ist katastrophal. Und trotzdem war ich ein klein wenig verschnupft, daß Sie – wider die Abrede – so garnichts mehr von sich hören ließen, sodaß meine vorsorglich-hausfrauliche Schwester sogar ein Gedeck für den Ehrengast hatte legen lassen: denn ein solches Versagen der Portiersleute am Telephon konnte selbst ich, durch mancherlei Erfarungen belehrt! (in unsrer Familie beliebtes Citat aus einem Ihrer Artikel gegen Exc. Dernburg) nicht glauben. Nun ist das Unheil irreparabel und soll für alle Ewigkeit mir zu Lehre und Warnung dienen.

Also recht betrübt durch dies vereitelte Wiedersehen und durch den Trennungsschmerz vom frisch genommenen Astaf – ach! nicht genommen, sondern frisch verloren! denn er ist ein zu abscheulicher Junker geworden und die Fäden zwischen uns sind arg gelockert – reiste ich am Samstag in einem Schlafcoupé II Kl. ganz allein wie eine Fürstin nach München; wo Alfred mich empfing und mir ganz bagatellmäßig erzälte, er habe sich an der Wärmflasche, deren er im ungeheizten Haus benötigte, am Schenkel verbrüht und habe eine recht dumme Wunde. Wie ich diese Wunde dann aber sah, fand ich sie nicht dumm, sondern gräßlich, ließ unseren netten Chirurgen kommen, der die Sache dann auch recht ernst nahm, den Leichtsinnigen sofort ins Bett steckte und ihn sorgfältig und ordnungsgemäß behandelte. Da liegt er nun seit Sonntag und wird noch *mindestens* eine Woche liegen müssen, denn die Gewebe sind ziemlich tief verbrannt, die ganze Umgegend ist heftig entzündet, und weiß Gott, was noch entstehen könnte, wenn nun nicht peinlichste Befolgung der ärztlichen Vorschriften von mir verlangt würde. Aber ein änlicher Blödsinn ist mir doch noch nicht vorgekommen: verbrennt sich im Schlaf und merkt es nicht einmal: Mathematikprofessor.

Vorgestern ging ich bei der Agentur Schmidt vorbei, wo die Leute straßenweit »standen«. Ich fragte eine Dame, obs heute in der Musikalienhandlung Wurst gäbe, und sie antwortete indignirt: »nein, aber Billette zum Tirpitz-Vortrag am Samstag!« Indertat war an *einem* Tag die große »Tonhalle« ausverkauft, sodaß der große Mann unmittelbar daran anschließend im Löwenbräu spricht: Tonhalle ½ 8, Löwenbräu ½ 9. Der darf. Na, vielleicht Sie auch wieder. Aber zu Tirpitzens Popularität bringts nicht leicht ein andrer: können Sie mir sagen warum? Ist er denn überhaupt bedeutend? Unsere inneren Verhältnisse wachsen sich ja lieblich aus. Ist unser Philosophieprofessor schon wieder am Ende mit seiner Weisheit?

So, ich schmierte in Eile, wollte es nicht länger aufschieben, muß meinem verbrannten Kind seine Kompressen erneuern.

Tausend herzlichste Grüße.

Ihre

Hedwig

München 23. 11. 1917

Lieber Harden – eben habe ich schon einen Brief in den Grunewald abgefertigt, und da meine Gedanken einmal dort lokalisirt sind, will ich Ihnen gleich auch einen herzlichen Gruß senden. Es handelt sich um eine Aktion, die von Schweden, durch unseren berümten Freund und Kollegen Mittag-Leffler, wieder einmal zugunsten eines Austauschs von Peter unternommen wird; er benötigt dazu wissenschaftlicher Gutachten von unserem Röntgen und von dem Berliner Planck, die sie mir beide in höchst anerkennender und ehrenvoller Weise für Peters Leistungen sofort gegeben haben; und mein heutiger Brief war ein Dank an Geheimrat Planck, der vor einigen hundert Jaren – damals als Wrangel noch mein Duzfreund war – als Student hier in unserem Haus verkehrt hat. Nützen wird es ja auch diesmal nichts; aber man tut doch, was man kann; Sie wissen ja: das Mutterherz …!

Und was machen Sie, mein Freund? ich habe so lange, *zu* lange, nichts von Ihnen gehört. Hat denn die vom »Schutzverband« angeregte Bewegung garnichts bewirkt? steht wirklich alles noch auf dem alten Fleck? auf dem schauderhaften? Es ist ja doch für Sie kaum zum Aushalten, man kann Sie doch nicht einfach morden! Ich verstehe nicht, wie so etwas überhaupt möglich ist. Und wir brauchten Sie in dieser Zeit ja so nötig, die Zeit schreit ja förmlich nach Ihnen. Wie leben Sie nur, und was tun Sie? Ich kann es mir nicht vorstellen. Haben Sie angefangen, Ihre litterarischen Pläne, die damals noch unklar in Ihnen gärten, zu klären und zu sondern? Sie *müssen* ja eine Arbeit finden, die Ihre Zeit und Ihr Denken ausfüllt, sonst gehen Sie ja zugrunde. Allerdings: ins Irrenhaus, wie Ihr Freund Kerr ... nein, so weit werden Sie es ja nie bringen! Denken Sie: Kerr ist wansinnig geworden. Aber richtig wansinnig. Nicht blos, was man so »verdreht« nennt, oder »übergeschnappt« oder »hirntappet«; und er muß nun eingesperrt werden. Er hat im Novemberheft der »Rundschau« einen 16 seitenlangen Artikel veröffentlicht »Einladung zu den gesammelten Schriften«, in dem der helle, lichte Großenwansinn in einem Schulbeispiel aufflammt. Es ist mir ganz unzweifelhaft: Kerr ist ordentlich und richtig verrückt und gehört eingespunnt. Und es läßt mich kalt. Ich finde sogar fast, es kommt ihm nicht zu. Friede seiner Asche. – Als ich Ihnen das letzte Mal schrieb, das war, glaube ich, vor der Tirpitz-Versammlung. Nun, die war auch ein schöner Reinfall: wenigstens für die, die etwas davon erwartet hatten – und das waren nicht wenige. Seine Vaterlandspartei ist eine dumme Partei und tut Unrecht, seine *Person* herauszustellen. Sein *Name*, der zieht ja und ist Schild und Fane und werbende Kraft; aber so ein jämmerlicher Redner, so eine schwache und taprige Persönlichkeit, die schadet nur; und *hat* geschadet. Die Enttäuschung war allgemein, auch bei den rabbiaten Anhängern der Partei. Und sein überflüssiges Bekenntnis zum Protestantismus, an das er, als captatio benevolentiae, die Versicherung knüpfte, die Katholiken seien aber auch sozusagen ganz anständige Mitmenschen, mit denen er sich immer recht gut vertragen, wurde als taktlose Entgleisung peinlich empfunden. Und man hörte allgemein kopfschüttelnd: »und *der* als Reichskanzler? unmöglich!« Ludwig Thoma's darauf folgende ulkige Bierrede wurde, nach der preißisch-trockenen des Berliners, von unserem bayrischen Publikum mit Jubel begrüßt. So was volles wie den Tonhallen-Saal haben selbst Sie noch nicht erlebt; und oben auf dem breiten Orgelpodest tronte in einsamer Größe, vom ganzen Saal lächelnd begrüßt, Ernst von Possart! ein Symbol der Veranstaltung. Sonst habe ich die Zeit her nichts erlebt, da ich mich in die Pflege meines verbrannten Alfred und meiner von Bronchialkatarrh heimgesuchten Tochter (in ihrem Zustand!) teilen mußte. Seit gestern ist Alfred – zwar keineswegs geheilt –

aber wieder fähig auszugehen, und ebenso ist die Tochter auferstanden. Aber die beiden Patienten im Bett, der eine in der Arcisstraße, die andre im Herzogspark: es war nicht lustig. Na, recht lustig ists ja nun überhaupt nicht, wird ja immer, immer schlimmer. Wie soll mans denn noch ertragen?!

Lassen Sie mich wissen, wie es um Sie steht. Grüßen Sie die Ihren. In alter treuer Freundschaft

Hedwig.

Die Nachrichten vom Mimchen lauten nicht schlecht.

[Bildpostkarte mit Bismarck-Porträt] München 26. 11. 1917.

Jungdeutschland-Bund
Charlottenburg 4, Wielandstr. 6

Was lese ich eben! Lieber!! Nun ward der Winter meines Misvergnügens glorreicher Sommer durch die Sonne??? Ists auch war? Heil, Heil! Ich freue mich so von ganzem Herzen! und grüße Sie aus der Freude dieses Herzens.

Hedwig.

München 15. 12. 1917.

Lieber Freund Harden – denken Sie: ich lebe um eine volle Woche hinter der Zeit! Ihre No. 2 vom 8. December habe ich glücklich gestern am Freitag bekommen, als die No. 3 eben in Berlin ausgegeben wurde! Das ist doch ein starkes Stück. Ich telephonirte im Laufe der Woche ein paarmal an meinen Buchhändler und bekam immer den Bescheid, das Paket sei *noch* nicht da, die Post sei eben jetzt unberechenbar. Nun, ich bin aber doch *so* froh, daß ich die »Zukunft« wieder habe, es ist gleich ein ander Leben, und man weiß doch wie und wo. Daß Sie die Rede von L. G. brachten, war ausgezeichnet, das ist wirklich ein ganzer

Kerl, hinter dem unsere Popänzlein sich verstecken müssen. Auch Clémenceau, der ja an des Kollegen Kraft und Persönlichkeit nicht heranreicht, gefiel mir garnicht übel und kommt jedenfalls ganz anders heraus, als man ihn uns darzustellen beliebt. Sie haben's ja den Unsrigen auch gut gegeben. Gott, Harden, ich bin schon wieder in Todesängsten um Sie! Sie wagen viel, Sie sind tollkün: denn wir leben ja nicht in England oder Frankreich. Erhalten Sie mir die »Zukunft«, ich beschwöre Sie; denn die brauche ich. Und Sie brauchen sie doch auch. Wie anders müssen Sie sich fülen, nun Sie wieder in Ihrem eigenen, eigentlichen Element leben? ich las, daß Sie in Berlin auch wieder sprechen werden: schade, daß ichs nicht erlebe. Denn in München geht es vorläufig nicht; ausgeschlossen. Wir leben in abscheulichen Nöten: Kolennöten. Alle Säle gesperrt, und wenn geöffnet, anstatt Vergnügungslokale Eiskeller, Marteranstalten. Die beiden letzten Symphonie-Konzerte im Odeon, einem königl. Gebäude, standen in diesem Zeichen. Man ging hin, weil man doch sein Abonnement bezalt hatte, und ich befand mich, mit Pelzstola und Muff, darüber den Abendmantel und an den Füßen, was man in Berlin so sinnig »boots« nennt, garnicht einmal unbehaglich. Aber der elegante Saal mit all den Herren in plumpen Winterüberziehern und den pelzvermummelten Damens bot schon einen komischen Anblick, und die armen Orchestermitglieder in bloßen Fräcken schepperten. Nun, in Koncerte braucht man nicht zu gehen, und Koncerte brauchen nicht zu sein. Aber leben muß man; oder muß man nicht? Und unser privates Leben steht im gleichen Zeichen unüberwindlicher Kolennot. Wir, die alten Pringsheims, haben noch für knapp 14 Tage Koks, dann müssen wir die Bude zuschließen. Ich bin jetzt tagelang herumgelaufen, habe bei Kolenhändlern antichambrirt, habe mich gedemütigt und Bassessen begangen, um für hohe und höchste Preise noch hintenherum etwas zu ergattern – vergebens. Alfred wont auf der »Kolenstelle«, in der Hoffnung, rechtmäßig wieder beliefert zu werden – vergebens. Bon; wir Ollen können allenfalls ins Hôtel ziehen. Aber Katja mit vier Kindern und einem fünften in Sicht kanns nicht; und Manns sind womöglich noch schlechter dran als wir. Sogar Mutter und Schwester des durch jungbülowsche Wortkünste empfohlenen und von Ihnen arg zerzausten Staatssekretärs mußten ihr schönes Haus an der Gabelsbergerstraße, das sie nicht mehr heizen konnten, verlassen und ins Hôtel ziehen. Sie sehen: auch wenn Bauer geschickter wäre und Sie es nicht verschworen hätten (es gibt gottseidank Meineide!), so wäre vorläufig für Sie leider hier kein Boden; d. h. kein Saal.

Von uns gibts nichts neues. Alfred geht es glänzend, dem Mütterlein leidlich, dem Töchterlein ebenfalls. Wie finden Sie es nur, daß Astaf noch immer in Berlin weilt und mit klingendem Spiel in Ilse's Lager übergegangen ist? Ich rase.

Wir gehen manchmal ins Theater, das noch geheizt und immer ausverkauft ist. An Frieden vermag ich nicht zu glauben, ich werde ihn wol nicht mehr erleben. Das klang, als Walter R. es vor 2 Jaren sagte (von sich und Ihnen) parodistisch; aber nun scheint die Zeit es zu bestätigen. – So, heute schmierte ich scheußlich, verzeihen Sie das Geschwätz! Und seien Sie herzlich gegrüßt von der alten Freundin

Hedwig.

Besten Gruß Ihrer Frau.

München 14. 1. 1918

Lieber Harden – vor einiger Zeit schrieb mir eine von meinen Gewonheitsbettlerinnen: »Helfen Sie mir doch, gnädige Frau Wohltäterin, denn ich bin ganz gebrochen mit Kampf.« Ich fand das sehr expressiv. Und ich kann auch sagen: ich bin ganz gebrochen mit Kampf, helfen Sie mir doch, lieber Harden. Das mindeste, was Sie für mich tun könnten, wäre doch, mir einen Auslandspaß nach einer einsamen Insel zu erwirken; denn in unserem Lande halte ichs nachgerade nicht mehr aus. Finden Sie es noch erträglich? Selbst Klaus, der eben auf ein paar Tage zum Besuch hier ist (er ist von Berlin aus 48 Stunden gereist, saß 1½ Tage in Regensburg und traf mit 36stündiger Verspätung ge rädert bei uns ein!), erklärte vorher, nach Lektüre der Abendblätter: er habe lange genug hinter der Regierung gestanden, aber nun gebe er sie auf und gedenke auszuwandern. Wissen Sie, manchmal fasse ich mich doch an den Kopf und zupfe an meinen Oren, um mich zu überzeugen, ob ich wache oder träume. Ich will jedem jeden Grad von Respekt, meinetwegen Ehrfurcht (na!) vor unserem militärischen Zweigestirn zugestehen: aber ihnen das Geschick, die Zukunft der Welt in die Hand zu geben – eh du mon dieu, mon dieu: wieso sollen sie das denn können? das haben sie doch nicht gelernt, das haben sie ja garnicht gehabt. Mit L. G. und mit Prof. W. kann man doch sehr verständig reden, aber an unseren Alldeutschen und ihrem Gefolge der Intellektuellen (lucus a non lucendo) zerschellt Vernunft und Wissenschaft. Ich bin allein zuhaus und muß mir Luft machen! aber Trost, Hoffnung, Zuversicht können Sie mir auch nicht einflößen, das weiß ich ja. Sie Armer stehen in der Wüste und predigen tauben Oren. Sie predigen schön, herrlich, Sie müßten Steine erweichen können. Aber die verhärteten Gemüter sind spröder und härter als Steine, der Wansinn muß seinen Weg gehen und selbst Sie erwirken nichts mehr. Daß Sie *mir* unendlich viel sind, ist ein geringes Aequivalent für die Unempfänglichkeit der Welt. Ihre letzte Nummer habe ich wieder noch nicht, es ist eine scheußliche Schlamperei. Übrigens sollen Sie mit Ihrem Vortrag in Berlin doch riesig gewirkt haben, meine Nichten haben mir voll Bewundrung davon geschrieben. Aber was nutzt's? Eine Freundin sagte mir neulich: ich bin immer ganz unglücklich, wenn ich Hardens Artikel gelesen habe. Ich sagte ihr: ich bin immer ganz glücklich. Die Sache ist die, daß meine Freundin und Konsorten unglücklich sind, wenn man sie aus ihrer Vogel-Strauß-Politik aufweckt und, indem man ihren Kopf aus dem Sand zieht, ihnen den Dreck zeigt, in dem der Karren steckt: dann glauben sie, Harden ists, der sie unglücklich gemacht hat; derweilen ist es doch nur die traurige Warheit, die er ihnen aufzeigte, die sie so betrübt.

Auch sonst ist ja alles aus den Fugen. Erstens dies Wetter! Gott ist schon ganz verdreht geworden. Und dann gibt's eben garnichts zu essen. Ich wollte Klaus, der von donquichotischer Dürre und Magerkeit ist, in den paar Tagen gern ein bischen auffuttern; aber meine Köchin kam heute ganz deprimirt vom Markt: es gebe nur Eichhörnchen, Raben und Spatzen. Dann doch lieber gleich Rattenersatz! Selbst das von mir nicht sehr geschätzte Kaninchen nebst seinen Würsten und Pasteten ist völlig verschwunden, seitdem der Höchstpreis sich seiner bemächtigt hat. Es ist immer dieselbe Misère, und da kann man auch nur sagen: nichts gelernt und nichts vergessen. Einen schauderhaften Katarrh habe ich auch erst halb überwunden, obgleich unser Haus jetzt infolge unredlicher Machenschaften ganz hübsch warm ist. Katja bringts in ihrem nicht über 10 Gr., das ist für eine »werdende Mutter« nicht gesund. Der werdende Vater ist mit seinem Buch, das ihn 2 Jare in Atem hielt, endlich fertig und augenblicklich auf einer Vorlesungstournée Straßburg, Brüssel etc, die bei den Reiseverhältnissen auch kaum glatt verlaufen sein dürfte. Wir erwarten ihn in den nächsten Tagen zurück. Hoffentlich hat er keine fausse couche gemacht. Ich komme Ende des Monats auch wieder nach Berlin; Mimchen, der es ganz leidlich geht – immer bei bescheidensten Ansprüchen – verlangt sehr nach mir. Verzeihen Sie den blöden Brief; ich verkalke. Bin aber stets warmen Herzens

Ihre alte Freundin

Hedwig.

(Den Damen Grüße.)

München 23. 2. 1918

Lieber Freund Harden – was nun? was nun! hat die Welt, seitdem Menschen sie bevölkern, änliches schon gesehen? Es ist die Auflösung von allem, es ist das Chaos, es ist furchtbar. Eigentlich kann's doch nur der leichtsinnige après-moi-le-déluge-Mensch überleben, und der sittliche muß am Jammer und verzweiflungsvollen Ekel zugrunde gehen. Na, nun wälen Sie. Die grausige Verlogenheit, an der die Welt erstickt, bringt mich zum Rasen. Aber ich gedenke, demnachst die Sittlichkeit aufzugeben und ein Genußmensch zu werden. Vorläufig fehlen mir dazu allerdings die Genüsse. Denn immer und immer Gemüsepuddings oder Wirsingcotelettes – ganz latschig wird einem davon. Seitdem die Geflügel aufgehört, und unser Metzger wegen Übertretungen bestraft worden ist, bekommen wir nur unser »Markenfleisch«, d. h. 2½ £ die Woche, d. h. jeden Sonntag Fleisch. Und öfter als einmal wöchentlich können wir, der abzugebenden Marken wegen, nicht ins Restaurant gehen; wo es ja jetzt auch man blos dürftig ist. Schlimmer ist, daß unser Koks heute zuende geht. Der üble Gauner, der uns ein paarmal bedient hat, betrog uns Wehrlose schamlos, lieferte kaum die Hälfte von dem, was er uns aufschrieb. Nichtsdestotrotz werde ich ihn nachher in seiner dreckigen Höle aufsuchen und demütig um eine neue Sendung anflehen. Als Katja das letzte Mal bei ihm war, lag der ekle Kerl ebenso krank wie nackt im Bett, und als Katja sich verabschiedete, bat er sie, sich doch noch ein bischen auf sein Bett zu setzen und zu plaudern. Und sie tats. Ne, ich gebe die Sittlichkeit auf und werde Genußmensch. – Wie finden Sie's, daß wir 3 volle Tage flaggen mußten zuehren der goldnen Hochzeit unsrer Majestäten? und unsere Kinder, resp. Enkel, mußten Spalier stehen. Es soll böses Blut gemacht haben, dieses Festefeiern in dieser Zeit, und auch der Besuch von S. M. löste keineswegs ungetrübte Freude aus; man hörte sogar manch kräftig Wörtlein des Unwillens, das in der – übrigens sehr dünnen – Menge, die hinter dem Spalier stand, »verlautbar« ward.

Meine Fart hierher verlief übrigens glänzend. Es war zwar nicht geheizt, aber ich war genügend mit warmen Sachen versehen und blieb in meinem Coupé I Kl. (à 106 M. 40!) wärend der ganzen Reise mutterseelenallein; gradezu langweilig. Hier fand ich alles beim Alten; Alfred recht munter im Genuß seiner langen Ferien, Katja von häuslicher Misère, unlösbaren Dienstmädchennöten halb aufgefressen, sehr nach baldigen Zwillingen aussehend, aber sonst ganz leistungsfähig, und den »Dichterfürsten« (Alfred spricht nie anders von ihm) immer noch mit der Durcharbeitung seines leidigen Bekenntnisbuchs emsig beschäftigt. Wenn ich denke, welche unerhörte Arbeitsleistung Sie jede Woche bewältigen! Ach ja: »Die freudlose Welt!« Sehr interessant die Übereinstimmung der Babeuf'schen Forderungen mit den maximalistischen. Aber es wird nicht gehen, so lange Menschen Menschen sind. Aber Wilson's Worte muß doch jeder Verständige unterschreiben: wenn nicht Lüge, Verblendung, Haß die Welt regierte. Ach was, ich werde Genußmensch!

Seien Sie herzlichst gegrüßt. Es stürmt, regnet, ist grau und trostlos und widerlich; und im Haus bitter kalt. Grüßen Sie auch Maxa: ich bin froh, daß ich mit dem gescheidten lieben Kind wieder ausgesönt bin. Ebenso Ihrer Frau beste Grüße.

In alter Herzlichkeit

Ihre

Hedwig.

München 8. 3. 1918

Lieber Harden – erst gestern habe ich, der leidigen neuen Gepflogenheit gemäß, No. 14 bekommen und so erst gestern Abend Ihren »großen Irrtum« gelesen. Sonst hätte ich Ihnen schon früher geschrieben, früher schreiben müssen. Denn so aus der Seele geschrieben haben Sie mir noch nie, und kaum je war ich Ihnen so dankbar dafür, daß Sie mein dunkles Empfinden in so klare, unwiderlegliche, unzerstörbare Form gegossen haben. Manchmal habe ich doch das Gefül, Sie und ich seien unter Larven die einzigen fülenden Brüste. Nun hoffe ich ja, daß es außer uns doch noch einige andere gibt; aber ich begegne ihnen nicht, und kein gleichgestimmter Busen schlägt gegen den meinigen. Ganz allein stand ich mit meiner Empörung gegen den organisirten Raub- und Beutezug, den man in letzter Stunde, wärend der Friedensverhandlungen mit dem morgigen »Freunde« (wer lacht da?!) schamlos unternahm, und der allüberall auch noch als glänzende Waffentat, als glorreicher Siegeszug unserer herrlichen Helden gepriesen ward. Da habe ich mich, weiß Gott geschämt, eine Deutsche zu sein. Und nun dieser entsetzliche

»Friede«! Alles was ich gedacht, Sie haben's gesagt, und man kann es nicht logischer, klarer, einleuchtender, überzeugender sagen. Dieser Widerspruch zwischen den Worten und Taten unsres Philosophie-Professors ist ja wirklich phantastisch. Bei Ihrer Parenthese »wessen Aufmarschgebiet war und ist es?« mußte ich beinahe lachen. Denn dies hatte ich nun doch auch wörtlich gesagt. Aber es lag ja so nahe, ein Kind mußte es greifen. Die Telegramme des Ihnen von Fürstenberg mit solcher Sachkenntnis geschilderten hohen Herrn sind auch wieder, um die Bäume heraufzukriechen! *Das* Deutschtum *den* Balten, oder *den* Balten *das* Deutschtum – einerlei: das Schwert allein wirds machen. Da halten Sie nur gefälligst die Tinte, mein Freund; Blut, das Blut der andern nämlich, machts. Ihren Glauben an Rußland teile ich. Schrecklich ist Rußlands Gott. Der wird uns schon noch einmal zu Paaren treiben; nur daß ichs wol nicht mehr erleben werde, vielleicht Sie auch nicht und, leider, Carlo's großer Freund auch nicht. Das bedauere ich am meisten. Trotzki'n gebe ich Ihnen billig; wenn ich auch nicht so weit gehe, wie Klaus, der ihn einen jüdischen Schieber nennt. Kommt denn nun die große Offensive? Ich bin ganz niedergedrückt, ganz unglücklich, seitdem wir »so herrlich« da stehen. Mir graut's ein bischen vor uns. Geflaggt hatten Pringsheims natürlich auch, 2 Tage und 2 Nächte. Aber wir haben ja gottlob so 'ne poplige Fane, einen reinen Popanz von einer Fane, sieht eher aus wie ein Jammerläppchen, denn wie eine jauchzende Siegesfanfare. Wir hatten uns beim Einkauf im Augenmaß geirrt, und zudem verhakt sie sich noch immer im Gitterwerk des Balkons: Wenn sie »weht«, traue ich mich kaum aus dem Haus, so genirlich ist sie mir.

Sonst gibts nichts neues. Astaf ist, nebst den andern, vom Kaiser empfangen worden und hochbefriedigt in seine Heimat zurückgekehrt. Wo er nun weiter organisirt. Katja wird wol Drillinge bekommen: na, das sähe dem Dichterfürsten änlich! Mir gehts, trotz oft diabolischer Kost, recht ordentlich, der Geheimderat schimpft über Schwarzwurzelpuddings und Sauerkrautaufläufe, ist aber munter, von Mimchen kommen befriedigende Nachrichten. Von Peter ab und zu ein kleiner nichtssagender

Wisch. Wird denn Cirkus Schuhmann nun eröffnet? Der Schwager wies Ihre »letzte« Nachricht als bereits überholte, vorletzte zurück und sagte, es würde bestimmt eröffnet. Interessirt mich ja eigentlich nur wegen Klaus. Denn neben Vaterland, Offensive, Krieg, Sieg, Blut und Graus laufen ja doch immer ganz gemächlich die kleinen persönlichen Interessen. Que voulez-vous? so ist der Mensch.

Seien Sie von Herzen gegrüßt und grüßen Sie bestens beide Damen.

In alter Freundschaft

Hedwig.

München 21. 3. 1918
(die helle Sonne des Frühlingsanfangs
lacht mir sehr blendend aufs Papier!)

Lieber Harden – als mir gestern Abend, wie jetzt immer verspätet, Ihr Heft mit den zwölf Steinen ins Haus kam, fiel mir warhaftig der dreizehnte Stein vom Herzen. Denn Ihr Brief, Ihr langer, freundschaftlicher Brief, hatte mich sehr beunruhigt, und ich befürchtete, Sie möchten Ernst machen, fand es schrecklich und fülte doch, angesichts *dieser* Situation, dieser sich ewig häufenden Schwierigkeiten und Verfolgungen, nicht den Mut, nicht einmal das Recht, Ihnen zuzureden: Ich beschloß abzuwarten und bin eigentlich recht froh, daß ich Ihnen nicht mit tolpatschigem Trost und Rat dazwischen fur. Denn schließlich konnten doch Sie allein wissen, was nottat und auch, was möglich war. Ich nehme an, man hätte Ihnen diese Nummer grade so gut beschlagnahmen können, wie die vorige. Denn Sie sagen ja auch hier den Herrschaften manches, das ihnen unliebsam in die Oren klingen dürfte, und »der alte Herr«, »der gelehrte Herr« wird nicht sonderlich erbaut sein von dem Ton der Geringschätzung, den zu unterdrücken Sie sich nicht die mindeste Mühe geben. Ich aber bin von Herzen froh, daß Sie wieder geschrieben haben und danke Ihnen, als ob Sie's für mich getan hätten. Und Lichnowsky? wie denken Sie über den? »Die Mechthild« wird unter dem zum mindesten momentanen Zusammenbruch doch sicher leiden: sucht sie nun in Kerrs oder in Ihren Armen Trost und Beistand? Kerr liebte sie; sie aber liebte – Sie? Ich tappe im Dunkeln.

Ach ja, und Wedekind! das tat, das tut mir furchtbar leid. Als Sie es mir *schrieben*, ich möchte versuchen, ihn zu grüßen, war er schon tot. Daß ich diese seltsam starre Maske mit den bitteren Mundwinkeln, den sprechenden Augen und dem feierlich gespreizten Wesen nun nie mehr treffen soll – denn wir hatten eine Straßenfreundschaft, die sich bei Begegnungen in langen Ständerlingen genügetat – das geht mir aufrichtig nahe. Wissen Sie noch das Champagnergelage, das er bei unserem letzten Beisammensein im Contintental aus Ihrer ersten, doch immerhin noch bescheidenen Flasche (ich glaube à 20 M.) entwickelte? Es war uns ja allen so peinlich, uns von diesem Armen, dessen ständige Geldklemme öffentliches Geheimnis war, freihalten zu lassen, aber er kannte keine Grenze, Flasche auf Flasche wurde bestellt, und Frau Tilly, die sicher keinen Groschen Wirtschaftsgeld mehr hatte, überschlug wol mit immer hagerer werdendem Gesicht, wie lange sie von diesem überflüssigen Sekt den Haushalt hätte bestreiten können. Das Geheimnis ihrer Selbstmorde – denn dieser letzte, nicht lange vor dem Tode, sei der vierte Versuch gewesen – ist mir noch nicht enthüllt. Die Freunde tun so, sprechen so, als sei Wedekinds Tod nur einem plumpen Zufall zuzuschreiben, einer ungeschickt in einen Bronchialkatarrh hinein verlegten Operation, und als hätte er sonst noch 100 Jahre leben können. Ich glaub's nicht; glaube auch schwer an *vier* Blinddarmoperationen. Wer ihn im letzten Jare sah, hatte den traurigen Eindruck eines Gezeichneten. Ich hätte, seinem Äußeren nach, immer die Diagnose auf Krebs gestellt. Daß ich ihm, vor langen, langen Jaren, als er ausschließlich als »Schwein« durch die öffentliche Meinung ging, sagte, ich hielte ihn im Gegenteil für einen Moralisten, hat er mir hoch angerechnet. Nun soll er ja nichts anderes als ein Moralist, one die mindeste

Beimischung von Schwein, gewesen sein! na …! Aber Sie sagen's ja: »schon 1870 wurde recht hübsch gelogen. Nicht so wie heute, versteht sich.«

Astaf den Erzfeind habe ich doch von je geliebt. Aber ich habe ihm gesagt, daß ich ihn für einen infamen Junker hielte. Da hätten Sie mal aber erst Baron Manteuffel, den kurländischen Abgesandten hören sollen, nix deutsch will der, nur preußisch. Dafür hat man sein ganzes Leben eingesetzt, Preußen wollen wir werden! Und alles mit dem himmlischen baltischen Accent, der mir mein Herz gestohlen hat … o mein Gott, was sehe ich eben im Abendblatt! im Westen die Artillerieschlacht mit voller Heftigkeit entbrannt! nun kommt's, nun bricht das Grausen herein, nun verhülle man sein Haupt.

O lieber Harden, ich grüße Sie voll Trauer. Welch eine Welt. Sonst geht ja alles leidlich; ich meine das private.

Herzlichst

Ihre

Hedwig.

Den Damen Grüße.

München 27. 4. 1918

Mein lieber Harden – lange schrieb ich Ihnen nicht. Aber was soll man immer schreiben in dieser trostlosen Zeit, in der man sich am liebsten verkriechen und wie ein zutod getroffenes Tier scheu und still verrecken möchte! Wenn einem Gott eine Feder verlieh, mit ihr zu sagen, was man leide (so weit es die Censur erlaubt, versteht sich), dann mags ja noch hingehen, aber uns anderen stummgeborenen ists übel zumute. Sie sprechen jede Woche zu mir, ich weiß, was Sie denken und wie Sie fülen; ich kann nicht sagen »ich freue mich an Ihren Artikeln«, aber ich bin Ihnen dankbar dafür, ich stimme ja, leider, immer mit Ihnen überein und bewundere Ihren Mut, Ihr Wissen, Ihre stets treffende Voraussicht – kurz, ich bewundere Sie. Für Mechtildis hat Sie die gewiß berechtigte Sympathie wol ein bischen, nur ein klei nes bischen, geblendet; ich z. B. hatte den »Stimmer« angefangen, konnte ihn aber nicht zuende lesen, und verschiedene verstreut erscheinende Kleinigkeiten zeigten, neben schönem Wollen, doch nicht unerhebliche Mängel. Aber darum will ich nicht mit Ihnen rechten, und ich finde es ritterlich und gut, daß Sie in der gegebenen Situation eine Lanze für sie brechen. Wenn die politischen Artikel mir weniger Freude (wie sollten sie!), als hohe Genugtuung verschaffen, so kann ich sagen, daß der letzte – für mich Hinterweltlerin letzte – mir reine Freude bereitet hat. Die Don Carlos-Historie ist wansinnig interessant, Lola Montez mit ihrem Ludwigerl göttlich und die Abfertigung Reinhardt-Hoffmannsthal ein Labsal. Es war mal so etwas ganz anders, riß einen aus dem Ekel der Geschehnisse heraus und hatte zudem die angenehme Beigabe, riesig amüsant zu sein.

Als Sie mir vor einem Jar (auf einer offenen Postkarte, Sie Unbegreiflicher!) schrieben: »Karlchen will nicht mehr mitkreiseln«, da muß Karlchen ungefär gleichzeitig seinen famosen Brief an den famosen Sixtus geschrieben haben. Mein naives Mimchen fragte mich, ob ich den Brief nicht, trotz der Ableugnung, doch »möglicherweise« für echt hielte. Ich antwortete ihr, ich wisse bereits authentisch seit einem Jare, daß Karlchen nicht mehr mitkreiseln wolle. Vor ein paar Tagen war ich in einem Vortrag von Ludo Hartmann (der so eine Art Pflegeson meines Bamberger war) über »Oesterreich gestern und heute«, und da konnte einem vor dem Oesterreich »morgen« warlich eine Gänsehaut überlaufen. Dafür sprach ich gestern, als ich in der Tram in die Klinik zu Katja fur (denn da liegt sie seit 2 Tagen mit einem neugeborenen Mäderl und ist außer sich, daß es kein Bub ist: das muß Mimchen an ihrer Enkelin erleben!) ja, also da sprach den Oberst Haushofer, einen unsrer verständigsten, befähigtsten Officiere; und da ich mich wunderte, daß er *jetzt* auf Urlaub sei, sagte er mir: sein Sach' sei zunächst erledigt, er trete erst am 7. Mai wieder in Funktion. Ich meinte, das hinge gewissermaßen doch wol auch von den Andern ab; aber mit zuversichtlichem Lächeln berichtigte er mich: »durchaus nicht, die müssen genau das tun, was wir wollen, und jede unsrer Aktionen ist auf Tag, Stunde und Minute vorausbestimmt, und Zeit wie Ort werden eingehalten«. Da ich den Haushofer genau kenne und weiß, daß er weder ein Hanswurst noch ein Großsprecher ist, muß ich sagen, daß seine Worte etwas ungemein beruhigendes ausstralten. Na, und Kühlmann? ist wol ein kleines Juppiterlein mehr als ein keuscher Joseph; aber die ganze Sache ist denn doch unwürdig, niederziehend, dreckig »bis dort hinaus«. Na, überhaupts! Und die Preußen sind hier verhaßter denn je, und ich finde, das Reich wackelt bedenklich.

Von uns garnichts neues. Das arme Mimchen fristet ein recht elendes Leben mit immer neuen Leiden, von Peter trifft ungefär jeden Monat derselbe inhaltlose Zettel ein, ich war durch die Erwartung und bin jetzt durch die Wochenpflege sehr gehetzt, wir haben im ungeheizten Haus wieder gehörig gefroren, bekommen aber im nun auch hier endlich gut organisirten Schleichhandel wenigstens Mehl, Eier und Schmalz: man fresset sich durch. Aber schön ist anders.

Seien Sie herzlich und vielmals gegrüßt, lieber Freund und grüßen Sie die Damen.

Treulichst

Hedwig.

München 4. 5. 1918

Mein lieber Harden – wenn etwas imstande ist, mich über das ernstliche Unwolsein, über das Sie klagen, einigermaßen zu beruhigen, so ist es Ihre unverminderte Arbeitskraft, Ihre unverminderte schöpferische Leistung; die wirklich um so bewunderungswürdiger ist, als sie trotz einem kranken Körper in jeder neuen Nummer der Zukunft immer wieder neu und jung hervorbricht mit durchaus elementarer Gewalt. Sprechen Sie mir blos nicht von einer »Bestattung« der Zukunft! ich kanns nicht hören. Sie werden, mein Freund, allen Widerwärtigkeiten zum Trotz, »durchhalten«. Durchhalten ist die Parole, ist unser aller leidiges Los. Und Sie sind sehr stark. Herrgott, Sie sind ja unglaublich stark. – Für Ihre beiden Karten sage ich Ihnen herzlichen Dank. Na, wissen Sie, vor Wut zu jauchzen brauchten Sie über *mein* Umfallen ebenso wenig, als in schlafloser Nacht zu fürchten, ich könnte *Sie* misverstanden haben. Daß Sie es nicht »glänzend« finden, weiß ich; aber daß ich es nicht »gut« finde, sollte Ihnen »Ihr Gefül von mir« doch auch sagen. Ich fand es momentan beruhigend, jemanden überhaupt so ruhig, zuversichtlich und dabei verständig sprechen zu hören, wie diesen wackeren, überaus einsichtigen, klugen, engländerfreundlichen bayrischen Major. Weiter nichts. Daß ich es nicht »gut«, sondern scheußlich finde, alles: Sieg und Niederlage, und Blausäure und blutigen Einsatz, und innere Politik und äußere Politik, und Ukraine und Balticum und Polen, und Karlchen und Czernin und Kühlmann – alles und alle scheußlich, unausdenkbar und unaussprechlich scheußlich – das *sollen* Sie wissen. Basta. – Nun bin ich heute auch noch ein bischen blutleer im Gehirn: die ganze Woche buchstäblich nicht einen Bissen Fleisch, heute Sauerkraut, gestern Spinat, vorher Wirsing, vorher Kolrabi, vorher Schwarzwurzel, und dazu zwei endlos lange Vorträge von Lujo – das halte man in meinen Jaren aus! Die Männin im Wochenbett (Katja-Strophe könnte von meinem Alfredo: warum Violettens? sie heißt doch Annette?), so was greift doch auch an, jeden Tag 2 Stunden in der Klinik. Es geht ihr aber sehr gut; Mutter und Kind befinden sich wol und werden demnächst in das Schloß ihrer Väter übersiedeln. Dann hoffe ich bald mal wieder zu Mimchen zu können, die viel Schmerzen leiden muß, die ärmste Liebe. Es wird ihr auch nichts erspart, kein Kelch geht an ihr vorüber. Kaete Rosenberg mußte auch wieder fort, ihrer jammervollen Gesundheit wegen bekam sie die Erlaubnis, den deutschen Staub von ihren Füßen zu schütteln und in die Schweiz zu gehen. Meine arme Schwester, deren ältester (jetzt einziger) Son Hans im westlichen Graus steht, kommt aus den schwersten Sorgen auch nicht mehr heraus. Sagen Sie – um von etwas freundlicherem zu sprechen: was ist denn das mit Reinhardt und der Thiemig? wird denn die Heims sich scheiden lassen? Ihnen hat er doch die Molière-Sache, mit der Sie ja so unglaublich Recht haben, gewiß furchtbar übel genommen. Mich hats riesig gefreut. Ja, also mit der Thiemig? ist das diesmal Ernst? Sie soll eine sehr famose, sehr ernst zu nehmende Person sein.

Wollen wir die Juden denn nun vom Wahlrecht ausschließen? Was wird dann aus Germanien one die Juden, one Walter, one Maximilian, one Alfred? Zu blödsinnig. *Ich* gehe ja nicht mit nach Palästina, bin ja gottlob nur Halbblut, furchtbar getauft und finde, entre nous, Juden gräßlich; en masse, meine ich. Aber nun denken Sie sich Deutschland mal ernstlich one Theodor Wolf! Mechtild könnten wir allenfalls entbehren, aber Theodor Wolf ...! (den ich übrigens gut finde). Vielleicht habe ich Ihnen, in einem Anfall rasender Eifersucht, Unrecht getan mit der Fürstin, und man konnte zwischen den Zeilen manche Einschränkung lesen. Um ganz ehrlich zu sein, gestehe ich sogar, daß ich bei ein paar Stellen dachte: damit wird sie nicht ganz zufrieden sein. Die Hetze hat ja aber etwas so widrig-empörendes, daß ich Ihnen auch noch stärkere Parteinahme gern verziehen hätte. Warum ist die letzte Nummer mit lateinischen Lettern gedruckt? da bin ich ganz bismärckisch, die hasse ich. Werden Sie mir wieder gesund, denn *Sie* liebe ich; trotz Astaf. Tausend Grüße, auch den Damen meine Empfehlung.

Hedwig.

München 24. 5. 1918
abends spätn.

Mein lieber Freund Harden – das soll sich die dumme Kuh, Ihre intime Frau Stilke, man blos nicht einbilden, daß ich wirklich ihretwegen heute an Sie schreibe! Vielmehr ist es mal wieder so ein Abend von ungewönlicher Trostlosigkeit, wo ich mich an einen der wenigen mir noch gebliebenen Freundesbusen retten möchte, um nicht in dem Meer von Trübsal zu versinken. Ich bin ganz allein in unserem großen Haus, ein kältender Sturm hat mich von der Veranda ins Zimmer gejagt, alles grinst mich äußerst hoffungslos an, und ich glaube, Hunger habe ich auch; ein ekles leeres Gefül im Magen, seit Sonntag, wo es ein Stückchen Kuh-Zadder gab, kein Bröckerl Fleisch, und auch sonst nichts narhaftes – Gott, man ist doch alt und war mal verwönt, und zuweilen kriegt man einen rechten Graus [Textverlust] Schwärzer als Sie unsere Gegenwart und unsere Zukunft ansehen, kann sie auch meine schwärzeste Phantasie nicht ausmalen, und daß Sie mit allem, was Sie auszusprechen den erstaunlichen, den unerbittlichen Mut haben, leider so entsetzlich Recht behalten werden, das ist furchtbar. Ihre beiden für mich letzten Artikel »Gordischer Knoten« und »Pfingstritt« haben mich wieder ganz erschüttert. – Sagen Sie: tobt denn unser bayrischer Richard nicht gegen Sie? kann er denn garnichts gegen Sie »machen«? Es muß schon verteufelt unangenehm sein, solche bitteren Warheiten einzustecken.

Was nun aber Frau Stilke betrifft, so traf ich sie neulich in einem Laden, wo uns Greisen Zwiebacke zugeteilt werden, und sie überschüttete mich mit einem Wortschwall, in dem ihre eigene Wichtigkeit und Bedeutsamkeit nur so dampfte. Und dann erteilte sie mir den ehrenvollen Auftrag an Sie, ich möchte Sie daran erinnern, zum Jubiläum des Stilke-Verlags die Zeit Ihres gemeinsamen Wirkens in einem Artikel (gegen Honorar, natürlich!) zu schildern. Sie, das ist ja ein förchterliches Frauenzimmer, von außen und von innen; dagegen ist nun wirklich Frigga eine Halbgöttin. Für die würde ich, weiß Gott, keine Artikel (gegen Honorar, wolverstanden) schreiben. Womit ich mich also meines Auftrags gewissenhaft entledigt hätte.

Nun komme ich bald nach Wannsee, wohin Rosenbergs mit dem armen Mimchen übergesiedelt sind. Ich wäre schon dort, wenn die jetzt landesübliche Dienstboten-Misère nicht auch meinen sonst so wolgeordneten Hausstand angefressen hätte. Nun muß ich aber erst wieder Ordnung schaffen, ehe ich Alfreden allein lassen kann. Das ist eine Seite unserer socialen Frage: die Dienstbotennot, die sehr ernster Prüfung und sehr dringender Abhülfe bedürfte. Es gibt kein Haus mehr, ob reich ob arm, ob vornem oder kleinbürgerlich, wo diese unentbehrlichen Biester nicht den Rest von Ruhe und Behagen vernichteten. Sie sind sammt und sonders vom Teufel geritten, schrauben bei verminderter Leistung ihre Ansprüche ins Ungemessene und laufen einfach davon, sobald ihnen das Geringste nicht paßt. Ich selbst war neulich, das erstemal in meinem Leben, auf der Polizei, weil mir solch ein Holdchen one jeden Grund »ausgerückt« war; aber ich konnte garnichts ausrichten: das sei mal jetzt so. Meine arme Katja, die dieser Notlage ganz und garnicht gewachsen ist, geht fast zugrunde an diesem eklen Kleinkram, der auch unsre große Zeit so herrlich charakterisirt. Einen Säugling stillen, keine Köchin haben und mit einem Dichter verheiratet sein – es ist wirklich ein bischen viel auf einmal für solch ein zartes Wesen.

Sagen Sie: unsere Friedens – hat man denn je so etwas groteskes erlebt? Darüber komme ich garnicht fort. O, und unsere Verlogenheit! o, sie stinkt zum Himmel!

Wissen Sie, was wir jetzt jeden Sabbath tun? wir gehen zum Juden, koscher essen. Mit Kalbecks aus Wien, mit Bernstein und sonst noch dem einen oder anderen. One Fleischmarken: Gänsebraten, gestopften Gänsehals (dafür schwärmt Frau Ganghofer) und änliche Delikatessen. Na, und *die* Gesellschaft, noch dazu am Schabbes! Alfred geht nur unter meiner christlichen Bedeckung hin, aber es schmeckt ihm. So hat selbst dieses Hundeleben noch seinen Frieden. Gute Nacht, ich bin blödsinnig, verzeihen Sie mein Geschreibsel. Herzlichste Grüße, auch den Damen. Stets Ihre getreueste

Hedwig.

München 21. 6. 1918
abend spät.

Mein lieber Harden – aus dem Poststempel ersehen Sie, daß ich wieder in München bin, und aus meiner Rückkehr nach München ersehen Sie, daß es der armen Dulderin, meinem lieben guten Mimchen, wieder besser gehen muß. Als ich vor 3 Wochen nach Wannsee kam, glaubte ich, eine unter namenlosen Qualen Sterbende vor mir zu sehen – ach, und daß ich ihr den Tod als Erlösung wünschen mußte! Als ich vorgestern Abend abreiste, verließ ich sie, nicht als eine Gesunde, denn das kann sie niemals wieder werden, aber doch in einem halbwegs erträglichen Zustand, der eine momentane Gefärdung ihres armen alten Lebens ausschließt. Wo dies zarte, gebrechliche Körperchen mit beinahe 87 Jaren die zähe Widerstandskraft hernimmt, solche furchtbaren Leiden immer wieder zu überwinden, ist ein Rätsel, das auch die Ärzte stets von neuem in Erstaunen setzt. Sie war sehr todessehnsüchtig dieses Mal, aber jetzt, nachdem die Besserung eingetreten, hat sie doch wieder ihre kleinen Freuden und – unglaublich aber war – sie arbeitet sogar wieder ein bischen. Ihre Teilnahme, mein Lieber, hat mir sehr wol getan, und ich danke Ihnen sehr für Ihr Kärtchen. Ich will nicht, wie jener Krankenwärter, der jüdische, in der bekannten Anekdote sagen: »Spaß! hab' ich e Nacht gehabt!« aber ich habe indertat recht schwere, kummer- und sorgenvolle Wochen hinter mir, und ich war *sehr* traurig, daß ich Sie dieses Mal nicht sehen und sprechen konnte; es wäre mir solches Bedürfnis gewesen. Aber ich bin buchstäblich den ganzen Tag nicht von Mimchens Krankenlager gewichen und immer erst abends nach dem Essen mit meinen Schwestern ein halbes Stündchen an die Luft gegangen. Habe auch niemanden gesehen, mit Ausnahme von Carlos, der einen Abend mit seinem reizvollen Töchterchen zum Essen herauskam, und der uns, nachdem die Politik abgetan war, wirklich eine Stunde lang durch köstliche Mären aus seinen jungen Tagen sehr aufheiterte. Aber dies war faktisch das einzige mondäne Ereignis in den ganzen 3 Wochen. Hier kam ich gestern bei strömendem Regen und frostigem Wetter an, nach einer recht ermüdenden Nachtfart, natürlich one Schlafwagen; aber dafür hatte ich einen gemeinen Soldaten mit erheblichen Schweißfüßen, der als Kurier das Recht auf 2 Plätze I Kl. hat, als Genossen meiner Schmach, und wir vertrugen uns ganz gut, er auf der einen Bank, ich ihm gegenüber, und morgens schenkte ich ihm ein hartes Ei und ein halbes Butterbrod, weil er nicht geschnarcht hatte; denn für seine Schweißfüße konnte er doch nichts, der Arme. Alfreden und die Mann'schen fand ich ganz wol hier vor, sonst alles unverändert, wirtschaftlich noch um ein erhebliches verschlechtert. Wie in Berlin keine Kirsche, keine Erdbeere, kein Fleisch, kein Fett – na, überhaupts! In der Kaserne des Leibregiments (Garde!) hat es neulich eine richtig gehende Meuterei gegeben, weil die junge Mannschaft sich weigerte, auszurücken. Sie bekommen es wol nachgerade satt, den Heldentod auf dem Felde der Ehre zu sterben. Mir scheint, L. muß wol jetzt schon mehr als blos 3 Stüle zerschmettert haben, sicher ein ganzes Ameublement: il y a de quoi. Mein Gott! mein Gott!! mehr vermag ich nicht zu sagen. Man hat ja auch alles schon gesagt, es wird immer schlimmer, scheußlicher nach jeder Richtung, man muß mit gekreuzten Armen zusehen, wie die Welt untergeht, und es gibt garnicht Ausrufungszeichen genug, um den Seelenzustand zu malen.

Seien Sie, Herrlichster von Allen, herzlich in alter Freundschaft gegrüßt und empfehlen Sie mich bestens den Damen.

Hedwig.

»Le Feu« kennen Sie natürlich? sehr erschütternd – viel besser als der vielgerümte Leonhard Frank, weil einfacher, gegenständlicher, die Tendenz weniger unter die Nase reibend.

München 12. 7. 1918

Mein lieber Freund Harden – so viel trübseliges, sorgenvolles, auch unangenehmes und häuslich-widerliches ist die letzten Wochen auf mich niedergeprasselt, daß ich über das häufig empfundene Bedürfnis, Ihnen zu schreiben, nicht hinauskam. Sie hatten ganz Recht, als Sie annahmen, daß Rosenbergs Tod mir nahe gegangen ist. Er hat mich sogar in seiner unerwarteten Plötzlichkeit tief erschüttert. Denn dieses jähe Aufhören eines Lebens hat – man mag sagen, was man will – immer etwas Grausiges, Unbegreifliches, Betäubendes. Und nicht nur meiner im Innersten getroffenen Schwester wegen ist mir sein Tod nahe gegangen, er hat mich auch ganz direkt tief betrübt. Hatten wir uns auch in den letzten Jaren in fast all unsern Anschauungen auseinander entwickelt, so haben wir uns doch über 40 Jare lang sehr nahe gestanden, ein ganzes Menschenleben verknüpfte uns, und er hatte mich ja in seliger Jugendzeit sehr geliebt. Er war der letzte von allen, die noch übrig waren, nun habe ich keinen, keinen mehr zu versenden. Ich war zum Begräbnis nicht in Wannsee, sollte nicht kommen; hätte mich aber trotzdem kaum abhalten lassen, wenn ich die Todesnachricht nicht so spät erhalten hätte, daß ich rechtzeitig überhaupt garnicht mehr eintreffen konnte! Ob Else's Verhältnisse sich merklich ändern werden, weiß sie selber wol kaum noch; sie ist verschlossen und unzugänglich, unheimlich ruhig, niemand kann in ihr Inneres sehen. Mimchen hat bitterlich geweint und ihn dabei um seinen schnellen, schmerzlosen Tod beneidet. Nun geht die Welt weiter, und wo so viele, endlos viele junge Leben ausgelöscht werden, spielt solch ein vollendetes natürlich keine Rolle. Außer für die, die ihn verloren haben. – Mit all der Misère, die so nebenher lief, will ich Sie nicht anöden: Dienstbotennöte im höchsten Grade, »spanische« (zu dumm!) Krankheit, im Hause Mann völlige Déroute infolge von fortgelaufenen Köchinnen, »spanischen« Hausmädchen im Krankenhaus, »spanischen« Kindern in den Betten, Übersiedlungsschwierigkeiten nach Tegernsee – toute la lyre! Dazu Klaus, der seinen 14tägigen Besuch im Schloß seiner Anen abstatten kam und auch sofort ins Bett gesteckt werden mußte: Gott, nichts ganz seriöses, aber alles zusammen ungeheuer scheußlich. Und dann das andre, nicht auszudenkende, eine Depression im Gemüte, die schon nicht tiefer mehr zu denken ist; und nicht einmal Fleisch, Eier (die besonders!), Milch, Mehl etc., um die Lebensgeister zu heben. Möchten Sie mir wol sagen, wo alles Obst bleibt? es wächst doch, in drei Teufels Namen, welches! Selig fraßen wir heute Blaubeerkuchen, den ich aus aesthetischen Gründen sonst perhorrescire, denn die Köchin hatte heute 2 Pf. Blaubeeren aufgetrieben, und ich schreibe Ihnen mit blauen Zänen. Gott, wenn sie von Natur blau wären, wär's ja nicht einmal häßlich; aber man ist's halt nicht gewönt.

Über Kühlmann brauche ich nichts zu sagen, das haben Sie mir alles in Ihrem *wundervollen* Artikel »die ewige Krankheit« (auch sonst schon) vorweg genommen. Harden, das war ein prachtvoller Artikel, ich danke Ihnen schön dafür. Garnicht prachtvoll aber Hertlings Rede ... So'n oller schwächlicher, durch und durch verlogener Mann! Was hat er da wieder von Wilson und Balfour geschwindelt, und wie war alles »positive« gewunden und unwar. Sind denn nun die Leute damit wirklich zufrieden? oder tun sie nur so »aus Opportunität«? Und könnten wir, in *jeder* Beziehung, schlechter dastehen, als in diesem Augenblick?

Alfred ist heute in Berlin, nur für einen Tag, mit zwei Nachtfarten. Er wird mir aus diesem Centrum der Geschehnisse auch nichts neues, tröstliches mitbringen, denn nach seiner Sitzung wird er nach Wannsee faren und dann gleich wieder heim. Daß ich Sie, mein Lieber, garnicht mehr zu sehen bekomme, ist hart und mir eine wirkliche Entbehrung. Sie haben mich zwar nie geliebt, aber Sie waren mir immer gut; und das ist etwas. Sogar viel.

Ich grüße Sie herzlich, und ich war Ihnen auch immer gut, und ich werde es auch immer bleiben.

Ihre alte und vereinsamte

Hedwig.

Den Damens beste Grüße.

München 28. 10. 1918

Lieber Freund – was ist alles passirt, seidem wir beim »Juden« unsre himmlische Gansleber verspeisten, und seitdem Bruno Frank Sie auf den Banhof begleitete! Welten brachen zusammen, Reiche stürzen ein, Ludendorff ging und Ihrem Ur- und Erzfeind ruft – unkonfiscirt – die Münchner Post zu: »alle Welt hatte geglaubt, der Rücktritt Wilhelms II. würde dem des Generals vorangehen, oder mindestens mit ihm gleichzeitig erfolgen. Wenn Wilhelm II. endlich allergnädigst geruht hätte, höchstselbst in den majestätischen Ruhestand zu gehen, dann hätte der in Gehorsam ersterbende Untertan Seiner Majestät den allerergebensten Dank zu Füßen zu legen gewagt, ja, der demütigste Untertan sieht heute schon den Rücktritt Wilhelms II. als eine politische Notwendigkeit an.« (Anknüpfend an die Mitteilung, »daß S. Majestät mit einer gnädigen Order an den General L. zu *bestimmen geruhte*«.) So schreibt man hier, und in einer öffentlichen socialdemokratischen Wälerversammlung sprach Herr Universitätsprofessor Jaffé: »Der Deutsche Kaiser Wilhelm II. muß auf den Tron verzichten, und der Kronprinz muß, one geherrscht zu haben, ebenfalls darauf verzichten.« Und Brentano (dessen schwerleidende Frau übrigens heute gestorben ist) veröffentlicht in den Münchn. Neuest. Nachr. einen Brief gegen Kurt Eisler, der die Wissenschaft eine »Hure« genannt hatte (wegen der famosen Professorenerklärung), worin er Herrn Eisler erst darüber aufklärt, was eine Hure ist und sich dann sehr post festum entschuldigt, daß er jene Erklärung mit unterschrieben habe: aber er habe sie garnicht – gelesen! Nun Harden: vieles verstehe ich, manches bleibt mir unklar, aber eines begreife ich ganz und gar nicht; ganz und garnicht. Wieso erscheint die »Zukunft« nicht??? Verboten *kann* sie doch nicht mehr sein, das ist doch unmöglich; also: mögen *Sie* nimmer? oder was ist los? Ich warte von Woche zu Woche, und immer vergeblich. Bruno Bauer sagte mir neulich, Sie würden demnächst wieder herkommen und sprechen, es werde jetzt direkt »von oben, in Berlin« gewünscht; Klaus schrieb mir, Ihr Vortrag in der Philharmonie sei wundervoll gewesen, jedes Wort sei ihm aus der Seele gesprochen (in *der* Beziehung ist er ganz Mutters Son, wärend die Tochter unter des unpolitischen Betrachters Einfluß mir ja leider entglitten ist) – also: *warum erscheint die »Zukunft« nicht?* Ich begehre ihrer, ich brauche sie; viele tun's.

Was ist's denn mit Bauers Behauptung? kommen Sie wirklich anfangs November? das wäre ja herrlich. Hier gibt's sonst nichts neues. Viel Grippe. Mein ganzes Hauswesen lag krank, ebenso bei Katja, die Leute sterben wie die Fliegen; wir Alten, auch die

Eltern Mann, blieben bislang verschont. Der Trambanschaffner spricht: »nun ham'er 4 Jare um und um gesiegt, und plötzlich ham'er den Krieg verloren, vor lauter siegen.« So spricht das Volk jetzt allgemein ...

Haben Sie irgend welche Stimmen gehört über Tommy's Buch? Er bekommt enthusiastische Briefe – bis jetzt. Die vernichtenden folgen wol noch, können ja nicht ausbleiben. Heinrichs Heerschaaren werden sich schon rüren. »Rüren«: hat Sie's nun gerürt oder nicht, daß Ihr Busenfreund Kerr sein junges Weib nach so kurzem Eheglück (o, pfui Deibel!) durch den Tod verlor? Seien Sie kein Barbar, kein boche, und seien Sie gerürt.

Wie stehen Sie eigentlich jetzt da? groß, groß. Warum erscheint die Zukunft nicht?

Seien Sie herzlich gegrüßt von Ihrer ältesten und treuesten Freundin

Hedwig.

Ihrer Frau und Maxa schöne Grüße.

Postkarte [Poststempel] München 12. 11. 1918

Ja, lieber Freund, Sie haben ganz Recht: was soll man schreiben?! Es steht ja alles in der Zeitung, und weiter gibt's nun nichts. Wir haben aufgeregte Tage hinter uns: *wir* fingen doch an; aber nun ist alles ruhig. Dies hatten wir doch nicht erwartet, als wir uns neulich trennten! auch nicht, daß jener Herr, über dessen eventuelle Freilassung Sie mit dem Justizrat sprachen, so schnell da stehen würde, wo er nun steht. Ballins Tod ist Ihnen gewiß nahe gegangen; ich kannte ihn nicht, weiß aber, daß er Ihnen viel war, und es tut mir aufrichtig *sehr* leid. Über die »Bedingungen« sind wir dann doch »ins Hirn gehauen«; das ist doch kaum zu machen: W. W., hilf! Die beiden Nummern habe ich endlich, »Kaiserkrisis« eben, bekommen, noch nicht gelesen. Fabelhaft, was Sie bereits vor 20 Jaren zu sagen wagten! man hatte es vergessen, wundervoll es heute noch zu lesen.

Wir sind gesund und leben. Wie geht es Ihnen?
Viele herzliche Grüße.

Hedwig

Auch den Damen.

München 26. 11. 1918

Nein, mein lieber Harden, nun wird's mir aber doch zu bunt! Haben Sie mich über die Mauer geworfen, oder haben Sie mich nicht über die Mauer geworfen? Als wir am 6. October von einander schieden, hatten wir uns doch noch schrecklich lieb, und von meiner Seite wenigstens hat sich an diesen Gefülen nichts geändert. Denkst Du, o denkst Du noch der koscheren Gansleber beim Juden in der Schlossergasse? es war doch schön. Ich habe Ihnen, mein Lieber, inzwischen einen Brief und 2 Karten geschrieben, eine Welt ist zusammengekracht, eine neue will unter fürchterlichen Krämpfen und schmerzhaften Wehen geboren werden – und »Sie würdigen mir keinen Blick?« (wie einst ein Betrunkener meinen Vater vorwurfsvoll haranguirte). Sehen Sie, ich bin gewiß nicht unbescheiden und erwarte in dieser Zeit, die all Ihr Denken und Fülen, Ihre ganze Kraft und Leidenschaft in Anspruch nimmt, selbstverständlich keine ausfürlichen Briefe. Aber eine kleine Zeile mit einem kleinen persönlichen Wort, das hätte ich wirklich erwartet. Wir haben doch alle so maßlos viel erlebt und durchgemacht in diesen Wochen, daß der Wunsch: serrez les rangs, wol in jedem mehr oder weniger erwacht. Ihre »Zukunft« ist mir ja ein großer, unentbehrlicher Trost, aber, wie gesagt, ein persönlich-menschlich warmes Wort wäre mir Bedürfnis.

Wie es äußerlich um uns steht, wissen Sie aus den Zeitungen. Abgesehen von einigen wansinnig aufgeregten Tagen – auch Nächten – ist es uns persönlich ja nicht schlecht ergangen; wenn auch die Unsicherheit natürlich schwer auf uns lastet. Wir haben auch schon Einquartierung freiwillig aufgenommen, eine dreiköpfige Familie eines kriegsentlassenen kleinen Beamten, die im obersten Stockwerk auf unsern Köpfen trampelt. Angenehm ists nicht, auch wirds unsern guten Möbeln kaum gut bekommen. Aber das ist ja erst der Anfang, und wir werden uns in schlimmeres fügen müssen. Fanen wehen wieder, die Heimkehrenden zu grüßen: *sie* haben's verdient, ihnen lasse ich sie gern entgegen flattern. Auf dem Residenzschloß weht die riesengroße rote Fane der Revolution. Frau Eisner hat sich einen neuen Hut gekauft und wird als »Regierung« in ihrer kleinen Villenkolonie nicht respektirt, weil sie mit den Dienstmädchen beim Metzger um sehr kleine Stückchen Fleisch jarelang »gestanden« hat.

Halten Sie mich um gotteswillen nicht für frivol oder cynisch, weil ich kein größeres Wort zu den großen Ereignissen finde; aber man hat doch auch seine Scham.

Also: es geht uns nicht schlecht, und ich möchte durchaus hören, wie es Ihnen geht. Durchaus.

Herzlichste Grüße Ihnen und den Ihrigen.

Ihre

Hedwig.

Ludendorf in Schweden, Tirpitz in der Schweiz, die beiden Wilhelme in Holland – ein erhebender Anblick!

Postkarte München 12. 12. 1918

Liebster Harden – endlich ein Lebenszeichen! ich war positiv schon ganz unglücklich. *Unsre* Korrespondenz scheint besonders begnadet; denn meine täglichen Briefe ans dauernd so bejammernswerte Mimchen kommen täglich an, auch bekomme ich jede Botschaft von dort. Ich glaube, Sie werden überwacht: was hier ja *noch* höherstehenden passirt. Was passirt denn nicht! ich finde es nachgerade ekelhaft, wie diese Interessen- u. Klüngelwirtschaft alles andre erstickt, habe Katja gebeten, ihre 7 Monate alte Elisabet Veronika zu dressiren, damit sie dem sicher bevorstehenden Säuglingsrat präsidire. Das kommt ihr, trotz Th. M., doch zu. –

Glauben Sie denn überhaupt, daß Peter so bald wiederkehrt? ich nicht. Vielleicht muß er noch in dear old England Steine karren, um Ziegel-Schäden auszubessern. Fürchterlich wurden wir mit der Zeit meines Geheimderats Rassegenossen, was sich da alles breit u. wichtig macht, das ist schon aufregend, u. die Folgen bleiben nicht aus. Sie heißen schon alle so abscheulich, die sich hier breit machen u. Bajuwaren sind ja garkeine da. Na, überhaupts.

Sonst ists auch nicht besonders schön. Mit 6 fremden Leuten im Haus füle ich mich enttront, aber wir sind doch mal so social.

Herzlichste Grüße. Ihrer Frau schrieb ich vorgestern eine Zeile mit Einlage für Ihre Nichte Sibylle.

In Treue

Hedwig.

München 13. 3. 1919

Lieber Harden – nein, das ist ja abscheulich, daß Ihre Grippe einen so ernsten Charakter angenommen hat! Das ante ich ja nicht. Natürlich sind Sie des wärmsten Mitleids würdig, denn ich weiß, was für beängstigende und unerträgliche Zustände diese Nachwirkungen einer schweren Grippe sind. Zu meiner Zeit hieß es Influenza, aber es war imgrunde dasselbe. Man hegt die feste Überzeugung, daß man nie wieder gesund, nie wieder ein richtiger Mensch werden kann; und schließlich, nach geraumer Weile, wird man's doch. Und weil ich es, aus zweimaliger trauriger Erfarung, persönlich kenne, ängstige ich mich nicht *so* um Sie, und sage mir und Ihnen zum Trost: es muß *doch* Frühling werden! Aber ekelhaft und hundsgemein ist es.

Na, und sonst? auch ekelhaft und hundsgemein, und noch dazu one Hoffnung auf Besserung. Na, Harden, wir sind ein verlorenes Volk. Häßlich, häßlich ist alles, one Größe, one Schwung, einfach hundsgemein und häßlich und hoffnungslos. Der Alltag geht ruhig weiter, die Lebensmittel werden knapper, Theater und

Koncerte ausverkauft, Niddy Impekoven, »die 14järige Tänzerin« über-überausverkauft, die sonstige Tanzwut durch den Belagerungszustand, der uns schon 3 Wochen beglückt, polizeilich unterdrückt. Sonst geht es uns persönlich ganz leidlich. Wir sind nicht belästigt worden, (wie viele), nicht geplündert, nicht nach Waffen durchsucht, und weder Alfred noch Tommy waren Geiseln. Was kann man mehr verlangen in dieser rasenden Zeit?

Sie sagen, Sie verstehen nicht ganz, was bei uns war, Eisner könne doch wol in Bajuwarien nicht Wurzel gefaßt haben. Doch vielleicht mehr, als man glaubte. Wärend bei der Nachricht seiner Ermordung in den Gymnasien die Buben Freudentänze auffürten, die Studenten auf der Universität jubelten, strömten aus den Betrieben die Arbeiter *aller* Parteien wie ein Mann auf die Theresienwiese, mittags bereits war der Generalstrike durchgefürt, wir bekamen sofort Belagerungszustand, eine volle Woche mußten wir um Punkt 7 zuhaus sein, alle Theater und Lustbarkeiten waren geschlossen. Am Beisetzungstage – der wider Erwarten absolut ruhig vorüberging – hatten sämmtliche Palais' des Hochadels, auf Befehl, schwarze Trauerfanen halbmast gehißt, alle Kirchenglocken läuteten; die auch 5 Tage lang, wie sonst *nur* und ausschließlich bei regierenden Königen, mittags von 12 bis 1 erklungen waren: für den Juden Kurt Eisner. Die Frommen rasten. Na, ich kann's ihnen nicht verdenken. Und wir haben tatsächlich seit dem 21. Februar, seit 3 Wochen, keine Regierung mehr. Möglich, daß am Montag ein Ministerium geboren wird. Das alles spricht doch dafür, daß Eisner in Bajuwarien fester saß, als man so annahm. Im übrigen hat die Presse ihn gemordet mit gemeinen Lügen, Verleumdungen, und der blöde Junge, dieser minderwertige kleine Arco hat eine der größten Niederträchtigkeiten und – was schlimmer ist – Dummheiten unsrer Zeitgeschichte begangen. Ich bin sogar darüber mit einer meiner ältesten besten Freundinnen, der Frau Stadler, auseinander gekommen. Denn sie eilte zu mir, beglückt von der »herrlichen Heldentat«, selig daß wir »diesen Menschen« endlich los wären! und da ich erheblich andrer Meinung war, gab's einen Krach und einen Riß, der so leicht nicht wieder zuheilen wird. Gott, es ging mehr aus den Fugen als meine Beziehungen zur Stadlerin; mag sie faren dahin.

Gestern traf ich, fällt mir bei gelösten Freundschaften ein, bei einem trostlosen, schauerlichen Begräbnis Ihren Ex-Freund Ernst Schw. Ich stand wärend der langen Rede des Geistlichen (wir begruben meine alte Freundin Mary Fiedler-Levi-Balling) unter seinem Schirm, denn es regnete in Strömen, und er kuschelte sich an mich, wie in alten Zeiten, als er noch jung und – liebevoll war. Aber er ist alt geworden, sehr alt, mit einem ganz kleinen, ganz veränderten Gesicht. O Gott, wir sind wol alle in diesen Jaren rechte Greise geworden. Peter, wenn er zurückkommt – *wenn* er zurückkommt – wird entsetzt sein. Alfred gehts ganz gut, Mimchen schrecklich. Katja bekommt ja nun bald wieder ihr alljärliches Osterkind. Erholen Sie sich, lieber Freund, grüßen Sie die Ihren und schreiben Sie bald gutes Ihrer ältesten und treuesten Freundin

Hedwig.

Berlin 3. 6. 1919
Tiergarten-Nr. 18[E]

Lieber Freund Harden – in der Nacht vom Sonnabend auf Sonntag ist mein gutes liebes Mutterchen gestorben. Am Donnerstag trat die Verschlimmerung ihres Zustands ein, sodaß ich meinen beabsichtigten Besuch in Grunewald garnicht mehr ausfüren konnte, und am Freitag begann der Kampf, den das arme, ausgemergelte Körperchen mit unglaublicher Kraft und Ausdauer mit dem Tode rang. Es waren sehr schreckliche Tage, vielleicht noch qualvoller für uns, als für sie, die bewußtlos schien. Ich sage: schien; denn wer will wissen was der Sterbende noch empfindet in diesen Zuckungen, in diesem keuchenden Röcheln, das so fürchterlich anzusehen und anzuhören ist? sie nehmen das Geheimnis des Sterbens hinüber in den Todesschlaf. Nun liegt sie in ihrem engen Holzkasten in der dunklen Zelle des

Feuerbestattungsgewölbes, und übermorgen erst kann sie den Flammen überantwortet werden, wegen »Überfüllung«. Auf ihren Wunsch dürfen nur wir 4 Töchter zugegen sein, sie hat sich jede Beteiligung, jeden Prunk, jede Blumenspende verbeten. Es ist für mich ein großer Trost, daß ich ihr mit meiner Gegenwart noch eine letzte Freude bereitet habe. Ich schlief in den 3 letzten Nächten bei ihr, und wenn sie mich, die bei der leisesten Regung an ihrem Bett stand, aus schon jenseitigen Augen erkannte, sagte sie mit zärtlichem Staunen: »Hedelchen, du? wie mich das freut!« –

Ich bitte Sie, lieber Harden, mir nicht zu »kondoliren«; ich weiß, daß es Ihnen leid tut, und das genügt mir. Ihnen wird es schwer, die banalen Worte – und andre hat unsre arme Sprache doch einmal nicht – der »Teilnahme«, des »Beileids« über Ihren Mund, über Ihre Feder zu bringen; und ich glaube es Ihnen one Worte. Hingegen würde ich Sie *sehr* gern noch sehen und sprechen, nicht als »Kondolationsbesuch«, sondern als meinen alten Freund, an dem ich Wolgefallen habe. (was wollten Sie neulich mit Ihrem Vorwurf meiner »Bürgerlichkeit«? wo ich doch, leider, in allem Ihrer Meinung bin?) Ich werde warscheinlich auf Wunsch meiner Schwestern noch bis Pfingstdinstag hier bleiben und bin, nachdem wir am Donnerstag unser Mimchen den Flammen übergeben haben, frei. Lassen Sie mich wissen, wie Sie darüber denken.

Mit herzlichem Gruß auch an Ihre Damen

Ihre alte betrübte

Hedwig.

[Bildpostkarte mit dem Aufdruck *Herzliche Neujahrsgrüße!*]

München 27. 12. 1919

Für heute, lieber Harden, nur,

Herzliche Neujahrsgrüße!

Ein Brief folgt sehr bald. Heute bin ich ein bischen elend, zum Schreiben untauglich. Ihre Karte bekam ich eben: Petrus leugnet;

*ver*leugnete nie. Er habe Sie doch nicht ansprechen können, wenn Sie mit einem fremden Herrn sprechen; habe bescheiden warten müssen, bis *Sie ihn* ansprachen: was Sie nicht taten. Sone Söne hab' ich, bescheiden und wolerzogen. Enterben? is nich. Nichts mehr da.

Manns habe ich nicht, entbehre auch sonst viel »Greifbares«. Ne, es lont nicht mehr zu leben! Darüber bald ausfürlicher. Für heute nur Ihnen u. den Ihren gute Grüße und Wünsche. Hedwig.

München 28. 12. 1919

Lieber Harden – gestern war ich von vielerlei Leiden arg verheert und fülte doch den unabweisbaren Wunsche, Ihnen sofort zu antworten: daher das magere Kärtchen. Eine Nachricht von Ihnen, Ihre Schriftzüge sind ein so seltenes Fest für mich geworden! Wenn nicht die Gräfin v. Prokesch-Osten, alias die Goßmann, das Wort für mich mir für allemal unheilbar verlächerlicht hätte, würde ich vielleicht sagen: »Sie Böser!« Denn als ich ihr, die ein rotgestricktes Affenschabräcklein und die Allüren der Ingénue trug, auf der Straße begegnete und sie, wie selbstverständlich, mit dem trauten »Sie« anredete, hob sie neckisch den greisen Zeigefinger und sagte schmollend: »Sie?? Du Böse!« Sie hatte sich offenbar in ihrem langen Leben so vielfach kreuz und quer geduzt, daß sie keine Unterschiede mehr machte. (das ist übrigens wiederum ein Citat von meiner Schwiegermutter aus ihrer letzten, geistesschwachen Periode, wo sie einem Ausgeher 200M. Trinkgeld gegeben hatte und, zur Rede gestellt, ganz erstaunt sagte: »100 M. und 1000 M., da macht man doch jetzt garkeine Unterschiede mehr«). Also, der langen Rede kurzer Sinn: ich sage nicht: Sie Böser! (auch nicht: Du Böser), sondern ich sage: oller Harden, untreuer, liebloser Harden! Sie sollten wirklich einer armen alten Dame, die so freudlos und verlassen dahinvegetirt, öfters einmal ein kleines, sie erfreuendes Lebenszeichen geben. Ecco! pflegt Ihr Freund Kerr zu schreiben.

Also mit der »Onastie« war's nichts? Der von Ihnen so misverstandene, bescheidene Peter sträubt sich mit allen in der Gefangenschaft beträchtlich gewachsenen Geisteskräften gegen den »Unfug« dieser Auffürung, die seiner Meinung nach auf einem völligen Misverständnis beruht und außerdem von Langerweile gänt. Aber das Kritikervolk scheint ja andrer Meinung, wenigstens las ich doch ziemlich hymnische Berichte. Solche schönen Sachen haben wir hier garnicht. Und das einzige Mal, wo ich mir ein Sensatiönchen vergönnen wollte, bekam ich kein Billet mehr zur Première von »Schloß Wetterstein«. Und da wußte ich zunächst doch nicht einmal, was mir entging. Schade. Durch Revolution und Räterepublik verwönt, hätte man doch gern einmal wieder einen saftigen Radau erlebt. Und Stinkbomben, Explosivkörper und Kartoffelgeschütze, das ist was reelles, »dös haut«. Nun hat man den Sittlichenttäuschten das Handwerk gelegt, und den andren auch, und hat der Einfachheit und Bequemlichkeit wegen das Stück polizeilich verboten. Hoch lebe die Republik und die Freiheit! Ich finde garnicht, daß unser toter Freund Wedekind da ein Meisterwerk geschaffen hat, und noch weniger finde ich, daß grade dieses »Schloß Wetterstein« sich zu einem Repertoirestück für die reifere Jugend eignet. Aber daß eine Handvoll Unentwegter aus dem Tugendbund, die Wedekind und Falkenberg auch noch für Juden ansehen, es mit ihren wüsten Radaufrauen fertig bringen, das Theater in dieser Weise zu terrorisiren, ist denn doch ein starkes Stück.

Na, überhaupts. Ich weiß ja aus der Zukunft, wie Sie – gottlob – über unsre fürchterlichen Verhältnisse denken; und wie ich darüber – füle mehr als denke: denn zum Denken bin ich nachgerade zu müde und hirnverkalkt geworden – das sollten Sie auch wissen. Mit der »Zukunft« geht es mir jetzt ganz empörend: wenn ich meine Nummer nur eine Woche verspätet bekomme, kann ich noch froh sein. Und seitdem mein Buchhändler auf meine Beschwerde hin mein Exemplar durch die Post bezieht, ist es noch schlimmer geworden, die N°. 12 mit den eisernen Schaufeln, auf die ich brenne, habe ich heute noch nicht. Beklage ich mich, so antwortet man mir achselzuckend: für die Schlamperei der Post sind wir nicht verantwortlich. So tue ich's denn zu den übrigen Martern, die diese Zeit mir auferlegt. Es ist alles scheußlich, scheußlicher, am scheußlichsten. Wozu über das einzelne klagen? spürt's doch jeder am eigenen Leibe. Übrigens ist Peter, der über Weihnachten hier und stets geneigt ist, sein München herauszustreichen, diesmal doch erstaunt, wieviel schlechter wir's in vielem haben, und wie unerträglich namentlich unsre Heizverhältnisse im Vergleich mit Berlin sind. Und wie der Antisemitismus, den man früher kaum hier kannte, giftig angeschwollen ist und sich breit macht und sich bläht! Es ist eine Lust zu leben, und man muß sich in seine vier Wänden verschließen, wenn der Ekel einen nicht würgen soll. Und da erfriert man. – Sonst geht es uns grade eben erträglich; am heiligen Abend waren wir bei Manns, die als eine Art Kriegsgewinners ihren 6 Kindern einen schönen und reichen Aufbau hergezaubert hatten: Denn Katja leidet auch an der Einkaufpsychose und hamstert an Waaren ein, was sie nur irgend auftreiben kann. Mich stachelt sie auch dazu auf, und ich trage mich nun wirklich mit dem Gedanken, mir für 380 M. ein Paar Stiefel zu kaufen. Denn, sagt man, in drei Monaten kosten sie 680. Gummischuhe hätte ich wol furchtbar gern, aber die gibt's nicht, und 90 M. für ein P. Handschuh auszugeben, dagegen sträubt sich mein angeborner Bürgersinn. Aber, [Fortsetzung auf der ersten Briefseite] was sagen Sie nur? Heinrich Braun hat mir neulich, wie aus der Pistole geschossen, geschrieben: er habe jetzt die Mittel, mir seine Schulden zu bezalen, ich möchte ihm mitteilen, wie groß die Summe sei. Ich antwortete ihm, 2500 M. Glauben Sie, daß er mir das Geld wirklich schicken wird? es wäre unerhört edel. –

Gott, was schrieb ich Ihnen für einen langen Brief! schnell noch viele herzliche Grüße.

Hedwig

München 2. Mai 1920
abends.

Lieber Harden – sind wir eigentlich nicht mehr befreundet? garnicht?? das kann ich nicht glauben. Was mich betrifft, ich bin's noch und werde es ewig, ewig bleiben. Wenigstens so lange meine kurze Ewigkeit noch dauert. Und ich denke mir, wenn man 30 Jahre lang – so lange wird es ja wol ungefär sein? – Freud' und Leid geteilt, ist man ein bischen an einander geschmiedet und »hält seinem Schatz die Treu'«, wie's im Liede heißt. Sie haben ja Recht: was soll man sich eigentlich schreiben? Was Sie denken, wie sich in Ihrem Kopf die Welt – diese scheußlichste aller Welten – spiegelt, erfare ich ja alle Woche; und jetzt, dank der gütigen Vermittlung Ihrer Frau, sogar pünktlich und nicht erst nach 3 Wochen: was zu meinen wenigen Lebensfreuden gehört. Und was ich denke, dürfte Sie nicht besonders interessieren; auch können Sie es ja aus Ihren Artikeln entnehmen. Denn noch immer sind Sie – ach, mehr denn je – der Einzige, mit dem ich »voll und ganz« übereinstimme, der mir sozusagen aus der Seele schreibt, und dem ich es gern öfter sagen würde, wenn es mir nicht anmaßend und förmlich ungehörig vorkäme, gewissermaßen Censuren auszuteilen. Ich stehe hier, inmitten meiner Angehörigen und Bekannten, so gänzlich isolirt mit meinen Urteilen, Anschauungen und Instinkten, daß es mir Erholung und Freude und Ermutigung ist, wenn ich mich durch Sie bestätigt füle. Ich finde, das Maß des Erträglichen ist nun allmälich überschritten, und man muß nur staunen, daß alles ruhig so weiter geht. Wenn es möglich ist, die Berliner Regierung noch zu übertrumpfen, so geschieht es ja hier in München. Unser Allerhöchster Kahr und sein Polizeipräsident und Staatskommissar Pöhner wären selbst im heutigen Preußisch-Berlin nicht möglich. Und das will was sagen, wo der Proceß Hiller, Prinz Jochen etc. zum Himmel stinken. Wir hier waten tief in Reaktion, Antisemitismus, Reichsmüdigkeit und änlichen Lastern. Universität und Schule allzeit voran. Den ersten Mai hat man gänzlich unterdrückt, nicht das leiseste Anzeichen eines Weltfeiertags. Trambanen, Schulen, Arbeit: alles wie am ödesten

Werkalltage. Aber die kleinen Gymnasiasten von 13–14 Jaren waren »in Bereitschaft«, als Melderadler für Reichswehr und andre Schutzformationen, und zwar bis zum heutigen Morgen. Wissen Sie: es ist rein ekelhaft. Aber ich vermute, wir verdienen es nicht besser. Und das ist ja eben das trostlose. Also Schluß hiervon.

Persönliches? das gibt's ja garnicht mehr. Die Preise? nun, die spotten jeder Beschreibung. Für ein Futter, das man früher schaudernd von sich gewiesen, vergeudet man sein Väterlichs und Mütterlichs. Wir natürlich, wie immer in Geschäften dumm bis dorthinaus, verkauften unsre prächtigen Tafelaufsätze aus der Alten-Pr.-Erbschaft zur Unzeit: die pompösen Kandelaber viel zu früh, 3 Monate vor der Silber-Hausse; und die andern Stücke jetzt, wo die Baisse eingesetzt hat. Aber wenn wir doch Geld brauchen! Die alten Herrschaften sel. würden sich im Grab umdrehen, wenn sie gottlob nicht verbrannt wären, wüßten sie, wie ihre Schätze nach und nach – nicht versilbert, sondern verpapiert werden. Mit der Gesundheit steht es auch nicht gut. O, mein Lieber, ich gehe ein, bin nur noch der Schatten der Maria. Solche hübsche, nette Frau, wie ich war! Auch Katja macht mir Sorge, behielt von ihrer Grippe eine leichte Lungen-Affektion zurück und wird wol wieder irgend einen Erholungsaufenthalt im Gebirge nehmen müssen. Denn mit 6 Kindern und einem Dichterfürsten zum Gemal kann man sich zuhaus unmöglich erholen. Mein Geheimderat ist arbeitsam und ganz leidlich beisammen; aber sehr betrübt, daß er seine schönen Sachen allgemach verschachern muß.

Sind Sie nun recht stolz auf Ihre gelehrte Tochter? Mimchen, das gute, würde sehr triumphiren, daß »der olle Antifeministe« so »absurdum« gefürt wurde, wie Lenbach zu sagen pflegte.

So, nun gehe ich ins Bett. Welch himmlischer Maiensonntag heute! Seien Sie von Herzen gegrüßt von der ewig getreuen, nicht abzuschüttelnden

Hedwig.

[Fortsetzung auf der ersten Briefseite:] Den beiden Damen beste Grüße

München 7. 11. 1920

Lieber Harden – ich sehe kommen den Tag, wo Sie nichts mehr von mir wissen. »Frau Pringsheim?? ach, ist das nicht die alte Dame mit den weißen Haaren, die so nett von ihrer Tanzstunde mit Wrangel zu erzälen wußte – ja, lebt denn die noch? will denn die Olle ewig leben?« und so weiter. Sehen Sie: ein Feuer, das nicht unterhalten wird, erlischt; wie ich leider eben erst wieder an meinem eisernen Öfchen erlebte, wo ich über den St. Simon-Mémoiren verabsäumte, Torf nachzulegen. Nun ist die Glut erloschen, und ich muß um mich zu erwärmen, versuchen, Ihnen einen Gruß zu schreiben. *Ich* lese ja jede Woche von Ihnen, und wenn ich auch nicht weiß, was Sie sonst treiben, so weiß ich doch, was Sie denken, und was Sie, in unerhörter Arbeits- und Leistungsfähigkeit, schaffen. Aber daß ich für Sie eigentlich zu existiren aufgehört habe, tut mir weh. Ich bringe mich hiermit ganz bescheiden in Erinnerung. Aber von mir habe ich nichts zu sagen. Schön neulich Ihr Reinhardt-Artikel. Aber über den »Ur-Faust« war er gewiß böse, trotz alledem. Schön, was Sie über den Hunger-Märtyrer sagen! Vollbier? es ist ja *zu* blamabel, aber es ist war: Vollbier hat die Gemüter beruhigt. Bernstein hat schon vor Monaten zu mir gesagt: »wenn sie Wittelsbacher sagen, meinen sie Weißwürst'«. Aber Weißwürst' *und* Vollbier, das ist der comble, das ist wüsteste Reaktion, das ist bajuwarische Glückseligkeit. Die Leute, so Professoren und andres Gelichter, sagen ja, wir sind jetzt wieder ein Ordnungsstaat, Bayern ist das einzige deutsche Land, in dem man wieder leben kann; und das ist ja war: bei der heutigen Revolutionsfeier (wir sind ja dem übrigen Reich wenigstens in dieser Beziehung um 2 volle Tage voraus) scheint sich nichts ereignet zu haben, Einwonerwehr und Orgesch und wie diese gesegneten Einrichtungen heißen, haben uns »beschützt«, der Bürger mag ruhig schlafen – wenn auch das Reich darüber zugrunde geht. Bin neugierig, was aus dieser Komplikation wird. Die M. Neuest. Nachr. haben ja zum Rückzug geblasen, nachdem sie sich bis jetzt »jede preußische Einmischung« in unsre treue, herrliche Ongesch schroff verbeten hatten. Ich sage Ihnen: es ist furchtbar eklich hier, ein Antisemitismus, wie ihn zu des hochseligen Ahlward Zeiten Berlin selbst nie erschaut; wenn es auch zu solchen bestialischen Greueln, wie Sie sie neulich schilderten, und vor denen mir buchstäblich die Haare zu Berge standen, wol nicht kommen wird. Aber der Geist ist da, und in der Schule schon, in den untersten Klassen, werden die Gemüter vergiftet. Es ist ganz und gar empörend und sehr niederträchtig. – Vor ein paar Tagen hatte ich den Besuch eines befreundeten Herrn, der eben aus der Krim und vom Schwarzen Meer zurückkam, wohin er zur Untersuchung der handelspolitischen Verhältnisse geschickt worden war. Der hat mir auch scheußliche Dinge von den dortigen Zuständen erzält – er war auch bei Wrangel – und von dem Fanatismus, mit dem die Menschen sich dort gegenseitig abschlachteten, und er ist fast überzeugt, daß auf dem ganzen Balkan im Frühling ein neuer Krieg aller gegen alle losbrechen werde; denn von dem Haß jeder Nationalität gegen die andre mache man sich keinen Begriff. Sagen Sie nur, mein Lieber: was hat's denn mit den Menschen? sind wir denn wirklich nur wilde Bestien, mit einer kleinen, oberflächlichen Tünche von sogenannter Civilisation? Und nun sehe man sich doch unsre Frauen an; kurze Kinderkleidchen, seidene Florstrümpfe, nackte Hälse, kostbare Pelze, nichts wie Dirnen, Dirnen, Dirnen. Und können Sie etwa diese Litteraturjünglinge leiden, mit den kurzen Paletots und Ledergürteln, die alle vom Schieben und Betrügen leben? da ist mir doch ein ordentlicher, richtiger Räuberhauptmann, der seine Haut zu Markte trägt, tausendmal lieber.

Also: wie geht's Ihnen? mir leidlich gut. Ich habe endlich, nach widerlichen Zwischenfällen, eine Köchin, und wir ernären uns ganz ordentlich, da wir uns entschlossen haben, nur mehr »von der Wand in den Mund« zu leben. Teebesuche viel; Theater wenig, da denn doch allzu teuer. Doch sah ich neulich Heinrich Manns »Der Weg zur Macht«. Schauderös; (hier spricht *nicht* Tommy's Schwiegermutter!) Wer imstande ist, die franz. Revolution und meinen Freund Napoléon *so* zu sehen, der hat's mit mir verdorben. Dazu eine Auffürung wie in einem Pamperltheater; letzte Provinz. Dies war unsres neuen Zeiß erste Tat – hoffnungslos. Aber die Oper ist gut. Dies ist jedoch nicht Zeiß, sondern Bruno Walter. Gestern habe ich 2 Perlen verkauft, nun lasse ich mir ein neues Kleid machen, für den Fall, daß ich doch noch mal nach Berlin kommen sollte. Aber reisen ist ja jetzt so scheußlich. Der Schwiegertommy ist jetzt an den Rhein gefaren, um in 11 Städten Vorlesungen zu halten; später geht's in die Schweiz (*der* Valutaprofit!), er ist jetzt sehr obenauf. Katja und ihren sechsen geht es ganz gut. – Nun wird's aber, bei dem ausgebrannten Öfchen, wirklich zu kalt; ich gehe ins Bett. Verzeihen Sie der alten Dame das zusammenhanglose Gestammel, seien Sie herzlich gegrüßt und grüßen Sie Ihre Damen.

Immer noch Ihre Hedwig.

[Fortsetzung auf der ersten Briefseite:] Daß ich Maxa damals versäumte, hat mir furchtbar leid getan.

München 30. 6. 1921

Lieber Harden – die Tage nehmen schon wieder ab, die Münchner Jugend hat halbnackt um die Sommerwendfeuer getanzt, und es will Abend werden. Vorm endgültigen und ewigen Schlaf möchte ich Ihnen doch noch einmal Gute Nacht sagen. Denn es war ja doch schön! und man sollte nicht one Abschied auseinandergehen. Wissen Sie noch, Harden, wie wir uns in der Friedrichstraße trafen und Mimchen uns bekannt machte und ich bouche béante sagte: »nanu, *das* ist Maximilian Harden?!« Denn Sie sahen ja so furchtbar jung und niedlich aus. Nun sitzt man da, mit weißen Haaren und traurig vereinsamtem Herzen, und es ist doch schade, daß man mit den ganz Wenigen, die man noch gern hat und für die man sich unauslöschlich aufs wärmste interessirt, schön sachteken sich gänzlich auseinander lebt. Denn, gestehen Sie es nur: *Sie* sind auseinander. Ich ja kein bischen. Aber darüber wollen wir nicht reden, es muß wol so sein; denn sonst wäre es ja nicht. Alle paar Monate schicke ich Ihnen aber doch noch einen Gruß, wenn er auch one Echo verhallt.

Und bleibt er eines Tages ganz aus, so merken Sie daran, daß die olle treue Hedwig nun auch gestorben ist. Gott hab' sie selig, sie war eigentlich ganz nett. – Aber das geistige Band, das uns so schön einte, das besteht noch. Neulich sagt doch Alfred ganz giftgeschwollen und wol vor Zorn zu mir: »du bist wirklich völlig verrottet!« Weil ich mir nämlich zu sagen erlaubt hatte, daß ich für diesen Hölz sehr viel übrig hätte, ihn für einen ganzen Kerl hielte, um den's mir leid wäre. Gottseidank war das ja Tage vor dem Erscheinen der »Zukunft«, denn sonst hätte es ja wieder geheißen, ich schwätzte Ihnen alles nach. Wärend ich in geheimer Sympathie doch nur so oft ebenso denke und empfinde wie Sie; wie es denn Ihr Cade, Moor, Hölz wieder so eklatant erwies. Überhaupt, reichen Sie mir die Hand! denn wir waren ja »in abgelebten Zeiten« für einander bestimmt.

Was soll ich Ihnen von mir erzälen? wir leben ganz still und ganz abseits. Ich habe niemanden, mit dem ich reden könnte. Wie es sonst in München aussieht, wissen Sie aus den Zeitungen und berufeneren Berichten: ekelhaft, höchst ekelhaft. Und ich fand nicht einmal Trost und Erhebung bei Tagore, denn dem bin ich nicht beigegangen. Ich hasse und misachte alle solche durch Popularitätswogen emporgehobenen Schönschwätzer und bleibe ihnen aus Opposition stets ferne. Von der Duncan an, die ja nicht selber schwätzte, aber umsomehr umschwätzt ward, habe ich's immer so gehalten, ich glaube, ich gehörte damals, als unsre Professoren in aesthetischer Begeistrung die Augen verdrehten, zu den wenigen Münchnern, die die Duncan nicht tanzen gesehen haben. Und diesen Rabinadrath habe ich gleichfalls gemieden. Die Reklame vom Kurt Wolff-Verlag konnte einem noch den Rest von Sympathie rauben, nachdem die schön gepflegten Haar- und Bartlocken mir den Kerl schon ziemlich verekelt hatten. Katja meinte, er sehe aus wie ein Mittelding zwischen Christus Lang und Lujo Brentano. Arme Katja! sie kommt zu keiner Ruhe. Ein Hausstand mit 6 Kindern ist bei den heutigen – beinahe hätte ich geschrieben »Dienstbotenverhältnissen« – also: Hausangestelltenverhältnissen einfach eine Katastrophe. Sie wechselt jeden Monat ihre drei Mädchen, neue die sie engagirt, treten einfach nicht an, und bei unerhörten Ansprüchen werden die Leistungen immer lächerlicher. In dieser Beziehung – wie übrigens in mancher andern auch – ist man hier viel, viel schlechter dran, als in Berlin. Ich bin eben im Begriff, für 14 Tage den Münchner Staub von meinen Füßen zu schütteln. In Zürich lebt mir eine mich liebende Freundin, die mich nicht nur uffjefordert, sondern direkt injeladen hat; denn sie ist so reich wie woltätig. Auf eigene Kosten könnte unsereins – bei *die* Valuta! – unmöglich 2 Wochen in der Schweiz leben, schon die Reise ist ja eine erschütternde Angelegenheit. Heute bin ich den ganzen Tag herumgerannt: Schweizer Visum, Paß, deutscher Sichtvermerk; aber nein, nun muß ich auch noch aufs Rentamt, one dessen Erlaubnis ich keine Ausreise bewilligt bekomme. Gott, ich habe doch garkein Vermögen, das ich verschieben könnte! Daß man immer noch so gehemmt ist in seiner Bewegungsfreiheit, macht einem das Reisen, wie überhaupt das Leben, recht zuwider. Gehen Sie irgendwohin? nach der unerhörten, unausgesetzten Arbeit des Jares bedürfen Sie *unbedingt* der Ruhe und Ausspannung.

Kommt Maxa wieder nach Bayern? Hoffentlich verfehle ich sie diesmal dann nicht. *Sie* dürfen nicht. Denn hier haut man ja; wenn man nicht lieber totschießt.

Seien Sie herzlichst gegrüßt von Ihrer unvergeßlichen (eine, die nicht vergißt)

Hedwig

Beste Grüße den Damen.

München 4. 4. 1922.

Lieber Harden – ich weiß nicht, ob ich schreiben darf: lieber Freund Harden, oder ob ich schreiben muß: lieber Feind Harden – aber nun versuche ich es auf alle Fälle noch einmal. Denn ich finde, daß man eine Freundschaft von über 30 Jaren nicht so einfach, one Sing und Klang, one Erklärung und Aussprache, über die Mauer werfen darf. Ich hoffe für Sie, ja ich nehme an, daß Sie reicher an waren Freunden sind, als ich es bin. Ob Sie aber *so* reich sind – ich meine nicht an Anhängern und Bewundrern, sondern an Menschen, die Ihnen persönlich, intim, herzlich anhangen, wie ich es in Wärme und inniger Anteilnahme eine Ewigkeit lang tue – daß Sie solche Freundin one einige Einbuße, und eigentlich one jeden Grund, einfach abschaffen, das würde mich für Sie zwar freuen, aber doch einigermaßen überraschen. *Ich* jedenfalls bin so reich nicht, ich bin sogar scheußlich arm, und ich empfinde den Verlust so langjäriger, mir wertvoller Beziehungen schmerzlich.

Ich nehme also an, Sie haben den damaligen Artikel von Th. M. sehr übel genommen, und Sie haben es mir übel genommen, daß ich meinem Schwiegertommy erlaubt habe, ihn Ihnen zu schicken. Daß ich mit dem Inhalt in keiner Weise einverstanden war, dürften Sie doch wol wissen. Warum schreiben Sie mir denn nicht einfach: »ja, meine Liebe, Sie sind wol blödsinnig? wie konnten Sie zugeben, daß man mir dieses ärgerliche Machwerk zusandte, ich nehme Ihnen das sehr übel, Sie sind ja viel dummer, als ich dachte; aber da Dummheit eine Gottesgabe ist, drücke ich ein Auge zu, und darum keine Feindschaft nicht.« Dann würde ich Ihnen mein wirklich aufrichtiges Bedauern ausgesprochen und Ihnen betrübt zugegeben haben, daß fortschreitende Verkalkung meine Urteilskraft vermutlich schon in bedenklichem Maße getrübt habe. Und damit hätte doch der Zwischenfall erledigt sein können. Statt dessen lassen Sie mich wortlos in der Versenkung verschwinden, und wenn ich tot bin, tut's Ihnen vielleicht doch ein bischen leid. Denn ich war Ihnen all diese vielen Jare one Wank in Treue ergeben, und eine neue, die Ihnen die nächsten 30 Jare (nach deren Ablauf Sie 90 sind, mein Werter!) ebenso herzlich ergeben ist, finden Sie ja doch nicht. Also: wollen wir nicht wieder gut sein?

Nun warte ich auf Ihre Antwort und bleibe inzwischen, etwas zaghaft, aber in alter Freundschaft,

Ihre

Hedwig.

Anhang

Zu dieser Ausgabe

Im Januar 1953 übereignete die Tochter des Berliner Publizisten Maximilian Harden den schriftlichen Nachlaß ihres Vaters dem Bundesarchiv in Koblenz; darunter befanden sich auch die bisher nur auszugsweise veröffentlichten 141 Briefe, die Hedwig Pringsheim zwischen Mai 1900 und April 1922 ihrem Freund geschrieben hatte.

Es ist nicht auszuschließen, daß die tatsächliche Zahl der Briefe wesentlich höher war; darauf deuten die wenigen Briefe aus der Zeit nach dem Ersten Weltkrieg hin. Erhebliche Teile des Harden-Nachlasses können nach 1933, auf der Odyssee von Berlin über Palästina nach Koblenz, verlorengegangen sein. Bis auf vier Briefe, deren Entstehungszeit sich ermitteln ließ und die in diesem Band chronologisch eingeordnet sind, liegen alle Briefe Hedwig Pringsheims datiert vor. Hardens Antworten sind nicht überliefert.

Bis zum Ersten Weltkrieg, genauer bis Oktober 1915, verwendete Hedwig Pringsheim für ihre in München geschriebenen Briefe zumeist einen vierseitigen Briefbogen mit eigenem, vorgedrucktem Briefkopf: den verzierten Initialen ihres Namens (HP) und der Anschrift »München, Arcis-Straße 12«. Ab September 1905 benutzte sie einen neuen Briefkopf, auf dem ihre Initialen von einem auf der Spitze stehenden Quadrat eingerahmt sind. Die Schrift füllt in der Regel den gesamten Briefbogen aus; mitunter, wenn der Platz nicht mehr ausreichte, läuft sie auf dem Rand weiter.

Die Handschrift, in einem zierlichen Sütterlin, ist gleichmäßig, aber nicht immer leicht lesbar. Kaum zu unterscheiden ist die Schreibung von »d« und »D«; »M« und »W«. Oftmals war hier die Textkonstitution nur aus dem Sinnzusammenhang möglich. Groß- und Kleinschreibung variieren nach einem Doppelpunkt, häufig auch nach einem Punkt.

Die Briefe werden buchstaben- und zeichengetreu wiedergegeben. Orthographischen Eigenarten Hedwig Pringsheims – wie die konsequente Auslassung des Dehnungs-h, oftmals auch des Dehnungs-e – wurden um der Authentizität willen beibehalten. Fehlende Abführungszeichen und schließende Klammern werden ergänzt. Unterstrichene Wörter gibt der Text kursiv wieder. Auf Mehrfachunterstreichungen weisen die Anmerkungen ausdrücklich hin.

Zwar formulierte Hedwig Pringsheim durchgehend stilistisch sorgfältig, einer nochmaligen gewissenhaften Korrektur wurden die Briefe selbstverständlich nicht unterzogen. Offenkundige Verschreibungen und Flüchtigkeitsfehler – wie die Kleinschreibung bei Anrede – wurden korrigiert. An folgenden Stellen (Seite, Zeile) wurde in den Text eingegriffen:

31,20	in der er es betrieb] in der es betrieb
43,13	sind Sie ein heiterer] sind sie ein heiterer
71,35	aus argentinischen Familien] aus argentinischen Familie
79,28	ich wollte es Ihnen] ich wollte es ihnen
82,20	aus Ihrem trefflichen Artikel] aus ihrem trefflichen Artikel
112,21	so rufe ich Sie an] so rufe an Sie an
119,24	gründlich Ihre Meinung] gründlich meine Meinung
123,30	Amerikaner und Engländer, sagten] Amerikaner und Engländer, sagte
130,11	und falls ich sie] und falls ich Sie
134,20	glauben, Sie hätten mich] glauben sie hätten mich
154,12	Ihre Sorgen] ihre Sorgen
168,24	das Verbot, das] das Verbot, daß
190,12	Einäugige] Einäuige
198,1	Transcendentale] Transendentale
198,3	Dürrer] Dürer
207,31	Beefsteaks] Beesteaks
220,2	wies Ihre »letzte« Nachricht] wies ihre »letzte« Nachricht
232,28	seitdem Bruno Frank Sie] seitdem Bruno Frank sie
233,15 u. 17	Eisler] Eisner
233,25	Sie würden demnächst] sie würden demnächst
245,1	Werkalltage] Werkaltage

Auf seiner jahrelangen Wanderschaft hat das Briefkonvolut in Einzelfällen Beschädigungen davongetragen, die in den transkribierten Texten vermerkt sind. Zusätze der Herausgeber stehen im Text in eckigen Klammern.

Auffallend ist, daß aus den Jahren 1919 bis 1922 nur acht Briefe überliefert sind. Die geringe Zahl läßt, wie gesagt, auf Verluste des Harden-Nachlasses schließen. Denkbar ist aber auch eine nachlassende Schreibtätigkeit Hardens, der sich in diesen Jahren intensiv mit der eigenen politischen Karriere beschäftigte und die Übertragung eines Regierungsamtes erwartete, wie man aus den Erinnerungen Emil Ludwigs erfährt.

In der »Vossischen Zeitung« erschienen in den Jahren 1929 bis 1932 in loser Folge insgesamt elf autobiographische Feuilletons von Hedwig Pringsheim, unter ihnen »Meine Eltern Ernst und Hedwig Dohm«, »Ernst Dohms Montag-Abende«, »Häusliche Erinnerungen«, »Wie ich nach Meiningen kam« und »Auf dem Fahrrad durch die weite Welt«. Der Abdruck dieser fünf für Herkunft, Lebensweg und Persönlichkeit Hedwig Pringsheims besonders aufschlußreichen Erinnerungen ergänzt diese Briefausgabe. Die Wiedergabe der Texte erfolgt in einer behutsam modernisierten Fassung.

Den Abdruck der Briefe, die hier erstmals vollständig präsentiert werden, ermöglichte die freundliche Unterstützung des Bundesarchivs in Koblenz. Ein besonderer Dank gebührt der in der Nähe von Paris lebenden einzigen Enkelin Maximilian Hardens, Frau Eva Werner, die dieses Projekt in jeder Hinsicht unterstützte und zahlreiche Fotos aus ihrem Privatbesitz zur Verfügung stellte. Die stets engagiert-kritische Begleitung und die einfühlsame Betreuung durch die Lektorin des Aufbau-Verlages, Frau Dr. Christina Salmen, waren uns ein wichtiger Ansporn.

Chronik
Hedwig Pringsheim

1855	*13. Juli:* Hedwig Pringsheim wird als älteste Tochter des liberalen jüdischen Schriftstellers und Chefredakteurs des satirischen Wochenblattes »Kladderadatsch« Ernst Dohm (1819–1883) und der Frauenrechtlerin und Schriftstellerin Hedwig Dohm, geb. Schleh (1833–1919), in Berlin geboren. Das Elternhaus ist ein beliebter Treffpunkt der Berliner Künstler und Intellektuellen.
1856	Geburt der Schwester Ida Marie Elsbeth, genannt Else, verh. Rosenberg.
1858	Geburt der Schwester Marie Pauline Adelheid, genannt Mieze, verh. Gagliardi.
1859	Geburt der Schwester Eva, verw. Klein, verh. Bondi.
1866	Tod des Bruders Hans Ernst (geb. 1854).
1875–1877	Schauspielausbildung am berühmten Herzoglichen Hoftheater in Meiningen. Bekanntschaft mit dem wohlhabenden musikbegeisterten Mathematiker Alfred Pringsheim (1850–1941).
1878	Abbruch der Theaterlaufbahn. *23. Oktober:* Heirat mit Alfred Pringsheim.
1879	*9. August:* Geburt des Sohnes Erik (gest. 1909).
1881	*19. März:* Geburt des Sohnes Peter (gest. 1963).
1882	*7. April:* Geburt des Sohnes Heinz (gest. 1974).
1883	*24. Juli:* Geburt der Zwillinge Klaus (gest. 1972) und Katia (gest. 1980).
1886	Alfred Pringsheim wird außerordentlicher Professor für Mathematik an der Universität München; seit 1901 ordentlicher Professor.
1890	Umzug in das neuerbaute Palais in der Münchner Arcisstraße 12. Das herrschaftliche Domizil der Pringsheims wird zu einem gesellschaftlichen und kulturellen Mittelpunkt der Stadt.
ab 1898	Studium und Berufseintritt der Kinder: Erik (Jura), Peter (Physik; später Professor für Physik), Heinz (Archäologie,

	Musikwissenschaft; später Komponist), Klaus (Musikwissenschaft, später Dirigent und Regisseur), Katia (Mathematik).
Um 1892	Bekanntschaft mit dem Berliner Publizisten Maximilian Harden.
1900	*13. Mai:* Beginn des überlieferten Briefwechsels.
1901–1916	Gasthörerin an der Universität München (Philosophie, Kunstgeschichte, Archäologie).
1902	*Oktober:* Einwöchiger Besuch bei ihrer Mutter in Meran.
1905	*11. Februar:* Heirat der Tochter Katia mit Thomas Mann. *9. Juli:* Der hochverschuldete Sohn Erik wird vom Vater nach Argentinien verbannt. *August:* Urlaub am Vierwaldstätter See. *Oktober:* Begleitung des Ehemanns zum Naturforscher-Kongreß in Meran; anschließend einwöchiger Aufenthalt in Obermais-Meran mit der Mutter. *9. November:* Geburt der Enkelin Erika Mann.
1906	*Mai:* Mehrtägige Reise nach Nürnberg; Zusammentreffen mit den Söhnen Heinz und Klaus. *Juni:* 5tägige Reise nach Wien, wo Sohn Klaus engagiert ist. *18. November:* Geburt des Enkels Klaus Mann. – Thomas Manns Erzählung »Wälsungenblut« erscheint; die Anspielungen auf die Familie Pringsheim provozieren in München einen Gesellschaftsskandal.
1907	*August:* Urlaub im holländischen Badeort Domburg.
1907/08	*November–März:* Besuch bei Sohn Erik in Argentinien.
1908	*Ende März–Mitte April 1908:* Dreiwöchige Reise mit Ehemann und Sohn Peter nach Italien. *Ende Juli:* Besuch bei der Mann-Familie in Bad Tölz. *August:* Reise nach Bayreuth.
1909	*21. Januar:* Tod des Sohnes Erik in Argentinien.
1910	*April:* Reise nach Konstantinopel und Griechenland.
1911	*April:* Reise nach Paris.
1912	*März und August:* Aufenthalt bei der Tochter Katia im Waldsanatorium Jessen in Davos. *Juni:* 8tägige Reise nach Prag und Wien.
1913	*September:* Mit Ehemann und Sohn Peter in Sils-Maria, Engadin.
1914	*Juli:* Reise des Sohnes Peter zu einem Physikerkongreß in Australien; Internierung bis Kriegsende.
1916	*September:* Erholungsaufenthalt in Wildbad.

1919	*4. Juni:* Tod der Mutter (»Mimchen«) in Berlin.
1921	*Ende November:* Bruch Maximilian Hardens mit den Familien Pringsheim und Mann nach einem Zerwürfnis mit Thomas Mann.
1922	*4. April:* Letzter Brief Hedwig Pringsheims an Maximilian Harden; Emeritierung Alfred Pringsheims.
1933	*November:* Abriß des Palais in der Arcisstraße 12 nach Enteignung durch die Nationalsozialisten; Umzug in eine Etagenwohnung am Maximiliansplatz.
1939	*Oktober:* Emigration in die Schweiz.
1941	*25. Juni:* Tod Alfred Pringsheims in Zürich.
1942	*27. Juli:* Tod Hedwig Pringsheims in Zürich.

Chronik
Maximilian Harden

1861	*20. Oktober:* Maximilian Harden (eigentl. Felix Ernst Witkowski) wird als Sohn eines jüdischen Seidenhändlers in Berlin geboren.
1874–1884	Schauspielausbildung und Tourneen mit verschiedenen Wandertruppen.
1881	Konversion zum Protestantismus.
ab 1884	Tätigkeit als Journalist; zunächst Theaterkritiker für in- und ausländische Zeitungen; zahlreiche Artikel zu politischen Themen, die unter dem Pseudonym »Apostata« in der Zeitschrift »Gegenwart« erscheinen, machen Harden bekannt.
1888–1898	Ehe mit der Schauspielerin Josefine Katarine Joost.
1889	Mitbegründer des Theatervereins »Freie Bühne«; als Berater von Max Reinhardt Mitwirkung an der Gründung des Deutschen Theaters in Berlin.
1892	Gründung der literarisch-politischen Wochenzeitschrift »Die Zukunft« (1892–1922), die zu einem der einflußreichsten publizistischen Organe im Kaiserreich wird. Anfangs ein konservativer Monarchist und Bismarck-Verehrer, entwickelt sich Harden zu einem scharfen Kritiker Kaiser Wilhelms II.
1898	Beginn der Beziehung zu Selma Fontheim, geb. Isaac. *4. Juni:* Geburt der Tochter Maximiliane (Maxa).
1899–1901	Mehrmonatige Festungshaftstrafen wegen Majestätsbeleidigung.
1900	Beginn der langjährigen Freundschaften mit Frank Wedekind und Heinrich Mann.
1906–1909	Eulenburg-Affäre: In einer Artikelserie greift Harden die Entourage des Kaisers an, er bezichtigt Fürst Philipp zu Eulenburg und Hertefeld und dessen Kreis des Meineids und der Homosexualität. Die Artikel führen zu drei Sensationsprozessen gegen Harden, die das Ansehen des Kaiserhauses stark erschüttern.

1908/09 Infolge der »Daily Telegraph«-Affäre fordert Harden die Abdankung des Kaisers. Vortragsreise durch Deutschland.

1910 »Die Zukunft« erreicht mit 23 000 Exemplaren ihre höchste Auflage.

1912 Auf Einladung der Osloer Studentenschaft erfolgreiche Vortragsreise durch Norwegen.

1914–1918 Nach anfänglicher Kriegsbegeisterung wandelt sich Harden bald zum entschiedenen Kriegsgegner; »Die Zukunft« wird mehrfach verboten und beschlagnahmt.

1918 Erfolglose Bemühungen um ein Regierungsamt; kritische Haltung zur Weimarer Republik.

1919 Heirat mit Selma Fontheim; Ende der langjährigen Freundschaft mit Walther Rathenau.

1922 *3. Juli:* Wenige Tage nach der Ermordung Walther Rathenaus überlebt Harden schwerverletzt ein antisemitisch motiviertes Attentat. *30. September:* Die letzte Ausgabe der »Zukunft« erscheint. Rückzug aus dem politischen Leben.

1927 *30. Oktober:* Maximilian Harden stirbt während eines Kuraufenthaltes in Montana (Wallis) an den Folgen eines chronischen Bronchialleidens.

Hedwig Pringsheims Feuilletons in der »Vossischen Zeitung« *(Auswahl)*

Meine Eltern Ernst und Hedwig Dohm

Ist es taktlos oder ist es pietätvoll, wenn man über seine eigenen Eltern schreibt? Dieser Frage habe ich lange nachgedacht und bin zu dem Resultat gekommen, daß man es vielleicht eher pietätvoll nennen könnte. Warum sollte man hervorragende Menschen nicht für einen kurzen Augenblick aus dem Meere der Vergessenheit in das Dämmerlicht der Erinnerung emportauchen lassen? Und wer hat sie besser gekannt als die eigene Tochter? Ich habe meine Eltern zärtlich geliebt, ich liebe sie immer noch, und es drängt mich, von ihnen zu sprechen; ich wag's.

Mein Vater, Ernst Dohm, einer ursprünglich jüdischen Familie entstammend, aber schon als kleines Kind getauft und, wie das bei Konvertiten ja so häufig ist, in streng protestantischer Religionsübung aufgewachsen, wurde nach dem frühen Tode des Vaters von der frommen Mutter und einer wohlhabenden pietistischen Freundin des Hauses, die den Unterhalt der in kärglichsten Verhältnissen lebenden Familie zum größten Teil bestritt, zum Geistlichen bestimmt. Vater hat uns oft erzählt, wie armselig es bei ihnen zuging, wie er mit der Mutter und den beiden Schwestern abends um den runden Tisch saß, auf dem in der Mitte ein einziges Talglicht brannte, die drei Frauen handarbeitend, er seine Schulaufgaben lösend. Wir Heutigen, denen keine Elektrizität hell genug strahlt, können uns diesen Zustand nicht mehr vorstellen; und doch hat dieses Talglicht nicht gehindert, daß Vater eine Leuchte humanistischer Bildung und Kultur wurde, und seine lateinischen Gedichte im »Kladderadatsch« haben seinerzeit die staunende Bewunderung aller Kenner erregt. Er studierte also Theologie, hat seine Probepredigten auf der Kanzel auch absolviert. Vater in Talar und weißem Beffchen, das ist schon eine tolle Vorstellung! Er selbst empfand es denn auch als eine Unmöglichkeit, zog trotz frommer Mutter und frommerer Beschützerin Talar und Beffchen aus und wurde Hauslehrer, zunächst auf dem Lande, später in Berlin, fand dort allerlei Verbindungen, und als das tolle Jahr 48 hereinbrach, war auf einmal – Kladderadatsch! – der »Kladderadatsch« da, den er mit seinen Vettern Rudolf Löwenstein und David Kalisch und dem genialen Zeichner Wilhelm Scholz im Verlage von A. Hofmann begründete, der wie eine Bombe eingeschlagen haben muß und den er bis zu seinem Tode im Jahre 1883 als verantwortlicher Redakteur zeichnete.

Groß war der Erfolg dieses kühnen Unternehmens, knapp die Bezahlung. So mußte Vater durch Privatstunden sein Einkommen zu vergrößern trachten, zumal er Mutter und Schwestern zu erhalten hatte. Und so kam er eines Tages durch irgendeine Vermittlung in das Haus des wohlhabenden Tabakfabrikanten G. A. Schleh, dessen Frau und Tochter zu einer Reise nach Spanien zum Besuch des dort verheirateten ältesten Sohnes rüsteten. Er konnte zwar nicht Spanisch, aber mit Intelligenz und Energie kann man ja alles (sogar kochen), und so lernte denn Hedwig Schleh die Anfangsgründe des Spanischen bei diesem entgleisten jungen Theologen. Und noch etwas anderes lernte sie bei ihm, das dann ein Jahr später, nach der Rückkehr aus Spanien, zur Verlobung und Ehe führte, sehr zum Mißvergnügen von Tabakfabrikantens, die sich einen Schwiegersohn mit soliderer Basis gewünscht hätten.

Recht kümmerlich, recht bescheiden muß es in der jungen Wirtschaft hergegangen sein. In der Marienstraße kam das erste Kind zur Welt, unser einziger Bruder, der mit zwölf Jahren am Scharlachfieber starb, dann Jahr um Jahr ein Töchterchen, vier hübsche, vielversprechende Mädchen. Die Geldsorgen, die ihn sein ganzes Leben verfolgt, die ihm sein ganzes Leben verbittert haben, begannen wohl schon damals. Er galt für leichtsinnig in Geldsachen. Er war es nicht. Jämmerlich bezahlt, wie er war, mit Frau und fünf Kindern, hatte er einfach nie genug, um das Notwendigste zu erschwingen, mußte Schulden machen, und wie es dann so geht mit Schulden: sie wachsen lawinengleich an, bis sie den schuldlos Schuldigen eines Tages verschütten. Ich erinnere mich aus meiner frühesten Kindheit, daß immer so komische kleine geheimnisvolle Zettel an versteckten Stellen unserer Möbel klebten, manchmal verschwanden die Möbel, manchmal kamen sie wieder: es war eine mysteriöse und spannende Angelegenheit. Sehr deutlich aber entsinne ich mich des Tages, an dem unser Klavier abgeholt wurde, denn da waren wir schon größere Mädchen mit Musikunterricht. Während die in der Etage unter uns wohnenden alten Freundinnen und frommen Beschützeinnen der Familie ihr Haupt verhüllten und bitterlich weinten, führten wir bösen Kinder einen wilden Indianer- und Freudentanz um das arme kleine Pianino herum auf, weil wir nun keine Klavierstunden mehr zu nehmen brauchten. Haben auch nie wieder welche bekommen. Wieweit Vater unter diesen Dingen gelitten haben mag, entzieht sich meiner Kenntnis. Er war so ein seltsames Gemisch von leichtem Sinn und pedantisch bürgerlichem Ordnungsdrang, daß er doch wohl oft recht bedrückt gewesen sein mag.

Er war ein überaus zärtlicher Vater, nie hörten wir ein hartes Wort von ihm. Nur einmal, so geht die Sage, soll er mich als vierjähriges Kind wegen einer hartnäckigen Lüge mit einem Strick gehauen haben, und das hat mir einen so unauslöschlichen Eindruck gemacht, daß ich noch jahrelang jedem Besucher erzählte: »Gestern hat mir mein Vater aber furchtbar gehauen.« Und gelogen habe ich mein ganzes Leben lang nie wieder. An jedem Geburtstag schenkte er uns Kindern fünf Taler. Aber das wußten wir aus Erfahrung: wenige Tage danach kam er etwas verlegen: »Ach, du könntest mir mal deine fünf Taler leihen, ich habe gerade heute kein Geld im Haus.« Natürlich gaben wir sie ihm und – sahen sie nie wieder. Armer Vater! Er tat uns so leid.

Ein paarmal wurde er von Freunden »rangiert«. Das letztemal im Winter 69 auf 70. Damals wurde unser Haushalt aufgelöst, Vater ging für den Winter nach Weimar, Mutter zu ihrer Malerin-Schwester nach Rom, meine drei jüngeren Schwestern kamen nach Eisenach in eine Pension, nur ich als fanatische Berlinerin von vierzehn Jahren blieb bei den Großeltern in der Tiergartenstraße. Als ich dann im Sommer ebenfalls in die Pension verschickt wurde, besuchte ich auf der Durchreise in Weimar Vater, aus den beabsichtigten paar Stunden wurde aber eine volle Woche, denn man beging dort eine große Beethovenfeier, der stolze Vater wollte mit seinem hübschen Töchterchen gerne etwas prunken und behielt mich zurück. Aber in der überfüllten Stadt war kein Unterkommen für mich zu finden, bis Franz Liszt, der dort Allmächtige, einfach dekredierte: sie wohnt bei der Janina. Ich schlief eine ganze Woche also in einem Zimmer mit der Janina, was bei den ehrwürdigen Bonzen von Weimar ein berechtigtes Schütteln des Kopfes hervorrief. Denn die Janina, eine pikante, zierliche kleine Polin, war die damalige Geliebte en titre von Liszt, die sich später durch ihren autobiographischen Roman »Les Souvenirs d'une Cosaque« einen Namen gemacht hat und wohl wirklich keine ganz passende Schlafkumpanin für ein so junges, unschuldiges Kind war. Vater fand aber gar nichts dabei, meinte, es könne mir nichts schaden. Hat mir auch nichts geschadet, ich verstand den Zusammenhang einfach nicht und genoß diesen unverhofften Aufenthalt in Weimar mit all den Berühmtheiten wie Liszt, Frau Viardot, St. Saëns, Turgenjew und wie sie alle hießen, unter denen Vater der allbeliebte Gesellschafter war, in vollen Zügen. Bald darauf brach ja der Krieg aus. Vater mußte nach Berlin zurück, wohin seine Stellung als Redakteur ihn nun zwingend rief, im Herbst 70 fand sich die ganze Familie wieder in der neueingerichteten Wohnung in der Magdeburger Straße zusammen, die Gehälter der »Gelehrten des Kladderadatsch«, die nun in eine Art Teilnehmerverhältnis eingetreten waren, wurden wesentlich aufgebessert, und von da ab lebten wir wohl in ziemlich rangiertem Zustand, ganz gesellig und angenehm.

Ja, wie war Vater eigentlich? Kompliziert wie alle Menschen. Gütig, weich, sentimental bis zur Schwäche, konnte keinem Menschen eine Bitte abschlagen, gab mit vollen Händen, ohne zu haben, mußte dann borgen, mit wüsten Wucherern handeln und lügen, unwürdig sich demütigen. »Jüdische Wucherer sind schlimm«, pflegte er zu sagen, »aber wehe dem, der christlichen in die Klauen gerät.« Jemandem wehe zu tun, brachte er nicht übers Herz. Waren da in Weimar zwei alte Fräulein Stahr, die ihn liebend verehrten. Die setzten ihm eines Mittags Teltower Rübchen vor, ein Brechmittel für ihn. »Mögen Sie das etwa nicht?« fragten sie ängstlich. Und er: »Mein Leibgericht!« Von da ab bekam er jedesmal dieses sein Leibgericht vorgesetzt, das sie eigens aus Berlin für ihn kommen ließen: und er würgte es, ohne eine Miene zu verziehen, hinunter. Eine andere Hausfrau entschuldigte sich bei ihm, weil er beim Dessert eine »mudicke« Birne erwischt hatte. »Aber die esse ich ja gerade besonders gern«, log er. Der Erfolg war, daß man ihm in diesem Hause nur noch sorgfältig ausgesuchte »mudicke« Birnen servierte. Belanglosigkeiten? Natürlich, ja; aber so ungemein charakteristisch für ihn. Charakteristisch auch die Sache mit seinem Freunde Truhn, einem genialischen, aber heruntergekommenen Musiker, der noch dazu Hieronymus mit Vornamen hieß. Also Hieronymus Truhn wurde jahrelang von Vater und anderen Freunden, die auch nichts hatten, erhalten, und wenn in der lustigen Kumpanei die Monatsraten einkassiert wurden, stimmte man das von Vater gedichtete Bundeslied an, das also anhub:

»Lasset uns den Truhn ernähren
Denn er ist nun einmal da ...«

In diesem »ist nun einmal da« liegt ein so himmlischer Humor und so viel humorvolle Güte, daß man den Verfasser heute noch umarmen möchte.

Der liebenswürdigste, reizendste Gesellschafter war er; man riß sich um ihn: mehr humoristisch als witzig, unter Umständen aber auch witzsprühend; in seinen Manieren ein Weltmann von urbansten Formen, dabei zuweilen naiv und weltfremd zum Weinen. Was ihm die schönen Damen alles aufbanden und was er gutgläubig hinnahm, das war um die Bäume hinaufzuklettern. In seiner Lebensführung von rührender Anspruchs- und Ahnungslosigkeit, frugal und abgehärtet, ist er nie gereist; außer einem kurzen Abstecher nach Wien und einem achttägigen Aufenthalt in der Schweiz, von einem wohlhabenden Freunde eingeladen, hat er von der Welt nichts gesehen. Der Thüringer Wald entzückte ihn, der genügte seinen Ansprüchen an Naturschönheit vollauf.

Eigentlich faulenzte er recht gern, wenn aber die Pflicht ihn rief, konnte er Nächte durcharbeiten, und seinem »Kladderadatsch« ist er nie etwas schuldig geblieben. Auf die wirklich klassische Übersetzung der Lafontaineschen Fabeln war er mit Recht stolz, und es hat ihn gekränkt, daß der Erfolg hinter seinen Erwartungen leider zurückblieb. Er hat auch sonst vielerlei übersetzt, die deutsche Übertragung der Offenbachschen »Belle Hélène«, der Lecoqueschen »Mam'zelle Angot« stammten unter anderem von ihm, witzig, gewandt, den Originalen getreu nachgebildet.

Er, der mich kleinen Lockenkopf einer kindlichen Lüge wegen einst hart gezüchtigt, konnte selbst prachtvoll lügen. Es scheint, Leute von Welt müssen lügen können, mundus vult decipi, wie wir Lateiner sagen. Und doch staunte ich nicht wenig, als ich im Hause Wahnfried, wohin Vater als Hausfreund mich im Jahre 76 zu einem Zyklus hatte einladen lassen, erfuhr, daß ich die ganzen Nibelungen fast wörtlich auswendig wüßte. Nicht eine Zeile davon hatte ich je auch nur gelesen! O Vater, Vater: wenn man mich examiniert hätte, wir wären böse hereingefallen. Macht nichts. Mit all seinen kleinen Schwächen und Menschlichkeiten war er ein wunderlicher und wundervoller Mann. Mit dreiundsechzig Jahren ist er gestorben, und er ist vergessen. Aber im Herzen seines »guten Kameraden«, seiner »Tramplagunde«, lebt er immerdar.

Und nun meine Mutter, Hedwig Dohm, die Vorkämpferin des Frauenrechts, ach: und nichts weniger als eine Kampfnatur! Wie diese Wunderblume auf dem flachen, sterilen Boden ihres Elternhauses erblühen konnte, ist mir immer ein Rätsel geblieben. Sie selbst hat ihre Jugend in einem ihrer zu Unrecht vergessenen Romane »Schicksale einer Seele« anschaulich und ergreifend geschildert. Der Vater indolent, die Mutter von unbegreiflicher Verständnislosigkeit und engherziger Borniertheit, die reizende älteste Tochter, deren Überlegenheit sie wohl instinktiv ahnte, lieblos beiseite schiebend: so wuchs sie unter fünfzehn Geschwistern (zwei von den achtzehn Kindern waren früh verstorben) einsam und fremd auf, ein phantastisches, nach Liebe und Schönheit schier verdurstendes Kind. Aus dieser verdüsterten und liebeleeren Jugend ist ihr eine gewisse Schüchternheit und Unsicherheit bis an ihr Lebensende geblieben. Und bis an ihr Lebensende hat sie es bitter beklagt, daß die elende Mädchenschulbildung jener Zeit sie auf Schritt und Tritt gehemmt hat. Ihr fehlte die solide Grundlage, darüber konnte sie zuweilen geradezu verzweifeln, und noch als alte Frau hat sie mit rührendem Eifer versucht, diese Lücken auszufüllen, hat in unserem Hause Vorlesungen von Ernst Dühring arrangiert, hat andächtig zu Simmels Füßen in der Universität gesessen, hat Rudolf Steiner veranlaßt, bei ihr Vorträge zu halten, hat keine Gelegenheit versäumt, nachzuholen, was die Jugend ihr vorenthalten.

Schön war sie und reizend; klein und zierlich von Gestalt, mit großen, grünlich-braunen Augen und schwarzen Haaren, die sie auf Jugendbildnissen noch in schlichten Scheiteln aufgesteckt trug, später aber abgeschnitten hatte und die dann halblang und leicht gewellt ihr wunderbares Gesicht umrahmten. Wenn sie als alte Frau über die Straße ging, blieben die Leute stehen und sahen ihr nach, so fabelhaft sah sie mit ihrem durchgeistigten Gesicht und den großen Augen, die schon hinter die Welt zu blikken schienen, aus. Nie habe ich eine Frau gekannt, die gütiger, verstehender, toleranter, warmherziger alles Menschliche in sich aufnahm, deren Herz sich weit öffnete für jede Freude und jedes Leid, jeden Fortschritt glühend begrüßte und im hohen Alter jünger und begeisterter war als alle ihre Kinder und Enkel zusammen.

Wann sie ihren Beruf als Schriftstellerin entdeckte, was sie ursprünglich antrieb, als Vorkämpferin für ihr Geschlecht die Feder zu ergreifen, weiß ich nicht so recht. Ihr Mann hat sie sicher nicht dazu animiert, sie aber auch nicht daran gehindert. Sie war, wie gesagt, zart und gebrechlich, schüchtern, empfindsam, ängstlich, bei Lichte besehen sogar schrecklich feig. Wer sie nur aus ihren Kampfschriften kannte und ein Mannweib zu finden erwartete, wollte seinen Augen nicht trauen, wenn ihm dies holde, liebliche und zaghafte kleine Wesen entgegentrat. Aber ein Gott hatte ihr gegeben, zu sagen, was sie gelitten, was sie in Zukunft ihren Geschlechtsschwestern ersparen wollte. Wenn ich heute ihre Schriften »Jesuitismus im Hausstande«, »Der Frauen Natur und Recht«, »Die wissenschaftliche Emanzipation der Frau« durchblättere, staune ich über die Kraft ihrer Feder, den Glanz ihres Stils, die Leidenschaft ihrer Gefühle und habe durchaus den Eindruck, daß sie die geborene Schriftstellerin war. Auch in ihren Romanen, die alle Tendenzbücher gewesen sind – denn ihrer Tendenz war sie hörig, war ihr mit Leib und Seele verschrieben –, zeigte sich ihre starke, nicht nur schriftstellerische, sondern man darf ohne Übertreibung sagen, dichterische Begabung. Sie selbst klagt in einer ihrer Schriften einmal wehmütig, daß sie teils ignoriert, teils verlacht werde. Die Zeit war eben noch nicht reif. Daß sie aber reif wurde, ist zu einem nicht geringen Teil Hedwig Dohms Verdienst, dieser kühnen, leidenschaftlichen Ruferin im Streit. Alles, wofür sie gekämpft und gelitten hat, wofür sie ausgelacht und angepöbelt worden ist, hat sich erfüllt, und zwar viel schneller, als man erhoffen durfte. Frauen-Gymnasialbildung und -Universitätsstudium, Erschließung wirtschaftlicher und wissenschaftlicher Berufe, sogar das aktive und passive Wahlrecht der Frau hat sie als beinahe schon Sterbende noch erlebt. Als ich sie fragte: »Freust du dich denn nicht, Mutter?«, schüttelte sie wehmütig ihren alten, schönen, lieben Kopf: »Zu spät, zu spät.« Aber das hat sie noch mit vollem Bewußtsein genossen, daß wenn auch noch nicht ihre Töchter, so doch ihre Enkelinnen sich der neuen Freiheit freuen durften: sechs von ihnen haben studiert, drei den Doktorhut erworben, alle stehen im Berufsleben.

Betrachtet man sie als Vorkämpferin und Dichterin, so war sie, ihrer Herkunft und ihrem Werdegang nach, fast ein Wunder: als Mutter aber war sie ein Märchen. Es ist ganz unmöglich, ohne Tränen im Auge an sie zu denken, von ihr zu sprechen. Eine süße Zärtlichkeit, eine aufopferungsvolle Liebe, ein stetes Sinnen und Trachten, ihre Kinder glücklich zu machen, sie zu freien, selbständigen Menschen zu erziehen, erfüllten sie bis zu ihrem Tode. Gewiß, sie war ein Mensch, hatte ihre kleinen menschlichen Schwächen und Fehler neben ihren großen Gaben: aber als Mutter war sie vollkommen. Und es ist gewiß ein seltenes, köstliches Verhältnis, das ihre vier alternden und alten Töchter bis zu ihrem Tode aufs innigste mit ihr verband.

Den Krieg hat sie mit schauderndem Entsetzen miterlebt, noch auf ihrem Sterbelager hat sie eine Anklage gegen die Furchtbarkeit dieses unfaßbaren Greuels niedergeschrieben, die nach ihrem Tode die »Vossische Zeitung« abgedruckt hat. Einer ihrer letzten großen Schmerzen war die scheußliche Ermordung von Rosa Luxemburg, sie hat lange und bitterlich darüber geweint.

In ihrem fast vollendeten achtundachtzigsten Lebensjahre ist sie gestorben, körperlich leidend und schmerzvoll, geistig von wunderbarer Frische.

»*Das* also war das Leben?« fragte sie sterbend, und in ihrem schon brechenden Auge lag nichts als maßloses Staunen.

Vossische Zeitung. Unterhaltungsblatt, 11. Mai 1930

Ernst Dohms Montag-Abende

Ich komme mir vor wie Richard Wagners Siegfried: singe Mären aus meinen jungen Tagen. Aber wenn der Redakteur aufstrebenden Talenten von 74 Jahren so fördersame Anerkennung zuteil werden läßt, so schlagen die jungen Talente eben über die Stränge. Wer Druckerschwärze geleckt hat …

Die verklungene Mär, die heute aus der Tiefe längst vergangener Zeiten aufsteigen will, soll von den Dohmschen Montagen singen, einer Angelegenheit, die in den siebziger Jahren des vorigen Jahrhunderts in der Berliner Gesellschaft eine Rolle spielte, deren sich wohl ganz wenige Mitlebende nur noch erinnern werden. Das kam so:

Wir vier Töchter des Hauses Dohm, mehr oder weniger hübsch – zwei mehr, zwei etwas weniger –, waren nun eben erwachsen, und die Eltern fanden, es müsse etwas für unser Vergnügen geschehen. Ein boshaft-witziger Bekannter von uns nannte das »den Laden aufmachen«. Wo heiratsfähige Töchter waren, mußte eben der Laden aufgemacht werden. Aber so war es bei uns keineswegs, wir sollten durchaus nicht an den Mann gebracht werden, wir sollten uns einfach amüsieren. So wurde zunächst nur den jugendlichen Freunden gesagt, wir wären die nächsten sechs Wochen jeden Montagabend zu Hause. Die Sache fand Anklang, es war nett, gemütlich, harmlos. Bald kamen einzelne Eltern mit, die brachten wieder neue Gäste angeschleppt, und im nächsten Jahr ging schon überall die Frage um: »Wann fangen denn eure Montage wieder an?« Die Sache hatte sich aus einem kleinen Jugend-Amüsement zu einer Sache der Berliner Gesellschaft entwickelt, man drängte sich zu »Dohms Montagen«, alle Kreise und Altersstufen waren vertreten, und als es eines Abends wegen allzu großer Überfülle scherzhaft hieß, es sei einer zum Fenster herausgefallen, rief Wilhelm Scholz vom »Kladderadatsch« freudig bewegt: »Gott sei Dank, dann ist ein Stuhl frei geworden!«

Nun kann man sich heute von der wirtschaftlich anspruchslosen Einfachheit dieser Art von Geselligkeit wohl kaum noch eine Vorstellung machen. Wir bewohnten in einem Hause der Potsdamer Straße, das nicht mehr steht, eine halbe Etage im dritten Stock, hatten, außer den Schlafzimmern, für Gesellschaft drei mittelgroße Räume zur Verfügung: Vaters Arbeitsstube, den sogenannten Salon und das Berliner Zimmer als Eßzimmer. Gelegentlich quollen die Gäste durch den hinteren schmalen Korridor in die Küche, und ich erinnere mich eines Abends, an dem die von einem amerikanischen Verehrer gespendeten Austern von einem Teil der sehr illustren Gäste – Namen von damals hoher Geltung – in der Küche mit irgendeinem ganz ungeeigneten Instrument geöffnet und gleich dort schnabuliert wurden, obgleich sie, glaube ich, scheußlich schmeckten.

Ja, was die gastronomischen Genüsse betraf, so wurde überhaupt sehr kurzer Prozeß gemacht. Wir vier Töchter gingen am Montag vormittag in die Stadt und befahlen unsere Einkäufe. Da war ein »feiner Fleischwarenhändler« Hefter, ein andrer Riqué

– weiß nicht, ob sie noch existieren –, die hatten gute Sachen, obgleich, wenn ich nicht irre, Riqué in einem Keller in der Jägerstraße hauste. Da kauften wir denn Schinken, verschiedene Wurstwaren, Zunge und, als Höhepunkt der Genüsse, »Saucißchen«.

Wo beginnen? Wer zählt die Völker, nennt die Namen, die gastlich dort zusammenkamen? Eigentlich müßte ich wohl mit dem Anfang anfangen, mit den Wirten Ernst Dohm, Hedwig Dohm; denn die waren doch die große Attraktion. Aber das kann ich nicht. Die will ich nicht mit der Masse abschlachten, die will ich mir als besondere Leckerbissen für ein besonderes Kapitel aufsparen.

Da wäre also die Literatur, wie sie damals blühte. Heute: Schatten aus der Unterwelt; damals: höchst lebendige Zelebritäten, die man jetzt kaum dem Namen nach mehr kennt. Ach ja, die Toten reiten schnell! Friedrich Spielhagen: liest heute noch irgend jemand seine Romane? Zu jener Zeit riß man sie sich aus den Händen, man schwärmte für »Problematische Naturen«, man liebte den Leo-Lassalle aus »In Reih und Glied« (ich war toll in ihn vernarrt!); und der Dichter, ein schöner, mehr zierlicher als imposanter Mann mit tiefen blauen Augen und sehr kleinen Händen und Füßen, teilte das Schicksal seiner Helden: man schwärmte für ihn, man liebte ihn.

Sein Gegenspiel nach jeder Richtung: Berthold Auerbach, der derb-bäuerische Sohn des Schwarzwalds und seiner Berge. Er war gemütlich, handfest, von plumper Statur, und unter dem Schutze seines biderben Bauerntums konnte er uns jungen Mädchen gegenüber manchmal allzu handfest sein. Und das junge Mädchen war wehrlos, denn er war ja *so* berühmt und *so* väterlich. »Bauerbach« hatte ihn der Berliner Witz getauft, seine Frau, die in der Ehe eine lose Hand führen sollte, »Hauerbach«, den Sohn »Schauerbach«, die Tochter »Lauerbach«.

Dann Hans Hopfen, so begabt wie urbajuwarisch, weswegen er seine Mitmenschen gern »ihrzte«, und seine wunderschöne erste Frau, die reizende Gusty aus Wien, stets sorgend bemüht, des Gatten Ruhm und Geschäft liebevoll zu fördern; Karl Frenzel, der gefürchtete und berühmte Kritiker und ganz unberühmte Romancier, ebenfalls mit einer bildhübschen, feinsinnig liebenswürdigen Frau. Julius Rodenberg, als Herausgeber der »Rundschau« höher gewertet denn als Dichter, mit Frau Justine, einer quicken kleinen Triestinerin; Julius Stettenheim, Redakteur der »Berliner Wespen«, der witzsprühendste kleine Kerl von der Welt, um den sich stets ein Kreis zu bilden pflegte, der über seine drolligen Einfälle und komischen Erzählungen Tränen lachte, Schöpfer des für eine kurze Ewigkeit unsterblichen »Wippchen«, ebenfalls mit einer hübschen munteren Wienerin verheiratet; Ernst von Wildenbruch, der Hohenzollernsprößling, kurz, gedrungen, pathetisch, den Kerr mit einem seiner feinsten Zitate: »Er ist nur ein Trompeter, und doch bin ich ihm gut«, glänzend charakterisiert hat.

Ach, aus vielen ist nichts geworden. Auch aus Albert Träger und mir nicht. Er war eine Zeitlang mein Sänger, der mich als seine »Muse«, sein »Idol« in zahlreichen Gedichten – vielleicht – verewigt *hätte*: wäre er als Dichter so hervorragend gewesen wie als Tischredner, denn da war er unerreicht, klassisch; aber zum Parlamentarier reichte es wohl doch nicht aus, er wurde immer nur bei Banketten und ähnlichen Gelegenheiten von der Partei herausgestellt. Gott, und beinahe hätte ich Paul Lindau vergessen, der mir kurze, sehr kurze Zeit als der Herrlichste von allen erschien. Dann hat er ja meine reizende Kusine Anna Kalisch geheiratet. Er war eben, aus der Provinz kommend, wie ein glänzendes Meteor am Berliner Himmel erschienen, amüsant, übermütig, äußerst begabt, frech, erfolgreich. Als ich kurz vor seinem Tode seine Nichte, die ihn in Berlin besucht hatte, fragte, wie es ihm ginge, meinte sie: »Körperlich nicht zum besten, sonst aber immer noch fidel und unanständig.« Ja, so war er: fidel und unanständig; aber daneben doch noch einiges, sogar viel, viel mehr. Erwähne ich nun noch Fritz Mauthner, der damals noch nicht der Philosoph von anerkannter Bedeutung, sondern ein junger, gerade von Prag hereingeschneiter, schwarzer junger Schriftsteller von großem Talent und ausgesprochenem Hang für das Ewigweibliche war, so habe ich die Literatur, so weit mein Gedächtnis reicht, erschöpft. Sollte ich einen vergessen haben, so brauche ich ihn nicht um Entschuldigung zu bitten; er ist ja doch tot.

Von bildenden Künstlern erwähne ich Paul Meyerheim, den Urberliner von echtem Schrot und Korn, der es eine affektierte Künstelei nannte, *keine* Pomade in die Haare zu tun; den sehr viel mondäneren, damals sehr berühmten Porträtisten Gustav Richter mit seiner schönen Gattin Kornelie, geborene Meyerbeer; Reinhold Begas, eine herrliche Erscheinung, mit Frau Grete, die mit ihrer pikanten Schönheit in der Gesellschaft große Verheerungen anrichtete; Wilhelm Scholz, den urwüchsig-genialen Zeichner des »Kladderadatsch«; Anton von Werner, bei Hof und in der Gesellschaft ebenso angesehen wie heute über die Achsel; den Orientmaler Wilhelm Gentz, das lustige Kleeblatt Jakob, Ehrentraut, Schaper und noch manchen heute Versunkenen und Vergessenen.

Von Musikern sei der geniale Rubinstein als vorübergehender Gast genannt; der weniger geniale, aber fabelhaft fingerfertige kleine Pianist Carl Tausig; der Cellist Heinrich Grünfeld, der in der Erzählung jüdischer Anekdoten so exzellierte, daß jemand, der ihn nur als gesuchten Gast von Diners her kannte, einst ganz erstaunt fragte: »Ach was, der spielt auch Cello?« Und *wie* spielte er Cello! Hans von Bülow, meinem Vater sehr befreundet, hatte damals Berlin schon verlassen. Komisch, daß wir als Kinder seine Frau »Tante Cosima« genannt haben. Ich kannte später in München eine junge Prinzessin, die von der Königin von Sachsen immer als von der »Tant' Carola« sprach. Darüber lachten wir amüsiert. Aber »Tante Cosima« ist doch schließlich viel erhabener, märchenhafter. Was ist eine Königin für eine lumpige Tant' Carola neben der Majestät einer Tante Cosima!

Nun wären noch die Politiker, die Parlamentarier, zu erwähnen. Da war vor allem der große kleine Eduard Lasker, der etwas mit der Zunge anstieß, trotzdem aber vielleicht die populärste Erscheinung des ersten deutschen Reichstags war; sein Fraktionsgenosse Freiherr von Stauffenberg, ein durch und durch vornehmer Mann, liebenswürdig, süddeutsch und kein bißchen mit der Zunge anstoßend; mein lieber, guter alter Freund

Ludwig Bamberger, mir bis zu seinem Tode in unwandelbarer Freundschaft ergeben, einer der feinsten, kultiviertesten Geister seiner Zeit, scharmanter Gesellschafter, scharmanter Hausherr und durch langjährigen Aufenthalt in Paris zu den urbansten und liebenswürdigsten Formen feinster Geselligkeit erzogen; H. B. Oppenheim, der Frankfurter Nationalökonom, hatte es zwar zu seinem Schmerz nur während einer Wahlperiode zum Mitglied des Reichstags gebracht, aber auch er ein hochgebildeter, feiner Kopf. Über ihn kursierte die Anekdote, daß Heinrich Kleist, als er seinen verunglückten Besuch bei Goethe in Weimar ausführte, nachher seinem Erstaunen darüber Ausdruck verliehen habe, daß Goethe ja genauso spreche wie H. B. Oppenheim! Ja, ja, das Frankfurterische ist schon so: wer's hat, den hat's.

Und nun die Schar der anderen, der Mitläufer. Je mehr Berühmtheiten auftauchten, um so heftiger drängten sich die kleinen Leute, die Nichts-als-Reichen aus Berlin W, in unser Haus. Man wollte dabeisein, genannt werden; und dann sollte es ja wohl auch pikant zugehen »bei Dohms«. Gott nein, gar nicht. Zu meinem Staunen erzählte mir noch jüngst eine Jugendbekannte, heute eine alte Frau wie ich, sie wäre so furchtbar gern zu unseren »jours fixes« gekommen, aber das hätten ihre Eltern nie erlaubt. Dohms Montage wären durchaus unpassend für junge Mädchen.

Gar nicht weit von uns, da hauste eine Familie, die als Kollektivum den Beinamen »das Kanalgespenst« trug. Von denen erzählte man sich grause Mären, bei denen ging's zu! Da gab es Pfänderspiele mit Küssen, und die Gäste brachten Geschenke mit, hieß es. Aber bei uns, da war's ja direkt ehrpusselig, keine Gefahr für die Moral eines jungen Mädchens aus Berlin W, wo es am wsten ist. Der kleine »Kußgreis«, der florierte ja gerade in jenen Kreisen am üppigsten, und mit seinen klebrigen Bonbons, die er in seiner Hosentasche, in einer Tüte verstaut, trug, konnte er wahrlich keine Tugend vom Ofen locken. Das war Verführung mit untauglichen Mitteln. Und Paul Lindau wußte gar wohl, bei wem, mit wem er »fidel und unanständig« sein durfte. Bei uns nicht; mit uns nicht. Soviel zur nachträglichen Ehrenrettung von

Dohms Montagen, die ich hier treu, aber doch nur unvollkommen zu schildern versucht habe.

Vossische Zeitung, Unterhaltungsblatt, 3. Januar 1930

Häusliche Erinnerungen

Sie waren nicht organisiert und hießen nicht Hausangestellte, sondern einfach Dienstmädchen. Aber sonst lief's wohl auf dasselbe hinaus: es gab dumme und intelligente, bescheidene und freche, arbeitsame und faule. Die Verhältnisse ändern sich, aber die Menschen bleiben immer dieselben. Ich bin überzeugt, daß die Zofe unserer Urmutter Eva, wenn sie ihr das Feigenblatt kokett befestigt, hernach zu ihren Kolleginnen höchst unpassende Bemerkungen darüber machte. Und Noahs Köchin wird ihren alten schwachen Herrn beim Einkaufen ganz höllisch betrogen haben und auf der Arche, wo sie dazu keine Gelegenheit fand, von den Tauben, mit denen er sich scheinbar ja gut eingedeckt hatte, gar manche beiseite gebracht haben, um später ihre Verwandtschaft damit zu regalieren.

Aber ich will nun von den Dienstmädchen meiner Kinderzeit erzählen. Von Frau Salbach allerdings möchte ich erst gar nicht sprechen, denn die war ja *zu* dumm. Sie war »Mädchen für alles« bei uns und weinte, als wir in Harzburg zur Sommerfrische weilten, jeden Abend, wenn sie ihr Küchenbuch rechnete, bittere Tränen; weil sie an jedem Groschen zwei Pfennige verlöre. Denn der Groschen hatte damals im Braunschweigischen nur 10 Pfennig, während er in Berlin deren noch 12 hatte, und man konnte in ihren blödsinnigen Schädel nicht einbleuen, daß sie alle ihre Auslagen zurückerstattet bekam und die Uneinigkeit der Währung »in den Ländern« sie gar nichts anginge. Hingegen die Müllern, die muß ich erwähnen. Die Müllern war, als wir noch klein waren, unsere Kinderfrau, nun, hochbetagt, war sie im »Siechenhaus« eingekauft, und wir Kinder durften sie zu ihrem Geburtstag dort besuchen. Das war für die arme Alte ein Tag seliger

Freude und für uns fünf Kinder ein großer Spaß. Es wurde ein schöner Napfkuchen gebacken, den wir, nebst einem billigen Blumensträußchen, dem Geburtstagskind überreichten. Dann holte das alte Weibchen aus einer Tischschublade einen leicht angeschimmelten Kräuterkäse, rieb davon etwas, streute es auf Brot, und wir verzehrten diese ungewohnte Delikatesse mit großem Behagen. Dann aber fraßen wir den ganzen Napfkuchen, das Geschenk unserer Liebe, auf, und als es nichts mehr zu schnabulieren gab, gingen wir wieder fort, sehr befriedigt von unserem Besuch im »Siechenhaus«. Aber der kurze Lichtblick im dumpfen Leben der armen alten Müllerin erlosch, und dann ist sie wohl bald gestorben.

Da war nun Auguste eine andere Nummer. Durch ihre Persönlichkeit wehte schon, um mich etwas hochtrabend Rankesch auszudrücken, »der schneidende Lufthauch der neueren Geschichte«. Frech, intelligent, selbstbewußt. *Sehr* frech. Meine Tante Anna, die Malerin war und deshalb keine Krinoline trug, nannte sie schlicht und prunklos »die Phantasie-Rieke«, und das alte würdige Fräulein von Collignon, einer hochstehenden Emigrantenfamilie entstammend, meldete sie nie anders als: »Die verdrehte olle Schraube ist wieder da.« Dafür urteilte sie über eine junge Schauspielerin mit aufgeplustertem Blondhaar: »ein Pfund Puder und zwei Pfund Lause«. Als aber meine so über und über demokratische Mutter ihr einmal schüchtern eine besondere Unverschämtheit verwies, antwortete sie ihr patzig: »Na ja, so sind Se nu, Frau Dohm: morgens gehn Se uff'n Berch (wir wohnten auf dem Land) und schreiben für Freiheit und Gleichheit, aber wenn denn unsereins mal muckst, denn is es jleich janz anders.« Nein, Respekt und Distanz kannte unsere Auguste nicht, das steht fest.

Alle aber verblassen sie neben der Koppen. Und um die handelt es sich mir heute hauptsächlich, auf die ziele ich schon die ganze Zeit. Sie hieß wohl Frau Koppe, war in früher Jugend bei meiner Großmutter Waschfrau gewesen, hatte infolge einer Erkältung das Gehör verloren und wurde nun in der großen, weitverzweigten Familie als Flicknäherin beschäftigt. Jeden Donnerstag kam sie zu uns, aß mit uns am Tisch, denn sie gehörte ja fast zur Familie, und sagte, wenn man ihr noch etwas auf den Teller legen wollte, bescheiden: »Ne, Madam Dohm, ick habe zur Jenüge.« Da sie stocktaub war, hatte sie im Laufe der langen Jahre viele Wörter vergessen und manche nur noch in komischer Verstümmelung im Gedächtnis behalten. Trotzdem konnten wir Kinder uns stundenlang mit ihr unterhalten vermittelst einer Zeichensprache, die man fast genial nennen könnte. Mutter hat einmal den Ausspruch getan, die Koppen wäre eine der klügsten Frauen von Berlin; was in dem verblüfften Kreise ihrer Zuhörerinnen ein allgemeines Schütteln des Kopfes hervorrief. Vielleicht ja auch ein bißchen übertrieben war. Aber sie hatte sich wirklich ausgezeichnete Hilfsmittel der Verständigung ausgedacht. Eines Tages wollten wir ihr irgend etwas von unserer Tante Asta erzählen, die sie einmal auf acht Tage nach Leipzig hatte kommen lassen, und wir konnten ihr absolut nicht klarmachen, wen wir meinten. Plötzlich ging ein Leuchten über ihr gutes, altes Gesicht: »Ach so, Hedewich, du meinst de Aste! Denn brauchste künftig bloß uff'n Bauch zu kloppen, denn weiß ich: Leibzig, Aste.« Und so hielten wir es denn in Zukunft mit bestem Erfolg. Gutherzig war sie. Meine arg klein geratene Schwester Else tröstete sie: »Sei man ruhig, Elseken, die kleenen Leute hat Gott jeschaffen, aber die jroßen Ochsen kommen aus Pommern.« Als ich mich verlobte, seufzte sie: »Ach, wenn nur mein Mariechen (unsere dritte Schwester) auch bald so'n gutes Männeken bekäme! Du hast jute Schwiejereltern, Hedewich, die jeben.« Sie lebte völlig das Leben unserer Familie mit, interessierte sich für alle und für alles. »Nich wahr, Hedewich«, sagte sie zu mir, »wenn du nu heiratest, läßt du dir nich ›jnädige Frau‹ schimpfen wie deine Jroßmutter, du läßt dir ›Madam‹ nennen, wie sich's jehört.«

Denn die Koppen hielt streng auf gute Sitte, auf Rang und Stand, und ihre einzige Tochter, eine knochendürre ältliche Witwe, die bei uns nur unter dem Namen »die Koppentochter« ging, mußte »Sie« zu ihr sagen, wie es in ihrer Jugendzeit des Landes noch der Brauch gewesen war. Diese Koppentochter war eine sehr untergeordnete, miserablige Hausschneiderin, aber sie hat mit Assistenz von Mutter Koppen mein erstes Ballkleid angefertigt: hellblauer Baumwoll-Satin mit einem Überkleid, das heißt Sack, aus weißem broschiertem Mull. Und wir alle vier, Koppen, Koppentochter, Mutter und ich, waren gleich weltfremd und unerfahren und glaubten, ein neues Kleid dürfte man nicht aufplätten, es verlöre dadurch den Reiz des Neuen, Nochnichtgetragenen. So erschien ich denn auf meinem ersten Ball in einem plump geschneiderten und noch dazu zerknitterten Hänger von Koppentochter Gnaden, und wenn ich nicht wie eine Vogelscheuche aussah, so lag das nur an meiner sechzehnjährigen Hübschheit, die einfach nicht umzubringen war.

Als Koppen nicht mehr arbeitsfähig war, haben wir sie natürlich erhalten, und die Ärmste ist, über achtzig Jahre alt, eines traurigen Todes gestorben. Sie wurde, da sie die Warnungsrufe nicht hören konnte, von einem Omnibus überfahren und mit schweren inneren Verletzungen ins Krankenhaus geliefert. Dort hat ein gewissenloser und unwissender Arzt trotz ihres Wehegeschreis ihren armen Leib roh und rücksichtslos massiert, und als sie diese unerträglichen Schmerzen nicht mehr aushalten konnte, hat sie die Watte ihres Verbands heruntergerissen, geschlungen und sich damit erstickt. Ihr letztes Wort war: »Unser Herrgott wird's mir verzeihen!« Und ich weiß, unser Herrgott hat es ihr verziehen und sie an seines Herzens Herz genommen, obgleich sie nur eine arme, unwissende, taube Flicknäherin gewesen ist: denn sie war gut und brav und – eine der klügsten Frauen von Berlin.

Vossische Zeitung, Unterhaltungsblatt, 27. März 1930

Wie ich nach Meiningen kam

Ich erinnere mich deutlich an das erste Gastspiel der »Meininger« im Mai 1874. Es war viel davon die Rede gewesen, eine geschickte Presse-Propaganda hatte Stimmung dafür gemacht, und so saß denn in gespannter Erwartung Berlins Elitepublikum im ausverkauften Raum des Friedrich-Wilhelmstädtischen Theaters, um der ersten Aufführung von »Julius Cäsar« beizuwohnen. Mein Vater hatte, als der angesehene »Kladderadatsch«-Redakteur und außerdem persönlicher Freund von Frau von Heldburg, natürlich zwei gute Plätze bekommen, und ich durfte als ganz junges Mädchen das sensationelle Ereignis miterleben. Die ersten beiden Akte bereiteten eine allgemeine Enttäuschung, ließen kühl. *Das* also waren die vielgerühmten Meininger? Anständige Mittelmäßigkeiten, so etwas hatten wir schließlich auch, und in den Einzelleistungen entschieden Besseres. Aber dann kam der dritte Akt, die Ermordung Cäsars, die Reden auf dem Forum, die Volksszenen: da stand einem der Atem still, *das* hatten wir nicht, das war neu, nie dagewesen, hinreißend und großartig. Als der Vorhang fiel, brach unendlicher Jubel los, die Schlacht war gewonnen, der Sieg unbestritten, »die Meininger« waren eine theatergeschichtliche Tatsache geworden.

Eine ganz kleine Episode ist mir unvergeßlich in der Erinnerung geblieben. In der großen Szene, in der Mark Anton mit unglaublicher Geschicklichkeit und Seelenkenntnis die feindliche Stimmung des Volkes in ihr Gegenteil zu wandeln versteht und beim dritten »und Brutus ist ein ehrenwerter Mann« die Menge umschlägt, hörte man aus dem wüsten Gewirr eine einzelne weibliche Stimme deutlich und laut die Worte rufen: »Na, was das anbetrifft ...!«, was momentane Heiterkeit im Publikum hervorrief. Es war eine der Chorführerinnen, eine treffliche und mir später sehr liebe Kollegin, die im Eifer des Gefechts, ohne es zu wollen, aus dem Massengemurmel eine kleine Solopartie gemacht hatte.

Bald nach diesem Siege kam, um die Konjunktur auszunutzen, Frau von Heldburg, die als sehr feine und beliebte Schauspielerin namens Ellen Franz im Hause von Hans von Bülow meinem Vater nähergetreten war, nach Berlin, besuchte uns, sah mich und schlug meinen sehr überraschten und noch mehr erschreckten Eltern vor, mich zu ihnen nach Meiningen zu schikken. Nie hätte man daran gedacht, obgleich ich von Kindesbeinen an eine wahre Passion für das Aufsagen der längsten Gedichte gehabt und kein Alter und kein Geschlecht mit meinen Deklamationen verschont hatte. Aber Vater kannte aus höchst persönlichen Erfahrungen das lockere Theatervölkchen, und die Vorstellung, seinen Liebling in diesen Sündenpfuhl zu schicken, erfüllte ihn mit Grausen. Doch war er andererseits der Mann, der niemals »nein« sagen konnte, und als kurz darauf der Herzog in einem höchsteigenhändigen Schreiben den Vorschlag seiner Frau aufs energischste unterstützte, außerdem noch seinen Regisseur Ludwig Chronegk persönlich zu uns schickte, um zu verhandeln, war mein Schicksal besiegelt. Man übersandte mir die Rolle der Luise in »Kabale und Liebe«, mit dem ausdrücklichen Befehl, sie auswendig zu lernen, aber unter keinen Umständen mit irgend jemandem zu studieren: und so geschah's. Ehrlich, wie wir waren, folgten wir genau der Vorschrift, ich lernte die Partie, kaufte mir einen Schminkkasten, zwei Frisiermäntel (denn so raffinierte Dinge hatte ich bis jetzt nie besessen), ergänzte meine höchst einfache Garderobe und Wäsche mit einigen mir sehr luxuriös erscheinenden Gegenständen, und am 1. Januar 1875 fuhr ich, vom Vater, den ängstlichen Wünschen der Mutter und dem stillen Neid der drei jüngeren Schwestern begleitet, ins Abenteuer nach Meiningen, knapp neunzehnjährig und bis dahin wohlbehütetes und ganz unerfahrenes Haustöchterchen.

Mir kam die Sache ganz unwirklich vor, ich konnte es einfach nicht glauben, daß ich nun leibhaftig auf einer richtigen Bühne stehen und ernsthaft eine richtige Rolle spielen sollte. Ich wohnte zunächst mit Vater im Hotel, wir waren zum Essen zu Herzogs aufs Schloß geladen, und die Sache ließ sich ja, soweit im Rahmen eines gesellschaftlichen Ereignisses, recht freundlich an. Aber am folgenden Tage, auf der ersten Probe, änderte sich das Bild. Ich war in meinem Leben nur sehr selten im Theater gewesen, hatte nicht die geringste Erfahrung, nur meine Jugend, meine hübsche Erscheinung, ein schönes tiefes Organ, viel Intelligenz und meine unverdorbene Natürlichkeit. Der Herzog und seine Frau saßen in dem dunklen Parkett, das mich wie ein höllisches schwarzes Loch angähnte, Chronegk auf der Bühne nahm sich des hilflosen Kindes, das nicht gehen und stehen konnte und nicht wußte, was es mit seinen Gliedern anfangen sollte, freundlich an, und die zukünftigen Kollegen sahen mit teilnehmender Neugierde auf den seltenen Vogel. Als aber bei der ersten Liebesszene mit Ferdinand, dem schönen Rinald, den ich mir mit weit ausgestreckten Armen angstvoll vom Leibe hielt, der Herzog vom Parkett aus heraufrief: »Näher ran, Fräulein Dohm, er ist doch Ihr Liebhaber!«, brach ich wie ein ungezogenes Gör in helles Lachen aus, so phantastisch und komisch kam mir die Situation vor.

Nun, für eine so blutige Anfängerin hatte ich einen ganz hübschen Erfolg, ich gefiel und wurde auf drei Jahre mit einer steigenden Gage von – man höre und staune – 1 500, 2 500 und 3 500 Mark jährlich, bei Gastspielen doppelte Gage, engagiert. So war ich also richtiggehende Meiningerin geworden, Vater reiste tränenden Auges ab, ich wurde bei der Familie des Gymnasialdirektors in Pension gegeben, und der Ernst des Lebens begann. Dieser Ernst bestand für mich zunächst in den täglichen Proben für das zum Frühjahr wieder bevorstehende Gastspiel in Berlin. Wie da unter persönlicher Leitung des Herzogs und seiner Frau intensiv gearbeitet wurde, das kann man sich kaum vorstellen. Jeden Vormittag wurden die alten Stücke wieder aufs genaueste durchgegangen, die neuen mit peinlichster Sorgfalt und Gewissenhaftigkeit in endlosen Proben studiert. Jede Rolle wurde von Frau von Heldburg, der »Freifrau«, wie sie der Kürze wegen hieß, des Herzogs rechtmäßiger, wenn schon linkshändiger Gemahlin, einstudiert. »Hinauf zur Freifrau gehen«, war der terminus technicus. Während also die Freifrau jede neue Rolle mit den Schauspielern beiderlei Geschlechts durchging, entwarf der Herzog die Kostüme, zeichnete jede Stellung der einzelnen wie der

Gruppen genau auf, und jeden Vormittag saßen die beiden Herrschaften im dunklen Parkett, folgten unermüdlich dem Gang der Proben, tadelnd, lobend, ändernd. Der Herzog nahm es sehr genau mit seinen Angaben, hielt darauf, daß die schönen Sachen aus seinem Privatbesitz, die er dem Theater lieh, auch hinlänglich zur Geltung kamen.

Bei einer »Fiesko«-Probe hörte ich ihn zu meinem Erstaunen einmal den Darsteller des Fiesko in einer glühenden Tirade unterbrechen: »Nesper, lassen Sie diese Bewegung! Sie decken mir ja damit vollkommen meinen prachtvollen Silberpokal hinten auf dem Tisch!« Im ersten Winter meines Aufenthaltes wurde »Fiesko« neu einstudiert, ferner »Die Hermannsschlacht«, »Der eingebildete Kranke«. Ich hatte in diesen Gastspielstücken noch keine Rolle, mußte aber, wie alle nichtbeschäftigten Mitglieder, statieren, alle Proben von Anfang bis Ende mitmachen und war recht angestrengt, habe aber viel dabei gelernt. Kam eines dieser großen Stücke in Meiningen zur ersten Aufführung, so war das natürlich ein sensationelles Ereignis, an dem die ganze Stadt fieberhaften Anteil nahm. Die Repertoire-Aufführungen wurden vom Theater wie vom Publikum weniger wichtig genommen, die kamen meist mit zwei oder drei Proben heraus, und in den modernen Lustspielen wie »Ultimo«, »Der geadelte Kaufmann«, »Veilchenfresser« wurden mir auch schon größere Rollen naiver junger Mädchen anvertraut. Die Regie lag dann meist in den Händen des alten Rates Grabowski, eines abgenützten Routiniers älterer Schule. Ich erinnere mich der »Sirene« von Mosenthal, in der ich sogar die Titelrolle zu spielen hatte. Eine Regie-Vorschrift darin lautete: Auf dem Schreibtisch des Professors »Tohuwabohu«. Der olle Grabowski sah ratlos drein. Plötzlich erhellte sich sein Gesicht, er rief den Inspizienten: »Stein, laufen Sie mal schnell aufs Schloß und lassen Sie sich ein Tohuwabohu geben, ich weiß, der Herzog hat eins.«

An diese »Sirene« knüpft sich eines der drei furchtbaren Erlebnisse meiner anderthalbjährigen Theaterlaufbahn. Sie hat infolge irgendeiner freudigen Erregung tanzend herumzutollen und dabei »Pfingsten, Pfingsten, Fest der Freude« zu singen: eine für eine so unerfahrene Anfängerin, noch dazu unmusikalisch, wie ich es leider war, sehr schwierige Aufgabe. Der Kapellmeister studierte mir die paar Takte mit heißem Bemühen ein; endlich saßen sie. Aber am Abend der Aufführung war alles wieder vergessen, ich hopste vor Aufregung wie besessen auf der Bühne herum und sang dazu: »Pfingsten, Pfingsten, Pfest der Pfreude ...!« Die Kollegen hinter der Kulisse hielten sich die Bäuche vor Lachen, und als ich einige Jahre später als junge Professorsfrau in München bei ihrem dortigen Gastspiel meinen alten, lieben Meiningern auf der Bühne einen Besuch abstattete, umtanzten sie mich in heller Wiedersehensfreude und sangen dazu im Chor: »Pfingsten, Pfingsten, Pfest der Pfreude!«

Das zweite Furchtbare war, daß ich, als sich der Traum meines Lebens erfüllte und ich in meinem zweiten Meininger Winter die Julia spielen durfte und noch dazu mit einem bewunderten Romeo-Gast, dem damals vergötterten Emmerich Robert, in der Balkon-Szene steckenblieb, keinen Souffleur mehr hörte und nur den einen Wunsch hatte, tot umzusinken. Chronegk, der mich herzlich gern hatte, stand in der Kulisse und schrie mir »dumme Gans!« zu, was meine Todessehnsucht nicht verminderte; als er aber meine Not sah, wagte er sich so weit vor, wie es nur irgend ging, und soufflierte die mir fehlenden Worte so laut, daß ich sie auffaßte und – gerettet war. Ich träume jetzt noch manchmal von diesem entsetzlichen Erlebnis. Und das drittemal versagte ich als »Das blutige Kind« in Macbeth völlig. Dies blutige Kind steigt aus der Versenkung auf und hat mit bloß vier Zeilen auf der Heide Macbeth zu warnen. Es war meine erste Versenkung, und der plötzliche Kontrast zwischen dem dunklen Keller und dem hellen Rampenlicht verwirrte mich derart, daß mir Hören und Sehen verging und ich in dumpfer Verzweiflung nur einmal über das andere Mal den Namen »Macbeth« heulte; bis man mich schleunigst wieder versinken ließ.

Das sind furchtbare Momente im Leben einer jungen Schauspielerin. Aber sonst gefiel mir das Theaterleben sehr, und nachdem ich mich an den ungewohnten, oft recht lockeren Ton gewöhnt hatte, fühlte ich mich zufrieden und heimisch. Im Konversationszimmer ging es wohl zuweilen sehr ungezwungen zu, und ich hörte und lernte manches, was keusche Jungmädchenohren sonst nicht nennen hören. Aber alles verstand ich doch längst noch nicht. So kam einmal, ich weiß nicht, wieso, die Rede auf die lateinischen Genusregeln, und ich rezitierte abwechselnd mit einigen ehemaligen Lateinschülern diese genannten Regeln, bis ich, auf einen sehr geschniegelten, rosig geschminkten, mädchenhaft wirkenden Kollegen deutend, den Vers hersagte: »Commune ist, was einen Mann – und auch ein Weib bedeuten kann.« Und ich erschrak förmlich über das geradezu wiehernde Gelächter, das meinen Worten folgte; verstand es gar nicht: denn *so* witzig fand ich meine Anwendung doch nicht. Wir waren eben noch weit entfernt von der Zeit, wo junge Mädchen ihre Ballgespräche mit ihrem Tänzer mit den Worten begannen: »Sind Sie eigentlich homo- oder bisexuell?« Erst sehr, sehr viel später begriff ich, welche Deutung man meiner so absolut harmlosen Bemerkung untergelegt hatte.

Bei meinem ersten Berliner Gastspiel hatte man mir natürlich noch keine Rolle anvertraut, aber ich mußte jeden Abend statieren, in »Julius Cäsar« als ein Weib aus dem Volke, nun selbst »na, was das anbetrifft …« murmelnd, in »Fiesko« als Genueser Gassenbub, auf einem Brunnen sitzend, mit den Beinen baumelnd, sehr zum Ergötzen meiner ehemaligen Schulkameradinnen; aber in der »Hermannsschlacht« hatte ich sogar einen Satz zu sprechen. Nämlich in der Szene nach der geschändeten Hely mußte ich, aus der Kulisse stürzend, rufen: »Was läuft das Volk zusammen?« Nun hatte ich Chronegk gebeten, mich wegen dieser fünf Worte doch nicht auf den Zettel zu setzen, wo meine Familie in Berlin so bekannt sei. Das sah er auch ein, und auf dem Zettel stand: Erstes Weib aus dem Volk, Fräulein Krause. So hieß eine unserer richtigen Statistinnen. Als bei einer letzten Probe in Berlin mein Stichwort fiel, stürzte zugleich mit mir Fräulein Krause aus der Kulisse, schob mich beiseite und schnauzte mich an: »Bitte, Fräulein Dohm, die Rolle spiele *ich*!« Und ließ mich verdutzt und erschrocken stehen. Bis Chronegk dazwischenfuhr, sie anschrie und mir zu meinem Recht und zu meiner »Rolle« verhalf. Sie verblieb mir dann auch, und ich hätte sie doch so gerne an Fräulein Krause abgetreten.

Bei diesem ersten Gastspiel blieb es denn bei dieser mir von Fräulein Krause so beneideten Rolle; aber beim zweiten, ein Jahr später, wo mir zwar die übliche Statisterie auch nicht erspart blieb, fiel mir die Grillparzersche »Esther« zu, bei deren Einstudierung mir die »Freifrau« manche Träne entlockt hatte, die »Jessica« im Kaufmann, die »Bertha« im Tell (wo mich der Jagdspieß höchst unangenehm belästigte) und – last not least – das entzückende »Käthchen von Heilbronn«, in dem ich mit der scharmanten Adele Pauly alternierte, ebenso wie in der »Esther« mit unserer ersten Kraft, der sehr begabten, temperamentvollen Frau von Moser-Sperner. Ich hatte es also schon herrlich weit gebracht, Presse wie Publikum behandelten mich sehr freundlich, und wer weiß, was aus mir geworden wäre, wenn nicht ein Zwischenfall meiner theatralischen Sendung ein jähes Ende bereitet hätte.

Zunächst machte ich mit den Meiningern noch die Gastspiele in Wien, Budapest und Dresden mit, wo ich aber nur in bekannter Weise zu statieren hatte. In Wien, wo eine hübsche junge Schauspielerin damals noch Freiwild war, hatte ich manche Unannehmlichkeit durchzumachen; hinter den Kulissen lungernde Reporter hielten es für ihr gutes, wohlverbrieftes Recht, den netten kleinen Genueser Gassenbuben in die Waden zu zwicken, bis Chronegk mich rettete und den Frechen erklärte: »Das ist ja die Tochter von Ernst Dohm in Berlin!« »Ach nö!« sagten sie; aber meine Waden ließen sie fürderhin in Ruhe. Und dann durfte ich Heinrich Laube, dem allmächtigen Direktor des Wiener Stadttheaters, vorsprechen. Er war furchtbar liebenswürdig, nannte mich »kleine domina«, lud mich zum Tee ein, aber engagiert hat er mich nicht. Wäre auch schön dumm gewesen, denn ich war durchaus noch nicht wienreif, und die Luise, die ich ihm vormimte, muß grauenhaft gewesen sein; auf der kahlen, halbdunklen Bühne saß da auf einem Stuhl irgendein Kerl, der die Lady Milford vorstellte und mir aus einem Buch deren Stichworte brachte: wie sollte ich kleine Anfängerin, gänzlich hilflos und verzagt, da wohl die Stimmung aufbringen für die Luise Millerin? Es war ein hoffnungsloses Beginnen. In Budapest gewann ich einen Freund und Verehrer in dem Dichter Ludwig Doczy, dessen Verskomödie »Der Kuß« damals mit Glück über alle Bühnen ging und mit dem ich noch lange eine neckische Korrespondenz unterhielt.

Aber in Dresden kam es zum Krach. Nachdem ich eines Abends im Salon von Mathilde Wesendonk mit einer schauderhaften Angina im Hals und mit dem alten Freund meiner Eltern, Rudolf Genée, als Wetter vom Strahl zur Seite die Holunderbaum-Szene aus »Käthchen von Heilbronn« mit viel Erfolg aufgeführt hatte, machte mir am nächsten Abend, infolge einer unliebsamen Szene in unserm Hotel, in der sie sich wie eine Halbverrückte aufgeführt hatte und in der ich ihr weder assistieren konnte noch wollte, unsere erste Heldin und Liebhaberin auf der Bühne angesichts des gesamten Personals einen derartigen pöbelhaften Krach, daß ich, am ganzen Körper zitternd und solcher Gemeinheit in keiner Weise gewachsen, davonstürzte und zu der gütigen, mütterlich-liebenswürdigen Frau *Niemann-Seebach* lief und sie um Rat in dieser Kalamität bat. »Du verläßt augenblicklich das Hotel, ziehst zu mir, bleibst unter meinem Schutz.« Nun, das Hotel war mir ohnehin verhaßt, seitdem der Portier mir eines Tages eine Visitenkarte überreicht und mit widerlich-vertraulichem Schmunzeln gesagt hatte: »Der Herr war da: er *sagt*, er sei Ihr Onkel.« Mein Gott, er *war* mein Onkel, berühmter Professor des Kirchenrechts in Leipzig, alles in Ordnung. Aber so wird man verdächtigt, wenn man jung, hübsch und Schauspielerin ist. Bei Frau Niemann war ich nun die letzte Woche des Dresdener Gastspiels wohlgeborgen, und ich wohnte nicht nur bei ihr, sondern sie, die das berühmteste »Gretchen« der deutschen Bühne gewesen war, ließ es sich nicht verdrießen, diese Rolle mit mir zu studieren. Doch kam ich leider nicht mehr dazu, sie zu spielen.

Meiner neuen intimen Feindin ging ich im Theater aus dem Wege, ich habe sie nie wieder gesprochen, hörte nur, daß sie überall mit förmlichem Ekel erzählte: »Das kommt davon, wenn man sich mit einer Anfängerin einläßt, das soll mir nie mehr passieren.« Ich sah ein, daß ich mit ihr nicht mehr an demselben Theater bleiben konnte, und da man sie, die wirklich begabt und tüchtig war, kaum entbehren, mich aber, die mit dem schimpflichen Makel der Anfängerin Behaftete, leicht ersetzen konnte, so reichte ich mit schwerem Herzen und der Zustimmung meiner Eltern mein Entlassungsgesuch ein. Dem auch huldvoll nachgegeben wurde. Doch lag es eigentlich durchaus nicht in meiner Absicht, dem Theater endgültig zu entsagen: wenn ich nicht unversehens die weltbedeutenden Bretter mit dem heiligen Ehestand vertauscht hätte. Ich verheiratete mich.

Da saß ich denn »mit das Talent« und konnte es nicht mehr verwerten. Nicht einmal meine Deklamationswut durfte ich mehr austoben. Mein Gatte war in dieser Hinsicht amusisch genug, sie einfach scheußlich zu finden, und meine Söhne, als sie größer wurden, pufften mich in die Seiten, wenn der Geist über mich kam und irgendeine Reminiszenz aus den »Kranichen des Ibykus«, der »Bürgschaft« oder der »Kassandra« mir entfuhr. In-die-Seiten-gepufft-Werden konnte ich aber nie vertragen, und so verstummte denn mit der Zeit mein liederreicher Mund. Aber die kurze Episode meiner Meiningerei möchte ich in dem unausschöpfbaren Schatz meiner Erinnerungen um keinen Preis vermissen.

Vossische Zeitung, Unterhaltungsblatt, 20. Juli 1930

Auf dem Fahrrad durch die weite Welt

Das Auto hat das Fahrrad verdrängt, es ist zum Vehikel des kleinen Mannes geworden, des Arbeiters, des Ausgehers, des Packträgers, ein bequemes, billiges Beförderungsmittel. Und wenn er sich's leisten kann, hat der jetzt auch schon ein Motorrad, auf dem er, sein Mädchen hinten auf dem Soziussitze, am Sonntag mit höllischem, nervenzerreißendem Geknatter in Gottes freie

Natur und seine angrenzenden Biergärten rast. Meines Mannes Masseur fährt im eigenen Herrschaftsauto vor, der Hühneraugenmann auch. Schade. Es war eine hübsche Zeit, als das Veloziped aufkam und der Fahrradsport eine noble Passion war.

Mein Mann und meine drei Buben fuhren schon lustig durch die Welt, da wollte ich denn doch auch mittun. Ich war eine der ersten Damen, die in München »radelten«. Das war damals, Ende der achtziger Jahre, noch gar nicht so einfach. Ich mußte mich auf der Polizei melden mit einer schriftlichen Erlaubnis meines Ehemannes und Gebieters, mußte Alter und Konfession, Namen, Stand und Konfession meiner Eltern angeben, und da alles soweit stimmte, wurde mir gestattet, an einem bestimmten Datum an der offiziellen Prüfung teilzunehmen, die auf einem weitläufigen Terrain draußen vor der Stadt mit allerlei Kurven und hinterlistigen Schikanen dann auch zur gegebenen Zeit stattfand. Klopfenden Herzens schwang ich mich aufs Rad, bestand die Prüfung, war nun losgelassen auf meine Mitmenschen und machte sehr stolz an der Seite meines vierzehnjährigen Buben meine erste Fahrt durch die Stadt.

Damals herrschte noch eine große Animosität von seiten der Fuhrwerksbesitzer gegen die Radfahrer, die Pferde scheuten leicht vor dem ungewohnten Anblick, und man war vielen Unannehmlichkeiten ausgesetzt; zumal wenn man ein Frauenzimmer in Hosen war. Denn jahrelang hielt man es für undenkbar, in Damenkleidern zu fahren; dann kam der Hosenrock auf, ein »Junctim« aus Hose und Rock (dies neue Modewort kann ich mir nicht verkneifen, zumal seit ich las, daß es schon bei Cicero vorkommt), und heute radelt jedes weibliche Wesen im engen kurzen Kleidchen, das sich beim Pedalieren gar lieblich bis über den Oberschenkel hinaufschiebt. Aber, wie gesagt, ich fuhr jahrelang in Hosen. »Steig ab, du Sau!« war einer von den Kosenamen, mit denen mich Lastwagenführer außerhalb der Stadt oft und gern regalierten; und dabei drängten sie einen so dicht an den Straßenrand, daß das Absteigen fast unmöglich wurde. Dafür erntete ich von seiten der Herren Sportskollegen manche galante Anerkennung. Als ich einmal mit meinem Manne heimkehrte, fuhren auf der Leopoldstraße längere Zeit zwei Radfahrer dicht hinter uns her, bis der eine mir zurief: »Fräulein, Ihre Waden erregen allgemeines Aufsehen und Bewunderung!« Und zum Freunde gewendet: »Gelt, Spezi, das san a Paar Waderln!« Ja, das war eine schöne Zeit, als man noch Waderln tragen durfte! Heute muß man sich ja richtig schämen, wenn man welche hat, und sie sich abhungern im Schweiße seines Angesichts. In Berlin fand ich anderen, minder bajuwarischen Zuspruch. Ein Passant im Berliner Osten blieb bei meinem Anblick förmlich entgeistert stehen und machte dann seiner Verblüffung über die ungewohnte Hosenmadam mit den Worten: »Meschugge ist Trumpf!« befreiend Luft; während ein galanter Maurer auf seinem Bau mit der Zunge schnalzte und anerkennend meinte: »Det wär wat for meinen Jaumen!«

Bald aber genügten uns unsere deutschen Vaterländer nicht mehr, wir strebten ins Weite. Und ich muß sagen, die zehn und mehr Jahre, in denen wir während unserer Sommerferien durch halb Europa radelten, gehören zu meinen hübschesten Erinnerungen. Auf keine andre Weise konnte man Land und Leute so intim kennenlernen wie auf diesen natürlich immerhin strapaziösen und schweißtreibenden Fahrten. Wir haben zweimal die Schweiz, zweimal Norwegen von der Ost- bis zur Westküste durchquert, sind von Bozen bis Nizza gefahren, den Rhein entlang nach Holland, durch Nordfrankreich, Normandie und Bretagne, durch Süd-England bis Landsend und hinauf durch Cornwall nach Wales: kurz, wir haben ein schönes Stück Welt gesehen und erlebt. Natürlich hat es an Abenteuern aller Art nicht gefehlt; aber ich kann mich nicht erinnern, daß wir, außer mit unseren oberbayerischen Bauern im Gebirge, unangenehme Erfahrungen gemacht hätten.

In Frankreich nur, solange man uns etwas extravagante fünf Radfahrer in Knickerbockers für Engländer hielt. Denn das war während des Burenkrieges, wo der uralte Engländerhaß der Nordfranzosen, der seit Jahrhunderten immer unter der Asche geglüht hat, neu aufflammte. Schon in einem Café in Reims empfing man uns mit gehässigen Zurufen und Pfeifen, und »voilà l'agence Cook« war noch die mildeste Form. Aber weiter nördlich, als ich unglücklicherweise durch Straßenreparaturen von meinen vorausfahrenden Herren getrennt wurde, zwangen mich die Arbeiter, vom Rade abzusteigen, indem sie mir zuriefen: à bas les Anglais, vivent les Boers!« Ich stieg also gehorsam ab und sagte ebenso höflich wie französisch: »Sie haben ganz recht, Messieurs, und ich rufe mit Ihnen: Hoch die Buren, nieder mit den Engländern; wir sind nämlich keine Engländer, sondern Deutsche.« Darauf zogen die Arbeiter ihre Mützen, entschuldigten sich höflich: »Oh, Madame ist Deutsche, das ist etwas anderes, Pardon! Filez, Madame, filez«; und etwas aufgeregt über den Zwischenfall, aber in stolzem Gefühl unserer Beliebtheit, erreichte ich meine Herren, die gar nicht wußten, wo ich geblieben war. In St. Malo gab's einen anderen kleinen Zwischenfall, der aber keinen irgendwie nationalen Charakter trug. Da machten sich ein paar höchst eindeutige Frauenzimmer an meine drei knapp erwachsenen hübschen Jungen heran, und als ich alte Gluckhenne in Hosen diese unter meine Fittiche nehmen wollte, brachen sie in ein wüstes Geschimpfe aus: »Voyez l'éhontée! Drei auf einmal, die Schamlose!« Bis einige nette dicke Marktweiber der peinlichen Szene ein Ende machten und auf meine Versicherung, es seien doch meine Söhne, mich trösteten: auf solche Dirnen müsse man gar nicht hören. Aber in Caen stimmte die französische behäbige Wirtin, als sie hörte, wir wären Deutsche, eine solche Lobeshymne über unsern Kaiser an, daß mir ganz schlecht wurde: »Ah, votre empereur! Was für ein Mann! Ja, wenn wir den hätten, dann sähe es anders bei uns aus!« Mein Gott, ich hätte ihn ihr billig abgetreten!

In England widerfuhr mir großes Heil. Denn in einem kleinen, nie von Ausländern berührten Landstädtchen konnte die auf ihrem Hochsitz thronende Wirtin des Gasthofs sich gar nicht genug wundern über uns gesittete Deutsche, und sie krönte ihr Lob mit den Worten: »Man könnte Ihre Söhne *fast* für Engländer halten, so wohlerzogen sind sie.« Ich war ebenso erhoben wie gerührt und dankte der dicken Dame herzlich für ihre gute Meinung.

Auf unserer ersten Radfahrt durch Norwegen hatten wir, neben den schönsten Naturerlebnissen, auch Einblick in eine uns doch ziemlich fremde Menschenwelt. Zuerst fanden wir diese nordische Bevölkerung bis zur Unhöflichkeit schroff und unzugänglich, niemand fragte nach einem, wenn man todmüde ankam, kein Hausknecht stürzte dienstbeflissen herbei, uns die verschmutzten Räder abzunehmen, jeder schien nur auf sich gestellt. Mir war diese ehrliche Derbheit nicht unsympathisch, und mit der Zeit fand ich sie viel würdiger und menschlich höherstehend als die übertünchte, trinkgeldlüsterne Zivilisation von uns »Südländern«. Denn dafür gelten wir Deutsche ihnen ja, das fängt schon bei den Dänen an.

Es war eine ziemlich anstrengende Fahrt auf diesen schmalen Straßen mitten durchs Gebirge, und einen Augenblick sah ich mich bereits als trauernde Witwe. Mein Mann ist Mathematiker und lag als solcher viel öfter im Straßengraben, als es sich bei der Sicherheit seiner Fahrkunst erwarten ließ. Aber mathematische Probleme lösen und dabei die Lenkstange zuverlässig regieren, das läßt sich nicht immer vereinigen. Ist aber der Straßengraben ein jäh abfallender Abgrund mit schäumendem Gebirgswasser in der Tiefe, so sieht die Sache schon gefährlicher aus. Und an einer solchen Stelle sah ich den vor mir Radelnden plötzlich ins Wanken geraten und mit seinem Rade stürzen. Ich konnte nur aufschreien und mir die Augen zuhalten, denn ich wollte das Gräßliche nicht ansehen. Aber Mathematiker und Kinder scheinen einen eigenen Schutzengel zu haben, denn als ich die Augen wieder öffnete, lag mein Mathematiker nicht zerschmettert im Abgrund, sondern etwas erschrocken, aber heil und gesund zwischen zwei Prellsteinen, die ihn vor dem sicheren Tod gerettet hatten.

So kamen wir denn in ziemlich erschöpftem, sehr abgerissenem Zustand in Christiania (noch nicht »Oslo«) an und wurden, trotz telegrafisch bestellten Zimmern, in dem Hotel als untergeordnete Reisende recht bagatellmäßig behandelt und minderwertig untergebracht. Wir kleideten uns um, machten einen Gang durch die Stadt und beschlossen, in ein anderes, entgegenkommenderes Hotel zu übersiedeln. Als wir aber zurückkamen, wurden wir katzbuckelnd und mit geradezu kriecherischer Höflichkeit empfangen, man bot uns bessere Zimmer an, erwies uns geradezu göttliche Ehren. Was war inzwischen geschehen? Björnstjerne Björnson hatte uns antelefoniert, er erwartete uns für den nächsten Tag in Aulestad! Björnson, der ungekrönte König von Norwegen! Wen der zu sich einlud, der war geweiht: *wir* waren geweiht. Die zwei Tage, die wir bei Björnsons in Aulestad verbrachten, sind mir unvergeßlich. In seinem gastlichen Heim, einige Eisenbahnstunden und eine kurze Wagenfahrt von der Hauptstadt entfernt, wirkte Björnson nun nicht wie ein König, sondern wie ein ehrfurchtgebietender, von Familie und Bevölkerung abgöttisch geliebter alter Patriarch, sein Haus nichts weniger als ein Palais, mehr ein geräumiges, sehr behagliches Bauerngehöft mit landwirtschaftlichem Zubehör, alles gediegen, altväterisch, norwegisch. Selbstverständlich, wie damals schon im kleinsten Nest, auf der entlegensten Insel in Skandinavien, mehrere Telefonapparate, die in diesen Tagen, der Zeit des Dreyfus-Prozesses, fortwährend in Bewegung waren, denn Björnson nahm leidenschaftlichsten Anteil an der »Affäre«, und jede Stunde brachte aus Christiania neue Nachricht über den Fortgang der Verhandlungen.

Von der fast phantastischen Popularität Björnsons mag folgende kleine wahre Anekdote Zeugnis ablegen. Da ich schon mehrfach meine Reiseeindrücke mit Anmerkungen über die sogenannten WCs verunziert habe, sei es mir gestattet, auch die norwegische Eigenart dieser Lokalitäten diskret zu streifen. Es sind das geräumige, luftige Holzhäuser, die sich in hygienisch angemessener Entfernung vom Wohnhaus befinden, meistens recht familiäre Anlagen mit zwei größeren Sitzen für Erwachsene und zwei kleineren für Kinder, so daß das Ganze den Charakter einer geselligen Veranstaltung trägt. Und wenn man auch nicht in *allen* mit der gastlichen Inschrift: »Velkommen Herrer og Damer!« begrüßt wurde, so fanden wir doch durchweg die Winterpelze der Familien dort aufbewahrt zum Schutz gegen Motten, was den Kürschner erspart und recht wohnlich aussieht.

Nun, bei Björnsons verhielt es sich nicht anders. Und an schönen Sommertagen machte der Hausherr es sich bequem, saß, seine Zeitung lesend, bei weit geöffneter Tür und genoß dort der freundlichen Aussicht und der frischen Luft. Wenn dann an Sonntagmorgen die Bevölkerung fromm zur Kirche wandelte, machte sie vor der offenen Tür halt, die Frauen knicksten bis zur Erde, die Männer zogen die Hüte, und der ungekrönte König von Norwegen nahm, auf seinem Throne sitzend, die Huldigung seines Volkes entgegen. Warum auch nicht? Ludwig XIV. machte es ebenso und erteilte seine Audienzen gern und oft auf dem – mit Respekt zu sagen – Nachtstuhl; und was dem einen Herrscher recht ist, wird wohl dem andern billig sein: wo zugunsten des Norwegers noch die frischere Luft und die freiwilligere Huldigung seiner Untertanen sprach.

So machten wir denn auf unseren Radfahrten die amüsantesten und lehrreichsten Erfahrungen. Doch würde ich niemandem anraten, im April über den Col di Tenda zu radeln, wie mein Mann und ich es in namenlosem Unverstand auf der Rückfahrt von Nizza riskierten. Bis auf die Höhe hinauf war es zwar mühsam, aber doch noch möglich. Aber oben fanden wir tiefen Schnee, und der Wirt des kleinen Berggasthauses erklärte es für ausgeschlossen, daß wir in leichten Kleidern mit den Rädern weiterkönnten, der Nordhang sei noch gänzlich verschneit und vereist. Wir mußten also gute Miene zum bösen Spiel machen und den angebotenen Omnibus, der schon zu Noahs Zeiten ein uralter, ausrangierter Kasten gewesen sein muß, akzeptieren. Unsere Räder wurden verstaut, wir wickelten uns, so gut es ging, in unsere Lodenkrägen, und los ging die Fahrt, mit einem banditenartigen Kutscher auf dem Bock. Inmitten des zwei Kilometer langen, stockdunklen Tunnels, den wir zunächst durchqueren mußten, hielt unser Gefährt plötzlich an, und ein zweiter Bandit sprang zu dem ersten auf den Bock. Ich schmiegte mich an meinen Mann, flüsterte ihm zu: Jetzt geschieht das Schreckliche! und erwartete zitternd den Todesstoß. Kein Mensch auf der weiten Welt wußte, wo wir uns befanden, wir würden zwar vermißt, aber unsere Leichen nie aufgefunden werden. Doch das

Schreckliche geschah nicht. Als wir den schwarzen Tunnel hinter uns hatten, sprang Bandit zwei ab, dankte Bandit eins, daß er ihn durch den schmutzigen Tunnel mitgenommen habe, zog seinen breitrandigen Räuberhut vor uns und entschwand. Unser aber harrte eine neue, unliebsame Überraschung! Vom blühenden, grünenden Süden kommend, fanden wir uns plötzlich in eine polare Winterlandschaft versetzt, zu beiden Seiten der Straße starrten meterhohe Schneemauern. Schnee, Schnee, wohin das Auge blickte. Wie froh waren wir nun unserer vorsintflutlichen Kutsche, denn hier wären wir in der Tat mit unseren Rädern nie durchgekommen. Mit der fuhren wir nun noch eine endlose Strecke, bis Limone, einem kleinen, ebenfalls noch in Schnee begrabenen Bergnest, von dem aber eine Schmalspurbahn nach Turin hinunterführt. Das Nachtquartier in diesem Limone spottete jeder Beschreibung, es war so phantastisch-urzeitlich, daß es selbst den von Flöhen positiv schwarzen Strohsack in der Knechtekammer von Mont St. Michel weit in den Schatten stellte. Da war es denn kein Opfer, daß wir schon früh um fünf in die nächtliche Kälte hinausmußten, um den einzigen Zug nach Turin zu erreichen, wobei unsere Hände an der Lenkstange der Räder, die wir zur Bahn schieben mußten, fast anfroren.

Und dann Turin! Schönheit, Zivilisation, italienischer Frühling, Nietzsche-Erinnerung! Aber solche Kontraste machen das Leben reich. Und: wenn einer eine Reise tut, so kann er was erzählen.

Vossische Zeitung, Unterhaltungsblatt, 10. August 1930

Literaturverzeichnis

Bahr, Hermann: Tagebücher, Skizzenbücher, Notizhefte. Hrsg. v. Moritz Csáky. Köln [usw.] 2000 (Bd. 4) bzw. 2003 (Bd. 5).

Berglar, Peter: Walther Rathenau. Seine Zeit – Sein Werk – Seine Persönlichkeit. Bremen 1970.

Biographie Universelle ou Dictionnaire Historique. Par F.-X. de Feller. Tome VII. Paris 1849.

Brandt, Heike: »Die Menschenrechte haben kein Geschlecht.« Die Lebensgeschichte der Hedwig Dohm. Weinheim [usw.] 1989.

Braulich, Heinrich: Max Reinhardt. Theater zwischen Traum und Wirklichkeit. Berlin 1966.

Brentano, Lujo: Mein Leben im Kampf um die soziale Entwicklung Deutschlands. Jena 1931.

Bruckmann, Hanna: Dreißig Jahre aus meinem Leben. Privatdruck. München 1949.

Cohn, Norman: »Die Protokolle der Weisen von Zion.« Der Mythos der jüdischen Weltverschwörung. Mit einer komm. Auswahlbibliogr. von Michael Hagemeister. Aus dem Engl. von Karl Römer. Baden-Baden [usw.] 1998.

Deutsche Publizisten des 15. bis 20. Jahrhunderts. Hrsg. von Heinz Dietrich Fischer. München-Pullach 1971.

Deutsches Judentum in Krieg und Revolution 1916–1923. Hrsg. von Werner E. Mosse, unter Mitwirkung von Arnold Paucker. Tübingen 1971.

Devrient, Eduard: Geschichte der deutschen Schauspielkunst. Neu bearb. und bis in die Gegenwart fortgef. als Illustrierte deutsche Theatergeschichte. Berlin [usw.] 1920.

Dohm, Hedwig: Sibilla Dalmar. Roman. Berlin 1896.

Dokumente der Deutschen Politik und Geschichte von 1848 bis zur Gegenwart. Hrsg. von Johannes Hohlfeld. Bd. 2: Das Zeitalter Wilhelms II. 1890–1918. Berlin 1951.

Erck, Alfred/Schneider, Hannelore: Georg II. von Sachsen-Meiningen. Ein Leben zwischen ererbter Macht und künstlerischer Freiheit. 2. Aufl. Zella-Mehlis 1999.

Fischer-Wollpert, Rudolf: Lexikon der Päpste. 2. Aufl. Wiesbaden 2004.

Fritsch, Rudolf/Rippl, Daniela: Alfred Pringsheim. In: Schriften der Sudetendeutschen Akademie der Wissenschaften und Künste. München 2001, S. 97–128.

Fürstenberg, Carl: Die Lebensgeschichte eines deutschen Bankiers. Berlin 1931.

Geschichte der Familie von Wrangel und Wrangell. Nachtr. II. Vom Beginn dieses Jahrhunderts bis in die Gegenwart. Bd. 4: Haus Abellen. Acta Wrangeliana. Stuttgart 1987.

Grube, Max: Geschichte der Meininger. Berlin 1926.

Gumbel, Emil Julius: Verschwörer. Zur Geschichte und Soziologie der deutschen nationalistischen Geheimbünde 1918–1924. Wien 1979 [Repr. von 1924].

Gumbel, Emil Julius: Vier Jahre politischer Mord. Berlin-Fichtenau 1980 [Repr. von 1922].

Hamann, Brigitte: Winifred Wagner oder Hitlers Bayreuth. 2. Aufl. München [usw.] 2002.

Harden, Maximilian: Apostata. N.F. Berlin 1892.

–: Berlin als Theaterhauptstadt. Berlin 1888.

–: Deutschland, Frankreich, England. Berlin 1923.

–: Kampfgenosse Sudermann. Berlin 1903.

–: Köpfe. Bd. 1-4. Berlin 1910–1924.

–: Krieg und Frieden. Berlin 1918.

–: Literatur und Theater. Berlin 1896.

–: Von Versailles nach Versailles. Hellerau b. Dresden 1927.

–: Die Zukunft. Jg. 1892–1922.

Harpprecht, Klaus: Thomas Mann. Eine Biographie. Reinbek b. Hamburg 1995.

Hecht, Karsten: Die Harden-Prozesse. Öffentlichkeit und Politik im Kaiserreich. München 1997 [Diss.].

Herzl, Theodor: Briefe und Tagebücher. Herausgegeben von Alex Bein, Hermann Greive [u.a.]. Bd. 3: Zionistisches Tagebuch 1899–1904. Bearbeitet von Johannes Wachten und Chaya Harel. Berlin [usw.] 1985.

–: Der Judenstaat. Versuch einer modernen Lösung der Judenfrage. Erstdr. Leipzig [usw.] 1896, Neudr. Zürich 1988.

Herzog, Wilhelm: Menschen, denen ich begegnete. Bern [usw.] 1959.

Hiller, Kurt: Taugenichts-Tätiger Geist – Thomas Mann. Eine Antwort von Kurt Hiller. Berlin 1917.

Höhne, Horst Hans: Björnstjerne Björnson. Dichter und Politiker. Halle 1960 (Literatur und Gesellschaft. Bd. 3).

Irmer, Hans-Jochen: Der Theaterdichter Frank Wedekind. Werk und Wirkung. Berlin 1979.

Jens, Inge/Jens, Walter: Frau Thomas Mann. Das Leben der Katharina Pringsheim. Reinbek b. Hamburg 2003.

–: Katias Mutter. Das außerordentliche Leben der Hedwig Pringsheim. Reinbek b. Hamburg 2005.

Jochmann, Werner: Die politischen Veränderungen der Kriegszeit. In: Deutsches Judentum in Krieg und Revolution 1916–1923. Hrsg. von Werner Mosse, unter Mitw. von Arnold Paucker. Tübingen 1971.

Jüngling, Kirsten/Roßbeck, Brigitte: Katia Mann. Die Frau des Zauberers. Biografie. München 2003.

Kafka, Franz: Tagebücher 1910–1923. Hrsg. von Max Brod. 2. Aufl. Frankfurt/M. 1983.

Kerr, Alfred: Herr Sudermann der D ... Di ... Dichter. Ein kritisches Vademecum. Berlin 1903.

Kessler, Harry Graf: Walther Rathenau: Sein Leben und Werk. Berlin 1928. Neuaufl. mit einem Nachw. von Hans Fürstenberg. Wiesbaden 1962.

Koopmann, Helmut (Hrsg.): Thomas-Mann-Handbuch. 3. Aufl. Frankfurt/Main 2005.

Krell, Max: Das alles gab es einmal. Frankfurt/Main 1961.

Kruft, Hanno-Walter: Alfred Pringsheim, Hans Thoma und Thomas Mann. Eine Münchner Konstellation. München 1993 (Bayerische Akademie der Wissenschaften. Philosoph.-hist.-Klasse. Abhandlungen. N. F., H. 107).

–: Die Wagnerbearbeitungen von Alfred Pringsheim. In: Jahrbuch der Bayerischen Akademie der schönen Künste. Bd. 8, 1994.

Kurzke, Hermann: Thomas Mann. Epoche – Werk – Wirken. 2. Aufl. München 1991 (Arbeitsbücher zur Literaturgeschichte).

Kuehlmann, Richard von: Erinnerungen. Heidelberg 1947.

Lessing, Theodor: Der jüdische Selbsthaß. München 1984.

–: Samuel zieht Bilanz und Tomi melkt die Moralkuh oder Zweier Könige Sturz. Eine Warnung für Deutsche, Satire zu schreiben. Hannover 1910.

Lewald, Fanny: Meine Lebensgeschichte. Hrsg. und eingeleitet von Gisela Brinker-Gabler. Frankfurt/Main 1980.

Ludwig, Emil: Geschenke des Lebens. Ein Rückblick. Berlin 1931.

Mann, Golo: Erinnerungen und Gedanken. Eine Jugend in Deutschland. Frankfurt/Main 1991.

–: Maximilian Harden. In: Geschichte und Geschichten. Frankfurt/M. 1961.

Mann, Heinrich: Zola. In: Die weissen Blätter, Jg. 2/1915, S. 1312–1382.
Mann, Katia: Meine ungeschriebenen Memoiren. Hrsg. von Elisabeth Plessen und Michael Mann. Frankfurt/M. 1974.
Mann, Klaus: Der Wendepunkt. Ein Lebensbericht. Mit einem Nachw. von Frido Mann. Frankfurt/M. 1984.
Mann, Thomas: Betrachtungen eines Unpolitischen. In: Reden und Aufsätze. 2., durchges. Aufl. Frankfurt/Main 1974 (Thomas Mann: Gesammelte Werke in dreizehn Bänden. Bd. 12).
–: Briefe. Bd. 1889–1936. Hrsg. von Erika Mann. Frankfurt/Main 1979.
–: Briefe II. 1914–1923. Ausgew. und hrsg. von Thomas Sprecher, Hans Vaget und Cornelia Bernini. Frankfurt/Main 2004.
–: Briefe an Otto Grautoff 1894–1901 und Ida Boy-Ed 1903–1928. Hrsg. von Peter de Mendelssohn. Frankfurt/Main 1975.
–: Briefwechsel mit Autoren. Hrsg. von Hans Wysling. Frankfurt 1988.
–: Tagebücher 1918–1921. Hrsg. von Peter de Mendelssohn. Frankfurt/M. 1979.
–: Der Taugenichts. In: Neue Rundschau, Jg. 27/1916, Bd. 2.
Mann, Thomas/Mann, Heinrich: Briefwechsel 1900–1949. Erw. Neuaufl. Hrsg. von Hans Wysling. Frankfurt/M. 1984.
Marschall, Birgit: Reisen und Regieren. Die Nordlandfahrten Kaiser Wilhelms II. Heidelberg 1991 (Skandinavistische Arbeiten. Bd. 9). [Diss.]
Martin, Ariane: Schwiegersohn und Schriftsteller. Thomas Mann in den Briefen Hedwig Pringsheims an Maximilian Harden. In: Thomas-Mann-Jahrbuch, Bd. 11, 1998.
Mendelssohn, Peter de: Der Zauberer. Das Leben des deutschen Schriftstellers Thomas Mann. T. 1: 1875–1918. Frankfurt/Main 1986.
Mosse, Werner E. (Hrsg.): Juden im Wilhelminischen Deutschland 1890 bis 1914. Unter Mitw. von Arnold Paucker. Tübingen 1971.
Neumann, Helga: Maximilian Harden. Förderer und Wegbegleiter der Brüder Mann. In: Zeitschrift für deutsche Philologie, Bd. 122/2003, H. 4.
Neumann, Helga/Neumann, Manfred: Maximilian Harden (1861 bis 1927). Ein unerschrockener deutsch-jüdischer Kritiker und Publizist. Würzburg 2003.
Neumann, Manfred: Reichsaußenminister Rathenau und der Publizist Maximilian Harden. Das Ende einer Freundschaft. In: Historische Mitteilungen, Bd. 16/2003.
Paucker, Arnold: Deutsche Juden im Kampf um Recht und Freiheit. Studien zur Abwehr, Selbstbehauptung und Widerstand der deutschen

Juden seit dem Ende des 19. Jahrhunderts. Bearb. von Barbara Suchy. Mit einer Einf. von Reinhard Rürup. Teetz 2003.
–: Zur Problematik einer jüdischen Abwehrstrategie in der deutschen Gesellschaft. In: Juden im Wilhelminischen Deutschland 1890–1914. Hrsg. von Werner E. Mosse, unter Mitw. von Arnold Paucker. Tübingen 1976.
Pringsheim, Alfred: Lebensabriß. In: Peter de Mendelssohn: Der Zauberer. Das Leben des deutschen Schriftstellers Thomas Mann. T. 1: 1875–1918. Frankfurt/Main 1975.
Pringsheim, Klaus: Ein Nachtrag zu Wälsungenblut. In: Neue Zürcher Zeitung, Jg. 182, Sonntagsausg. Nr. 4863 v. 17.12.1961.
Pringsheim, Klaus jr./Victor Boesen: Wer zum Teufel sind Sie. Ein Leben mit der Familie Mann. Aus dem Engl. von Tilman Lang. Berlin 2001.
Pringsheim-Dohm, Hedwig: Vater muß sitzen. In: Vossische Zeitung. Unterhaltungsblatt v. 14.11.1929.
–: Ernst Dohms Montag-Abende. In: Vossische Zeitung. Unterhaltungsblatt v. 3.1.1930.
–: Das Modell der Kronprinzessin. In: Vossische Zeitung. Unterhaltungsblatt v. 22.2.1930.
–: Häusliche Erinnerungen. In: Vossische Zeitung. Unterhaltungsblatt v. 27.3.1930.
–: Meine Eltern Ernst und Hedwig Dohm. In: Vossische Zeitung. Unterhaltungsblatt v. 11.5.1930.
–: Wie ich nach Meiningen kam. In: Vossische Zeitung. Unterhaltungsblatt v. 20.7.1930.
–: Auf dem Fahrrad durch die weite Welt. In: Vossische Zeitung. Unterhaltungsblatt v. 10.8.1930.
–: Bayreuth einst und jetzt. In: Vossische Zeitung. Unterhaltungsblatt v. 16.8.1930.
–: Ein Blumenstrauß von Liszt. In: Vossische Zeitung. Unterhaltungsblatt v. 5.4.1931.
–: Ich plaudere aus der Schule. In: Vossische Zeitung. Unterhaltungsblatt v. 28.5.1931.
–: Erinnerungen an Ludwig Bamberger. In: Vossische Zeitung. Unterhaltungsblatt v. 11.12.1932.
–: Tagebuchaufzeichnungen der Reise nach Argentinien 1907/08. Thomas-Mann-Archiv, Zürich.
Rathenau, Walther/Harden, Maximilian: Briefwechsel. Hrsg. von Hans-Dieter Hellige. München 1983 (Walther Rathenau-Gesamtausg. Bd. 6).

Reed, Philippa: »Alles, was ich schreibe, steht im Dienst der Frauen.« Zum essayistischen und fiktionalen Werk Hedwig Dohms (1833 bis 1919). Frankf./M. [usw.] 1987. [Diss.]

Reinhardt, Max: Manuskripte, Briefe, Dokumente. Katalog der Sammlung: Jürgen Stein. Bearb. und hrsg. von Hugo Wetscherek. Wien 1998.

Max Reinhardt in Berlin. Hrsg. von Knut Boeser und Renata Vatková. Berlin 1984.

Röckl, Sebastian: Ludwig II. und Richard Wagner. 1. Teil: Die Jahre 1864 und 1865. 2. neubearb. und verm. Aufl. München 1913.

Schwaiger, Georg: Papsttum und Päpste im 20. Jahrhundert. Von Leo XIII. zu Johannes Paul II. München 1999.

Seehaus, Günter: Frank Wedekind. Mit Selbstzeugnissen und Bilddokumenten. Reinbek b. Hamburg 1974.

–. Frank Wedekind und das Theater. Remagen-Rolandseck 1973 (Die Neue Schaubühne. Bd. 2).

Sontheimer, Kurt: Thomas Mann und die Deutschen. Frankfurt/M. 1965.

Das deutsche Theater im 19. Jahrhundert. Leipzig 1904.

Tucholsky, Kurt: Maximilian Harden. In: Die Weltbühne, 1927, S. 704 ff.

Vaget, Hans Rudolf: »von hoffnungslos anderer Art.« Thomas Manns Wälsungenblut. In: Neue Zürcher Zeitung, Jg. 182, Sonntagsausg. Nr. 4863 v. 17. 12. 1961.

Vincon, Hartmut: Frank Wedekind. Stuttgart 1987.

Wassermann, Jakob: Mein Weg als Deutscher und Jude. Neuaufl. der Ausg. von 1921. Frankfurt/Main 2005.

–: Joseph Kerkhovens dritte Existenz. Nachw. von Peter de Mendelssohn. München 1989.

Wedekind, Frank: Gesammelte Briefe. Hrsg. von Fritz Strich. Bd. 2. München 1924.

Wedekind, Frank/Mann, Thomas/Mann, Heinrich: Briefwechsel mit Maximilian Harden. Hrsg., komm. und mit einem einl. Essay von Ariane Martin. Darmstadt 1996.

Wedekind, Tilly: Lulu. Die Rolle meines Lebens. München [usw.] 1969.

Weinzierl, Ulrich: Hofmannsthal. Skizzen zu seinem Bild. Wien 2005.

Weller, B. Uwe: Maximilian Harden und die »Zukunft«. Bremen 1970. [Diss.]

Wiedemann, Rudolf (Hrsg.): Thomas Manns Schwiegermutter erzählt. Lebendige Briefe aus großbürgerlichem Hause mit einem Geleitw. von Golo Mann. Lübeck 1988.

Wilhelm II.: Ereignisse und Gestalten aus den Jahren 1878–1918. Leipzig [usw.] 1922.
Winterstein, Eduard von: Mein Leben und meine Zeit. Ein halbes Jahrhundert deutscher Theatergeschichte. Berlin 1961.
Wolff, Theodor: Der Chronist. Krieg, Revolution und Frieden im Tagebuch 1914–1919. T. 1, eingel. von Bernd Sösemann. Boppard 1984.
Zweig, Arnold: Der heutige deutsche Antisemitismus. In: Der Jude. Hrsg. von Martin Buber. H. Mai 1920–Januar 1921.

19 *HP* – Bis zum Ersten Weltkrieg, genauer: bis Oktober 1915, verwendete Hedwig Pringsheim zumeist einen vierseitigen Briefbogen mit vorgedrucktem Briefkopf: den verzierten Initialen ihres Namens (HP) und der Anschrift »München, Arcis-Straße 12«. Ab September 1905 benutzte sie einen neuen Briefkopf, auf dem die Initialen von einem auf der Spitze stehenden Quadrat eingerahmt waren. Vorgedruckte Briefköpfe erscheinen in dieser Ausgabe in einer anderen Schrift.
Levi – Hermann Levi (1838–1900), Generalmusikdirektor am Königlichen Hof- und Nationaltheater in München, Dirigent der Bayreuther Festspiele (u. a. 1882 bei der Uraufführung des »Parsifal«), verkehrte bereits im Elternhaus von Hedwig Pringsheim. Er starb am 13. Mai 1900 in Garmisch-Partenkirchen.
Lenbach – Franz von Lenbach (1836–1904), Maler, Ende des 19. Jahrhunderts führende Persönlichkeit im Münchner Kunstleben, anerkannter und begehrter Porträtist; mehrmals porträtierte er Hedwig Dohm, die Mutter Hedwig Pringsheims, und die Pringsheim-Familie.
Hildebrand – Adolf von Hildebrand (1847–1921), Bildhauer.
»o lieb' … stehst und klagst« – Aus der ersten Strophe des Gedichtes »O lieb, solang du lieben kannst« von Ferdinand Freiligrath.
20 *Montag [ohne Datum]* – Der Brief dürfte in der ersten Augusthälfte 1900 geschrieben worden sein: Das Schriftbild entspricht dem Brief v. 13.5.1900; wie dort findet sich auch hier die – später nicht mehr verwendete – förmliche Anrede: »Lieber Herr Harden«.
Brief an den Herrn Kaiser – In der »Zukunft« v. 4. 8. 1900 (Leitartikel »Die neuste Rede«) kritisierte Harden die sog. »Hunnen-Rede« des deutschen Kaisers scharf. Am 27. Juli 1900 hatte Wilhelm II. in Bremerhaven ein deutsches Expeditionskorps nach China verabschiedet; nach der Ermordung des deutschen Gesandten in Peking sollte es den dort seit Wochen herrschenden Aufruhr gegen christliche Missionare und Ausländer niederschlagen. Der Kaiser forderte vor den Soldaten: »Pardon wird nicht gegeben, Gefangene werden nicht gemacht! Wie vor tausend

Jahren die Hunnen unter ihrem König Etzel sich einen Namen machten«; vgl. auch »Zukunft« v. 11. 8. 1900, Leitartikel »Der Kampf mit dem Drachen«.

20 *ER* – Hedwig Pringsheim verwendete das Briefpapier ihrer Schwester Else Rosenberg, mit deren Initialen (ER) und auch der Berliner Anschrift (Thiergarten-Strasse 19.).

21 *»Der Tag« ... ein anständiges Blatt* – Rechtskonservative Zeitung des Berliner Scherl-Verlags (1901–1934). Worauf sich die Bemerkung bezieht, war nicht zu ermitteln.

Mimchen – Kosename für die Mutter Hedwig Pringsheims, Hedwig Dohm (1833–1919); die Schriftstellerin und Frauenrechtlerin war mit Maximilian Harden bekannt und veröffentlichte auch in der »Zukunft«. Seit 1900 lebte sie im Haus ihrer Tochter Else (verh. Rosenberg) in der Tiergartenstraße 19; im Sommer hielt sie sich zumeist bei der Tochter Eva (verh. Klein) in der Warmbrunnerstraße in Berlin-Grunewald auf, wo sie Hedwig Pringsheim häufig besuchte.

das Notizbuch – Titel einer Kolumne mit vermischten Nachrichten in der »Zukunft«.

die Schwieger – Hedwig Pringsheims Schwiegermutter Paula Pringsheim (1827–1909). Paula und Rudolph Pringsheim lebten in Berlin.

Felix Simon – Im Berliner Adreßbuch von 1901 ist eingetragen: Rentier Felix Simon, Berlin W., Behrenstr. 67.

22 *Festung Weichselmünde* – Nach seiner Kritik an der sog. »Hunnenrede« des Kaisers (vgl. Anm. *Brief an den Herrn Kaiser* zu S. 20) war Harden wegen Majestätsbeleidigung zu sechsmonatiger Festungshaft verurteilt worden.

28. 6. 1901 – Überliefert ist folgender Text: [...] Zwillinge stehen gut. Montag ist das mündliche, in [...] Klaus nicht zu kommen hofft. Ich werde nicht verstehen, Ihre [...] alsbald ein Ziel zu setzen – Sie sollen das Resultat gleich [...] schön dichten können Sie noch! Das berechtigt zu den [...] ungen. Und bei einem rhume de cerveau: das brächte ich ja bei klarstem Kopfe nicht fertig. Die kleine Obstsendung ist hoffentlich gut angekommen. Ich bin's Hermann Ihr Rabe. München 28. 6. 1901.

[um den 17. 10. 1902] – Der Brief enthält den Eintrag »1903« von fremder Hand; sein Inhalt legt aber nahe, daß er bereits im Oktober 1902 geschrieben wurde. Hardens »Zukunft« feierte in diesem Monat ihr zehnjähriges Jubiläum (erste Ausgabe erschien am

1. Oktober 1892); da Harden am 20. Oktober Geburtstag hatte, dürfte der Brief vom 17. oder 18. Oktober 1902 datieren.

22 *Martersteig* – Max Martersteig (1853–1926), Schriftsteller, Regisseur und Intendant, seit 1893 Autor der »Zukunft«, vertrat Harden in Krankheitsfällen oder während dessen Haftstrafen.

Mauthner – Fritz Mauthner (1849–1923), Schriftsteller, Philosoph und Publizist, zog 1876 nach Berlin, arbeitete für das »Berliner Tageblatt«, gründete 1880 die »Gesellschaft der Zwanglosen« mit, der unter anderen Maximilian Harden und Gerhart Hauptmann angehörten; 1892 zog er mit seiner Familie in den Grunewald, in die Nachbarschaft Maximilian Hardens. Hier begann er mit der Niederschrift seiner »Beiträge zu einer Kritik der Sprache«.

23 *Oldmi* – Kosename für Hedwig Dohm.

Wildenbruch – Ernst von Wildenbruch (1845–1909), Schriftsteller und Diplomat, Hauptvertreter des großen gründerzeitlichen Historiendramas und der nationalistischen Bismarcklyrik der Zeit um 1900.

ihr Zolaartikel – Nach dem Tod Emile Zolas (29.9.1902) schrieb Harden in der »Zukunft« vom 11.10.1902 in der ihm eigenen effektvollen Tonlage: »Er legte sich gesund ins Bett und wurde morgens tot aufgefunden. Kohlenoxydvergiftung, hieß es ...« Harden hatte in dem spektakulären Justizskandal um den jüdischen Hauptmann Alfred Dreyfus den Standpunkt eingenommen, Zolas öffentliches Eintreten zugunsten des Beschuldigten (»J'accuse«) sei lediglich eitle Selbstgefälligkeit, um einen Siegeszug bei den Massen anzutreten.

die süße Maxa und ihre Mama – Maxa (Maximiliane), die Tochter Hardens, und ihre Mutter Selma Fontheim, die seit 1898 Hardens Lebensgefährtin war und 1919 seine Frau wurde. Herzliche Grüße an »die beiden Damen« richtete Hedwig Pringsheim regelmäßig aus.

diese Übersetzung – Nicht ermittelt.

24 *Herr Sighele* – Nicht ermittelt.

Kadelburg – Gustav Kadelburg (1851–1925), österreichischer Schauspieler und Bühnenautor, Verfasser von Schwänken und Operettenlibretti, bekannt durch das gemeinsam mit Oskar Blumenthal verfaßte Libretto »Im weißen Rößl« (1898).

Blumenthal – Oskar Blumenthal (1852–1917), Schriftsteller und Theaterleiter, Feuilletonist des »Berliner Tageblatts«, Lustspielautor, Begründer und Leiter des Berliner Lessing-Theaters.

24 *Hermann Sudermann* – Hermann Sudermann (1857–1928), ostpreußischer Schriftsteller, galt neben Gerhart Hauptmann als führender Dramatiker des deutschen Naturalismus, einer der meistgespielten deutschen Bühnenautoren seiner Zeit; mit seinen bürgerlichen Boulevardstücken zog er heftige Angriffe von Kerr und Harden auf sich. (Vgl.: Alfred Kerr, Herr Sudermann der D … Di … Dichter. Ein kritisches Vademecum, Berlin 1903; Maximilian Harden, Kampfgenosse Sudermann, Berlin 1903.)

Ihr Krupp-Artikel – In dem Leitartikel der »Zukunft« vom 29. 11. 1902 hinterfragte Harden vor dem Hintergrund verwirrender ärztlicher Bulletins den überraschenden Tod des 48jährigen »Kanonenkönigs« Friedrich Alfred Krupp, der kurz zuvor in der Presse wegen angeblicher Homosexualität angeprangert worden war.

daß Kerr meinem Klaus sein Sudermann-Büchlein – Alfred Kerr, Herr Sudermann der D … Di … Dichter, Berlin (1903). Die Debatte über die Aufgabe der Theaterkritik sollte sich um die Jahrhundertwende am »Fall Sudermann« heftig entzünden.

Kerr als mein Schwiegerson? – Katia Mann berichtet in ihren »Ungeschriebenen Memoiren« (Frankfurt/M. 1974, S. 17), Kerr habe vergeblich um ihre Hand angehalten, dieser sei, »abgesehen von seinen sonstigen Gehässigkeiten«, auch deshalb Thomas Mann lebenslang gram gewesen.

25 *Lenbach* – Am 12. 10. 1902 hatte Franz von Lenbach einen Schlaganfall erlitten; die linksseitige Lähmung ging zwar bald zurück, sein Gesundheitszustand blieb aber labil.

Stiernacken I – Gemeint ist Hedwig Pringsheims Freund und Verehrer Astaf von Transehe-Roseneck, ein baltendeutscher Adliger.

Melirte – meliert (frz.) mischen; gemeint ist hier wohl ein Tag mit »gemischten«, trüben und heiteren, Ereignissen.

Aesthetik bei Lipps – Theodor Lipps (1851–1914), Philosoph. Bereits im Sommersemester 1901 hatte sich Hedwig Pringsheim als Gasthörerin in der Münchner Universität eintragen lassen, bei Dr. Weese »Beziehungen der Plastik zur Malerei« gehört und bei Prof. Krumbacher am »Anfangskolleg im Russischen« teilgenommen. Für das Sommersemester 1902 führt das Gasthörer-Belegblatt Prof. Lipps erstmals mit einer Vorlesung »Geschichte der Philosophie« auf. Darüber hinaus besuchte Hedwig Pringsheim die Veranstaltung »Einführung in die gr. Skulptur« von Prof. Furtwängler. Zum Zeitpunkt ihres Briefes an Harden (Wintersemester 1902/03) nahm sie außer an der Vorlesung bei Prof. Lipps an den beiden Veranstaltungen Prof. Furtwänglers »Hellenistische und Römische Plastik« und »Aesthetische Streitfragen« sowie an der Vorlesung »Kunst im Zusammenhang mit Kulturgeschichte« wiederum bei Prof. Weese teil. Einige Veranstaltungen im philosophischen und kunsthistorischen Bereich hörte Hedwig Pringsheim gemeinsam mit ihrer Tochter Katia. Theodor Lipps veröffentlichte in der »Zukunft« vom 20.1.1906 einen Beitrag »Einfühlung und ästhetischer Genuß«.

25 *Milka* – Milka Ternina (1863–1941), aus Kroatien stammende Sopranistin, war von 1890 bis 1899 an der Münchner Hofoper engagiert und bereicherte auch die Hausmusikabende der Pringsheims; sie war die langjährige Geliebte Alfred Pringsheims.

26 *Ihr »Volkslied«* – Anläßlich von Kaiserbesuchen in Essen, Breslau, Wiesbaden, Frankfurt und Hamburg schilderte Harden in einem Rückblick auf den Reichstagswahlkampf die Diskrepanz zwischen den offiziell organisierten Jubelfeiern und den überwältigenden Wahlsiegen der Sozialdemokraten in allen Industriestädten Deutschlands (Zukunft v. 27.6.1903).

S.M. – Seine Majestät; gemeint ist Wilhelm II.

diesen Sommer bei Lipps »Ethik« – Die Angabe wird durch ein erhaltenes Belegblatt der Universität München bestätigt. Darüber hinaus nahm Hedwig Pringsheim im Sommersemester 1903 an der Veranstaltung »Hochrenaissance« bei Dr. Voll teil. Im folgenden Wintersemester war sie Gasthörerin bei Prof. Lipps (»Logik«), Prof. Furtwängler (»Pompeji«) und Dr. Voll (»Gang durch die Pinakothek«).

27 *an Lena* – Magdalena (»Lena«) Schweninger (1864–1942); ihre Ehe mit dem Maler Franz von Lenbach war 1896 in München geschieden worden. 1898 hatte sie Prof. Ernst Moritz Schweninger (1850–1924) geheiratet, den ehemaligen Leibarzt Bismarcks und Freund (und Hausarzt) Maximilan Hardens. Harden ergriff oft Partei für den mit ihm befreundeten Mediziner, dessen Heilmethoden umstritten waren.

Karl Schw. Karl Schweninger, der Bruder des Mediziners Ernst Moritz Schweninger.

was sagen Sie nur zum Papst – Papst Leo XIII. (1810–1903) hatte auf dem Sterbebett die Druckfahnen seines Gedichts auf Anselm von Canterbury noch eigenhändig korrigiert; vgl. auch Hardens Nachruf in der »Zukunft« v. 11.7.1903.

27 *Erik ist Unterofficier* – Erik Pringsheim (1879–1909), der älteste Sohn Hedwig Pringsheims, studierte Jura und trat danach in den Staatsdienst ein.

Musiker Klaus – Klaus Pringsheim (1883–1972), jüngster Sohn Hedwig Pringsheims, studierte Musikwissenschaft und schlug die Laufbahn des Dirigenten ein.

28 *misera plebs* – (lat.) das gemeine Volk.

der schwerbetroffene Herr von der Nationalzeitung – In der »Zukunft« v. 29.10.1904 bezichtigte Harden die »Nationalzeitung« unverschämter Bettelei und »käuflicher Gesinnung«. Die Angriffe wies Arthur Dix, der Chefredakteur des nationalliberalen Blattes, in einem Leserbrief entschieden zurück (Zukunft v. 11.9. 1904).

Wrangel – Friedrich Graf von Wrangel war ein Enkel des berühmten Generalfeldmarschalls Friedrich Heinrich Ernst von Wrangel (1784–1877). An ihre frühe Begegnung mit dem alten Generalfeldmarschall hat sich Hedwig Pringsheim 1930 in einem Beitrag für die »Vossische Zeitung« erinnert (Das Modell der Kronprinzessin, in: Vossische Zeitung, Unterhaltungsblatt v. 22.2.1930). Die für jedermann offenen Soireen in ihrem Elternhaus waren für alle Kreise der Berliner Gesellschaft eine Attraktion. Hedwig Pringsheim hat sich in einem feuilletonistischen Rückblick erinnert, ein Bekannter der Familie habe erklärt, wo heiratsfähige Töchter seien, müsse »eben der Laden aufgemacht werden« (Hedwig Pringsheim-Dohm, Ernst Dohms Montag-Abende, S. 272 dieses Bandes).

mit Afrika haben Sie ja so furchtbar Recht – Zu Beginn des Hereroaufstandes (1904–1908) in Deutsch-Südwestafrika (Namibia) kritisierte Harden die ungeeigneten Hafenanlagen von Swakopmund, die Vernachlässigung der Interessen deutscher Siedler sowie die zu geringe Truppenstärke.

M.N.N. – Münchner Neueste Nachrichten.

Luise von Koburg – Luise Marie Amalie von Koburg (1875–1924), Tochter des belgischen Königs und Frau des österreichischen Feldmarschalls Philipp von Sachsen-Koburg und Gotha. Im Spätsommer des Jahres 1904 feierte die Presse ihre Flucht aus einer offenen Anstalt bei Dresden, in der sie wegen ungewöhnlicher Verschwendungssucht auf Anordnung berühmter Psychiater der Wiener und Berliner Fakultäten untergebracht worden war. Fluchthelfer waren ihr Geliebter, der österreichische Lieutenant

Mattachich, und der sozialdemokratische Reichstagsabgeordnete Südekum, bei dem sie vorübergehend Aufnahme fand. Harden widersprach vehement den großen und kleinen Blättern, die die Flucht als eine Heldengeschichte feierten und die Phantasie der öffentlichen Meinung beflügelten. (Vgl.: Luise von Koburg, in: Zukunft, 17.9.1904)

28 *Alfreds bei Ihnen abgedruckte Rede* – Alfred Pringsheim hatte in der »Zukunft« in zwei Folgen vom 14. und 21.5.1904 den Beitrag »Werth und Unwerth der Mathematik« veröffentlicht – eine Auseinandersetzung mit Arthur Schopenhauers Werk »Die Welt als Wille und Vorstellung« sowie mit der »Vierfachen Wurzel des Satzes vom zureichenden Grunde«. Der Beitrag ging aus einer Festrede hervor, die der Ordinarius für Mathematik an der Münchner Universität auf Einladung der Königl. Bayer. Akademie der Wissenschaften gehalten hatte.

29 *aus den Parerga* – Arthur Schopenhauer, Parerga und Paralipomena (1851).

Aufregungen mit Katja – Katia Pringsheim zögerte lange, bevor sie dem Werben Thomas Manns nachgab. Diese für alle Beteiligten »große seelische Strapaze« (Thomas Mann) endete erst mit Katias Einwilligung im Oktober 1904. Das Paar heiratete am 11. Februar 1905.

»bis es am Abend niedersinkt und stirbt« – Heinrich von Kleist, Prinz Friedrich von Homburg, III,5.

»Traumulus«, oder gar »Tessa« – »Traumulus«, tragische Komödie in fünf Akten von Arno Holz, wurde am 24.9.1904 im Lessing-Theater in Berlin uraufgeführt. Das Drama »Tessa« von Wilhelm Weigand erschien als Vorabdruck in den »Süddeutschen Monatsheften«.

Kainz als Prinz v. Homburg – Josef Kainz (1858–1910), österreichischer Schauspieler, feierte nach seinem Engagement am Wiener Burgtheater auch am Deutschen Theater in Berlin Erfolge. Hedwig Pringsheim hatte ihn bereits während ihrer Meininger Zeit kennen- und schätzengelernt.

Lolo – Charlotte (»Lolo«) von Lenbach (1861–1941); die langjährige Schülerin des Malers Franz von Lenbach hatte ihren Lehrer 1896 geheiratet.

30 *Baur au Lac* – Züricher Hotel und Restaurant der Luxusklasse, an der Limmat gelegen, das von der Familie Mann auch in späteren Jahren gern besucht wurde.

30 *mit Dr. Heinz nach Griechenland* – Gemeint ist der zweitälteste Sohn, Heinz Pringsheim (1882–1974), der sein Archäologie-Studium mit einer Promotion abgeschlossen hatte.
die russische Schaukel – Die im Januar 1905 in St. Petersburg ausgebrochene Revolution nahm Harden zum Anlaß, in dem Leitartikel »Russische Schaukel« in der »Zukunft« v. 11.2.1905 die sozial- und gesellschaftspolitische Entwicklung Rußlands darzulegen.

31 *Schwägerin Rohrscheidt* – Martha von Rohrscheidt, eine Schwester Alfred Pringsheims, die mit Paul von Rohrscheidt, dem Besitzer eines Rittergutes in Garzau, verheiratet war.
daß Erik am 9 Juli nach Buenos Ayres abgeht – Erik Pringsheim, der Lieblingssohn Hedwig Pringsheims, wurde wegen seines unsoliden Lebenswandels und seiner ständigen Schulden von seinem Vater nach Argentinien »verbannt«, wo er sich bewähren sollte.

33 *Vedremo* – (ital.) Wir werden sehen.
von meinem Freunde aus Livland – Gemeint ist Astaf von Transehe; vgl. Anm. *Stiernacken I* zu S. 25.
von revolutionären Verhetzern – Die baltischen Länder gehörten damals zu Rußland. Die im Januar 1905 dort ausgebrochene Revolution hatte auch die Ostseeprovinzen ergriffen.
beim scheidenden Herrn v. Possart – Ernst Ritter von Possart (1841–1921) war bereits 1875 in München zum Oberregisseur ernannt worden, übernahm alsbald die Gesamtleitung der Münchner Hoftheater und erwarb sich als Reformer und ungewöhnlicher Opernregisseur größte Anerkennung. 1905 legte er das Amt des Generaldirektors nieder.
Zoppot – Vielbesuchtes Seebad an der Danziger Bucht.
bei Rosenbergs – Else und Hermann Rosenberg, Schwester und Schwager Hedwig Pringsheims, wohnten in Berlin, Tiergartenstraße 19.

34 *abscheulich sind doch Juden en masse* – Antijüdische Ressentiments finden sich immer wieder in den Briefen Hedwig Pringsheims. Das ist um so bemerkenswerter, weil sie selbst aus einer jüdischen Familie stammte. Wie so viele versuchte auch sie ihre jüdische Herkunft zu überspielen.

35 *Mieze* – Miez(e) war der Kosename für die Schwester Marie Pauline Adelheid, die als Übersetzerin arbeitete. Sie war mit dem italienischen Journalisten Ernesto Gagliardi verheiratet.

35 d*ie Mémoiren von Mad. Campan* – Madame Campan, eigentl. Jeanne Louise Henriette, geb. Genest (1752–1822), erste Gesellschaftsdame Marie-Antoinettes, schrieb die »Mémoires sur la vie privée de Marie Antoinette«.

Besuch von Oldens – Das Ehepaar Hans und Marie Olden lebte in Berlin. Das Schauspiel »Wiederkunft« des Schauspielers und Schriftstellers Hans Olden wurde 1905 uraufgeführt.

Rathenau – Walther Rathenau (1867–1922), Politiker, später Reichsminister des Auswärtigen, war ein guter Bekannter von Hedwig Pringsheim und Maximilian Harden.

37 *Dem »Professor« gehts leidlich* – Alfred Pringsheim litt häufig unter Magenbeschwerden.

den neuen Fogazzaro-Roman – Hedwig Pringsheim half ihrer Schwester Marie Pauline Adelheid Gagliardi bei der Übersetzung von Werken des italienischen Schriftstellers Antonio Fogazzaro; dessen Roman »Il Santo« (»Der Heilige«) erschien 1906 in deutscher Übersetzung.

Freund mit dem unwiderstehlichen Namen – Vgl. Anm. *Stiernacken I* zu S. 25. Hedwig Pringsheim meinte, daß Astaf von Transehe-Roseneck einen interessanten Beitrag über die politischen Verhältnisse in Riga für Hardens »Zukunft« schreiben könnte.

38 *»Personalia«-Aufsatz* – Leitartikel in der »Zukunft« v. 28.10.1905. Da die deutsche Botschaft in St. Petersburg dem Auswärtigen Amt stets beruhigende Informationen übermittelt hatte, wurden Kaiser und Reichsregierung vom Ausbruch des Russisch-Japanischen Krieges 1904/05 überrascht. Die Abberufung des deutschen Botschafters Graf Alvensleben nahm Harden zum Anlaß, die Besetzung wichtiger diplomatischer Posten zu kritisieren. Die Auswahl im diplomatischen Dienst sei das Ergebnis höfischer Gunst.

Wie denken Sie über Rußland? – Eine Streikbewegung in St. Petersburg schlug im Januar 1905 in eine Revolution um. Im Oktober 1905 kündigte ein Kaiserliches Manifest das Zugeständnis bürgerlicher Freiheiten sowie ein allgemeines Wahlrecht an.

40 *Was sagt Bülow?* – Bernhard von Bülow (1849–1929), von 1900 bis 1909 deutscher Reichskanzler. In der »Zukunft« v. 16.12.1905 (Leitartikel »Jultanz«) hatte Harden Bülows Reden im Reichstag kritisch untersucht: Bereits die von der Reichsregierung vorbereitete Thronrede habe »das stilistische Vermögen des Kollabo-

ranten Bülow nicht allzu beträchtlich erscheinen« lassen. Harden bescheinigte dem Kanzler zudem fehlenden schöpferischen Geist in der deutschen Außenpolitk.

40 *ich hatte schlimme Weihnachten!* – Gemeint sind die familiären Auseinandersetzungen, die die von Thomas Mann zunächst im Jahr 1905 geplante Veröffentlichung der Novelle »Wälsungenblut« ausgelöst hatte. In dieser sog. Tiergarten-Novelle nahm Thomas Mann das Inzest-Motiv aus dem ersten Akt von Wagners »Walküre« mit dem mythologischen Geschwisterpaar zur Vorlage, um die Handlung auf ein jüdisches Zwillingspaar aus dem überfeinerten Berliner Westen zu übertragen. Da die Beschreibung des Umfeldes unzweideutig auf das Palais in der Arcisstraße hinwies, befürchtete die Familie Pringsheim einen Skandal. Auf massives Drängen seines Schwiegervaters zog Thomas Mann das Manuskript zurück und gab die Erzählung erst 1921 als limitierten Privatdruck heraus.

Klein-Erika – Erika Mann (1905–1969), älteste Tochter Katia und Thomas Manns.

nach Berlin ins Goldhaus – Ironische Anspielung auf das prunkvolle Palais der Schwiegereltern in der Berliner Wilhelmstraße.

als »Stevalangscher« – Mundartl. Verballhornung von (frz.) chevauleger: Soldat der leichten Kavallerie, bei der Heinz Pringsheim den Militärdienst ableistete.

41 *Stiernacken I ... № II* – Die Freunde und Verehrer Astaf von Transehe-Roseneck und Alfred Schaeuffelen.

Gertraud Hopfen – Ehefrau des Schriftstellers Otto Hellmuth Hopfen.

größenwansinnige Selbstanzeige – In der »Zukunft« v. 6.1.1906 warb Otto Hellmuth Hopfen für sein bei S. Fischer 1905 erschienenes Buch »Daniel Abraham Davel«.

42 *die Sterne, die begehrt man nicht* – Aus Goethes Gedicht »Trost in Tränen«

Famos der Wedekind – Bezug auf die »Zukunft« v. 13.1.1906, in der sich Harden anläßlich der Aufführungen von »Hidalla« und »Marquis von Keith« im Kleinen Theater in Berlin grundsätzlich mit dem Dramatiker Frank Wedekind auseinandersetzte. Trotz seiner Einwände gegen die für den damaligen Zeitgeist »anstößigen« Aufführungen erkennt der Rezensent in Wedekind den Moralisten, der »Etwas zu sagen« habe, dessen Werke jedoch der gründlicheren Durcharbeitung bedürften: »Herr Wedekind findet oft, fast zu oft Diamanten und Perlen, müht sich aber selten, sie zu schleifen, zu reinigen ...«

42 *über den »Fall Bahr«* – Hermann Bahr (1863–1934), österreichischer Schriftsteller, war dem Theater lebenslang als Autor, einflußreicher Kritiker und Regisseur eng verbunden. Im November 1905 betraute ihn Alfred von Speidel, der Intendant der Königlichen Theater Münchens, mit der Schauspielleitung. Bahr sollte als Oberregisseur und Dramaturg am Hoftheater, dem Prinzregententheater und dem neu erbauten Residenztheater tätig sein. Politische Intrigen machten sein Engagement zunichte. Die Wiener Premiere des Schauspiels »Die Andere« hatte am 25.11.1905 mit einem Skandal geendet, und am 27.11.1905 war nach erneutem Skandal die zweite Aufführung abgesetzt worden. Bahrs Skizzenbuch vermerkte am 17.12. 1905: »Hetze der Zentrumspartei gegen den Atheisten, Anarchisten, geschlechtlich freien H. B.« (Bahr, Tagebücher, Skizzenbücher, Notizhefte). Dies ist der Hintergrund von Hedwig Pringsheims Hinweis auf die »Ultramontanen«.

Proceß Marion – Vermutlich der Sorgerechtsstreit um Marion, die 1892 geborene Tochter Franz von Lenbachs und seiner ersten Ehefrau Lena.

Lolo – Vgl. Anm. *Lolo* zu S. 29.

und Rußland ist weit – Anspielung auf den in der baltischen Provinz lebenden Freund Astaf von Transehe-Roseneck.

kleine Schwiegerdifferenzen sind beigelegt – Vgl. Anm. *ich hatte schlimme Weihnachten!* zu S. 40. – Die Konflikte um Thomas Manns Novelle »Wälsungenblut« waren keineswegs beigelegt. Tatsächlich hielt sich das Gerücht in der Münchner Gesellschaft, wie Thomas Mann gegenüber seinem Bruder Heinrich am 17.1.1906 zugab, er habe »eine heftig ›antisemitische‹ (!) Novelle geschrieben« (Thomas Mann/Heinrich Mann, Briefwechsel 1900 bis 1949, S. 114). Zumindest das Verhältnis zum Schwiegervater war damit dauerhaft belastet: »Wälsungenblut« blieb ein Streitpunkt zwischen Alfred Pringsheim und Thomas Mann. Als dieser 1920 den Privatdruck vorbereitete, notierte er im Tagebuch: »Geheimr[at] Pr[ingsheim] setzt sich gegen den Privatdruck von ›Wäls[ungenblut]‹ nicht zur Wehr« (Eintrag vom 25.1.1920), um am 2. Mai 1921 festzuhalten: »Abends Nervenkrise in der Auseinandersetzung mit K[atia] über ›Wälsungenblut‹ und eine darüber erschienene taktlose Notiz, die ihren Vater ärgert. Aussprache und Versöhnung. Bei mir explodierte allgemeiner Druck« (Mann, Tagebücher 1918–1921, S. 373 und 512; vgl. auch Ariane Martin, Schwiegersohn und Schriftsteller. Thomas Mann in den Briefen Hedwig Pringsheims an Maximilian Harden, S. 127ff., 141).

42 *helfe Miez Fogazzaro's »Il Santo« übersetzen* – Vgl. Anm. *den neuen Fogazzaro-Roman* zu S. 37.

43 *Stucks, Ahd-, Bernsteins* – Franz von Stuck (1863–1928), Maler und Bildhauer, Mitbegründer der Münchner Secession; der Münchner Anwalt Max Bernstein (vgl. Anm. *Freund und Berater Bernstein* zu S. 69). Ahdsteins nicht ermittelt.

44 *Ihr Tommy-Männchen fährt fort* – Vgl. *kleine Schwiegerdifferenzen sind beigelegt* zu S. 42.

Ultramontanen – Ultramontanismus (von lat. ultra montes, jenseits der Berge, also aus Rom) ist die Bezeichnung für eine papsttreue und streng nach dem Vatikan orientierte politische Haltung des deutschen Katholizismus. Als Schlagwort wurde der Begriff insbesondere im sog. Kulturkampf in der zweiten Hälfte des 19. Jahrhunderts gebraucht. Die Zentrumspartei vertrat seit 1870 diese politische Richtung. Vgl. Anm. *über den »Fall Bahr«* zu S. 42.

contra Leuß – Harden hatte dem späteren Reichstagsabgeordneten Hans Leuß in der »Zukunft« v. 19. 5. 1894 Gelegenheit gegeben, seine antisemitischen Vorstellungen darzulegen. Im selben Jahr wurde Leuß wegen Meineids zu einer Zuchthausstrafe verurteilt, die Harden nicht für gerechtfertigt hielt. Leuß' Buch »Aus dem Zuchthaus« besprach Harden sehr anerkennend, während er einem weiteren kleineren Buch sein uneingeschränktes Lob versagte. Aus gekränkter Eitelkeit bezichtigte Leuß daraufhin Harden der Käuflichkeit durch ein Wirtschaftsunternehmen. In der »Zukunft« v. 10.3.1906 wies Harden diese Vorwürfe zurück. Es kam zu Privatklageverfahren wegen Beleidigung.

an Hofmannsthal, Benedikt, Korngold – Hedwig Pringsheim bittet um Referenzen für ihren Sohn Klaus. Hugo von Hofmannsthal hatte einige Libretti für Richard Strauss geschrieben, den Klaus Pringsheim über alle Maßen schätzte. Bei »Benedikt« handelt es sich sehr wahrscheinlich um den Publizisten Moriz Benedikt (1849–1920), den Mitherausgeber und späteren Chefredakteur der »Neuen Freien Presse«. Julius Korngold (1860 bis 1945) war Musikschriftsteller und -kritiker (u. a. für die »Neue Freie Presse«) und übte einen großen Einfluß auf die Wiener

Musikwelt aus. Durch die Empfehlung seines Lehrers Bernhard Stavenhagen wurde Klaus Pringsheim 1906 Korrepetitor an der Wiener Oper und schließlich enger Freund Gustav Mahlers.

45 *mit den netten Deutschs* – Mit dem Ehepaar Felix und Lili Deutsch waren sowohl Maximilian Harden als auch Hedwig Pringsheim befreundet. Felix Deutsch (1858–1928) war seit 1883 in der von Emil Rathenau gegründeten Allgemeinen Elektizitäts-Gesellschaft (AEG) tätig und übernahm 1915, nach dem Ausscheiden des Sohnes Walther Rathenau, den Vorsitz des Direktoriums der AEG.

Straußens »Salome« … Wilde's mit der Eysold – Richard Strauss vertonte Oscar Wildes Tragödie »Salomé«; die 1905 in Dresden uraufgeführte Oper war ein Skandalerfolg im Wilhelminischen Deutschland. In der »Salomé«-Inszenierung von Max Reinhardt trat Gertrud Eysoldt in der Titelrolle auf.

in Meßthalers »Intimem Theater« – Das 1900 von Emil Meßthaler gegründete »Intime Theater« in Nürnberg war eine Wedekind-Bühne erster Ordnung; in der Anzahl der Wedekind-Premieren war es mit dem Münchner Schauspielhaus und den Münchner und Hamburger Kammerspielen vergleichbar.

Wedekind »Totentanz« und »Hille Bobbe« – Wedekinds »Totentanz«, der Einakter in drei Szenen, der 1909 wegen eines gleichlautenden Strindberg-Stücks in »Tod und Teufel« umbenannt wurde, erlebte seine Uraufführung am 2. 5. 1906 in Meßthalers »Intimem Theater«. Seiner brisanten Thematik wegen provozierte das Stück heftige Interventionen der Zensurbehörden. Ein Vorabdruck war bereits 1905 in der »Fackel« erschienen. Kraus und Kerr setzten sich in seltener Einmütigkeit für den Einakter ein. »Hille Bobbe« stammt von Adolf Paul (1863–1934).

46 *Carla Mann* – Carla Mann (1881–1910), die jüngere Schwester Thomas Manns, war Schauspielerin.

Klingsors Zaubergarten – Der Name Klingsor verweist auf Novalis' Roman »Heinrich von Ofterdingen« (1802). Von dem Dichter Klingsor wird Heinrich in das Wesen des romantischen Morgenlandes eingeführt. Im zweiten Teil des Romans erfährt Heinrich durch Klingsor die unmittelbare Sprache der Natur in Blumen und Pflanzen.

die beiden Artikel – Nicht ermittelt.

47 *Halali und Wien-Kubub* – Anspielung auf zwei Leitartikel in der »Zukunft« v. 9. 6. (»Wien-Kubub«) und 16. 6. 1906 (»Halali«). Der

erstere behandelte zwei verschiedene Themenkreise – »Wien«: Der deutsche Generalstabschef von Moltke war wegen einer Truppenschau bei Bruck nach Wien gereist, die jedoch kurzfristig abgesagt wurde. Angesichts dieses Affronts fragte Harden, ob das drohende Auseinanderbrechen des Vielvölkerstaates nicht schon jetzt das Ende Österreich-Ungarns als militärische Großmacht bedeute. »Kubub«: Nach den niedergeschlagenen Aufständen der Hereros und Hottentotten in Deutsch-Südwestafrika bewilligte der Reichstag den Ausbau einer Bahnstrecke von der Lüderitzbucht ins Landesinnere – zunächst aber nur eine Teilstrecke bis Kubub, um kurz darauf eine Verlängerung bis Keetmanshoop abzulehnen, obschon der Bahnausbau für den Truppentransport und die Versorgung bei künftigen Unruhen notwendig gewesen wäre. In dem Artikel »Halali« rechnete Harden mit der deutschen Kolonialpolitik ab, deren Skandale und Fehler weitgehend die Kolonialabteilung des Auswärtigen Amts zu verantworten habe.

47 *Eugen Wolf* – Der Münchner Eugen Wolf war Forschungsreisender und Kolonialpolitiker. Weitere biographische Daten nicht ermittelt.

als ziemlich Später unter den Herkomer-Konkurrenten – Kaiser Wilhelm II. zeigte sich bei seinem Staatsbesuch in Wien mit seinem Gefolge, u.a. dem Prinzen Heinrich, der Menschenmenge. Hedwig Pringsheim ironisiert das kaiserliche Gefolge als Motiv für den Porträtmaler und Illustrator Sir Hubert von Herkomer (1849–1914), der deutscher Herkunft war und seit 1856 in Großbritannien lebte.

Mahler kann was – Gustav Mahler war seit 1897 künstlerischer Direktor der Wiener Hofoper. Katia Mann erwähnt in ihren »Ungeschriebenen Memoiren« (S. 75 ff.) Gustav Mahler als Gast der Familie in der Poschingerstraße.

48 *seine Primadonna* – Die Tänzerin Klara (Lala) Koszler (1888 bis 1978), die Klaus Pringsheim 1914 heiratete.

In der Burg – Das neue Burgtheater in Wien wurde nach den Plänen Gottfried Sempers im Stile der ital. Spätrenaissance erbaut und am 14. Oktober 1888 mit einer Festaufführung eröffnet.

»Tasso« – Das Schauspiel »Torquato Tasso« von Johann Wolfgang Goethe.

»Frau vom Meere« – »Die Frau vom Meere«, Schauspiel in fünf Akten von Henrik Ibsen, 1889 uraufgeführt.

48 *die Hohenfels* – Stella Hohenfels (1857–1920), Schauspielerin, seit 1881 Hofschauspielerin am Wiener Burgtheater, heiratete 1889 den späteren Burgtheaterdirektor A. Freiherr von Berger, während dessen Direktionszeit (1910–1912) sie nicht auftreten durfte.

in den Operetten-Tenor Treumann und in Hansi Niese – Louis Treumann, eigentl. Ludwig oder Leopold Pollitzer (1878–1943), Operettensänger und Schauspieler, sang 1905 den Danilo in der Uraufführung von Lehárs »Die lustige Witwe« am Theater an der Wien. Hansi Niese (1875–1934), Schauspielerin, trat seit 1891 in Operetten auf, kam 1893 an das Raimundtheater nach Wien und stieg bald nach ihrer Verheiratung mit Josef Jarno am Josefstädter Theater zum Liebling des Wiener Publikums auf.

Olga – Olga Merson, Schülerin von Henri Matisse, spätere Ehefrau von Heinz Pringsheim.

Plisch … Motz – Die beiden Hunde der Pringsheims.

Reinhard und Käte R. – Nicht ermittelt.

49 *der Schriftsteller Elias* – Julius Elias (1861–1927), Schriftsteller, Literatur- und Kunsthistoriker, schloß sich dem Naturalismus an und schrieb seit 1884 Artikel u. a. für die »Vossische Zeitung« und »Die Nation«.

Oberammergau – Bis zum Kauf eines eigenen Feriendomizils in Bad Tölz im Jahre 1909 verbrachte die junge Familie Mann ihre Ferien regelmäßig in Oberammergau.

»Ultimo« war wieder scharf – Vor dem Hintergrund der ersten Marokko-Krise erinnerte Harden in der »Zukunft« v. 30. 6. 1906 (Leitartikel »Ultimo«) in einem ironischen Rückblick an die Reden Kaiser Wilhelms II., die dieser anläßlich der Eröffnung (»Weltfriedensfest«) des Nord-Ostsee-Kanals (1895) und seines Besuchs im Osmanischen Reich (1898) gehalten hatte – Reden, deren großsprecherische Ankündigungen, Verheißungen und Versprechen aus Hardens Sicht an der Realität vorbeigegangen waren.

»Brachmond« von wundervoller Tapferkeit – Nach der Internationalen Konferenz von Algeciras (1906) in der ersten Marokko-Krise brachte der Abgeordnete Bassermann im Reichstag die politische Bedeutung des Bündnisses zwischen Italien, Österreich-Ungarn und Deutschland (sog. Dreibund) zur Sprache, da die ausländische Presse nicht müde geworden war zu behaupten, der Bund habe eine Lockerung erfahren. Zudem hatte der Kaiser ohne die gebotene Gegenzeichnung durch den Reichskanzler eine

umstrittene Depesche an den Außenminister Österreich-Ungarns absenden lassen. In der Reichstagssitzung nahm der Staatssekretär im Auswärtigen Amt, von Tschirschky, zu den Vorgängen Stellung. Harden rügte in der »Zukunft« v. 23.6.1906 (Leitartikel »Brachmond«) den kaiserlichen Verfassungsbruch sowie die ungebührliche Antwort des Staatssekretärs im Reichstag und forderte die Einführung einer parlamentarischen Verantwortlichkeit der Reichsregierung nach britischem Muster.

49 *mit unserm gemeinsamen Walter?* – Walther Rathenau, mit dem Harden mehr als zwanzig Jahre befreundet war.

50 *Schweningers ... in Schwaneck* – Ernst und Lena Schweninger zogen von Berlin nach Schloß Schwaneck bei München.

Lily, die Braun'sche – Lily Braun (1865–1916), Sozialistin und Frauenrechtlerin, führende Persönlichkeit der deutschen Frauenbewegung.

51 *als Einwickelpapier benützten Fanen von »Wälsungenblut«* – Zwar zog der Verlag die für das Januar-Heft 1906 der »Neuen Rundschau« bereits gedruckte Fassung der »Judengeschichte« auf Verlangen Thomas Manns zurück. Doch hatte der Volontär einer bekannten Münchner Buchhandlung die als Packpapier verwendeten Druckbogen entdeckt, die sodann in der Münchner Gesellschaft rasche Verbreitung fanden.

52 *das Gestammel Stamms* – Hedwig Pringsheim bezieht sich auf den Beitrag ihres Ehemannes in der »Zukunft« v. 14.5.1904 über den »Werth und Unwerth der Mathematik«. Alfred Pringsheim forderte im Rückgriff auf Schopenhauer, die Mathematik im Fächerkanon der gymnasialen Oberstufe beizubehalten. Ein Gymnasiallehrer namens Stamm hatte offensichtlich eine Replik auf diesen Beitrag geschrieben.

Der »allzuordentliche« – Alfred Pringsheim war »ordentlicher Professor« an der Münchner Universität.

53 *Frau Olden* – Marie Olden (1878–1954), Ehefrau des Schriftstellers Hans Olden.

Lili – Nicht ermittelt.

Manderei – Nicht ermittelt.

Pietsch – Ludwig Pietsch (1824–1911), Zeichner, Kritiker und Feuilletonist in Berlin.

Nachher kommt Miez – Vgl. Anm. *Mieze* zu S. 35.

54 *Der alte Schwiegervater* – Rudolph Pringsheim (1821–1906), Sohn eines schlesischen Fabrikanten und Gutsbesitzers, hatte in

Schlesien als Eisenbahnunternehmer ein riesiges Vermögen erwirtschaftet. Später war er mit seiner Familie nach Berlin gezogen, wo er sich in der Wilhelmstraße ein Palais errichten ließ.

54 *(Frau Deutsch, Walterchen etc)* – Walther Rathenau verehrte leidenschaftlich Lili Deutsch, die Ehefrau des Vorsitzenden des Direktoriums der AEG Felix Deutsch.

Otto Julius Bierbaum – Otto Julius Bierbaum (1865–1910), Schriftsteller, Mitbegründer des Kabaretts »Überbrettl«.

55 *mit David Hilbert aus Göttingen* – Mit David Hilbert (1862 bis 1943), Mathematikprofessor in Göttingen, war das Ehepaar Pringsheim seit vielen Jahren befreundet; Hedwig Pringsheim unterhielt mit Hilbert einen langjährigen Briefwechsel.

Eva – Die jüngste Schwester Hedwig Pringsheims war in erster Ehe mit dem Bildhauer Max Klein verheiratet, in zweiter Ehe mit dem Verleger Georg Bondi.

Ihr tragt ein krankes Übel im Gemüt … – Shakespeare, Julius Cäsar, II,1.

56 *Moritz und Rina* – »Moritz und Rina« (anfangs »Hofgeschichten«) hieß eine Serie in der »Zukunft«: Fingierte Briefe zweier adeliger Geschwister boten dem Leser politische Satire. Die Serie lief 1913 aus.

wie Beckmesser nach der Prügelszene – In Richard Wagners Oper »Die Meistersinger von Nürnberg«.

57 *über Chlodwig geschrieben* – Fürst Chlodwig von Hohenlohe-Schillingsfürst (1819–1901), deutscher Reichskanzler von 1894 bis 1900. Harden verspottete »den armen, alten Onkel Chlodwig« mehrfach.

58 *verfolge ich Ihre »Enthüllungen«* – Harden hatte in der »Zukunft« eine ganze Serie von »Enthüllungen« veröffentlicht. Der Brief bezieht sich auf den gleichnamigen Leitartikel der Ausgabe v. 10. 11. 1906. Hier zog Harden eine außenpolitische Bilanz, nachdem bisher unbekannte Notizen Bismarcks zu den Motiven seines Rücktritts (1890) in den »Leipziger Neuesten Nachrichten« erschienen waren. Da das Deutsche Reich außenpolitisch isoliert war und der politische Wert der sog. Triple-Alliance (Italien, Österreich-Ungarn, Deutschland) in Frage gestellt wurde, kam dieser »Enthüllung« eine nicht unerhebliche politische Bedeutung zu. Bismarck hatte nämlich in einem Neutralitätsabkommen mit Rußland die Gefahr eines Zweifrontenkrieges bannen wollen. Das Deutsche Reich ließ dieses Abkommen

zwischenzeitlich auslaufen. Harden verteidigte Bismarcks Politik.

58 *die leidenschaftliche Wärme für den Einen* – Hinweis auf Bismarck, den Harden sehr verehrte und auf dessen Wirken er sich in seinen Beiträgen in der »Zukunft« immer wieder bezog.

59 *den Korrespondenten E. Gagliardi* – Ernesto Gagliardi, Schwager Hedwig Pringsheims.

Geheimrat Geffcken – Heinrich Geffcken (1830–1896), Staatswissenschaftler, Jurist und Professor für Völkerrecht in Straßburg, veröffentlichte das Tagebuch des 1889 verstorbenen Kaisers Friedrich III. Auf Drängen höfischer Kreise hatte er darin kritische Bemerkungen über Bismarcks Außenpolitik notiert. Bismarcks Entlassung durch Wilhelm II. (1890) war weiterhin Gegenstand der innenpolitischen Auseinandersetzung; vgl. Hardens Beitrag »Bismarcks Entlassung« in der »Zukunft« v. 3.11. 1906.

Einzig Lipps hatte die Künheit – Vgl. Anm. *Aesthetik bei Lipps* zu S. 25.

60 *Frau Schaeuffelen* – Eugenie Schaeuffelen (1849–?) und ihr Mann Alfred waren mit den Pringsheims seit langem eng befreundet; Eugenie Schaeuffelen war die Taufpatin Katia Manns.

wo sogar Kardorff sich zu Ihnen bekannt – Wilhelm von Kardorff (1828–1907), preußischer Rittergutsbesitzer, Mitglied des Abgeordnetenhauses, Gründer und Führer der Freikonservativen Partei.

diesen Delbrück – Hans Delbrück (1848–1929), Professor für Geschichte in Berlin, von 1848 bis 1890 Mitglied des Reichstags. In seinem Leitartikel »Abfuhr« in der »Zukunft« v. 8.12.1906 setzte sich Harden u.a. mit den Hintergründen der Entlassung Bismarcks auseinander und zitierte einen Artikel Delbrücks, in dem dieser beweisen wollte, Bismarcks Entlassung sei nötig gewesen, weil der Kanzler die Absicht gehabt habe, das Wahlrecht der Reichsbürger durch einen Staatsstreich zu beseitigen. Da Harden ein Verehrer Bismarcks war, richtete sich Delbrücks Artikel auch gegen ihn.

Leuß-Proceß – Vgl. Anm. *contra Leuß* zu S. 44.

61 *der Trauer wegen* – Am 19.10.1906 war der Schwiegervater Rudolph Pringsheim gestorben.

Ich möchte das Stück bei Reinhard sehen – Die Tragödie »Elektra«, in der Bearbeitung von Hugo von Hofmannsthal (frei nach Sophokles), war bereits am 30.10.1903 im Kleinen Theater in Berlin uraufgeführt worden, aber auf Vorschlag von Richard Strauss 1905/06 umgestaltet worden. Harden berichtete über eine Mitte Februar 1906 aufgeführte Reinhardt-Inszenierung in der »Zukunft« v. 3.3.1906.

62 *diesen Bülow-Brief* – Sittliche Verfehlungen von Angehörigen der katholischen Togo-Mission – Togo und Kamerun waren damals »Schutzgebiete« des Deutschen Reichs – hatten zu erheblichen Spannungen zwischen Missionaren und der Kolonialverwaltung geführt. Die Reichsregierung unter dem Fürsten von Bülow, der im Reichstag auf die Stimmen der katholischen Zentrumspartei angewiesen war, unterstützte deshalb die Zentrums-Führung bei der Unterdrückung der Probleme. Harden, der glänzend informiert war, zitierte einen Dankesbrief des Kanzlers und deckte damit das Zusammenspiel von Reichsregierung und Zentrum auf; vgl. »Zukunft« v. 22.12.1906, Leitartikel »Die Auflösung«.

63 *über Phili andeuteten* – Gemeint ist Philipp Fürst zu Eulenburg und Hertefeld (1847–1921), preußischer Großgrundbesitzer und Diplomat, deutscher Botschafter in Wien, intimer Freund Wilhelms II. Harden griff ihn aus politischen Motiven an und verdächtigte ihn der Homosexualität.

Eva –Vgl. Anm. *Eva* zu S. 55.

64 *durch die Eysoldt verwönt* – Gertrud Eysoldt (1870–1950), eine der großen Reinhardt-Schauspielerinnen, glänzte 1902 in der Berliner Aufführung von Wedekinds »Erdgeist« in der Rolle der Lulu, seit 1905 spielte sie am Deutschen Theater.

Bierbaum – Der Schriftsteller Otto Julius Bierbaum lebte mit seiner Frau Gemma in Pasing bei München.

65 *Über Wölfl und den Fürsten* – Die Bemerkung bezieht sich auf den homoerotischen Kreis um den Fürsten Philipp zu Eulenburg und Hertefeld, der zur Hofkamarilla des Kaisers gehörte. Den »Skandal«, der sich bald zur Staatsaffäre ausweitete, hatte Maximilian Harden im April 1907 in der »Zukunft« aufgedeckt. Hedwig Pringsheim fragt, ob etwa auch der Kaiser und Georg von Hülsen, der Generalintendant der Königlichen Hoftheater, zu diesem Kreis zu rechnen seien. Mit »Wölfl« ist vermutlich Kuno von Moltke gemeint, der Berliner Stadtkommandant und Freund des Fürsten Eulenburg.

Über Hau hat man sich in der Familie fast gehauen – Karl Hau, Rechtsanwalt, Agent, Abenteurer, war vor dem Schwurgericht

Karlsruhe angeklagt, seine Schwiegermutter erschossen zu haben. Der Fall hatte nicht zuletzt wegen der beherrschten Haltung des Angeklagten, der eine Täterschaft leugnete, ein breites Interesse in allen Gesellschaftsschichten gefunden. Hau wurde schließlich zum Tode verurteilt. Im Leitartikel der »Zukunft« v. 27. 7. 1907 ging Harden der merkwürdigen Faszination nach, die dieser Prozeß auf die Öffentlichkeit ausübte, wog die Indizien ab und stellte kriminalpsychologische Überlegungen an.

65 *Domborg* – Der holländische Badeort Domburg.

Weingartner – Felix Weingartner (1863–1942), österreichischer Dirigent und Komponist, übernahm am 1. 1. 1908 die Leitung der Wiener Hofoper von Gustav Mahler.

der Name »Klaus Pringsheim« – In seinem Beitrag »Für Strauß« in der »Zukunft« v. 17. 8. 1907 kritisierte Klaus Pringsheim einen Aufsatz des Musikwissenschaftlers Georg Göhler in der »Zukunft« v. 20. 7. 1908: Dieser habe Richard Strauss pedantisch an den starren Regeln der Wagnerepigonen gemessen und sich im übrigen nicht gründlich und vorurteilsfrei mit diesem Komponisten beschäftigt. Es sei an der Zeit, das Wagnerepigonentum zu überwinden. Göhler, dem diese Replik vor dem Druck vorgelegt worden war, fühlte sich mißverstanden und sah keinen Grund, seinem Aufsatz ein Nachwort folgen zu lassen.

66 *vor Kerr* – Der Literatur- und Theaterkritiker Alfred Kerr war mit Maximilian Harden verfeindet. Dem Zerwürfnis war eine taktlose Äußerung Hardens vorausgegangen, der 1901 – anläßlich der Verpflichtung des jungen Kerr als Theaterkritiker beim »Tag« – dem aufstrebenden Kollegen in der »Zukunft« jede Kompetenz abgesprochen hatte. Kerr nannte Harden im Gegenzug mehrfach einen »Sudermann der Publizistik« und sprach ihm ebenfalls jedes Kritikertalent ab.

zum Pringsheim'schen Familien-Organ – Alfred und Klaus Pringsheim hatten in der »Zukunft« mehrfach publiziert.

mit Miez und Mira – Die Schwester Marie Pauline Adelheid Gagliardi (Miez) und die Nichte Myriam (Mira).

im Dienste der Schwieger – Die Schwiegermutter Paula Pringsheim, die nach dem Tod ihres Mannes intensiver Pflege bedurfte; zwischen ihr und Hedwig Pringsheim bestanden dauerhafte Spannungen.

wenig besuchte Holland – Über die zahlreichen Fahrradfahrten im In- und Ausland berichtete Hedwig Pringsheim anschaulich in ihrem Feuilleton »Auf dem Fahrrad durch die weite Welt« (S. 289–296 dieses Bandes).

67 *am 23. October ist die Verhandlung!* – Im Zusammenhang der Eulenburg-Affäre begann der Prozeßreigen mit einer Privatklage gegen Harden, die Graf Kuno von Moltke auf Beleidigung und üble Nachrede stützte.

68 *Der Theaterartikel absolut vorzüglich* – Harden verglich in einer dreiteiligen Serie in der »Zukunft« vom 25. 5., 8. 6. und 28. 9. 1907 die deutsche Theaterszene mit den Entwicklungen der europäischen Theaterkultur. In der letzten Folge setzte er sich am Beispiel von zwei Hauptmann-Inszenierungen am Berliner Lessing-Theater (»Vor Sonnenaufgang« und »Die Jungfern vom Bischofsberg«) grundsätzlich mit dem Naturalismus auseinander. Beiden Stücken hielt er vor, die Sprache zu enttheatralisieren. Im zeitgenössischen Theater, das sich lediglich einer »Natürlichkeit« und einer damit verbundenen »Freiheit von Regelzwang« verpflichtet fühle, meinte Harden eine rückläufige Entwicklung zum vorlessingschen Theater des 18. Jh. zu erkennen.

Über den politischen Artikel – In der »Zukunft« v. 28. 9. 1907 kritisierte Harden die mangelnde Zielstrebigkeit der deutschen Außenpolitik im Kampf um politische und wirtschaftliche Einflußsphären (»Sankt Michael steht müßig im Winkel«). Dabei verurteilte er die deutsche Hybris (»Am deutschen Wesen wird einmal noch die Welt genesen«) scharf. Harden plädierte für eine Annäherung an Rußland, um der fortschreitenden Isolierung des Deutschen Reichs entgegenzuarbeiten.

Peter, der Mann mit der Glatze – Peter Pringsheim, der zweitälteste Sohn.

69 *Freund und Berater Bernstein* – Der in München lebende Rechtsanwalt Max Bernstein war mit der Familie Pringsheim langjährig befreundet; Bernstein vertrat Harden in den Moltke-Prozessen im Zusammenhang mit der Eulenburg-Affäre.

ein Stündchen ... Seel' in Seele drängen – Johann Wolfgang Goethe, Faust, Der Tragödie Erster Teil (Szene: Marthens Garten).

Peters-Reminiscenzen – Carl Peters (1856–1918), Gründer des »Schutzgebietes« Deutsch-Ostafrika, 1897 wegen sittlicher Verfehlungen aus dem Kolonialdienst entlassen, hatte einen Redakteur der sozialdemokratischen Zeitung »Münchener Post« verklagt, der ihn einen Lustmörder, eine perverse Bestie genannt hatte. Der Prozeß hielt die Öffentlichkeit eine Woche lang in Atem und stellte den »Fall Peters« wieder zur Debatte; vgl.: Zukunft v. 6. 7. 1907, Leitartikel »Triptychon«.

69 *Furtwänglers plötzliches Sterben* – Der Archäologe Adolf Furtwängler (1853–1907), Professor in Berlin und München, dessen Vorlesungen Hedwig Pringsheim mehrfach als Gasthörerin besuchte. Er starb im Alter von 54 Jahren.

70 *mit meinen Reisevorbereitungen* – Hedwig Pringsheim bereitete ihre Reise zum ältesten Sohn Erik nach Argentinien vor. Begleitet wurde sie von dem Kaufmann Rodolfo Funke, der in Argentinien eine große Plantage besaß.

Hamburg-Südamerikanische Dampfschifffahrts-Gesellschaft – Hedwig Pringsheim benutzte einen vorgedruckten Briefbogen, auf dem sie Schiffsnamen und Tagesdatum (»Am Bord des Postdampfers Cap Arcona 30/11 1907«) ergänzte. Den Briefbogen ziert auf der linken Seite eine Flagge mit den auf vier Feldern erscheinenden Anfangsbuchstaben der Schiffahrtslinie.

Cap Arcona – Mit einem Schiff dieses Namens wird auch der Titelheld aus Thomas Manns Romanfragment »Die Bekenntnisse des Hochstaplers Felix Krull« (1954) seine Überfahrt nach Argentinien planen. Thomas Mann verwahrte sorgfältig 25 Seiten des Reisetagebuches seiner Schwiegermutter in der Absicht, diesen Bericht als Material für die geplante Fortsetzung des Romans zu verwerten. (Vgl.: Hans Wysling, Thomas Manns Pläne zur Fortsetzung des »Krull«, in: Almanach. Das einundachtzigste Jahr. Frankfurt/Main 1967, S. 21 ff.; Thomas Mann, Selbstkommentare: Königliche Hoheit, Bekenntnisse des Hochstaplers Felix Krull. Hrsg. von Hans Wysling, unter Mitw. von Marianne Fischer, Frankfurt/Main 1989, S. 156.) Das Reisetagebuch befindet sich im Besitz des Thomas-Mann-Archivs in Zürich.

wie ist man doch abgeschnitten – Ihrem Reisetagebuch vertraute Hedwig Pringsheim an, wie sehr sie sich in ein fremdes Umfeld versetzt fühlte: »Es ist eine mir neue, fremde Welt. Lauter Kaufleute. Nie ein Wort über Literatur, Kunst, Theater. Ich tu' mich mit der Konversation ein wenig hart: höre zu und frage ...« (Eintrag v. 24. 11. 1907).

Herrn Ballin – Albert Ballin (1857–1918), jüdischer Reeder aus Hamburg, Generaldirektor der HAPAG, Freund Maximilian Hardens.

71 *Eti* – Kosename für den Sohn Erik.

72 *Royal Hotel Buenos Aires* – Hedwig Pringsheim benutzte den vorgedruckten Briefbogen des Hotels; rechtsseitig ergänzte sie ihre aktuelle Adresse und das Tagesdatum.
wie die Zwillinge – Das Zwillingspaar Katia und Klaus.

73 *Der Bub ist eben völlig, völlig unverändert* – Vgl. Anm. *daß Erik am 9 Juli nach Buenos Ayres abgeht* zu S. 31. In einem Eintrag ihres Reisetagebuchs v. 8. 12. 1907 präzisierte Hedwig Pringsheim ihre schmerzlichen Eindrücke. Das Verhalten ihres ältesten Sohnes habe sich auch in Argentinien in nichts geändert, dieser sei sich seiner traurigen Situation nur in »wenigen lichten Augenblicken« bewußt: »ein armer lieber Kerl, der dem Leben in keiner Weise gewachsen ist, mit dem man zärtliches Mitleid« empfinde, »dem sich unter den Händen alles, alles zum Unheil« wende, »u. den man an einen für ihn geeigneten Platz stellen muß, um noch ein leidliches Schicksal für ihn zu zimmern«. Die Ursache sieht sie in einem »Mangel an Selbstgefül«.

74 *Rodolfo Funke* – Hedwig Pringsheim benutzte den vorgedruckten Briefbogen ihres Gastgebers Rodolfo Funke mit dessen Siegel »T«. In die rechte vorgezeichnete Spalte trug sie Tagesdatum und Jahresendzahl ein.

75 *Ihr Artikel »Reichstag«* – Die Eulenburg-Affäre war schließlich in die Mühlen der Justiz geraten: Im ersten Prozeß gegen Harden hatte Graf Kuno von Moltke, der Stadtkommandant von Berlin, seine Privatklage auf Beleidigung und üble Nachrede gestützt. Harden war vom Schöffengericht in Moabit freigesprochen worden, weil das Gericht durch die Zeugenaussage der früheren Ehefrau Moltkes den Vorwurf der Homosexualität des Klägers als bewiesen angesehen hatte. Die Staatsanwaltschaft legte Berufung ein und stellte den Antrag, das Privatklageverfahren einzustellen. Das Berufungsgericht folgte dem Antrag, so daß für die Staatsanwaltschaft der angestrebte Weg frei war, Harden anzuklagen und Moltke als Nebenkläger und Zeugen auftreten zu lassen. Dieser sagte unter Eid aus, nie mit Männern normwidrig verkehrt zu haben. Zu dem Gesellschaftsskandal kam jetzt ein Justizskandal hinzu, da namhafte Juristen die Einstellung des Privatklageverfahrens für unzulässig erklärten. Im Reichstag brachte der Abgeordnete Bassermann, selbst Jurist, den Fall zur Sprache und warnte die Justiz vor weiteren Manipulationen dieser Art; vgl. »Zukunft« v. 7. 12. 1907, Leitartikel »Reichstag«.

77 *Ihrem zweiten Proceß* – Im weiteren Verlauf der Eulenburg-Affäre wurde Harden am 3.1.1908 wegen übler Nachrede und Beleidigung zu vier Monaten Gefängnis verurteilt, nachdem Fürst Eulenburg in einer ausführlichen Vernehmung unter Eid ausgesagt hatte, niemals homosexuelle Handlungen begangen zu haben. Max Bernstein, Hardens bewährter Verteidiger, legte daraufhin beim Reichsgericht in Leipzig Revision ein; das Urteil wurde wegen fehlerhafter Rechtsanwendung aufgehoben und die Sache an das Landgericht Berlin zurückverwiesen.

78 *reizvolle indische Tänzerin Ruth St. Denis* – Ruth Saint Denis (1879–1968), amerikanische Tänzerin und Choreographin, feierte auf ihrer großen Europatournee Erfolge besonders in Berlin (Komische Oper und Wintergarten) und in Wien, wo Hugo von Hofmannsthal über sie seinen Essay »Die unvergleichliche Tänzerin« veröffentlichte. Am 9.2.1908 zeigte sie dort im »Ronacher-Palast« ihre neuen Tänze »The Yogi« und »The Nautch«. Im Sommer 1909 kehrte sie nach ihrer umjubelten Gastspielreise nach New York zurück.

79 *diesem Schubiak, dem Dr. Frey* – Die Bemerkung bezieht sich auf Hardens Bericht in der »Zukunft« v. 21.3.1908 (»Der zweite Prozeß«). In dem zweiten Verfahren gegen Harden erschütterte der als Zeuge geladene Wiener Chirurg und Militärarzt Frey die Glaubwürdigkeit von Hardens Zeugin Lily von Elbe, geschiedener Gräfin Moltke. Frey hatte sie vor Jahren einige Monate behandelt und behauptete vor Gericht, damals eine schwere Hysterie erkannt zu haben. Die Aussage führte dazu, daß Harden wegen übler Nachrede und Beleidigung zu vier Monaten Gefängnis verurteilt wurde – ein Urteil, das wegen fehlerhafter Rechtsanwendung später aufgehoben wurde.

Excellenz Dernburg! – Bernhard Dernburg (1865–1937), Bankier und liberaler Politiker, von 1907 bis 1910 Staatssekretär des Reichskolonialamtes, danach Reichstagsabgeordneter.

80 *Ist ER wirklich so schwer krank?* – Gemeint ist der Gesundheitszustand des Fürsten Philipp zu Eulenburg und Hertefeld. Das Strafverfahren gegen Eulenburg, der des Meineids im zweiten Moltke-Prozeß angeklagt war, wurde am 29.6.1908 in Berlin eröffnet. Da der Gesundheitszustand des Angeklagten sich immer bedrohlicher entwickelte, verlegte man die Verhandlung zeitweise in die Charité. Das Gericht setzte schließlich den Haftbefehl gegen eine hohe Kaution aus. Mehrere Untersuchungen ergaben die

Verhandlungsunfähigkeit des Fürsten. Harden bezeichnete die Erkrankung Eulenburgs als Verstellungskunst.

80 *mit Dernburg* – Friedrich Dernburg (1833–1911), Publizist und Politiker deutsch-jüdischer Herkunft, Vater Bernhard Dernburgs, seit 1894 Feuilletonredakteur beim »Berliner Tageblatt«.

81 *dem armen Klein* – Hedwig Pringsheims bereits schwerkranker Schwager, der Bildhauer Max Klein (1847–1908), war für die Gestaltung des Fontane-Denkmals in Berlin vorgesehen.

Schaeuffelen – Alfred Schaeuffelen, langjähriger Freund der Pringsheims.

ah que je regrette ... et le temps perdu – (frz.) oh, wie ich bedaure ... und die verlorene Zeit

Isenbiel – Ernst Hugo Isenbiel (1847–1911), Oberstaatsanwalt beim Berliner Oberlandesgericht, seit 1906 Geheimer Justizrat, seit Dezember 1908 Generalstaatsanwalt. Im Prozeß gegen Eulenburg vertrat Isenbiel die Anklage.

Kinädenschmach – Kinäde (griech.) Päderast; bezeichnet den beim homosexuellen Geschlechtsverkehr unter Männern passiven Partner bzw. den »Frau spielenden« Partner oder die Knaben bei der Päderastie.

wie Alkibiades baff gewesen sei – Die berühmte Alkibiades-Rede in Platons »Symposion« (219 c).

Ist sich Bömm' – Soll heißen: Böhmin.

die kleine Ella Tordek – Ella Tordek (1878–1918), Sopranistin, Opern- und Kammersängerin an der Hofoper München, Geliebte Alfred Pringsheims.

nichts von Milka's stattlicher Pracht – Die Münchner Hofopernsängerin Milka Ternina, langjährige, von Hedwig Pringsheim akzeptierte und geschätzte Geliebte Alfred Pringsheims.

82 *ich armer alter Verrina* – Anspielung auf die Figur des Verrina in Schillers Trauerspiel »Die Verschwörung des Fiesko zu Genua«; dort wird Verrina charakterisiert als: »Verschworner Republikaner. Mann von 60 Jahren. Schwer, ernst und düster. Tiefe Züge«.

Marx – Paul Marx (1861–1919), Journalist und Schauspieler, langjähriger Chefredakteur des »Berliner Lokalanzeigers« und der Zeitung »Der Tag«.

der Walde – Vermutlich ist damit der norwegische Literaturnobelpreisträger Bjørnstjerne Bjørnson gemeint, der im Hause Pringsheim kein Unbekannter war. Hedwig Pringsheim war mit seiner Tochter Dagny befreundet, die den Münchner Verleger Albert

Langen geheiratet hatte. In den letzten Jahren – er starb im Frühjahr 1910 – hatte eine zunehmende Kränklichkeit Bjørnson daran gehindert, seine häufigen Besuche in München fortzusetzen. Bjørnson, der jahrelang für die Unabhängigkeit seiner Heimat gefochten hatte, galt als der norwegische Nationalheld schlechthin. Tatsächlich löste sich Norwegen 1905 aus der Union mit Schweden. Während eines Winteraufenthaltes 1908/09 in Paris mußte sich Bjørnson einer elektrischen Behandlung unterziehen, im Frühsommer 1909 erlitt er einen Schlaganfall.

82 *aus Ihrem trefflichen Artikel* – Am 25. Juli 1908 veröffentlichte Harden in der »Zukunft« eine dreiteilige Nachbetrachtung des »Prozesses Eulenburg« – eine erbarmungslose Abrechnung.

Grete Beier – Im Juli 1908 wurde Grete Beier, die Tochter des Bürgermeisters von Brand bei Freiberg in Sachsen, für den Mord an ihrem Bräutigam enthauptet. Der König von Sachsen lehnte eine Begnadigung zu lebenslanger Freiheitsstrafe ab.

Luisenschimpf – Vgl. Anm. *Luise von Koburg* zu S. 28.

Aus der Warmbrunnerstraße Anspielung auf den bedrückenden Krankheitszustand des Schwagers Max Klein.

der Ober-Kirschner – Martin Kirschner (1842–1912), von 1899 bis 1912 Oberbürgermeister von Berlin, verheiratet mit Margarethe Kalbeck, der Tochter eines Wiener Schriftstellers.

Schwager Kalbeck – Max Kalbeck (1850–1921), Wiener Kritiker, Lyriker und Librettist, Schulfreund Alfred Pringsheims.

83 *die die »feine Epikerkunst« dankend quittiert haben* – Otto Grautoff, ein Schulfreund Thomas Manns, hatte im Juli 1908 ein kleines Buch über Lübeck veröffentlicht, »in dem über hanseatische Kultur und Kunst Allerlei erzählt, insbesondere über Lübecks alte Herrlichkeit Lehrreiches berichtet« wurde. Mit diesen Worten stellte Harden das Buch vor, und er schloß: »Die feine Epikerkunst des Herrn Thomas Mann hat auch viele Oberdeutsche lübeckisches Wesen jetzt ja kennen und lieben gelernt«.

Meine »Schwiegertochter« – Vgl. Anm. *seine Primadonna* zu S. 48.

84 *jammervoll sieht es bei Kleins aus* – Vgl. Anm. *Aus der Warmbrunnerstraße* zu S. 82.

die Königsmörder – Am 1. Februar 1908 waren der portugiesische König Karl I. und Thronfolger Luis Felipe einem republikanischen Attentat zum Opfer gefallen.

zum Parsifal in Bayreuth – Pringsheims, insbesondere Alfred, waren leidenschaftliche Wagnerianer. Diese Begeisterung ließ Hedwig Pringsheim mehr als 20 Jahre später in dem Artikel »Bayreuth einst und jetzt« in der »Vossischen Zeitung« (16. 8. 1930) noch einmal aufleben.

85 *des ollen Kotzebun »Kleinbürger«* – August von Kotzebues Lustspiel »Die deutschen Kleinstädter«.

in Tölz angekauft – 1908/09 ließen sich Thomas und Katia Mann in Bad Tölz ein Sommerhaus errichten, das im Herbst 1917 wieder verkauft wurde.

Wie denken Sie über Zeppelin? – Graf Ferdinand von Zeppelin (1838–1917) widmete sich als Konstrukteur dem Luftschiffbau und erprobte 1900 das erste lenkbare Starrluftschiff (»LZ 1«). Nach der Zerstörung von »LZ 4« bei einem Sturm im Juli 1908 ermöglichte eine Nationalspende die Weiterentwicklung des Luftschiffbaus.

mit Lehmann – Hugo Lehmann, Landgerichtsdirektor in Berlin, Gerichtsvorsitzender in dem zweiten und dritten Moltke-Prozeß gegen Harden.

86 *zu Kohlhaas in die Wälder* – Anspielung auf Kleists Novelle »Michael Kohlhaas«.

dieser Phili – Vgl. Anm. *über Phili andeuteten* zu S. 63.

87 *wenn man Phili nicht schone* – Vgl. Anm. *Ist ER wirklich so schwer krank* zu S. 80.

Hahnke – Gustav von Hahnke, Leutnant zur See, starb im Juli 1897 auf einem nächtlichen Ausflug im Hadangerfjord. Tags zuvor hatte er Wilhelm II., der ihn wegen einer Nichtigkeit beleidigt hatte, tätlich angegriffen. Um den Vorfall rankten sich sowohl in der Auslandspresse als auch in den deutschen oppositionellen Zeitungen vielerlei Gerüchte.

Kistler – Nicht ermittelt.

die Frau – Erik hatte 1908 in Argentinien geheiratet; Hedwig Pringsheim hat den Namen dieser Schwiegertochter nie genannt.

88 *»Walzertraum«* – Die Operette »Ein Walzertraum« von Oscar Straus (1870–1954). Klaus Pringsheim war in Plauen als Dirigent engagiert.

Ernst Rosmers »Maria Arndt« – Elsa Bernstein, Freundin Hedwig Pringsheims, schrieb unter dem Pseudonym Ernst Rosmer (eine Anspielung auf Ibsens Schauspiel »Rosmersholm«) vor allem Dramen; das Schauspiel »Maria Arndt« stammt aus dem Jahr 1908. Die »Zukunft« nahm mehrfach Beiträge von ihr auf.

88 *»Gegen den Kaiser«* – Leitartikel in der »Zukunft« vom 7.11.1908, der ein Interview Kaiser Wilhelms II. mit dem »Daily Telegraph« kommentierte. Am 28. Oktober 1908 hatte das Londoner Massenblatt ein Gespräch mit dem deutschen Kaiser veröffentlicht, das in Großbritannien als anmaßend empfunden wurde und in Deutschland eine innenpolitische Krise auslöste. Wilhelm II. hatte in dem Gespräch sein andauerndes Bemühen um ein gutes deutsch-britisches Verhältnis betont. Der britische Argwohn gegenüber dem Reich sei unangebracht, denn während des Burenkriegs habe er als deutscher Kaiser die Bildung eines antibritischen Kontinentalbundes zwischen Rußland, Frankreich und Deutschland verhindert. Auch sei die deutsche Flotten- und Kolonialpolitik nicht gegen England gerichtet, die deutsche Flotte biete vielmehr die Möglichkeit zu einem gemeinsamen Vorgehen in Übersee. Der dem Interview bald folgende Entrüstungssturm in Öffentlichkeit, Presse und Reichstag führte zu einer Staatskrise, in deren Verlauf sich der Kaiser mit dem Gedanken an Abdankung trug. Harden ließ in der »Zukunft« v. 14.11. und 21.11.1908 zwei weitere Artikel folgen; den letzten schloß er mit den Worten ab: »Wir haben genug. Wir wollen nicht mehr.«

89 *Walter ... Bernhard und dem Wilhelm* – Walther Rathenau, Reichskanzler von Bülow und Wilhelm II.

Und der Proceß ad calendas graecas vertagt? – Das Strafverfahren gegen den Fürsten von Eulenburg und Hertefeld wurde wegen dessen Verhandlungsunfähigkeit ausgesetzt. – ad calendas graecas (lat.) auf den Sankt Nimmerleinstag verschoben.

Bauer – Bruno Bauer unterhielt in München eine Veranstaltungsagentur, die auch die Vorträge Hardens organisierte.

90 *Prinzeß Bruckmann* – Elsa (Else) Bruckmann (1865–1946), geb. Prinzessin Cantacuzène, Ehefrau des Münchner Verlegers Hugo Bruckmann, spätere Gönnerin Adolf Hitlers, den sie in die Münchner Gesellschaft einführte.

Baronin Worms – Nicht ermittelt.

Ihsenbill – Nicht ermittelt.

»Waffenstillstand« – Harden sprach in dem Leitartikel der »Zukunft« v. 28.11.1908 von einem »Waffenstillstand« zwischen Volk und Kaiser, nachdem Reichskanzler von Bülow – um Entschärfung der »Daily Telegraph«-Affäre bemüht – im Reichstag am 10.11.1908 erklärt hatte, er werde seine Majestät den Kaiser veranlassen, fernerhin auch in Privatgesprächen jene Zurückhal-

tung zu beachten, die im Interesse einer einheitlichen Politik und für die Autorität der Krone gleichermaßen unentbehrlich sei.

90 *Lili Lehmann* – Lilly Lehmann (1848–1929), Sopranistin an der Berliner Staatsoper, mit Nietzsche bekannt, Nachbarin Hardens.

91 *bei Halbe's* – Max Halbe (1865–1944), in München lebender Schriftsteller, befreundet u. a. mit Wedekind, Hartleben, Thoma. *Heinrich Braun* – Heinrich Braun (1854–1927), Sozialpolitiker, verheiratet mit der Frauenrechtlerin Lily Braun.

92 *Pannewitz* – Ein Nachbar Hardens, der gute Beziehungen zu Argentinien unterhielt. Mit ihm war Hedwig Pringsheim seit ihrer Argentinienreise bekannt; Pannewitz wickelte im Auftrag der Pringsheims das Vermögen des verstorbenen Erik ab.

93 *»Angelus«* – Angelus Gottfried (Golo) Mann (1909–1994), das dritte Kind Katia und Thomas Manns, wurde am 27. März 1909 in München geboren.
Und Ihr Proceß! – Gemeint ist der dritte Moltke-Prozeß, mit dem die sog. Eulenburg-Affäre endete. Die 4. Strafkammer des Landgerichts I Berlin hielt bei der Verhandlung am 20.4.1909 eine Geldstrafe von 600 Mark für erforderlich und angemessen. Die Fahrlässigkeit, deren sich Harden bei der Aufdeckung der angeblichen Homosexualität des Grafen Moltke in der »Zukunft« schuldig gemacht habe, müsse in einem besonders milden Licht erscheinen, da Moltke seit über 40 Jahren dem Fürsten Eulenburg in Freundschaft verbunden sei, dessen Homosexualität immerhin mehrfach unter Eid bezeugt worden war. Das Gericht anerkannte auch, daß Harden den schädlichen Einfluß des Eulenburg-Kreises aus Gründen des Staatswohls habe unterbinden wollen. Obwohl das Urteil Harden im Ergebnis von dem Vorwurf, ein unseriöser Sensations- und Enthüllungsjournalist zu sein, freisprach und Harden keine Haftstrafe mehr befürchten mußte, legte er gegen dieses Urteil Revision beim Reichsgericht ein, die er aber am 15. Juni 1909 wieder zurückzog.

94 *Rosenberg* – Der Schwager Hermann Rosenberg; in ihren letzten Jahren lebte Hedwig Dohm (Mimchen) bei den Rosenbergs in der Tiergartenstraße.

95 *Dr. Fließ* – Wilhelm Fließ (1858–1928), renommierter Berliner Hals-Nasen-Ohren-Arzt, enger Freund Sigmund Freuds.
von seinem Roman – Thomas Manns zweiter Roman »Königliche Hoheit« erschien 1909 und erlebte eine zwiespältige Rezeption.

Während das Publikum das Werk begeistert aufnahm, zeigte sich das Feuilleton eher reserviert. So veröffentlichte Alfred Kerr einen Verriß im »Berliner Tageblatt« vom 10.10.1909.

96 *dieser Moltke-Proceß* – Vgl. Anm. *Und Ihr Proceß!* zu S. 93.

Ihre Studie über Holstein – Gemeint ist ein zweiteiliger Nachruf in der »Zukunft« v. 12.6. u. 19.6.1909 (»Holstein«) auf Friedrich von Holstein, der im Mai 1909 gestorben war. Maximilian Harden hatte sich jahrelang an den von der Presse immer wieder vorgetragenen Angriffen gegen den Wirklichen Geheimen Rat von Holstein beteiligt, dem man einen schädlichen Einfluß auf die deutsche Außenpolitik vorhielt. Als Holstein am 16.4.1906 auf eigenen Wunsch den Auswärtigen Dienst verließ, kommentierte Harden dies unversöhnlich (»Zukunft« v. 28.4.1906, »Marginalien«). Anfang August 1906 bat von Holstein, in der »Zukunft« einen offenen Brief abzudrucken, in dem er den gegen ihn jahrelang erhobenen Vorwurf zu widerlegen versuchte (»Zukunft« v. 18.8.1906, Leitartikel »Ein Brief«). In der Folgezeit freundeten sich Harden und von Holstein, die Nachbarn im Grunewald waren, sogar an.

de mortuis nil nisi bene – (lat.) über die Toten (rede) nur gut.

Zu Reinhard – Der Theaterregisseur Max Reinhardt zählte zwischen 1905 und 1933 zu den Shakespeare-Experten an deutschen Bühnen. Er leitete von 1909 bis 1911 auch die Sommerfestspiele des Künstlertheaters in München.

Camilla Eibenschütz – Camilla Eibenschütz (1884–1958), Schauspielerin, Mitglied im Ensemble Max Reinhardts, brillierte in der Rolle der Wendla bei der Uraufführung von Wedekinds »Frühlings Erwachen« (20.11.1906) an den Berliner Kammerspielen unter der Regie von Max Reinhardt.

97 *mit ihrer prächtigen Hedda* – Hedda Gagliardi (1890–1982), Tochter von Hedwig Pringsheims Schwester Marie (Mieze).

Myrjam Born – Nicht ermittelt.

Wie stehen Sie jetzt mit ihm? – Hardens Vorgehen in der Eulenburg-Affäre fand bei seinem Freund Walther Rathenau kein Verständnis. Um die Jahreswende 1907/08 war es zwischen ihnen zu einem großen Streit über die deutsche Kolonialpolitik in Afrika gekommen, deren Neuorientierung Rathenau erheblich beeinflußt hatte. Hardens Polemiken gegen den Staatssekretär des Reichskolonialamtes, Bernhard Dernburg, hatten auch den Freund getroffen; vgl.: Walther Rathenau/Maximilian Harden, Briefwechsel 1897–1920, S. 546.

98 *Gräfin Strachwitz* – Augusta Gräfin von Strachwitz (1872–?), Schriftstellerin.

bei Neumann in Prag – Angelo Neumann (1838–1910), Intendant des Prager Deutschen Theaters, bekannt insbesondere für seine Wagner-Inszenierungen.

100 *Margarete von Poschinger, née Landau* – Margarethe von Poschinger war verheiratet mit dem Bismarck-Biographen Heinrich von Poschinger (1845–1911).

101 *mein prächtiger Kindskopf Björnson* – Der norwegische Literaturnobelpreisträger Bjørnstjerne Bjørnson starb am 26.4.1910 im Alter von 77 Jahren.

les dieux s'en vont – (frz.) die Götter gehen fort.

mein Ex-Brentano – Lujo von Brentano (1844–1931), Neffe des Dichters Clemens von Brentano, Nationalökonom und Sozialpolitiker, seit 1891 Professor in München.

Ihr Ex-Meier Gräfe – Der Kunsthistoriker und -kritiker Julius Meier-Graefe (1867–1935). Brentano und Meier-Graefe gehörten zu den Unterzeichnern eines Manifestes, das den Justizmord an dem spanischen Sozialrevolutionär Francisco Ferrer verurteilte.

102 *Hardens Artikel über Ferrer* – Gemeint ist der Leitartikel »Tybald und Ferrer« in der »Zukunft« v. 6.11.1909. Im Oktober 1909 hatten bekannte Persönlichkeiten wie Lujo Brentano, Richard Dehmel, Gerhart Hauptmann und Max Liebermann den Justizmord an dem Spanier Francisco Ferrer öffentlich verurteilt. Der S. Fischer Verlag hatte sich erboten, diesen Aufruf geeigneten Stellen in Madrid zu übermitteln. Harden lehnte die Unterzeichnung ab und warf den Protestierern unverzeihliche Leichtfertigkeit vor, da sie den wahren Sachverhalt nicht gekannt hätten: Ferrer, ein durch Heiratsschwindel zu Reichtum gekommener spanischer Eisenbahner, sei Anarchist gewesen und habe eine Revolte in Barcelona unterstützt.

meinen »Neffen« … Dernburg so angegriffen – Vgl. Anm. *Excellenz Dernburg!* zu S. 79.

force majeure – (frz.) höhere Gewalt.

103 *morgens zur Probe Ihren Vortrag* – Harden hielt in allen deutschen Großstädten regelmäßig Vorträge, u.a. auch in München. Hedwig Pringsheim pflegte ihn zum Probevortrag in die Arcisstraße einzuladen. Da er das Urteil der Freundin schätzte, nahm er diese Einladungen gelegentlich an. In seinen Vorträgen behandelte er überwiegend politische, aber auch theater- und literaturkritische

Themen. Max Krell und Franz Kafka schildern in ihren Erinnerungen und Tagebuchaufzeichnungen anschaulich ihre Eindrücke. (Vgl.: Max Krell, Das alles gab es einmal, S. 73ff.; Franz Kafka, Tagebücher 1910–1923, S. 190)

104 *Polemik, in die sich der Schwieger-Tommy* – Der deutsch-jüdische Philosoph Theodor Lessing hatte am 20.1.1910 in der »Schaubühne« eine scharfe Polemik gegen den jüdischen Literaturkritiker Samuel Lublinski veröffentlicht. Thomas Mann, der Lublinski sehr schätzte, weil dieser ihn im »Berliner Tageblatt« 1904 den »bedeutendsten Romandichter der Moderne« genannt hatte, verteidigte den Angegriffenen. Am 1.3.1910 erschien im »Literarischen Echo« Thomas Manns Entgegnung »Der Doktor Lessing«, die wiederum Lessing zu der Replik »Gegen Thomas Mann« (Schaubühne, Jg. 6, Nr. 10) herausforderte. Diese Replik enthielt auch einige Angriffe gegen die Familie Pringsheim, deren Gast Lessing in der Vergangenheit häufig gewesen war. Pringsheims rechneten mit Lessing in mehreren Briefen ab, die dieser im Gegenzug mit seinen Kommentaren veröffentlichte. (Vgl. Theodor Lessing, Samuel zieht die Bilanz und Tomi melkt die Moralkuh oder Zweier Könige Sturz. Eine Warnung für Deutsche, Satire zu schreiben, Hannover: Verlag des »Antirüpel« 1910) Hedwig Pringsheim notierte am 22. 5. 1910 in ihr Notizbuch: »Tommy durch Lessingerei ganz krank.«

Heyse-Feier – Der Schriftsteller Paul von Heyse erhielt 1910 den Nobelpreis für Literatur.

105 *Aißi* – Kosename für Klaus Mann (1906–1949), ältester Sohn Katia und Thomas Manns.

Hauptmanns »Griechischen Frühling« – Das 1908 erschienene Reisetagebuch Gerhart Hauptmanns über seine Griechenlandreise im Frühjahr 1907.

Ernst Rosmers (Ella Bernsteins) »Achilles« – Vgl. Anm. *Ernst Rosmers »Maria Arndt«* zu S. 88.

106 *Ihr Judith-Artikel* – Max Reinhardt hatte im Deutschen Theater Friedrich Hebbels Tragödie »Judith« mit großem Erfolg aufgeführt. Das Stück war eine literarische Bearbeitung des gleichnamigen alttestamentlichen Buchs – der Geschichte Judiths, die das Volk Israel durch die Ermordung des assyrischen Feldherrn Holofernes rettet. Harden nahm den Dramenstoff in seiner Besprechung (»Zukunft« v. 2.4.1910) zum Anlaß für eine Darlegung des Geschlechterkampfes am Beispiel historischer Frauen-

figuren. Er sah dabei weniger die Heldenhaftigkeit als vielmehr die List des Weibes, »dem die kluge Schlange im Paradies Lehrerin gewesen« sei – die Frau als »die Urverderberin von der Zeit frommer Kirchenväter bis auf Baudelaire, Strindberg und den großen Dichter der Kreutzersonate«.

106 *mein alter junger Björnson* – Vgl. Anm. *mein prächtiger Kindskopf Björnson* zu S. 101.

Proceß Jähnke – Das »Berliner Tageblatt« berichtete am 26.4.1910, daß W. Jähnke, Verleger des »Hannoverschen Couriers«, den verantwortlichen Redakteur der »Wahrheit« wegen Beleidigung und Verleumdung angeklagt habe. Die »Wahrheit« hatte am 12.3.1910 in einem Artikel behauptet, Jähnke habe mit seiner Beziehung zu Harden die Ehre des Reserveoffiziersstandes verletzt und sei deshalb gezwungen worden, seinen Abschied einzureichen.

107 *Monika Mann* – Monika Mann (1910–1992), das vierte Kind Katia und Thomas Manns, wurde am 7.6.1910 in München geboren.

108 *Goethe's Briefe an Frau v. Stein* – Die von Julius Petersen herausgegebene dreibändige Insel-Ausgabe »Briefe an Charlotte von Stein« aus dem Jahr 1908 mit dem Buchschmuck von Heinrich Vogeler und insgesamt 1284 Seiten.

109 *Fürstenberg* – Gemeint ist der Bankier und Theatermäzen Carl Fürstenberg (1850–1933), ein regelmäßiger Besucher der Dohmschen »Montag-Abende« in Berlin, aber auch gerngesehener Gast der Schwiegereltern in der Wilhelmstraße. Befreundet war er auch mit den Rosenbergs, Schwester und Schwager von Hedwig Pringsheim. (Vgl.: Carl Fürstenberg, Die Lebensgeschichte eines deutschen Bankiers, Berlin 1931; Hedwig Pringsheim, Ernst Dohms Montag-Abende, S. 271–277 dieses Bandes.)

nach »Christina's Heimreise« – Hugo von Hofmannsthals Komödie »Cristinas Heimreise«, die am 11.2.1910 im Deutschen Theater Berlin uraufgeführt wurde.

meinen Dernburgs – Gemeint ist hier nicht der bereits mehrfach erwähnte Bernhard Dernburg, sondern die Familie der Nichte Ilse Rosenberg, die von 1900 bis 1914 mit dem Architekten Hermann Dernburg verheiratet war.

Madam Reinhard-Heins – Die Schauspielerin Else Heims (1878 bis 1958); sie heiratete Max Reinhardt 1910.

du liebreizende Sorma – Die Reinhardt-Schauspielerin Agnes Sorma (1862–1927).

109 *derbkomischen Konstantin* – Die Theater- und Filmschauspielerin Leopoldine Konstantin (1886–1965) galt im Berliner Theaterleben seit 1910 als »heitere Grazie des Salons«.
Schnippischkeit der Höflich – Die Theater- und Filmschauspielerin Lucie Höflich (1883–1956) arbeitete von 1903 bis 1932 am Deutschen Theater in Berlin.
»Christine« – Cristina, Hauptfigur in Hugo von Hofmannsthals Komödie »Cristinas Heimreise«.
Moissi – Alexander Moissi (1879–1935) von Maximilian Harden entdeckt, von Max Reinhardt ausgebildet und gefördert, galt vor allem in den Jahren vor Beginn des Ersten Weltkrieges als einer der größten deutschsprachigen Schauspieler.
Florindo – (Casanova-)Figur in Hofmannsthals Komödie »Cristinas Heimreise«.
Selbstmord von Tommy's jüngster Schwester Karla – Nach einer gescheiterten Schauspielkarriere und einer unglücklichen Liebesbeziehung hatte sich Carla Mann am 30. Juli 1910, im Alter von knapp 29 Jahren, in der Wohnung der Mutter in Polling mit Zyankali das Leben genommen.

110 *Mama Mann* – Julia Mann, geb. da Silva-Bruhns (1851–1923), Mutter von Thomas und Heinrich Mann.

111 *Berolinum* – Leitartikel in der »Zukunft« v. 28.1.1911: Die Stadtkreise Berlin, Charlottenburg, Schöneberg, Rixdorf, Wilmersdorf, Lichtenberg, Spandau und die Landkreise Teltow und Niederbarnim sollten zu einem Zweckverband zusammengeschlossen werden, um die Entwicklungsplanung im Raum Berlin effektiver koordinieren und die Finanzkraft effizienter bündeln und einsetzen zu können. Harden begrüßte das Vorhaben der preußischen Regierung. Im Gegensatz zu Wien könne Berlin vieles nicht aufweisen: Wärme, Achtung geistiger Werte, Individualität. Statt dessen sei alles neu, sauber, glatt, blank, wie aus einem Schaufenster. Der Österreicher komme alsbald in die Stimmung des Radetzky-Marsches, wenn von Wien die Rede sei, nur der Deutsche liebe seine Hauptstadt nicht.
Ornamente – In dem Leitartikel der »Zukunft« v. 4.12.1911 kritisierte Harden, daß in Preußen Senatoren-, Exzellenztitel und preußische Orden gegen hohe Geldsummen vergeben würden, die dann aus kaiserlich-königlichen Kassen für Zwecke der Wohltätigkeit und zur Förderung der Wissenschaft ausgezahlt würden. Baumwollkonjunkturen und gewinnbringende Kohlepreise gäben

nicht das Recht auf Rangerhöhung, die allein der Geistesleistung vorbehalten sein müsse.

111 *was tun wir mit Schröder und Genossen?* – 16 Jahre nach ihrer Verurteilung wegen Meineids wurden der Bergarbeiterführer Ludwig Schröder und sechs weitere Sozialdemokraten in einem Wiederaufnahmeverfahren freigesprochen und entschädigt. Die Ächtung der Sozialdemokraten als Reichs- und Vaterlandsfeinde war der politisch-psychologische Hintergrund dieser offenkundigen Klassenjustiz gewesen. Harden forderte deshalb eine reichsweite Unterschriftenaktion für eine Solidaritätsadresse zugunsten der Sozialdemokratie, um die Spaltung der Volksgemeinschaft endlich zu beenden; vgl. Leitartikel »Quatuor« in der »Zukunft« v. 11.2.1911.

beim Geographen Drygalski – Erich Drygalski (1865–1949), Ozean- und Polarforscher, leitete 1901–1903 die erste deutsche Antarktisexpedition.

meine 2 Feinde Brentano und Hertwig – Lujo Brentano (1844 bis 1931), Wirtschaftswissenschaftler und Sozialreformer, Neffe des Dichters Clemens Brentano, Professor in München von 1891 bis 1914, und der Geheime Hofrat Dr. phil. et med. Richard Hertwig.

eine gerechte Kammacherin – Anspielung auf Gottfried Kellers Novelle »Die drei gerechten Kammacher« aus der 1856 erschienenen Novellensammlung »Die Leute von Seldwyla«.

112 *Im »Rosenkavalier«* – Die Oper von Richard Strauss war am 26.1.1911 in Dresden uraufgeführt worden.

»Schwager« Bondi – Nach dem Tod ihres ersten Mannes Max Klein heiratete Hedwig Pringsheims Schwester Eva den Verleger Georg Bondi.

Baumeister Solnes – Anspielung auf Ibsens Drama »Baumeister Solness« (1892).

Ihr letzter Faust-Artikel – In dem Leitartikel »Faust« in der »Zukunft« v. 22.4.1911 versuchte Harden nachzuweisen, daß der Schöpfer des »Faust II« ein zum Monument erstarrter alternder Dichter gewesen sei, der sich in den späten Überarbeitungen als unfähig erwiesen habe, seine ehemals jugendlichen Gefühle in ihrer unmittelbaren Frische abzurufen. Harden kritisierte einige Verse als schwach und formelhaft und hielt den Literaturwissenschaftlern vor: »Das Faustgedicht wurde ihrem Verständlerthum der Lieblingsplatz. Wie ein Erbgut, das den Enkeln noch zinsen soll, haben sie es durchfurcht, mit scharfkantiger Pflugschar durchstöbert und im Werth zu steigern gesucht. Jedes Symbol und jede Allegorie ward gründlich erklärt; jeder Schatzandeutung gierig nachgegraben [...].«

113 *die olle Bartel* – Nicht ermittelt.

114 *an meines alten Recken Grabe* – Harden hielt im Mai 1912 auf Einladung der Studentenschaft der Universität Kristiania (heute Oslo) in Norwegen Vorträge über die deutsche Innen- und Außenpolitik und über Henrik Ibsen; am Nationalfeiertag (17. Mai) sprach er am Grab des zwei Jahre zuvor verstorbenen Schriftstellers Bjørnstjerne Bjørnson.

115 *Dagny* – Dagny Langen-Sautreau (1876–1974), geb. Bjørnson, Tochter des Schriftstellers Bjørnstjerne Bjørnson, langjährige Freundin Hedwig Pringsheims.

»Die fünf Frankfurter« in der Burg – Das um die Jahrhundertwende vielgespielte Rothschild-Lustspiel »Die fünf Frankfurter« von Carl Rößler.

Thiemig – Hugo Thimig (1854–1944), seit 1874 Schauspieler am Wiener Burgtheater, 1912–1917 dessen Direktor.

in Bahrs »Tänzchen« – Das 1911 uraufgeführte Lustspiel »Das Tänzchen« von Hermann Bahr.

Reicher – Emanuel Reicher (1849–1924), Schauspieler, Mitbegründer der Freien Bühne.

116 *Brahm* – Otto Brahm (1856–1912), Mitbegründer der Freien Bühne, 1884–1904 Leiter des Deutschen Theaters, danach des Lessing-Theaters; Vorkämpfer des naturalistischen Dramas in Deutschland.

Oberbürgermeister Kirschner – Vgl. Anm. *der Ober-Kirschner* zu S. 82.

»Schmuck der Madonna« – Die 1911 uraufgeführte tragische Oper »Der Schmuck der Madonna« von Ermanno Wolf-Ferrari.

Herrn Lewales – Nicht ermittelt.

Lolla's Verlobung – Nicht ermittelt.

Waldsanatorium Professor Jessen – Hedwig Pringsheim benutzte den Briefbogen des Hotels, dem sie lediglich das Datum zufügte.

118 *Klaus' Prager Brief one Namen* – In der »Zukunft« v. 27. 7. 1912 ließ Harden einen an ihn gerichteten Brief anonym abdrucken, der sich mit den in deutschen Tageszeitungen immer wieder kolportierten »Deutschenverfolgungen in Prag« kritisch auseinan-

dersetzte. Die Autorschaft Klaus Pringsheims, der seit drei Jahren als Dirigent in Prag arbeitete, belegt der Brief der Mutter.

118 *Mikado* – Gemeint ist vermutlich der japanische Kaiser Mutsuhito (1852–1912), der am 30.6.1912 starb.

119 *Fürstenbergisch-Rosenbergschen Familienkreise bei Carlos und Aniela* – Die Familie Rosenberg (Schwester und Schwager Hedwig Pringsheims) war langjährig mit Carl (Carlos) und Aniela Fürstenberg befreundet. Vgl. Anm. *Fürstenberg* zu S. 109.

Moritz – Vgl. Anm. *Moritz und Rina* zu S. 56.

Fürsten Lichnowsky – Karl Max Fürst von Lichnowsky (1860 bis 1928), deutscher Diplomat, von 1912 bis 1914 deutscher Botschafter in Großbritannien; verheiratet mit Mechtilde von und zu Arco-Zinneberg (1879–1958).

Richard v. Kühlmann – Richard von Kühlmann (1873–1948), deutscher Diplomat und Industrieller, vor dem Ersten Weltkrieg deutscher Botschaftsrat in London, von August 1917 bis Juli 1918 Staatssekretär im Auswärtigen Amt.

120 *bei Lujo'n* – Vgl. Anm. *meine 2 Feinde Brentano und Hertwig* zu S. 111.

Parsifalartikel – Unter der Überschrift »Isobronten« legte Harden in einem Leitartikel die Gralsgeschichte und ihre Bearbeitungen dar (»Zukunft« v. 31.8.1912) – von Chrétien de Troyes über Wolfram von Eschenbach bis zu Richard Wagners Bühnenweihfestspiel »Parsifal«. Zwar nannte Harden Wagners »Parsifal« das »schwächstes Werk der Reihe«, zeigte sich aber von dem geheimnisvollen Zauber der Musik tief beeindruckt; seine Gesamtwürdigung schloß er mit der Feststellung: »Richard Wagner wird als ein Künstler von beinahe unbegreiflicher Kraft nicht nur, sondern auch als Persönlichkeit immer der größte Repräsentant einer Zeit bleiben. Einer?«

121 *»Réveille«* – Nicht ermittelt.

Torgelstube – Alt-Münchner Bier- und Weinlokal, beliebt bei Künstlern und Stammlokal von Frank Wedekind. Thomas Mann vermerkt in seinen Tagebuchaufzeichnungen vom 16.11.1918 ebenfalls einen »Besuch in der Torggelstube« gemeinsam mit Mitgliedern des Bühnenklubs. (Vgl.: Thomas Mann: Tagebücher 1918–1921, S. 80 u. 604)

122 *Schaute* – (jidd.) Narr, Einfaltspinsel.

Première seines Mysteriums »Franziska« – Schon bei einer ersten Lesung am 16.11.1911 im Hotel »Vier Jahreszeiten« fand Wedekinds Stück eine begeisterte Aufnahme. Die Premiere vor geladenem Publikum fand am 30. 11. 1912 statt, für weitere Vorstellungen verfügte die Zensur »sinnentstellende Striche«.

122 *mit – Thomas Mann entzweit* – 1908 hatte die Münchner Polizeidirektion den Auftrag erhalten, einen Zensurbeirat zu berufen, der bis 1918 bestehen blieb. Ihm gehörten u. a. Max Halbe an, der 1911, nach einem ersten öffentlichen Angriff auf Wedekind, austrat. Sein Nachfolger (1912/13) wurde Thomas Mann. Am 7. 12. 1912 schrieb Thomas Mann an Wedekind, er sehe seine Aufgabe darin, »die Aufseher der öffentlichen Ordnung vor Eingriffen in Werke von Dichtungen zu warnen«. Thomas Mann verließ 1913 sowohl den Zensurbeirat als auch den »Schutzverband deutscher Schriftsteller«, nachdem er der »Lulu«-Aufführung nur zögernd zugestimmt hatte und von Wedekind deshalb heftig gerügt worden war.

123 *einige Hoffnung auf Ludewichen* – Prinzregent Luitpold von Bayern (1886–1912) war am 12. Dezember 1912 in München gestorben; sein Sohn und Nachfolger bestieg 1913 als König Ludwig III. (»Ludewichen«) den Thron.

unserem Konflikt – Heinz Pringsheim hatte 1912 ohne den Segen der Eltern die russische Matisse-Schülerin Olga Merson geheiratet, zu der Hedwig Pringsheim – wie zu den anderen beiden Schwiegertöchtern auch – in keinem guten Verhältnis stand. Zur Strafe verhängten die Eltern vorübergehend Hausverbot und strichen die monatlichen Zuschüsse.

126 *Der alte Herr aus Neisse* – Hardens Vertreter im Krankheitsfall bei der Redaktion der »Zukunft«. Nähere biographische Angaben nicht bekannt.

127 *Lujo im englischen Garten* – Vgl. Anm. *meine 2 Feinde Brentano und Hertwig* zu S. 111.

bei Mimchens Buch die Meute gegen mich hetzte – Hedwig Dohm (»Mimchen«) hatte 1896 ihren wohl bekanntesten Roman »Sibilla Dalmar« veröffentlicht, in dem die Münchner Gesellschaft skizziert und auch Einzelheiten aus dem Pringsheimschen Haushalt preisgegeben wurden. Zu Recht vermuteten die Münchner, daß die Autorin diese Detailkenntnisse nur von ihrer Tochter erhalten haben konnte. Die Veröffentlichung zog damals einen regelrechten Gesellschaftsskandal nach sich.

»Wrangels Spielgefährtin« – Vgl. Anm. *Wrangel* zu S. 28.

128 *den Fall Hintze* – Vermutlich der Historiker Otto Hintze; vgl. Anm. *Prof. Hintze* zu S. 167.

128 *gegen Hauptmann* – Gerhart Hauptmanns »Festspiel in deutschen Reimen«, das im Auftrag des Breslauer Magistrats für die Jahrhundertfeier der Befreiungskriege 1813–1815 geschrieben worden war, wurde nach elf Aufführungen auf Intervention des deutschen Kronprinzen verboten. In der Öffentlichkeit führte dies zu einem heftigen Meinungsstreit sowie zu Kundgebungen und Protestversammlungen. In Hauptmanns »Festspiel« agierten die Figuren nur als Marionetten eines mächtigen Schicksals.

Kaete Rosenberg – Die Nichte Käte Rosenberg (1883–1960); sie arbeitete als Übersetzerin beim S. Fischer Verlag in Berlin.

129 *Schleunigkeit, mit der Sie Klaus' Artikel gelesen* – Die Veröffentlichung eines Artikels von Klaus Pringsheim in der »Zukunft« ist für das Jahr 1913 nicht feststellbar. 1919 veröffentlichte Klaus Pringsheim allerdings einen Beitrag »Revolution und Theater« (»Zukunft« v. 13. 9. 1919), in dem er sich gegen die Forderung der Bühnengenossenschaften wandte, für alle im Theaterwesen Beschäftigten gleiche Belastungen einzuführen.

Buch des inkriminierten Ludwig – 1913 erschien in München das Buch von Sebastian Röckl: Ludwig II. und Richard Wagner, 1. Teil: Die Jahre 1864 und 1865, 2. neubearb. und verm. Aufl. Der junge Ludwig II. hatte die Bekanntschaft Richard Wagners gesucht, der dessen Begeisterung für seine Musik ausnutzte, um den König für kostspielige Projekte zu gewinnen (Festspielhaus, Gründung einer deutschen Musikschule etc.). Ludwig II. hatte Wagner bereits für die Komposition des »Rings« innerhalb von drei Jahren ein fürstliches Honorar von 30000 Gulden zugestanden. Die Verschwendungssucht Wagners war schon zu dessen Lebzeiten in München Stadtgespräch.

130 *Giger's Hotel Waldhaus* – Auf der rechten Seite des Briefbogens steht in großen verzierten Buchstaben der Hotelname, darunter dann der Ort; unter diesen setzte Hedwig Pringsheim das Briefdatum. Auf der linken Seite des Briefbogens findet sich eine briefmarkengroße Abbildung des Nobelhotels.

Salammbô – Roman von Gustave Flauberts (1863).

Familie Liebermann Möglicherweise die Familie des Berliner Geschäftsmannes Adolf von Liebermann.

131 *Reichskanzler* – Theobald von Bethmann Hollweg, der den Fürsten von Bülow im Juli 1909 als Reichskanzler abgelöst hatte.

132 *Lili Keith-Klein* – Die Nichte Lilli Kait-Klein.

132 *Theobalduin* – Die ironische Bemerkung bezieht sich auf den Reichskanzler Bethmann Hollweg.

133 *Nordwyk* – Das niederländische Seebad Nordwijk, in dem Harden nicht zuletzt wegen einer chronischen Bronchialerkrankung mehrfach seinen Sommerurlaub verbrachte.

Auch mit Zeppelin – In dem Leitartikel »Feuerwerk« (»Zukunft« v. 1. 11. 1913) ironisierte Harden die Jahrhundertfeier der Völkerschlacht bei Leipzig und rügte, daß die damalige militärische Hilfe der Russen, Briten, Österreicher und Schweden unerwähnt bleibe. Graf Zeppelin habe im übrigen durch die Abstürze seiner Luftschiffe bereits einen mörderischen Beitrag zu der Jahrhundertfeier geleistet. Harden bestritt die Zukunftsfähigkeit des »Systems Zeppelin«, an dem nur eine politisch-militärische Hybris festhalte. Der Artikel schloß mit dem sarkastischen Aufruf: »Lasset Raketen, Schwärmer, Leuchtkugeln unsere Nacht prasselnd erhellen. Und stimmet flink wieder den Jahrhundertgesang an: Der Gott, ›der Eisen wachsen ließ, der wollte keine Knechte‹!«

Krankheitsgeschichte S. Majestät des Königs Otto – Otto I. von Bayern (1848–1916), der jüngere Bruder Ludwigs II., war wegen seiner Geisteskrankheit – offiziell hieß es, der König sei schwermütig – regierungsunfähig, so daß sein Onkel, Prinzregent Luitpold, seine Aufgaben wahrnehmen mußte. Dessen Sohn Ludwig war seit dem Tod Luitpolds 1912 Prinzregent und ließ sich 1913 als Ludwig III. selbst zum König ausrufen. Otto behielt jedoch bis zu seinem Tod den Titel »König von Bayern«. Die Krönung des Prinzregenten nahm Harden zum Anlaß für einen Rückblick auf die unglücklichen Wittelsbacher (»Zukunft« v. 8. 11. 1913, Leitartikel »Royalties«). Er erinnerte daran, daß er im April 1898 von dem Schöffengericht des Königlichen Amtsgerichts München zu zwei Wochen Haft verurteilt worden war, weil er in der »Zukunft« Gerüchte kolportiert hatte, Otto von Bayern sei in die niedersten Formen der Tierheit gesunken. Dabei hätten die »Augsburger Abendzeitung« und die »Kölnische Zeitung« schon damals über die Krankheitssymptome ausführlich berichtet.

134 *si vous étiez plus que starr ... d'une tendresse presque livlandoise* – Wenn Sie mehr als starr wären, ich bin ganz außer mir, denn ich habe einen großen Verlust erlitten, indem ich Ihren wichtigen langen Brief von geradezu livländischer Zärtlichkeit nicht erhielt.

134 *Ludwig Derleth* – Der Schriftsteller Ludwig Derleth (1870–1948) war ein guter Bekannter der Pringsheims; er nannte Katia stets »die Prinzessin«. Derleth verehrte, wie Hedwig Pringsheim, leidenschaftlich Napoleon Bonaparte.

135 *drei Theaterartikeln* – Zu den herausragenden Inszenierungen von Max Reinhardt am Deutschen Theater gehörte der große Shakespeare-Zyklus (1913/14), an dessen Konzeption Harden maßgeblich beteiligt war. Es wurden gespielt: »Ein Sommernachtstraum«, »Viel Lärm um nichts«, »Hamlet«, »Der Kaufmann von Venedig«, »König Lear«, »Romeo und Julia«, »König Heinrich der Vierte« und schließlich »Was Ihr wollt«. In drei aufeinanderfolgenden Heften der »Zukunft« (v. 14.2., 21.2. und 28.2.1914) nahm sich Harden in ausführlichen, wohlwollenden Besprechungen unter dem Titel »Shakespeare Cyklus« dieses Großereignisses an.

136 *Kraus* – Karl Kraus (1874–1936) war seit 1899 Herausgeber der Zeitschrift »Die Fackel«, bei deren Gründung Harden Vorbild und Berater war. Ihre anfänglich freundschaftliche Beziehung schlug um 1906 in Haß um.

»Weltbrand« – In einem mit »Weltbrand« überschriebenen Leitartikel in der »Zukunft« v. 21.3.1914 erinnerte Harden an den »Märzidus des Jahres 1814«, als nach dem Niedergang Napoleons der Einmarsch der Alliierten in Frankreich auch dessen militärische Niederlage besiegelt hatte.

»1864« – 1864 hatte die schleswig-holsteinische Frage den Krieg Österreichs und Preußens gegen Dänemark ausgelöst. Der Leitartikel »1864« in der »Zukunft« v. 28.3.1914 analysierte die Hintergründe dieses Konflikts und die außenpolitischen Interessen der beteiligten europäischen Mächte.

Orbis Pictus – Der gleichnamige Leitartikel in der »Zukunft« v. 4.4.1914; in politisch-satirischen Einzelbetrachtungen behandelte er die Festnahme eines russischen Militärattachés in Köln, eine diplomatische Ungeschicklichkeit des Leiters der deutschen Militärmission in Konstantinopel, die Rolle des amerikanischen Präsidenten Woodrow Wilson im mexikanischen Bürgerkrieg sowie den Fall der Madame Caillaux. Die Ehefrau des französischen Finanzministers hatte – angeblich um die Ehre ihres Gatten zu schützen – den Geschäftsführer des »Figaro« erschossen. Harden kommentierte diesen Fall in der »Zukunft« v. 4.4. und 20.6.1914. Obwohl Marguerite Caillaux freigesprochen wurde, war ihr Mann politisch ruiniert.

137 *Heinz ... mit seiner Frau* – Vgl. Anm. *unserem Konflikt* zu S. 123. Heinz Pringsheim studierte nach seiner Promotion im Fach Archäologie in einem zweiten beruflichen Anlauf Musik. Er arbeitete später als Korrepetitor sowie als Kapellmeister in Bochum, Mülhausen im Elsaß, Dresden und Berlin und trat auch mit eigenen Kompositionen hervor.
Fürstenkoncern ... Fürstenberg hilf! – Die Fürsten Hohenlohe und Fürstenberg hatten die geschäftspolitischen Interessen ihrer Unternehmen aufeinander abgestimmt; man sprach von »Fürstentrust« oder »Fürstenkonzern«. Die Geschäftsabwicklung übernahm, wie der mit den Pringsheims befreundete Bankier Carl Fürstenberg in seinen Memoiren berichtete, zunächst fast ausschließlich die Dresdner Bank. Es kam zu erheblichen Verlusten, die sich auch auf den Aktienbesitz der Pringsheims auszuwirken drohten.

138 *unter dem Namen Walewska* – Anspielung auf Gräfin Maria Walewska (1786–1817), die Geliebte Napoleons und Mutter ihres gemeinsamen Sohnes Alexandre Colonna-Walewski.
»Mirakel« famos – In dem Leitartikel der »Zukunft« v. 9. 5. 1914 lobte Harden die Berliner Aufführung der von Engelbert Humperdinck vertonten und von Max Reinhardt inszenierten Mysterienpantomime »Das Mirakel«.
Wanfried – Richard Wagner ließ in Bayreuth die Villa Wahnfried errichten, einen spätklassizistischen Bau mit der beziehungsvollen Inschrift: »Hier, wo mein Wähnen Friede fand, Wahnfried sei dieses Haus von mir genannt«. Man darf davon ausgehen, daß Harden zu diesem Zeitpunkt bereits die Erbschafts- und Vermögensstreitigkeiten im Hause Siegfried Wagners bekannt waren, die dann zwei Monate später Gegenstand eines großen Leitartikels in der »Zukunft« waren. Harden wird seiner Freundin vorab den Essay angekündigt haben.

139 *Der Wagnerartikel* – Gemeint ist der Leitartikel »Tutte le Corde« in der »Zukunft« v. 27. 6. 1914, der Erbschafts- und Vermögensstreitigkeiten zwischen den Nachkommen Richard Wagners behandelte.
über den Tronfolger – Am 28. 6. 1914 war das österreichisch-ungarische Thronfolgerpaar, Erzherzog Franz Ferdinand und seine Ehefrau Sophie, in Sarajewo ermordet worden. Diesem Ereignis widmete Harden einen längeren Nachruf in der »Zukunft« v. 4. 7. 1914 (Leitartikel »Principes«), der auch den Satz enthielt: »In den Schmerz der Waisen, denen der Weltrichterwahn des

milchbärtigen Mörders aus kräftigem Leben die zärtlichsten Eltern raubte, kann ich mich einfühlen.« Harden attackierte zudem die großen deutschen Zeitungen, die in der Vergangenheit immer wieder mit Recht protestiert hätten, wenn das schmähliche Handeln eines Juden der ganzen Judenheit als Sünde aufgebürdet worden sei, nun aber alle Süd- und Nordslawen als Mittäter, Anstifter oder mindestens Begünstigte des Prinzenmordes dem gemeinen Haß der Masse empfehlen.

139 *gen Australien* – Peter Pringsheim reiste zu einem Physiker-Kongreß nach Australien. Zu Beginn des Ersten Weltkrieges kam er als Kriegsgefangener in ein Internierungslager; die Bemühungen seiner Eltern um seine Freilassung scheiterten.

und Klaus – heiratet – Klaus Pringsheim heiratete die Tänzerin Klara (Lala) Koszler; Hedwig Pringsheim hatte auch zu dieser Schwiegertochter ein spannungsreiches Verhältnis.

Düsseldorfer »Sturm« – Das Düsseldorfer Schauspielhaus führte in München Shakespeares »Sturm« vom 2.7. bis 27.7.1914 im Rahmen einer Gastspielreise fünfzehnmal auf; weitere Vorstellungen wurden angesichts des drohenden Kriegs abgesagt.

Frau Dumont – Louise Dumont, Schauspielerin am Wiener Burgtheater, am Hoftheater in Stuttgart und am Deutschen Theater in Berlin, Bekannte und Briefpartnerin Maximilian Hardens, gründete 1905 zusammen mit ihrem Ehemann Gustav Lindemann und Georg Fuchs das Düsseldorfer Schauspielhaus.

140 *Heinz' Frau* – Olga Pringsheim litt an Depressionen; ihre Ehe verlief unglücklich. 1929 stürzte sie sich aus dem vierten Stock des Hotels Adlon in den Tod.

142 *Erzerum* – Heute: Erzurum, türkische Stadt südlich des Kaukasus.

144 *nie haben … nie konnten* – Die Verneinung (»nie«) ist mehrfach unterstrichen.

145 *»Wie geht es den Feinden«* – In dem Leitartikel (»Zukunft« vom 9.1. 1915) entlarvte Harden – mit Blick auf die französische Presse – eine den Realitäten nicht entsprechende Siegeszuversicht der Franzosen und schilderte die politische und ökonomische Rückständigkeit Rußlands; in England hingegen setze man auf die Stärke der eigenen Seemacht, blicke aber dennoch mit gedämpfter Zuversicht auf die Folgen des Krieges für das eigene Land.

146 *Maubeuge* – Alte Festungsstadt in Nordfrankreich (Département du Nord), an der Sambre.

146 *bei Bauer* – Vgl. Anm. *Bauer* zu S. 89.

147 *Baron v. d. Tann* – Vermutlich General Luitpold Freiherr von und zu Tann (1847–1919), der im Ersten Weltkrieg reaktiviert wurde und stellvertretender Kommandeur des I. bayrischen Armeekorps war.

148 *»Das Zeitalter Friedrichs d. Großen«* – Titel eines Werks des Historikers Hermann Oncken.

von Nappel'n zu Fritz'n über – Hedwig Pringsheim war eine leidenschaftliche Verehrerin Napoleon Bonapartes.

149 *[Ansichtskarte]* – Eine Veltens Lichtdruck-Ansichtskarte mit der Bildunterschrift: München. Wittelsbacherbrunnen. 1.

Eidam – Veraltet: Schwiegersohn; gemeint ist Thomas Mann.

nicht völlig abmurksen – Die Bemerkung deutet auf eine ernste Verstimmung zwischen Harden und Thomas Mann hin, die sich sehr wahrscheinlich auf die aktuelle Kriegslage bezog. Während Thomas Mann noch lange auf den Sieg der deutschen Armee setzte, hatte sich Hardens Kriegsbegeisterung nach der Marne-Schlacht deutlich abgeschwächt. Im Tagebuch Theodor Wolffs, des Chefredakteurs des »Berliner Tageblatts«, findet sich in den ersten Märztagen 1915 der Eintrag, Harden sei vollkommen pessimistisch und setze »jetzt ganz auf eine Einigung mit England«; vgl.: Theodor Wolff, Tagebücher 1914–1919, Teil 1, S. 177 ff.

150 *à outrance* – (frz.) bis aufs äußerste.

zu Prinz Bruckmanns – Der Münchner Verleger Hugo Bruckmann; vgl. auch Anm. *Prinzeß Bruckmann* zu S. 90.

Alfred Walter Heymel – Alfred Walter Heymel (1878–1914), Mitbegründer der Zeitschrift »Die Insel«, die ab 1899 in München erschien.

152 *»unheiliges Volk«* – Leitartikel in der »Zukunft« v. 20.3.1915, in dem Harden der deutschen Presse vorwarf, allzu lange polemische und arrogante Beiträge von Politikern und Bürgern abgedruckt zu haben, da diese Beschimpfungen der Feinde, besonders der Franzosen und Briten, der deutschen Sache eher geschadet als genutzt hätten. Ein Hurrapatriotismus sei im achten Kriegsmonat höchst unangebracht. In einem weiteren Abschnitt kritisierte Harden das merkwürdige Neutralitätsverständnis der USA; die amerikanische Regierung und der Kongreß hatten es abgelehnt, den Verkauf von Waffen, Munition und anderem Kriegsgerät an die kriegführenden Mächte in Europa zu verbieten, Inter-

ventionen der Deutsch-Amerikaner, die auf die Seeblockade der Briten gegen die Mittelmächte verwiesen, konnten auch die Republikaner nicht überzeugen. So begünstigte die freie Ausfuhr von Kriegsmaterial einseitig Großbritannien. Harden analysierte zudem die großen amerikanischen Wirtschaftsunternehmen und ihre geschäftlichen und politischen Interessen.

152 *Academia dei Lincei* – Die berühmte Akademie der Wissenschaften in Rom.

153 *die Schwieger* – Gemeint ist hier Heinz Pringsheims Frau Olga, die sich Bekannten der Familie als Köchin anbot; vgl. Anm. *unserem Konflikt* zu S. 123.

154 *»ah non, pas de charcuterie, ça me rapelle Adophe!«* – (frz.) »Oh, nein, keine Wurst, das erinnert mich an Adophe!«

155 *mit dem Balten* – Astaf von Transehe-Roseneck.

die Lusitania-Sache – Im Februar 1915 hatte das Deutsche Reich den U-Boot-Handelskrieg gegen England eröffnet; am 7. 5. 1915 versenkte ein deutsches U-Boot vor der irischen Küste den englischen Passagierdampfer »Lusitania«, der Kriegsmaterial und Munition an Bord hatte. Unter den 1198 Toten waren auch 139 Amerikaner. Die Folge war eine Protestnote der USA an das Deutsche Reich. Am 6. 4. 1917 erklärten die USA dem Deutschen Reich den Krieg.

156 *Katja's 8jährigen Son* – Eine Serie von Blinddarmentzündungen suchte Hedwig Pringsheims Enkelkinder heim; erwähnt hatte sie im Brief vom 27. 3. 1915 bereits Golos Erkrankung, die von Klaus und Erika folgten. Der 8jährige Klaus überstand die lebensbedrohliche Entzündung nur dank mehrerer Operationen.

»Anti-Macchiavell« – Titel einer 1740 und 1741 anonym erschienenen Schrift, deren Verfasser der preußische Kronprinz und spätere König Friedrich II. war.

der »Eidam« in seinem … Essay – Thomas Manns 1915 erschienener Essay »Friedrich und die große Koalition«, der Preußen zur Zeit des Siebenjährigen Krieges mit dem Deutschen Reich von 1914 verglich. Die Überzeugung, daß sich der Siebenjährige Krieg mit dem Ersten Weltkrieg wiederhole, hatte Thomas Mann schon in dem 1914 erschienenen Aufsatz »Gedanken im Krieg« geäußert. Beide Aufsätze reihen sich in die übrigen Schriften Thomas Manns aus dieser Zeit und die darin enthaltene Parteinahme für den Krieg ein.

158 *Ex. Denzburg* – Nicht ermittelt.

159 *in der Allotria* – Ein von der Münchner Künstlergenossenschaft betriebenes und von Franz von Lenbach finanziell gefördertes Künstlerhaus; in der ursprünglich nur Malern vorbehaltenen Gemeinschaft verkehrte auch Alfred Pringsheim regelmäßig.

bei dem Großfürsten Nikolai – Der Leitartikel »Großfürst Nikolai« in der »Zukunft« v. 18.9.1915. Die verheerenden Niederlagen der russischen Armee in Ostpreußen und auf dem Balkan führten zur Ablösung des Großfürsten Nikolai Nikolajewitsch, des Oberbefehlshabers aller russischen Streitkräfte. Harden ließ – in einem Rückblick auf den Ausbruch des Krieges – den Großfürsten in einem fingierten Dialog über die politische Lage und die unzulängliche russische Kriegsvorbereitung nachdenken.

160 *den Forum-Herzog* – Wilhelm Herzog (1884–1960), Berliner Literatur- und Kulturhistoriker, Gründer der Zeitschrift »Forum«, die 1915 wegen ihrer pazifistischen Tendenz verboten wurde. Herzog lebte seit 1912 in München, gründete 1919 die Tageszeitung »Die Republik« und emigrierte im Jahre 1933.

Mit ihrem Freund B.-H. – Reichskanzler von Bethmann Hollweg hatte dem bayerischen König Ludwig III. im September 1915 einen Besuch abgestattet. 1915 zum preußischen Generalfeldmarschall ernannt, wollte Ludwig III. die bayerische Pfalz um Teile des Elsaß (Unterelsaß und Straßburg) vergrößern. Diese Annexionspläne, die er unter dem Einfluß seines Sohnes Rupprecht bald aufgab, dürften Gegenstand der Erörterung mit dem Reichskanzler gewesen sein.

»Aber der Hindenburg ...« – Paul von Beneckendorff und von Hindenburg (1847–1934), seit August 1914 Oberbefehlshaber der VIII. Armee, hatte am 26.8.1914 die russische Armee bei Tannenberg und an den Masurischen Seen vernichtend geschlagen; im November 1914 wurde er zum Generalfeldmarschall ernannt, im August 1916 übernahm er als Chef des Generalstabs die Oberste Heeresleitung.

161 *Entlassung von Venizelos* – Nach Beginn des Ersten Weltkriegs betrieb der griechische Premierminister Eleftherios Venizelos den Eintritt Griechenlands in den Krieg an der Seite der Ententemächte, um die territorialen Gewinne seines Landes aus den Balkankriegen auszubauen. Damit geriet er in scharfen Gegensatz zu König Konstantin I., der einen strikten Neutralitätskurs ver-

folgte; Venizelos sah sich 1915 zum Rücktritt gezwungen, bildete im Oktober 1916 eine Gegenregierung und erklärte im Sommer 1917 den Mittelmächten den Krieg.

161 *Première Bernstein-Blumenthal* – Vermutlich Uraufführung eines Lustspiels von Max Ernst Bernstein. Oskar Blumenthal, ebenfalls Lustspielautor und Mitbegründer des Lessing-Theaters in Berlin, führte möglicherweise Regie.

Voltaire ... Pierre le Grand, Charles XII – Voltaires Schriften »Anecdotes sur Pierre-le-Grand« (1748) oder »Histoire de l'empire de Russie sous Pierre le Grand« (1763) und »L'Histoire de Charles XII« (1731).

D'Annunzio, Salandra, Sonnino – Gabriele D'Annunzio (1863 bis 1929), italienischer Schriftsteller; Antonio Salandra (1853 bis 1931), italienischer Politiker, Jurist, 1899–1910 mehrfach Minister, führte als Ministerpräsident 1915 Italien an der Seite der Entente in den Krieg, 1919 Delegierter Italiens in Versailles; Giorgio Sidney Sonnino (1847–1922), italienischer Politiker, Ministerpräsident (1906, 1909/10) und 1914–1919 Außenminister.

162 *Vedrémo* – (ital.) Wir werden sehen.

163 *Hofrat May* – Der Stabsarzt Richard May, der Thomas Mann untersucht hatte, als dieser im Jahre 1900 zum Militärdienst eingezogen werden sollte. May wurde Vorbild für die Figur des Sanitätsrats Düsing im »Felix Krull«. Thomas Mann berichtete seinem Bruder Heinrich über seine Rückstellung vom Wehrdienst in den Briefen vom 25. 11. 1900 und 27. 4. 1912: »[...] Ich steckte mich hinter Mamas damaligen Arzt, Hofrat May, den ich im Hochstapler als Sanitätsrat Düsing benutzt habe, einen streberischen Esel, der mit meinem Ober-Stabsarzt befreundet war [...] Nur amtlicher Formalitäten bedurfte es jetzt, um aus dem Militärdienst entlassen zu werden [...].« (Thomas Mann/Heinrich Mann, Briefwechsel 1900–1949, S. 121)

164 *Otto Cahn* – Vermutlich der Bankier Otto H. Kahn, den Carl Fürstenberg in seinen Memoiren erwähnt.

wie Voß – Aurel Edmund Voss (1845–1931), Mathematikprofessor in München; mit der Familie Pringsheim gut bekannt. Katia Mann studierte in den Jahren 1903/04 bei Voss Geometrie und Mechanik.

165 *Frau Feist* – Die Ehefrau des Übersetzers Hans Feist. Das Ehepaar Feist war sowohl mit den Pringsheims als auch mit der Familie Mann befreundet.

165 *Bruno Frank* – Der Schriftsteller Bruno Frank (1887–1945), ein enger Freund der Familie Thomas Manns.

166 *den Hartmannsweiler Kopf* – Im Ersten Weltkrieg schwer umkämpfte Berghöhe im Oberelsaß, am Ostrand der Vogesen gelegen; die Zahl der Gefallenen wird mit 60 000 angegeben.

Gallipoli – Türkische Stadt und Halbinsel an der Meerenge der Dardanellen, deren Öffnung zum Marmarameer und zum Schwarzen Meer ein Kriegsziel der Entente-Mächte war. Gallipoli war ein verlustreiches Unternehmen: Die Alliierten verloren hier 180 000 Mann, die Türken erlitten doppelt so hohe Verluste.

167 *diese Absetzungen von all den feindlichen Oberbefehlshabern* – Rücktritt bzw. Absetzung des französischen Außenministers Théophile Delcassé, des britischen Kriegsministers Lord Horatio Herbert Kitchener und des russischen Oberbefehlshabers Großfürst Nikolai Nikolajewitsch im Jahr 1915.

Prof. Hintze – Otto Hintze (1861–1940), 1899–1920 Professor für Verfassungs- und Verwaltungsgeschichte in Berlin.

168 *ich spreche natürlich nicht von W. R.* – Ironische Anspielung auf Walther Rathenau.

169 *der »Temps«* – Französische Tageszeitung, die auch Harden regelmäßig las.

kein Winter, außer dem unsres Misvergnügens – Anspielung auf Shakespeares »Richard III«, I,1: »der Winter unsers Mißvergnügens«.

170 *Tommy hat … an Sie geschrieben* – Diesen Brief Thomas Manns an Harden vom 12. 1. 1916, eine Reaktion auf das Verbot der »Zukunft«, verwahrt das Bundesarchiv in Koblenz im Nachlaß Harden (N 1062). Thomas Mann schreibt, zunächst nicht gewußt zu haben, daß die »Zukunft« dauerhaft verboten worden sei; einer kurzen Zeitungsnotiz habe er entnommen, daß ein Heft der »Zukunft« angehalten wurde. Erst seine Schwiegermutter habe ihn über den wahren Sachverhalt aufgeklärt. Daraufhin habe er sofort bei der »Frankfurter Zeitung« angefragt, ob ein Protest von ihm aufgenommen werde; dies sei auch zunächst bejaht worden: »Ich schrieb dann einen Artikel, in dem ich über die gleichmütige Art der oeffentlichen Mitteilung mein Befremden ausdrückte, die Bedeutung des Verbotes, so gut es in der Eile gehen wollte, klar zu machen suchte […].« Nach einer Woche habe er jedoch eine abschlägige Antwort erhalten; auf den Abdruck seines Protestes habe man aus taktischen Überlegungen verzichtet, zum einen,

weil man nicht wirklich von einem Dauerverbot ausgehe, zum anderen bezweifele man, daß »das Erscheinen dieses Artikels den militärischen Instanzen den Rückzug erleichtern würde«. Thomas Mann schließt mit der Bemerkung, Harden habe in einem Brief »an unsere gemeinsame Freundin« mit wunderlicher Bitterkeit vermutet, er, Thomas Mann, »werde an dem Entschluß der Behörde nichts auszusetzen haben«. Diese Vermutung habe er hoffentlich widerlegt. Der Brief war das vorläufige Ende der Korrespondenz zwischen Thomas Mann und Harden; Informationen flossen freilich weiterhin über Hedwig Pringsheim.

172 *Carl F.* – Vgl. Anm. *Fürstenberg* zu S. 109.

173 *Heinrich Mann erwartet ein Kind* – Mitte August 1914 hatte Heinrich Mann die Schauspielerin Maria (Mimi) Kanová geheiratet. Die gemeinsame Tochter Carla Leonie wurde am 10. 9. 1916 in München geboren.

Ihre Affaire mit dem Herrn Polizeipräsidenten – Wegen eines geplanten politischen Vortrags in München hatte Harden Probleme mit dem Polizeipräsidium, der Zensurbehörde, bekommen.

175 *Jakob Wassermann ... »Das Gänsemännchen«* – Wassermanns Künstlerroman »Das Gänsemännchen« erschien 1915. In dem 1934 postum erschienenen Roman »Joseph Kerkhovens dritte Existenz« porträtierte Wassermann Maximilian Harden in der Figur des Martin Mordann.

das Kolleg bei Wölfflin – Der Kunsthistoriker Heinrich Wölfflin (1864–1945) war zunächst Privatdozent in München, dann Nachfolger von Jacob Burckhardt in Basel, schließlich von 1901 bis 1912 Universitätsdozent in Berlin, um dann nach München zurückzukehren. Im WS 1915/16 hielt er eine Vorlesung über die »Erklärung der alten Pinakothek (im Zusammenhang der allgemeinen Entwicklungsgeschichte der neueren Malerei)«.

176 *was der Kanzler sprach* – Harden hatte dem Leitartikel »Der starke Mann« in der »Zukunft« v. 25. 3. 1916 eine Erklärung Bethmann Hollwegs vor dem Deutschen Reichstag in Kurzfassung angefügt: Die Sache des Deutschen Reichs stehe gut, die Zuversicht des deutschen Volkes wanke nicht; was in feindlichen Ländern gesagt werde, sei erweislich falsch. Der Reichskanzler wörtlich: »Sie schmähen, wir schlagen. Wenn Worte vernichten könnten, wären wir längst zermalmt und von Hungersnoth entkräftet.«

die Verheiratung von Erika – Erika Schweninger, die Tochter Ernst Moritz und Lena Schweningers.

177 *Korngold-Opern* – Der junge Komponist Erich Wolfgang Korngold (1897–1957) galt als musikalisches Wunderkind. Die erwähnten Opern sind vermutlich »Vera Violanta« und »Der Ring des Polykrates« (beide 1916).
alter Korngold – Julius Korngold; vgl. Anm. *an Hofmannsthal, Benedikt, Korngold* zu S. 44.
Schwager H. R. – Hermann Rosenberg.
Der letzte Artikel – Im Frühjahr 1916 veröffentlichte Harden drei aufsehenerregende Beiträge, die ihn auch in den USA zur Berühmtheit werden ließen. In dem ersten und bekanntesten Artikel »Wenn ich Wilson wäre« (»Zukunft« v. 22. 4. 1916) legte er dem amerikanischen Präsidenten Woodrow Wilson die Rolle des Friedensvermittlers nahe. In dem folgenden Leitartikel »Der wahre Wilson« (»Zukunft« v. 6. 5. 1916) beschrieb Harden anhand der Wandlung des Saulus zum Paulus die eigene Umkehr vom Kriegsbefürworter zum Kriegsgegner, um in »Krieg um Frieden« (»Zukunft« v. 27. 5. 1916) Präsident Wilson noch ungeduldiger zu einer Friedensmission aufzurufen.

178 *den Wilson für einen absoluten Ehrenmann* – Bevor Woodrow Wilson in die Politik ging, war er Professor für Rechtswissenschaft und Volkswirtschaft an der Princeton University.
Hermann sagt – Der Schwager Hermann Rosenberg.

179 *H. M.* – Heinrich Mann. Anspielung auf den langjährigen Streit zwischen den Brüdern Thomas und Heinrich Mann, der mit der Veröffentlichung des Zola-Essays von Heinrich Mann in René Schickeles »Weißen Blättern« (Jahrgang 2, Heft 2 v. 22. November 1915) ausbrach. Dieser Text war Heinrich Manns erste prinzipielle Stellungnahme gegen den Krieg, den Thomas in seinen Schriften begrüßt und verteidigt hatte. Thomas Mann fühlte sich bereits in den einleitenden Worten dieses Aufsatzes unmittelbar angesprochen. Die Ausgabe der »Weißen Blätter«, mit zahlreichen An- und Unterstreichungen sowie Randbemerkungen versehen, befindet sich heute im Thomas-Mann-Archiv in Zürich.
was Sie über unsere Note sagen – Nachdem im Februar 1916 der deutsche U-Boot-Krieg auch auf bewaffnete Handelsschiffe ausgedehnt worden war, verzichtete die deutsche Seekriegsführung zunächst auf einen unbeschränkten U-Boot-Krieg (auch gegen neutrale Schiffe, ohne vorherige Warnung). Die deutsche Note an die USA vom 4. 5. 1916 sagte die Rückkehr zu den völker-

rechtlichen Regeln des Kreuzerkrieges zu, falls auch Großbritannien sich zur Einhaltung des Völkerrechts verpflichtete.

179 *»Fleisch und Knochen«* – Hardens Leitartikel »Lebensmittel« in der »Zukunft« v. 13. 5. 1916 enthielt einen Abschnitt »Fleisch und Knochen«; kritisiert wurde die katastrophale Versorgungslage im Reichsgebiet.

180 *wenn Tirpitz und Rathenau* – Da von Reichskanzler Bethmann Hollweg keine entscheidenden Initiativen mehr ausgingen, hatte Harden schon 1915 öffentlich geäußert, Großadmiral von Tirpitz müsse Reichskanzler werden. Diesen Gedanken griff der Leitartikel »Der starke Mann« in der »Zukunft« v. 25. 3. 1916 abermals auf.

Robert Kahn – Vermutlich der Berliner Komponist und Musikprofessor Robert A. Kahn (1865–1951).

Grafen Andrassy – Gyula Graf Andrássy d. J. (1860–1929), der letzte österreichisch-ungarische Außenminister, bot später der Entente einen Sonderfrieden an.

181 *Baron Stengel, der mit Hertling in Berlin war* – Baron Stengel, seit 1912 Zentrumsführer, und der bayrische Ministerpräsident Georg Graf von Hertling; vgl. Anm. *unser Philosophieprofessor* zu S. 209.

der olle weißbärtige König – Ludwig III. (1845–1921), der letzte bayrische König.

182 *die Preußenkugel von 66* – Im Krieg gegen die Preußen wurde Ludwig III. am 25. 7. 1866 bei Helmstadt verwundet.

Auszug aus Goncourt – In der »Zukunft« v. 20. 5. 1916 (Leitartikel »Berlin und Paris«) kommentierte Harden die Reden des französischen Staatspräsidenten Poincaré und des belgischen Dichters Maeterlinck – »fünfundvierzig Jahre nach Goncourt« – zu Ehren der im Krieg gefallenen französischen Künstler. Beide Redner beklagten, daß Deutschland trotz des wohltätigen Einflusses der französischen Kultur wieder ins Barbarische zurückgefallen sei.

»Krieg um Frieden« – Der Leitartikel in der »Zukunft« v. 27. 5. 1916 behandelte ausführlich die machtpolitische und diplomatische Vorgeschichte des Ersten Weltkrieges. Harden sah als sichere Folge eines andauernden Krieges die Verwüstung Europas sowie die Entkräftung aller Großmächte voraus; dem amerikanischen Präsidenten Wilson legte er abermals nahe, als Friedensstifter aufzutreten.

185 *wer zu seinem Bruder sagt, »du Narr« … des Gerichts* – Anspielung auf die Bergpredigt, Matthäus 5,21–22. Dort heißt es: »Ich aber

sage euch: Wer mit seinem Bruder zürnt, der ist des Gerichts schuldig; wer aber zu seinem Bruder sagt: Du Nichtsnutz! der ist des Hohen Rats schuldig; wer aber sagt: Du gottloser Narr! der ist des höllischen Feuers schuldig.«

186 *Das mit der unermeßlichen Lily* – Vgl. Anm. *Lily, die Braun'sche* zu S. 50.

187 *Die letzte »Zukunft« … über den Januschauer* – In dem Leitartikel »Die Himmelswage« in der »Zukunft« v. 9. 9. 1916 befaßte sich Harden mit der Lage Rumäniens, das seine Neutralität aufgegeben und sich im August 1916 der Entente angeschlossen hatte, sowie mit innenpolitischen Problemen Griechenlands und der Versorgungslage im Deutschen Reich. Der Artikel enthielt auch eine an den Deutschen Landwirtschaftsrat gerichtete Grundsatzerklärung des westpreußischen Rittergutsbesitzers Elard von Oldenburg auf Januschau, der bereits im ersten Kriegsmonat die Beschlagnahmung des zum Verkauf angebotenen Getreides, die Einführung eines Höchstpreises für Getreide und Kartoffeln und die Festlegung eines vernünftigen Preisverhältnisses zwischen Korn, Mehl und Brot gefordert sowie die übermäßige Bürokratisierung der Lebensmittelbewirtschaftung gebrandmarkt hatte.

Beifall meiner agrarischen Schwägerin – Vgl. Anm. *Schwägerin Rohrscheidt* zu S. 31.

Der Brief vom Herrn der »Schaubühne« – Herausgeber und Chefredakteur der »Schaubühne« war der mit Harden befreundete Siegfried Jacobsohn, ein Gegner Alfred Kerrs.

188 *die rohe »Offi«* – Hedwig Pringsheim wurde von ihren Enkelkindern »Offi« genannt, ihr Ehemann »Ofey«; vgl.: Klaus Mann, Der Wendepunkt, S. 24.

unseren »Seesieg« – Am 31. Mai 1916 stießen die deutsche Hochseeflotte unter Admiral Scheer und die britische »Grand Fleet« unter Admiral Jellicoe in der Nordsee vor dem Skagerrak aufeinander, ohne daß die Beteiligten zunächst wußten, daß sich die beiden Flotten in ihrer Gesamtstärke gegenüberstanden. Nach einem kurzen, heftigen Gefecht gelang es Scheer, sich durch geschickte Manöver der feindlichen Übermacht zu entziehen.

Kitchner's Tod – Horatio Herbert Kitchener, britischer Feldmarschall und Kriegsminister, ertrank im Juni 1916, als sein Schiff, das ihn mit einer Gesandtschaft nach Rußland bringen sollte, vor den Orkney-Inseln auf eine Mine lief.

188 *Rumänien in 14 Tagen »erledigen«* – Nach der rumänischen Kriegserklärung an Österreich-Ungarn am 27. 8. 1916 folgten im Gegenzug die Kriegserklärungen Deutschlands, Bulgariens sowie des Osmanischen Reichs an Rumänien. Erst im November 1917 kam es zu einem Waffenstillstand mit den Mittelmächten.

als letzten Willen des hochseligen Königs Karl ... Ferdinand – Karl von Hohenzollern war im Mai 1866 nach Bukarest gekommen, um dort als Karl (Carol) I. den Thron zu besteigen; der deutschfreundliche König Karl hatte zu den wenigen Politikern Rumäniens gehört, die für eine Kriegsbeteiligung auf seiten der Mittelmächte eintraten. Nach seinem Tod im Oktober 1914 wurde sein Neffe Ferdinand König von Rumänien.

189 *Wippchen* – Der satirische Schriftsteller Julius Stettenheim (1831 bis 1916), Erfinder der populären Figur des Kriegsberichterstatters „Wippchen", war am 30. 10. 1916 gestorben. Er gehörte zu den engsten Freunden von Hedwig und Ernst Dohm; vgl. Hedwig Pringsheim, Ernst Dohms Montag-Abende, S. 274 dieses Bandes.

190 *Vaux zum dritten Mal erobern* – 1916 erreichte die Schlacht um die Höhen und Forts von Verdun ihren Höhepunkt; in den erbitterten und blutigen Kämpfen wechselten Stützpunkte wie Vaux mehrfach den Besitzer. Französische Offensiven zwangen die Deutschen schließlich dazu, am 2. 12. 1916 Fort Vaux zu räumen. Das Fort wurde nach seiner Räumung von deutschen Pionieren gesprengt.

posener irredenta – Nach der Einigung Italiens entstand in den italienischsprachigen Gebieten Österreich-Ungarns (Triest, Istrien, Trentino) eine Bewegung, die den Anschluß an Italien erstrebte. Das Entstehen eines derartigen Irredentismus befürchtet Hedwig Pringsheim auch für die preußische Provinz Posen.

191 *Ihren wundervollen Schaubünen-Aufsatz* – Leitartikel »Deutsche Schaubühne« in der »Zukunft« v. 11. 11. 1916, in dem Harden die Proklamation eines polnischen Staates durch Kaiser Wilhelm II. und Kaiser Franz Joseph I. am 5. November 1916 als theatralischen »Wunschesausdruck« außerhalb des Staatsrechts bezeichnete; diesem kurzen Kommentar folgten Bemerkungen zur neueren Theatergeschichte.

193 *Tommy's Artikel »der Taugenichts«* – Der Beitrag »Der Taugenichts« erschien 1916 in der »Neuen Rundschau«. Thomas Mann

setzte sich darin mit Eichendorffs Novelle auseinander und reflektierte über typische deutsche Charakterzüge. Bereits am 8.10.1916 muß er geahnt haben, daß dieser Essay geeignet war, Widerspruch zu wecken, denn an diesem Tag schrieb er Prof. Paul Amann, es werde von ihm ein »ungemein antipolitischer Aufsatz erscheinen, mit dem ich gewiß hart anstoßen werde«.

193 *im Club 1914* – Die auch als »Klub« bezeichnete »Deutsche Gesellschaft 1914«, eine Vereinigung von Politikern, Journalisten, Industriellen, Bankiers und Schriftstellern, die schon kurz nach ihrer Gründung über 900 Mitglieder zählte. Der Klub wollte in der Zeit des »Burgfriedens« während des Ersten Weltkriegs in politischen Diskussionen und kulturellen Veranstaltungen einen Minimalkonsens in zentralen Fragen erreichen. Deshalb fanden auch Lesungen von Schriftstellern wie Heinrich Mann statt, die Mitglieder des Klubs waren. Auch Harden gehörte dieser Gesellschaft an.

Milka – Emilie (Milka) Pringsheim, die älteste Tochter von Klaus und Klara Pringsheim, wurde am 2.10.1912 geboren.

194 *daß die Times beinahe recht hat* – Am 12.12.1916 hatte Kanzler von Bethmann Hollweg im Reichstag verkündet, Deutschland und seine Verbündeten hätten den feindlichen Mächten Friedensverhandlungen angeboten; man sei »von dem Wunsch beseelt, weiteres Blutvergießen zu verhüten und den Greueln des Krieges ein Ende zu machen«. Die »Times« zog die Friedensbereitschaft der Mittelmächte in Zweifel.

Aber ist es denn möglich, daß es Bedingungen gibt – In der Öffentlichkeit war von Friedensangeboten und Friedensverhandlungen die Rede. Tatsächlich gab Reichskanzler von Bethmann Hollweg in der Sitzung des Reichstags vom 12.12.1916 den Text einer an alle feindlichen Mächte gerichteten Note bekannt, in der die Verbündeten Deutschland, Österreich-Ungarn, Bulgarien und die Türkei vorschlugen, alsbald in Friedensverhandlungen einzutreten.

Possart d. Großen – Ernst Possart (1841–1921), von 1893 bis 1905 Generaldirektor und Intendant der Königlichen Hoftheater in München. Erfolge feierte er vor allem mit seinen Mozart- und Wagner-Inszenierungen. Was das Meininger Theater um die Jahrhundertwende auf dem Gebiet des Schauspiels war, bedeutete das Münchner Hoftheater unter Possart auf dem der Oper.

195 *»ich bin ins Hirn gehau'n!«* – Shakespeare, König Lear, IV,6.

195 *die drei Artikel »wie eine Welt stirbt«* – Leitartikel in der »Zukunft« v. 24. 2., 3. 3. und 10. 3. 1917, in denen Harden die politisch-gesellschaftliche Entwicklung aufzeigte, die in Frankreich über die Ideen von Voltaire und Rousseau zum Zusammenbruch eines morschen Gesellschaftssystems in der Französischen Revolution geführt hatte; sein Resümee: »Die Welt der Louis, die nach Ruhm, Landzuwachs, Lorbeer, trägem Prasserglück gierten, [...] mußte ins Grab.«

Dotschengenuß – Dotschen, auch Kohlrüben, Kohlrabi, Steckrüben oder Wruken.

196 *die 4 dicken Memoirenbände des Herrn Barras* – Paul de Barras (1755–1829), französischer Politiker und Mitglied des Direktoriums, maßgeblich beteiligt am Sturz Robespierres, verfaßte 1828 seine Memoiren: Mémoires de Barras, membre du Directoire. Publié avec une introduction générale, des Préfaces et des Appendices par Georges Duruy. 4 Bände. Paris 1895–1896.

Adlonisten – Artikel »Khalifat« in der »Zukunft« v. 17. 3. 1917. Die Öffentlichkeit hatte von einem Geheimtreffen im Hotel Adlon erfahren: Dem Kaiser sollte die Ablösung des amtierenden Reichskanzlers vorgeschlagen werden. Diese Forderung wurde von einem der anwesenden Gäste oder Kellner der Presse zugetragen, die Harden verächtlich »Petzerfibel« nannte. Jeder Deutsche dürfe doch wohl noch »dem Reichshaupt andere Berather wünschen«.

Mauthner geht ... ins Zeug für unseren gemeinschaftlichen Walter – Anfang 1917 war im S. Fischer Verlag Walther Rathenaus Buch »Von kommenden Dingen« erschienen. Fritz Mauthner schrieb im »Berliner Tageblatt« am 22. 3. 1917: »Er ist in seinem Herzen – mehr als er weiß – ein Schüler der sozialistischen Weltanschauung und bekämpft hartnäckig die starre Sozialdemokratie [...].«

das Telegramm über die russische Revolution – Anfang März 1917 war in wenigen Tagen die Revolution in Petersburg erfolgreich, innerhalb kurzer Zeit ergriff sie auch die übrigen Zentren Rußlands. Zar Nikolaus II. dankte am 15. März 1917 ab.

197 *Der Geheimderat, der Ehrenbürger von Sofia und die Schriftstellersgattin* – Alfred Pringsheim, Thomas Mann und Katia Mann.

198 *Nun haben sie ja auch ihren Krieg mit Amerika* – Die USA hatten am 6. 4. 1917 dem Deutschen Reich den Krieg erklärt. Vorausgegangen war die Erklärung des uneingeschränkten U-Boot-Kriegs durch das Reich.

198 *aus »Tölz« steigen Zweifel… auf* – Je näher das Ende des Krieges heranrückte, um so mehr mußte sich Thomas Mann fragen, ob es überhaupt Sinn hatte, seine »Betrachtungen eines Unpolitischen« zu veröffentlichen. Als die deutsche Armeeführung am 29. 9. 1918 um einen sofortigen Waffenstillstand ersuchte, notierte er in sein Tagebuch: »Die Katastrophe und Weltniederlage [...] ist da. Es ist auch die meine.« (Vgl.: Tagebucheintragung v. 5. 10. 1918, in: Thomas Mann, Tagebücher 1918–1921, S. 23)

W.'s Rede – Rede des amerikanischen Präsidenten Wilson am 2. 4. 1917 im Kongreß, in der er den formellen Kriegsbeitritt forderte. In seiner Begründung deutete Wilson den Krieg in einen Kreuzzug für die weltweite Verbreitung der liberalen Demokratie und für die Etablierung einer rationalen Friedensordnung um.

Brief des Göttinger Mathematikers – Der Mathematikprofessor David Hilbert, ein langjähriger Freund Hedwig Pringsheims.

199 *Hofmannsthal so als politischer Agent* – Hofmannsthal entwickelte »zur höheren Ehre Österreich-Ungarns und Deutschlands« eine rege Vortragstätigkeit nicht nur im neutralen Ausland, sondern auch in den von deutschen Truppen besetzten Gebieten. Im Juli 1916 hatte er in Warschau in der Uniform eines k. k. Landsturmleutnants über »Österreich im Spiegel seiner Dichtung« referiert.

Anette Kolb – Die Schriftstellerin Annette Kolb (1870–1967) trat im Ersten Weltkrieg entschieden für den Pazifismus ein. 1916 verhängte das bayrische Kriegsministerium eine Brief- und Reisesperre gegen sie »wegen pazifistischer Umtriebe«. Mit Unterstützung Walther Rathenaus konnte sie ins Schweizer Exil gehen. Am 1. 2. 1917 erreichte sie Bern.

201 *Ihr letzter Artikel* – Der Artikel »Am tausendsten Tag« in der »Zukunft« v. 28. 4. 1917 kommentierte die Kriegserklärung der USA an das Deutsche Reich vom 6. 4. 1917.

Kessel – Generaloberst Gustav von Kessel, von 1908 bis 1918 Chef des Generalkommandos in den Marken, im Ersten Weltkrieg auch zuständig für die Zensur in der Mark Brandenburg.

des Sieges bei Arras – Die Schlacht bei Arras (2. 4.–20. 5. 1917). Im März 1917 hatten sich die Deutschen in Erwartung einer Großoffensive der Entente auf die »Siegfriedstellung« zurückgezogen und ihre Verteidigungsmöglichkeiten damit deutlich verbessert. Dennoch zogen die Briten bei Arras 33 Divisionen mit

60 Tanks zusammen. Am 9.4.1917 griffen die britischen Verbände auf einer Breite von 25 Kilometern an. In den folgenden fünf Wochen gelang es ihnen mit starker Unterstützung ihrer Luftstreitkräfte, die Deutschen einige Kilometer zurückzudrängen, ein entscheidender Durchbruch wurde jedoch nirgends erzielt. Auch die zeitgleiche französische Offensive wurde in der Doppelschlacht an der Aisne und in der Champagne aufgehalten; das strategische Ziel der Entente, einen entscheidenden Durchbruch zu erzielen, war fehlgeschlagen.

201 *vor unserem Rupprecht* – Der bayrische Kronprinz Rupprecht, der im Ersten Weltkrieg Kommandeur an der Westfront war.

202 *»Madame Legros«* – Das 1913 erschienene Drama von Heinrich Mann verarbeitet den Sturm auf die Bastille am 14. Juli 1789 in Paris. Am 19. Februar 1917 fanden zeitgleich Uraufführungen an den Kammerspielen München und Lübeck sowie in Wien und Berlin (Lessing-Theater) statt. Das Stück wurde Heinrich Manns größter Bühnenerfolg.

»der rote Mond«? – Leitartikel »Der rothe Mond« in der »Zukunft« vom 5. Mai 1917. Harden sah in der Morgenröte, die vom letzten Aprildrittel bis in den Sonntag Exaudi (6. Sonntag nach Ostern) andauerte, eine Mahnung an Deutschland und England »zu würdigem Friedensschluß«. Ohne Englands See-, Finanz- und Industriemacht sei eine Fortführung des Krieges für die beiden anderen Partner der Triple-Entente hoffnungslos: »Nur die Hand Britanias kann heute den Tempel des Janus schließen.«

203 *»den zwölften Feind«* – Leitartikel »Der zwölfte Feind« in der »Zukunft« v. 12.5.1917. Das chinesische Kabinett beschloß Anfang Mai 1917, dem Deutschen Reich den Krieg zu erklären. Harden untersuchte in seinem Artikel die Ursachen und Hintergründe dieser Kriegserklärung.

Theo Lewald – Theo Lewald, Staatssekretär im Reichsamt des Innern.

204 *Der selige Julius Grosser* – Nicht ermittelt.

die uritalienische »Mieze« Vgl. Anm. *Mieze* zu S. 35.

205 *»Vor dem vierten Tor«* – Leitartikel »Vor dem vierten Thor« in der »Zukunft« v. 30.6.1917. Der Tod der Kaiserin Elisabeth von Rußland (1761) hatte den Siebenjährigen Krieg noch zu einem für Preußen glücklichen Ende geführt. Im Frühjahr 1917 warf Harden die Frage auf: »Kann's nicht wieder so werden?«

206 *im B.-Tgbl.* – Das »Berliner Tageblatt« meldete, daß gegen Hardens »Zukunft« ein Dauerverbot verhängt worden sei; tatsächlich bestand dieses Verbot bis zum 1. 12. 1917.

zu Helffrich »befohlen« – Karl Helfferich, seit 1908 Vorstandsmitglied der Deutschen Bank, leitete als Staatssekretär im Reichsschatzamt 1915/16 die Kriegsfinanzierung, 1916/17 Innenminister und Vizekanzler unter Reichskanzler Bethmann Hollweg.

207 *Und der neue Herr?* – Georg Michaelis (1857–1936) wurde am 14.7.1917 Nachfolger des gestürzten Reichskanzlers und preußischen Ministerpräsidenten Theobald von Bethmann Hollweg. Michaelis war der erste nichtadlige Reichskanzler.

des im Ausland so berühmten Bernhardi – General Friedrich von Bernhardi hatte sich vor dem Ersten Weltkrieg als Militärschriftsteller hervorgetan.

in W. – An der Westfront.

in O. – An der Ostfront.

d. h. Carlos – Carl Fürstenberg.

was ist Walter jetzt für ein großer Mann? – Walther Rathenau hatte bereits zu Kriegsbeginn im Kriegsministerium eine »Kriegsrohstoffabteilung« eingerichtet und Kriegsgesellschaften gegründet. Aufgabe dieser Einrichtungen war es, die für die Kriegsführung notwendigen Rohstoffe zu sichern und den Aufbau einer Inlandsproduktion von Stickstoff, aus dem Salpeter für die Munitions- und Sprengstoffherstellung gewonnen werden konnte, umgehend voranzutreiben. In einer Unterredung mit dem Generalquartiermeister Ludendorff im Frühjahr 1917 hatte Rathenau dargelegt, daß an eine rasche Niederwerfung Englands durch einen verschärften U-Boot-Krieg nicht zu denken sei. Um eine weitere Unterredung mit Ludendorff vorzubereiten, veröffentlichte Rathenau einen Artikel »Sicherungen« in der »Frankfurter Zeitung« v. 5.7.1917. Am 10.7. fand dann die Unterredung im Hauptquartier statt, in der es erneut um die Wirksamkeit des U-Boot-Kriegs ging.

Meyrink'sche Romane – Der österreichische Schriftsteller Gustav Meyrink, seit 1903 Chefredakteur der humoristischen Wiener Zeitschrift »Der liebe Augustin« sowie Mitarbeiter des »Simplicissimus«. Bekannt wurde vor allem seine dreibändige Novellensammlung »Des deutschen Spießers Wunderhorn« (1913).

die 10 Bände Briefe der Mad. de Sévigné – Die Marquise de Sévigné (1626–1696) tröstete sich in ihrer umfangreichen Korrespondenz über die Trennung von der Tochter; ihre Briefe gehören zum klassischen Bestand der französischen Literatur.

208 *die dicken Mémoires du Cardinal de Retz* – Jean-François-Paul de Gondi, Baron de Retz (1614–1679), Kardinal, Gegner Richelieus, Hauptbeteiligter am Fronde-Aufstand; seine Memoiren erschienen 1717 postum und galten bis ins 19. Jahrhundert hinein als ein Lehrbuch der politischen Intrige.

Haus R. – Else und Hermann Rosenberg; bei ihnen logierte Hedwig Pringsheim häufig, wenn sie ihre Mutter in Berlin besuchte.

209 *Tirpitz-Vortrag* – Alfred von Tirpitz (1849–1930), deutscher Großadmiral, gründete 1917 als Sammelbecken der nationalen Opposition die Deutsche Vaterlandspartei; im März 1916 war er als Staatssekretär im Reichsmarineamt zurückgetreten, nachdem seine Forderung nach »uneingeschränktem U-Boot-Krieg« auf die ablehnende Haltung Wilhelms II. und des Reichskanzlers gestoßen war.

unser Philosophieprofessor – Georg Graf von Hertling (1843 bis 1919), Professor für Philosophie in München, ab 1912 bayrischer Ministerpräsident, seit dem 1.11.1917 Reichskanzler und preußischer Ministerpräsident.

210 *Kollegen Mittag-Leffler* – Gösta Mittag-Leffler, Mathematikprofessor an der Universität Stockholm und Chefredakteur internationaler mathematikwissenschaftlicher Zeitschriften.

die vom »Schutzverband« angeregte Bewegung – Aktion des Schutzverbands deutscher Schriftsteller gegen die Militärzensur; Anlaß war das Verbot der »Zukunft«.

211 *im Novemberheft der »Rundschau«* – In der »Einleitung zu den Gesammelten Schriften« (Neue Rundschau, Nov. 1917) veröffentlichte Kerr die Grundtendenzen seiner bisherigen Literatur- und Theaterkritik. Über Maximilian Harden urteilte er dort: »Ich erwarte kaum etwas von einer Genießerschaft, in der schriftstellerische Existenzen wie Schminkeles Harden geduldet sind, so ein Seitenvollmacher mit edlem Personenklatsch; und solange man sich neben der die Welt vorwärts-hämmernden Art, eine platte Schweißdrüse gefallen läßt.«

212 *die Rede von L. G. ... Clémenceau* – Reden des englischen Premierministers Lloyd George und des französischen Premierministers Clemenceau vor der Presse im Pariser Kriegsministerium, die die Notwendigkeit des neu gebildeten Obersten Kriegsrats

begründeten. Auszüge waren im Leitartikel »Hahnenschrei« in der »Zukunft« v. 8. 12. 1917 abgedruckt.

214 *zerzausten Staatssekretärs* – Richard von Kühlmann.

Astaf ... mit klingendem Spiel in Ilse's Lager – Die Nichte Ilse Dernburg. Näheres nicht bekannt.

Walter R. – Walther Rathenau.

215 *unserem militärischen Zweigestirn* – Generalfeldmarschall Hindenburg und Generalstabschef Ludendorff, die Oberste Heeresleitung.

L. G. und mit Prof. W. – Der englische Premierminister Lloyd George und der amerikanische Präsident Woodrow Wilson.

an unseren Alldeutschen – Der Alldeutsche Verband, eine 1891 gegründete rechtsnationale Vereinigung, die im Ersten Weltkrieg annexionistische Forderungen erhob.

lucus a non lucendo – Lateinisches Sprichwort nach Quintilian: Der Wald heißt so, weil darin das Licht nicht scheint.

216 *Der werdende Vater ist mit seinem Buch* – Thomas Manns »Betrachtungen eines Unpolitischen«; das Buch entstand zwischen 1915 und 1918.

fausse couche – (frz.) Fehlgeburt.

217 *der goldnen Hochzeit unsrer Majestäten* – Der bayrische König Ludwig III. und seine Frau Marie Therese; anläßlich ihrer goldenen Hochzeit reiste auch Wilhelm II. nach München.

218 *die Übereinstimmung der Babeuf'schen Forderungen* – In dem Leitartikel »Die freudlose Welt« in der »Zukunft« v. 16. 2. 1918 hatte Harden auf Übereinstimmungen zwischen Lenin und dem französischen Sozialrevolutionär François Noël Babeuf, genannt Gracchus Babeuf, hingewiesen. Dort hieß es: »Lenin, aus dem Kleinadelshaus der Uljanow, hat das Banner des Jungen Rußland gehoben und ist entschlossen, zu thun, was Gracchus Babeuf nur malte.«

aber Wilsons Worte – Das vierzehn Punkte umfassende Friedensprogramm des amerikanischen Präsidenten vom 8. 1. 1918, das unter anderem das Selbstbestimmungsrecht der Völker und die Schaffung eines Völkerbundes zur Verhinderung weiterer Kriege vorsah.

Ihren »großen Irrtum« – Der Leitartikel »Der große Irrtum« in der »Zukunft« v. 2. 3. 1918 kommentierte kritisch den Abschluß des Friedensvertrages von Brest-Litowsk (3. 3. 1918).

219 *unsres Philosophie-Professors* – Vgl. Anm. *unser Philosophieprofessor* zu S. 209.

219 *Carlo's großer Freund* – Vermutlich Walther Rathenau, mit dem Carl (Carlos) Fürstenberg eng befreundet war.
Trotzki'n gebe ich Ihnen billig – Leo Trotzki führte als russischer Vertreter die Friedensverhandlungen in Brest-Litowsk. Nachdem die deutsche Delegation die Annexion und Kontrolle großer Teile der besetzten Gebiete (darunter Polen, das Baltikum und Kurland) gefordert hatte, versuchte Trotzki auf Zeit zu spielen, da er revolutionäre Unruhen bei den Mittelmächten erhoffte. Die Verhandlungen wurden auf den 20. 1. 1918 vertagt. Erst nach der Besetzung weiterer russischer Gebiete durch die Deutschen wurde der Friedensvertrag von Brest-Litowsk am 3. 3. 1918 unterzeichnet.
Kommt denn nun die große Offensive? – Die Oberste Heeresleitung sah mit dem Waffenstillstand im Osten die Chance, den Krieg im Westen noch zu gewinnen. Die deutschen Offensiven an der Westfront (März–Juli 1918) brachten zwar geringen Geländegewinn, aber nicht den entscheidenden Durchbruch.

220 *Cirkus Schuhmann* – Der Zirkus Schumann in Berlin wurde 1918/19 von dem Architekten Hans Poelzig in Max Reinhardts Großes Schauspielhaus umgebaut. Die Eröffnung fand am 28. 11. 1919 statt.
Ihr Heft mit den zwölf Steinen – Der Leitartikel »Die zwölf Steine« in der »Zukunft« v. 16.3.1918. Harden kritisierte abermals den Friedensvertrag von Brest-Litowsk, der Rußland in Scherben zerschlage und von der Karte europäischer Großmächte streiche.
»der alte Herr«, »dieser gelehrte Herr« – So hatte Harden in dem Leitartikel »Die zwölf Steine« (»Zukunft« v. 16.3.1918) den Reichskanzler Graf Hertling genannt.

221 *Lichnowsky?* – Karl Max Fürst von Lichnowsky hatte sich vor dem Krieg um die deutsch-englische Verständigung bemüht und sich gegen die bedingungslose Unterstützung Österreich-Ungarns ausgesprochen. Um seine Haltung zu rechtfertigen, verfaßte er ein privates Memorandum, das im Januar 1918 gegen seinen Willen veröffentlicht und sogar ins Englische übersetzt wurde; daraufhin verlor er seinen Sitz im Preußischen Herrenhaus und zog sich aus der aktiven Politik zurück. Seine Frau war die Schriftstellerin Mechtilde von Lichnowsky.
und Wedekind! – Frank Wedekind war am 9. 3. 1918 in München gestorben.

222 *Gott … zu sagen, was man leide* – Anspielung auf Goethes »Torquato Tasso«, V,5: »Und wenn der Mensch in seiner Qual verstummt, / Gab mir ein Gott, zu sagen, wie ich leide.«

223 *den »Stimmer«* – Mechtilde von Lichnowsky, Der Stimmer (Roman, 1917).

Die Don Carlos-Historie – Artikel in der »Zukunft« v. 20. 4. 1918; Harden nahm in seinem Beitrag eine Berliner »Don Carlos«-Aufführung zum Anlaß einer grundsätzlichen Kritik des Schillerschen Stücks.

Lola Montez mit ihrem Ludwigerl – Hardens Rezension eines Berliner Boulevardstücks über die Liaison zwischen König Ludwig I. von Bayern und der Tänzerin Lola Montez (»Zukunft« v. 20. 4. 1918).

Abfertigung Reinhardt-Hoffmansthal – Rezension (»Verfälschung«) in der »Zukunft« v. 20. 4. 1918. Max Reinhardt hatte am Deutschen Theater drei Molière-Komödien (»Der Geizige«, »Die Plagegeister«, »Der Bürger als Edelmann«) in der Bearbeitung von Hugo von Hofmannsthal inszeniert.

»Karlchen will nicht mehr mitkreiseln« – Kaiser Karl I. von Österreich. Am 8. und 9. 4. 1918 veröffentlichte die amtliche französische Nachrichtenagentur den Wortlaut zweier Briefe, die der österreichische Kaiser im Frühjahr 1917 an den französischen Präsidenten geschrieben hatte. Die geheimen Friedensverhandlungen hatte Karl I. mit Hilfe der belgischen Offiziere und Prinzen Sixtus und Xaver von Bourbon-Parma, beide Brüder der Kaiserin Zita, geführt.

Ludo Hartmann – Der Historiker Ludo Moritz Hartmann (1865 bis 1942) schloß sich in Wien der Volksbildungsbewegung an und gründete dort ab 1900 Volkshochschulen (»Volksheime«); erster Gesandter der Republik Österreich in Berlin. Nach dem frühen Tod des Vaters hatte der Bankier und Bismarck-Berater Ludwig Bamberger (1823–1899) die Vormundschaft für den jungen Hartmann übernommen.

mit einem neugeborenen Mäderl – Elisabeth Mann (1918–2002), das fünfte Kind Katia und Thomas Manns, wurde am 24. 4. 1918 in München geboren.

Oberst Haushofer – Karl Ernst Haushofer, bayrischer Offizier und Geopolitiker, Kommandeur im Ersten Weltkrieg.

225 *Ukraine und Balticum und Polen* – Der am 3. 3. 1918 geschlossene Friedensvertrag von Brest-Litowsk sah die Herauslösung

der Ukraine, Polens und der baltischen Provinzen aus dem russischen Reich vor.

225 *Czernin* – Ottokar Theobald Czernin von und zu Chudenitz (1872–1932), von 1916 bis 1918 österreichischer Außenminister, trat im April 1918 von seinem Amt zurück, nachdem die geheimen Friedensbemühungen Österreich-Ungarns mit den Regierungen der Entente bekannt geworden waren.

Vorträge von Lujo – Vgl. Anm. *meine 2 Feinde Brentano und Hertwig* zu S. 111.

Reinhardt … Thiemig … Heims? – Max Reinhardt war in erster Ehe mit der Schauspielerin Else Heims, in zweiter Ehe mit der Schauspielerin Helene Thimig verheiratet.

226 *Theodor Wolf* – Theodor Wolff (1868–1943), linksliberaler Publizist, Kritiker, Chefredakteur des »Berliner Tageblattes«, Freund Maximilian Hardens.

Ihre intime Frau Stilke – Ehefrau von Hermann Stilke, dem ersten Verleger der »Zukunft«. Näheres nicht bekannt.

227 *»Gordischer Knoten« und »Pfingstritt«* – Leitartikel in der »Zukunft« v. 11.5. u. 18.5.1918, in denen Harden die Ergebnisse des Friedens von Brest-Litowsk kritisierte.

unser bayrischer Richard – Vermutlich der deutsche Außenminister Richard von Kühlmann, der seine Schul- und Studienzeit überwiegend in München verbracht hatte.

228 *unter meiner christlichen Bedeckung* – Hedwig Pringsheim war protestantisch getauft. Alfred Pringsheim hatte in seine Universitäts-Personalakte als Religionszugehörigkeit »israelitisch« eintragen lassen.

229 *Carlos* – Carl Fürstenberg.

230 *L.* – König Ludwig III. von Bayern.

»Le Feu« – Henri Barbusses Roman »Le Feu« (dt.: Das Feuer. Tagebuch einer Korporalschaft) erschien 1916 in Paris, die deutsche Übersetzung von L. von Meyenburg 1918.

der vielgerümte Leonhard Frank – Leonhard Frank hatte 1914 mit seinem ersten Roman »Die Räuberbande« einen großen Erfolg in Deutschland. Als Sozialist und Pazifist emigrierte er 1915 in die Schweiz. Seine Novellensammlung »Der Mensch ist gut« erschien 1917.

232 *»die ewige Krankheit«* – Leitartikel in der »Zukunft« v. 6.7.1918, in dem Harden das imperialistische Denken der europäischen Mächte kritisierte, das auch in den jüngsten Reden des Reichs-

kanzlers Hertling und des Staatssekretärs des Auswärtigen Amts, Richard von Kühlmanns, zum Ausdruck gekommen war.

233 *General L.* – Gerneralstabschef Erich von Ludendorff.

Herr Universitätsprofessor Jaffé – Edgar Jaffé (1866–1921), Professor für Nationalökonomie in München, gehörte den Unabhängigen Sozialdemokraten (USPD) an und war im Kabinett Kurt Eisner Minister für Finanzen.

Brentano – Lujo Brentano wurde in der bayrischen Revolution im November 1918 Vorsitzender einer »Sozialisierungskommission«, um sich alsbald gegen ein Rätesystem auszusprechen.

wegen der famosen Professorenerklärung – Als im Herbst 1914 das Ausland die deutsche Heeresleitung einer barbarischen Kriegsführung beschuldigte, unterschrieben prominente Wissenschaftler und Künstler – darunter Lujo Brentano – das »Manifest der 93«, das sich gegen diese »Verleumdungen« wandte. Als Brentano Anfang 1916 von Verbrechen deutscher Truppen erfuhr, zog er seine Unterschrift zurück. Ende Oktober 1918 bezeichnete Kurt Eisner – Hedwig Pringsheim schreibt in diesem Brief irrtümlich »Eisler« – in einer Wahlrede die deutsche Wissenschaft mit Blick auf die Erklärung der 93 als Hure.

234 *Kerr sein junges Weib … verlor* – Inge Kerr starb am 23. 10. 1918; sie wurde Opfer der Grippeepidemie.

Ballins Tod – Albert Ballin, der Direktor der HAPAG, hatte am 9. 11. 1918, nach dem Zusammenbruch des Deutschen Kaiserreichs, Selbstmord begangen.

W. W. – Woodrow Wilson.

»Kaiserkrisis« – Leitartikel in der »Zukunft« v. 9. 11. 1918. Am selben Tag wurde die Abdankung Kaiser Wilhelms II. bekannt, und Scheidemann rief die Republik aus. Harden, der von diesen Ereignissen überrollt wurde, hatte in seinem Leitartikel prognostiziert: »Monarchie im alten Wortsinn kann, darf, wird die Sintfluth nicht überdauern.«

235 *serrez les rangs* – (frz.) schließt die Reihen.

238 *Niddy Impekoren, »die 14jährige Tänzerin«* – Die Tänzerin Niddy Impekoven (1904–2002), die bereits 1910 ihr Debüt gegeben hatte.

dieser minderwertige kleine Arco – Anton Graf von Arco-Valley, ein völkisch-nationalistischer Student, hatte den bayrischen Ministerpräsidenten Kurt Eisner am 21. 2. 1919 erschossen.

239 *ihren Ex-Freund Ernst Schw.* – Ernst Moritz Schweninger.

239 *Ihr alljärliches Osterkind* – Am 21.4.1919 wurde Michael Mann (1919–1962), das sechste Kind von Katia und Thomas Mann, in München geboren.

241 *Gräfin v. Prokesch-Osten* – Friederike Gossmann (1836–1906), Münchner Schauspielerin, verheiratet mit Graf Anton von Prokesch von Osten (1837–1919).

242 *mit der »Onastie« war's nichts* – Wortspiel; gemeint ist die »Orestie« des Aischylos (Inszenierung: Max Reinhardt), mit der das Große Schauspielhaus in Berlin am 28.11.1919 eröffnet wurde.

Première von »Schloß Wetterstein« – Frank Wedekinds »Schloß Wetterstein« wurde am 6.12.1919 in München gespielt; Demonstranten störten diese Aufführung. Das Stück wurde schließlich vom Spielplan abgesetzt, weil der Polizeipräsident sich weigerte, Maßnahmen zum Schutz des Theaters zu ergreifen.

Falkenberg – Otto Falckenberg (1873–1947), Regisseur und Theaterleiter, 1917–1944 Direktor der Münchner Kammerspiele.

244 *diese scheußlichste aller Welten* – Anspielung auf Voltaires »Candide oder Die beste aller Welten«.

Unser Allerhöchster Kahr – Gustav Ritter von Kahr (1862–1934), 1920–1921 bayrischer Ministerpräsident, verfolgte einen restaurativen Kurs mit dem Ziel größerer Selbständigkeit.

Polizeipräsident und Staatskommissar Pöhner – Ernst Pöhner, 1919–1921 Polizeipräsident in München.

der Proceß Hiller ... Prinz Jochen – Oberleutnant Hiller war vom Oberkriegsgericht wegen der Mißhandlung von Untergebenen mit Todesfolge zu einer zweijährigen Gefängnishaft und Dienstentlassung verurteilt worden. Prinz Joachim Albrecht von Preußen wurde im April 1920 zu einer geringen Geldstrafe verurteilt, nachdem er mit Freunden im Hotel Adlon Mitglieder der französischen Militärmission beleidigt hatte.

246 *St. Simon-Mémoiren* – Herzog von Saint Simon (1675–1755), französischer Schriftsteller, dessen Memoiren (entstanden 1694 bis 1752) schonungslos mit den letzten Regierungsjahren Ludwigs XIV. abrechnen.

Ihr Reinhardt-Artikel – Leitartikel »Direktor Reinhardt« in der »Zukunft« v. 30.10.1920, in dem sich Harden vehement für den Berliner Theaterdirektor einsetzte. Die Reinhardt-Theater waren wegen einer angeblich zu aufwendigen Bühnenausstattung in die Kritik geraten.

246 *was Sie über den Hunger-Märtyrer sagen* – Der Leitartikel »Das Nebelhorn ruft« in der »Zukunft« v. 6. 11. 1920 enthielt einen Nachruf auf den irischen Freiheitskämpfer Terence Mac Swiney (1879–1920). Der Bürgermeister von Cork wurde wegen Mitgliedschaft in der IRA eingekerkert und starb nach 76 Tagen Hungerstreik.

Orgesch – Dachorganisation der Einwohnerwehren, die sich im Frühjahr 1919 in verschiedenen Teilen Bayerns zum Schutz der Bevölkerung vor revolutionären Umtrieben gebildet hatten.

247 *zu des hochseligen Ahlwardt Zeiten* – Hermann Ahlwardt (1846 bis 1914), ein radikal-antisemitischer Agitator, wurde 1893 in den Reichstag gewählt.

von der Wand in den Mund – Anspielung auf die Notverkäufe von Gemälden und Majolika.

Heinrich Manns »Der Weg zur Macht« – Heinrich Manns Drama »Der Weg zur Macht« wurde 1920 in München uraufgeführt.

248 *unsres neuen Zeiß* – Karl Zeiß (1871–1924), Generalintendant der Bayerischen Staatstheater von 1920 bis 1924.

249 *Cade, Moor, Hölz* – Untertitel des Leitartikels »Die Rotte Korah« in der »Zukunft« v. 25. 6. 1921. Im Juni 1921 war Max Hoelz, Anführer bewaffneter kommunistischer Verbände, von einem Berliner Sondergericht wegen Hochverrats und Totschlags zu einer lebenslangen Freiheitsstrafe verurteilt worden. Hoelz hatte im März 1920 Aufstände im Vogtland organisiert, Polizeistationen überfallen, Strafgefangene befreit und eine Räterepublik ausgerufen. Harden verglich Hoelz mit Schillers Räuberhauptmann Karl Moor und Jack Cade, dem englischen Bauernführer des 15. Jahrhunderts.

»in abgelebten Zeiten« – Zitat aus Goethes Gedicht »Warum gabst du uns die tiefen Blicke« (An Charlotte von Stein) mit den Versen: »Ach, du warst in abgelebten Zeiten / Meine Schwester oder meine Frau.«

Trost und Erhebung bei Tagore – Rabindranath Tagore (1861 bis 1941), indischer Dichter, Philosoph, Maler, warb nach dem Ersten Weltkrieg auf Vortragsreisen durch die ganze Welt für eine Synthese der positiven Elemente östlichen und westlichen Denkens. Seine Schriften – »Das Opfer und andere Dramen« (1920), »Das Heim und die Welt« (1920) u. a. – erschienen im Münchner Kurt Wolff Verlag.

249 *der Duncan* – Die amerikanische Tänzerin Isadora Duncan (1877 bis 1927).

Christus Lang – Eigentl. Anton Lang (1875–1938), in den Jahren 1900, 1910, 1920 Christus-Darsteller bei den Oberammergauer Passionsspielen.

251 *den damaligen Artikel von Thomas Mann* – Der sog. »Geburtstagsbrief« Thomas Manns, den dieser Harden erst auf Anmahnung seiner Schwiegermutter am 23.11.1921, fast einen Monat nach Hardens 60. Geburtstag, zukommen ließ. Thomas Manns Verhältnis zu Maximilian Harden war seit langem angespannt; zum eigentlichen Bruch kam es während des Krieges, als Harden auf die verständigungspolitische, pazifistische Linie Heinrich Manns einschwenkte. Zu Hardens 60. Geburtstag erschien 1921 eine Festschrift. Ein Komitee, dem auch Heinrich Mann angehörte, hatte zahlreiche Persönlichkeiten gebeten, Glückwunschadressen beizutragen. Thomas Mann kam dieser Bitte nicht nach; er hatte lediglich einen Entwurf konzipiert, nicht aber abgesandt. Nachdem er erfahren hatte, daß Harden gegenüber Hedwig Pringsheim das Ausbleiben dieses Glückwunsches verbittert beklagt hatte, entschloß er sich, seinen Entwurf mit einem Begleitschreiben Maximilian Harden nachträglich zu übermitteln. Mit diesen Schriftstücken, letztlich einer Ansammlung von Taktlosigkeiten, provozierte Thomas Mann den endgültigen Bruch mit Harden. Trotz des Versöhnungsversuchs Hedwig Pringsheims brach Harden auch die Freundschaft mit den Pringsheims abrupt ab. Thomas Manns Geburtstagsbrief lautete:

München den 23. 11. 1921
Poschingerstr. 1

Sehr verehrter Herr Harden,

eine Heimgekehrte erzählt mir von bitteren Aeußerungen, die Sie der Thatsache gewidmet haben, daß ich an Ihrem sechzigsten Geburtstag nicht unter den Gratulanten war. Diese Nachricht erneuert die Unruhe, in die mich damals die Aufforderung des Komitees versetzte. Die Frage, ob es mir, wie heute alles steht und liegt, zukomme, mich Ihnen mit Glückwünschen zu nähern, hat mich Tage lang beschäftigt. Unwürdig finde ich es, Ihrer und meiner unwürdig, privatim zu thun, was öffentlich zu thun ich mich nicht würde entschließen können. Ich schrieb einige Sätze, die für die Festschrift gedacht waren – und kassierte sie.

Denn mir schien, man huldige dort besser nicht, wo man nicht vorbehaltloser huldigen könne. Heute, unter dem Eindruck jener Nachrichten, schicke ich Ihnen kurz entschlossen, was ich damals zu Papier brachte; zum Zeichen, daß ich den 20. November nicht frivol, nicht ohne innere Bemühung um das Problem des Tages habe vorübergehen lassen.

Ihr sehr ergebener *Thomas Mann.*

Ich muß wohl glauben, daß Maximilian Harden mich fast haßt und so[gar] unter seine Feinde rechnet, und es ist wahr, ich habe der Entwicklung, die sein Geist während des Krieges genommen, diese Entwicklung des Wagner- und Nietzsche-Schülers zum humanitären Pazifisten Entente-Politiker und Wilson-Verehrer, mit Erstaunen und Abneigung verfolgt. Vielleicht war die Abneigung verzeihlicher als das Erstaunen; denn es ist kein Zweifel, daß er auf diesem Wege sich selbst gefunden hat, daß er dem Kriege oder eigentlich seiner langen Dauer – wirklich sich selbst verdankt. Das faszinierende und einigermaßen nihilistische Spiel. das ehemals ~~Harde~~ die Tendenzen dieses literarischen Politikers mit seiner Natur aufführten – ~~der~~ aristokratisch-~~militaristische~~konservative Tendenzen mit ~~der~~ einer von jeher durchaus demokratischen Natur – ~~des literarischen Politikers~~ dieses ~~Spiel Karten~~ Spiel ist zu Ende, Harden hat sich vereinfacht, der Krieg hat ihn »Zu sich gebracht«, was ja überall in der geistigen Welt die individuelle Funktion des Krieges war, und ich weiß wohl, daß dieser Prozeß des Zu sich Kommens und der Selbstentdeckung sich nicht ohne Leiden eines heftigen Kampfes ~~abgespielt~~ ~~vollendet~~ vollzogen hat. Ich erinnere mich ~~wohl~~ gut, wie er in seiner letzten Münchener oeffentlichen Rede während des Krieges – der letzten, die oeffentlich möglich war – den ~~tau~~ Philistern erklärte, nicht der herrschende Fettmangel sei schuld an seiner Abmagerung; und auch den Artikel vergesse ich nicht, worin er, etwa um dieselbe Zeit, ~~die~~ Pauli »Bekehrung« ~~vom Saulus zum Paulus~~ mit einem Egoismus schilderte, der mitzuempfinden gab, wie schmerzhaft zugleich und erlösend es ist, einen seit Monaten bohrenden Stachel aus dem Fleische zu ziehen. ... Ich weiß, wenn es ~~vormals~~ zur Zeit des Apostels eine christliche Presse gegeben hätte, so ~~hätte~~ würde seine Bekehrung ~~des Apostels~~ sich ~~auf dem Wege vollzogen~~ dergestalt abgespielt, ~~daß~~ haben, daß er diese Presse solange unter Überschriften wie »Irrlicht« excerpiert hätte, bis er gewahr geworden wäre, daß er vollständig ihrer Meinung sei. Und war ich ein aufmerksamer Leser der »Zukunft«, Maximilian Harden? Ein aufmerksamer und mitfühlender, wenn auch ein abgeneigt mitfühlender. Denn von dem Kampf um das eigene Selbst, dem Zwang, sich zu vergleichen, zu erkennen, was man sei und seinen Platz einzunehmen, mochte ~~dieses~~ er nun ehrenvoll scheinen oder nicht, – von diesem Kampf und Hader, den die gesamten Jahre des Krieges jedem gewissenhaft Lebenden auferlegten, wüßte auch ich ein langwierig Lied zu singen; und die Erfahrung, daß man völkische Professoren ~~auch~~ selbst durch ein nationales Bekenntnis nicht versöhnt, falls es Geist hat, während man es mit der Gegenseite ~~selbst~~ noch durch die äußerste Störrigkeit in Sachen der radikalen Demokratie nicht völlig verdirbt, falls diese Störrigkeit eben nur Geist hat, – solche Erfahrung verpflichtet mich zur Duldsamkeit gegen jede Manifestation des absoluten Geistes. Ich habe früh angefangen und auch bei lebendigstem ~~Wi~~ sachlichen Widerwillen nie aufgehört, in diesem Manne das zu sehen, was heute zwei Erdteile in ihm sehen: einen Publizisten großen Formats, einen Politiker von unbezweifelbar überlegener Klugheit, einen Schriftsteller von oft barocker, aber immer irgendwie fesselnder Sprachgewalt und leidenschaftlichem Freiheitsbedürfnis; und als es hieß, er verlasse Deutschland auf immer, da dachte ich wohl an Lichtenbergs Wort: »Er hat Feinheit genug sich verhaßt zu machen, aber nicht genug, sich zu empfehlen«, doch war mir bei der Nachricht nicht wohl zu Sinn. So darf denn der Sechszigjährige, wenn er will, im Gedenken an manche bewegte Münchener Abendstunde meine Glückwünsche menschlichfreundlich entgegennehmen.

(Aus: Frank Wedekind/Thomas Mann/Heinrich Mann, Briefwechsel mit Maximilian Harden, hrsg., komm. und mit einem einl. Essay von Ariane Martin, Darmstadt 1996, S. 159–161)

Personenregister

BILDNACHWEIS

Bundesarchiv Koblenz: 20
KEYSTONE/Thomas-Mann-Archiv, Zürich: 1, 3, 4, 9, 10, 11, 12, 13, 14, 15, 16, 17, 18, 19
Michael und Eva Werner, Clamart: 5, 6, 7, 8
Sammlung Uwe Naumann, Hamburg: 2